MOLINA- LOZA, Carlos Arturo, 1950-
M722 Ch*aves* para uma terapoética da
1998 família / Carlos Arturo Molina-Loza.
– Belo Horizonte : Ed. ArteSã, 1998.
500 p.
1. Psicoterapia familiar – Brasil. 2. Família
Aspectos psicológicos. I. Título

CDD: 152.4
CDU: 159.9

Carlos Arturo Molina-Loza

Ch*aves* para uma terapoética da família

Conhecer e compreender a família brasileira

Prefácio de Haim Omer
Universidade de Tel-Aviv

ArteSã

Conselho editorial
Carlos Arturo Molina-Loza
Lívia Natal Almeida

Capa
Carlos Arturo Molina-Loza

Fotografia
Lívia Natal Almeida

Revisão
L. Mara Santos
Mirthis Quicki Doll
Maristela Vieira

Catálogo e transcrição de fichas
Guisele Aragão

Academia Terapêutica
Formação, consultoria, atendimento psicoterapêutico

Rua do Ouro, 136 – 1004, 1006, Serra
30220-000, Belo Horizonte,
Minas Gerais, Brasil
Fone (31) 225 91 44 Fone-fax (31) 227 14 53
Número especial de *Família* Temas de terapia familiar e ciências sociais.*

1998

ArteSã
Rua do Ouro, 136 – 1006
30220-000 Belo Horizonte, MG
Fone-fax (031) 227 14 53
molina_l@uol.com.br

Impresso no Brasil

ESTE LIVRO ESTÁ DEDICADO, AO BRASIL.

AOS MEUS CLIENTES, TODOS.

SE NÃO TIVESSE CONTADO COM A SUA CONFIANÇA, E SE ELES NÃO TIVESSEM ME PERMITIDO USUFRUIR DO PRAZER DE SER TESTEMUNHA PRIVILEGIADO DAS SUAS BUSCAS DE NOVAS ALTERNATIVAS DE VIDA, DE NOVOS PATAMARES DE CRESCIMENTO PESSOAL, ESTE LIVRO NUNCA TERIA SIDO GERADO

AOS MEUS ALUNOS EM TERAPIA FAMILIAR, E ÀQUELES QUE AO LONGO DESTES ÚLTIMOS DEZ ANOS SOLICITARAM CONSTANTEMENTE MINHA INTERVENÇÃO ENQUANTO SUPERVISOR, E AOS COLEGAS QUE DURANTE OS ÚLTIMOS DEZ ANOS CONVIDARAM-ME PARA REALIZAR INÚMERAS PALESTRAS, CURSOS E CONFERÊNCIAS NOS QUATRO CANTOS DO NOSSO BRASIL

E, NÃO PODIA DEIXAR DE SER, AOS ESCRITORES BRASILEIROS, QUE JÁ SABEM TUDO AQUILO QUE NÓS PELEJAMOS TANTO PARA DESCOBRIR

Prefácio

Tel-Aviv, 20 de fevereiro de 1998.

Caro Carlos Arturo,

Lendo o seu livro, achei que você estava escrevendo para mim. Comecei o livro com aquela preocupação, sobre a qual eu já lhe havia falado, sobre a metáfora em terapia, ou seja: é possível dizer algo que não seja trivial ou totalmente vago sobre o papel da metáfora em terapia? Eu pensava que o seu livro ia me ajudar a encontrar a resposta e aí fui descobrir que o livro não ilustra, como o fazem os seus outros escritos, metáforas terapêuticas. Entretanto, eu li o livro com a sensação de que a voz era muitíssimo semelhante a sua voz metafórica. Não simplesmente do ponto de vista estilístico, mas do ponto de vista da sua busca. E foi aí que comecei a entender melhor o que faz a metáfora e o que você está fazendo conosco neste seu livro.

Vem o cliente ou o casal ou a família e diz: "Veja o senhor que buraco! Tudo tão estreito, tão fechado, tão conhecido e o único caminho aberto é para baixo! Tentamos isto e isto e isto e as coisas ficaram na mesma. Viramos a direita, a esquerda, para todos os lados e é sempre a mesma coisa: os mesmos dilemas insolúveis, temores e desesperos. Os conselhos são sempre os mesmos, todos falhos, todos impossíveis. Êta mundo cinza!" É o que nós, os terapeutas fazemos? Vamos recorrer aos nossos grossos volumes de terapia para procurar uma opção, uma nova compreensão, um outro caminho.

Mas aí, muitas vezes, encalhamos. Os livros freqüentemente nos dão aquele mapa muito usado, aquela teoria abstrata e seca. Quando a aprendemos pela primeira vez a teoria e a terapia pareciam novas, frescas, inusitadas. Os exemplos eram tão surpreendentes! Aqueles grandes magos terapeutas davam tanta esperança na gente. Seria maravilhoso fazer terapia de maneira assim original e espontânea, não seria? E aí, devagarzinho, tudo foi ficando um tanto estereotipado, monótono, fechado. O ciclo família? Parecia importante, mas já ouvimos tantas vezes e está tão esquemático e empoeirado. A função do sintoma? Os tipos de intervenções? Depois da terceira vez (e às vezes o terceiro fracasso) a gente perde até a vontade. E aí, nós os profissionais, começamos a nos sentir fechados, ressecados, predizíveis, sem graça. E pior, sem muita esperança. Como trazer aos clientes uma mensagem de renovação e de possibilidades se freqüentemente nos sentimos profissionalmente desgastados? Parece que o nosso predicamento não é, no final das contas, tão diferente daquele do cliente.

A sua resposta, em ambos os casos, é estruturalmente a mesma: envolver-nos (tanto os profissionais quanto os clientes) num diálogo renovador entre a antiga e fechada visão e uma outra, semelhante, mas também diferente. O mundo de nossas teorias estava ressequido e envelhecido? Vamos criar um diálogo entre elas e a literatura! A cada conceito, cada encadeamento teórico, cada prática terapêutica, cada fase da vida do cliente ou da família, vamos fazer uma ilustração fresca e vibrante das melhores mentes que possuímos. Desta maneira, o conceito, a teoria, a prática e a fase de vida renascem. A gente pode reentrá-los, e revivê-los. Neste processo estaremos nos renovando. Ah! Será que foi esta a intenção do terapeuta, do pesquisador ou do teórico? Se não foi, seria melhor que fosse! Como já diziam os italianos: "Si non e vero e vem trovato!" Isto é o que alguns grandes comentaristas chamaram da função desabituadora da literatura: ajudar-nos a ver a realidade costumeira de maneira surpreendente. No seu livro, Carlos Arturo, não há um conceito de terapia de família que não é agitado e sacudido. O pó vai se levantando e as cores voltam. Até as idéias mais enjoadas, mais repetidas, mais mortas de morte morrida, começam a refletir uma nova luz. O efeito para o leitor-terapeuta é curioso: a gente começa, às vezes, por achar graça. Ou por ser chocado. Ou por ser tocado. E aí, a gente volta ao conceito teórico ou prático que está atrás da ilustração. E o conceito já está mais rico e mais aberto. Já tem novas aplicações. Novo gosto. Volta à tona da nossa mente. Volta a nos interessar. Além do mais, virou brasileiro: as idéias estrangeiras foram naturalizadas! Ou o contrário: foram os teóricos estrangeiros que plagiaram, sem saber, os nossos mestres. E aí, a gente pode voltar a citação literária. E vai ficando com vontade de saber como vai continuar a estória. O beco sem saída do habitual transformou-se numa passagem aberta. De repente, queremos apreciar mais os detalhes. Deus vive neles, já disse o poeta. E começamos a prestar mais atenção no que as famílias estão nos dizendo. E a entrever novas tonalidades. E começamos a pensar que talvez valha a pena ficar por mais alguns anos na profissão.

E a metáfora terapêutica? O que ela faz? O cliente nos conta sua estória habitual e fenecida. Lá não parece haver gosto ou saída. Continuar falando naqueles termos seria, provavelmente, tornar o inescapável ainda ais hermeticamente fechado. Aí o terapeuta pode tentar desenvolver uma metáfora. Não estamos mais falando sobre X! Estamos falando sobre X', ou X, ou X, ou Xis! E que nem X, mas não é bem X! É um X mais interessante, novo, vivencial. E enquanto X não tinha saídas, X', ou X ou X ou Xis têm portas e janelas. Se a gente pode até explicar a uma criança cega de nascença o que é um arco-íris[1], pelo jeito tudo é possível. O efeito da metáfora, Carlos Arturo, é semelhante ao efeito das suas ilustrações literárias. Primeiramente, o cliente, o casal, ou a família abre os olhos e se interessa. Esta é a condição de base da metáfora terapêutica. Evidentemente, a metáfora só será interessante se for formulada segundo o estilo, o gosto e o modo de ser do cliente (indivíduo ou família). Isto é um trabalhinho um tanto clínico: a metáfora é uma estória para uma audiência de uma só pessoa ou família. Depois vêm as outras reações: começa o diálogo entre o problema e a metáfora: há soluções a considerar, novas emoções, a absorver, choque, curiosidade, riso. O mundo tem graça de novo. E nós também temos graça. E aí nos sentimos, com justiça, um pouquinho poetas. Mas então, a metáfora ajuda porque é bela? Acho melhor colocá-lo de outra maneira: a metáfora ajuda porque interessa, desperta curiosidade, permite entrever outras opções, permite elaborações diferentes e suscita novas emoções. Por tudo isto, a metáfora é imediata e memorável. Se então concluirmos: "Isto é o que chamo de belo!" Então estou de acordo.

A metáfora e as ilustrações literárias nos ajudam a encontrar um outro "Nós" e um outro "Vós". Nós brincamos com elas a sério. Elas nos renovam as roupas. Você me contou, Carlos Arturo, que quando uns amigos viajaram a Barcelona para um congresso profissional, você fez uma encomenda para o seu próprio renovamento pessoal e terapêutico: Você sabia que na Espanha vendem camisas com os nomes e os números dos jogadores de futebol. E você havia visto na televisão um goleiro magnífico de um

[1] Quem cometeu o erro de ainda não haver lido *Destino familiar, desatino terapêutico* ainda está em tempo de remediá-lo.

time espanhol, com a camisa número 1 e o nome, MOLINA! Às vezes eu imagino você, sentado com uma família, encalhado, e aí você veste a camisa, número 1, MOLINA 1, e você abre os olhos e a família também e vocês todos começam falar em metaforês. Bela língua não é? Mas não é só para poetas? Sim, é só para poetas e também para quem jamais andou de bicicleta.

Seu amigo,

Haim Omer

"Ondulou sobre nós, por instantes,
um leve constrangimento.
Quando encontrarás, ***Carlos***,
a chave de outra criatura?"[2]

A maneira de introdução

Dez anos foram necessários para que me decidisse a retomar meus rascunhos e minhas amareladas fichas. Quando escrevi a primeira versão de ***Andar de bicicleta ou terapia familiar é fácil***, não imaginava que teria uma acolhida tão calorosa. Em poucos dias a edição se esgotou. Muitas vezes tive o ímpeto de fazer uma nova edição. Mas uma idéia mais ambiciosa fez com que tivesse a paciência necessária para não me precipitar e realizar essa simples tarefa reprodutiva.

Desde o início abriguei a esperança de poder continuar o trabalho e poder utilizar a ***Bicicleta***, incrementando-a, para expor uma visão mais ampla da terapia familiar e da família brasileira (talvez fosse mais justo dizer da minha visão de ambas... não te parece?)

Mergulhei nos livros e... umas centenas de contos e romances depois, tenho pronta esta nova carta, esta nova bicicleta, que por ter criado asas e

---

[2] ANDRADE, Carlos Drumond de, Conversa de velho com criança, *in Contos de aprendiz*, 24ª edição, Record, Rio de Janeiro, 1986. (O sublinhado é meu.)

partido para alçar mais altos vôos, agora te chega sob o nome de ***Chaves para uma terapoética da família.***

O texto está dividido em quatro partos. (O dedo bateu sozinho na tecla, eu queria dizer quatro partes, mas, de fato, pelo que transpirei para fazê-los, mais pareceram quatro partos.)

A primeira parte, é uma edição corrigida e aumentada do trabalho original. Quando estava trabalhando nela, pensei em refundi-la no novo texto ampliado. Resolvi que pela importância que para mim teve, no seu momento, merecia ficar como texto independente.

A partir da segunda parte, é um trabalho inteiramente novo. Nele, quis ser o mais abrangente possível, tanto no que diz respeito às principais questões teóricas, quanto àquelas referentes à prática terapêutica. Retomo algumas das questões abordadas no primeiro texto, ampliando-as e enriquecendo-as com novas ilustrações. Grosso modo, verás desfilar os seguintes temas: O ciclo vital da família, os fundamentos da Teoria Geral dos Sistemas e da Teoria da Comunicação. O terceiro segmento aborda questões gerais da prática terapêutica e, no último te proponho uma visão do sistema que vai além da família.

Sobre o texto no seu conjunto, devo começar lembrando-te qual foi seu processo. Eu ia lendo os romances e contos. Neles encontrava as frases que ilustrariam um pensamento terapêutico. Não fiz o trajeto inverso: partir da teoria para, a seguir, buscar a ilustração literária. Isso explica que só encontrarás aquilo que consegui descobrir na literatura. As lacunas que ficaram poderão ser preenchidas daqui a uns... dez anos!

Agora, quero confessar-te que, à medida que avançava na sua organização, percebia que, apesar de tanto trabalho, era tudo muito parcial. Vivi uma grande contradição. Ao mesmo tempo que tinha vontade de continuar lendo e pesquisando, para transformar o trabalho em algo cada vez mais completo, dançava na minha alma uma importante pergunta: qual é o sentido desse esforço?

A resposta veio de forma inesperada. Recentemente, tive o privilégio de conhecer e conversar pessoalmente com Salvador Minuchin. Depois de ler alguns dos meus textos (e de dar uma folheada neste livro), lançou uma pergunta que me desconcertou: ***"Para quem escreves?"*** Em relação a outros dos meus trabalhos, a resposta pode ser múltipla, mas em relação a este texto, ela é simples e pode ser dividida em duas partes: escrevi ***Chaves para uma terapoética da família***, para mim. Vivi momentos maravilhosos enquanto ia descobrindo os excertos e, a seguir, quando escrevia, armando essa espécie de teia de aranha —ou de colcha de retalhos, se preferires— que hoje te apresento. Em segundo lugar, escrevi para os terapeutas e todas aquelas pessoa do Brasil que se interessam pela família brasileira e pelas diversas maneiras de atingi-la terapeuticamente. Esta foi uma das formas que encontrei de manifestar meu agradecimento pela acolhida, pela oportunidade que me deram (e continuam dando), de participar da maravilhosa aventura da construção de uma proposta terapêutica que seja adequada para a nossa realidade brasileira. Creio, no entanto, que este texto poderá servir de inspiração a todos aqueles que, *por terem uma família*, interessam-se pelo tema.

A pergunta de Salvador Minuchin, causou um outro impacto. Sabes, curti tanto cada um dos momentos da elaboração das diversas partes do trabalho (além do meu gosto ao trabalhar, antevia o teu prazer ao ir lendo cada uma das suas páginas). Imaginei **Ch*aves*** voando para muito longe. Bastava fechar os olhos para imaginar sua tradução para o espanhol... **Cl*aves para una terapoética de la familia.*** O nome da sua tradução francesa também já estava pronto. Sabes qual era? ***L'ivre dort... de la fantasie en thérapie familiale.*** Mas acordei do sonho. Este é um texto que, provavelmente nunca, seja traduzido para língua nenhuma. Talvez ele só seja capaz de falar para quem sabe Brasil.

De qualquer maneira isso nada muda em relação com o fato de tê-lo escrito para mim e para ti. Espero, com as linhas que se seguem, estar continuando minha tarefa de estímulo e instigação de novas buscas e novas descobertas. Se elas contribuem para despertar um pouco de mais curiosidade, tanto no que diz respeito às questões referentes á família, quanto aquelas relacionadas com a nossa cultura, poderei sentir-me totalmente satisfeito.

Carlos Arturo Molina-Loza

Belo Horizonte, julho de 1998

Sumário

II. Novos passeios de bicicleta...

III. Dez anos antes do previsto

IV. A crise do sistema... social

I

Andar de bicicleta ou terapia familiar é fácil

"Les privilèges de la beauté,
Sont immenses.
Elle agit même sur ceux
qui ne la constatent pas."

Les enfants terribles
Jean Cocteau

Uma carta escrita especialmente para ti

Devo começar confessando-te que não lembro exatamente se cheguei a te falar da minha intenção de escrever-te. Só agora é que me perguntei se não acharias estranho que te enviasse esta carta. De qualquer maneira, o que conta é que desejava escrever-te e que, finalmente, consegui fazê-lo. Se por acaso te perguntares: "Será que esta carta é realmente para mim?" De antemão te respondo: "Podes ler com tranqüilidade, foi escrita para ti."

Agora, antes de entrar no assunto, quero que me permitas fazer um pequeno parêntese... quero dividir contigo uma pequena reflexão sobre a bicicleta:

(Um Parêntese)

(A bicicleta é uma engenhoca complicada. A primeira vez que vi uma pensei: "Eu nem louco subiria em um bicho desses." Quando, indo contra meus princípios, tentei uma aproximação, tive de convencer-me de que o mais sensato quiçá fosse não teimar. Nosso divórcio era evidente: sempre acabávamos longe um do outro, ambos no chão, ela cada vez mais torta e eu próprio cada vez mais esfolado.

Pensando bem, isso é perfeitamente compreensível, andar de bicicleta é uma tarefa super complicada, parece impossível, até: como se prestar atenção a tantas coisas ao mesmo tempo? Só sendo super-homem! É muita coisa, não concordas?

Com as mãos seguras o guidom. Seguras mas, em certos momentos, tens que relaxar um pouco os dedos porque está na hora de freiar. Para fazê-lo, poderás utilizar as duas mãos, só que deverás começar com a direita, para depois usares a esquerda. E cuidado, não apertes muito forte! (Podes voar por cima do aparelho). Observa, segura bem e, ao mesmo tempo, relaxa, porque tens que coordenar o movimento alternado das pernas (nos pedais). Se avanças, manterás o equilíbrio com facilidade, mas... descuida apenas um pouco e podes cair em um buraco, subir calçada, atropelar um pedestre ou ser varrido por um automóvel.

Se andares muito devagar, perderás o equilíbrio, se rápido demais... preparem os curativos.

Queres subir? A prudência aconselharia: não, definitivamente não, o homem nasceu com pernas e não com rodas. Eu posso afirmar "Bicicleta não é para mim, não quero nem ouvir falar."

Não te parece curioso como há pessoas que parecem tão à vontade rolando, deslizando? Dir-se-ia que encontram um verdadeiro prazer ao se locomoverem com a ajuda do dito aparelho. Soltam o guidom, olham para trás, pulam... curtem. Vendo-os até que parece fácil...

Pensando bem, é possível que para eles não seja tão difícil assim. Com certeza isso se explica porque para certas pessoas —muito especiais e particularmente dotadas— a bicicleta não deve ter segredos. Mas para mim tem. Imagino que para ti também. Eu nunca conseguirei andar de bicicleta!)

Tá na cara...

Agora, voltemos a minha carta. Quero retomar o fio da nossa conversa. Ela começou com uma discussão —tu deves lembrar— durante nosso primeiro encontro. Não que tivéssemos diferenças (isso até que faz parte e todo mundo aceita), tampouco que nossas propostas fossem divergentes (isso é óbvio e não chega a incomodar, enriquece)... foi por uma questão bem simples (tola, até).

Eu insistia em que o trabalho que realizamos junto às famílias em dificuldades só pode levar-nos a uma conclusão singela: a terapia familiar não é apenas um barato, é fácil! Isto é, fácil para qualquer um que, como tu ou eu, decida que vale a pena dar uma revisada na sua maneira de conceber a saúde e a patologia, o indivíduo e o seu contexto.

Já, tua opinião era diferente. Tu dizias que terapia familiar pode ser muitas coisas (inclusive um barato...) mas nunca fácil e, que, muito pelo contrário, era bastante complicada.

Tu não és, eu sei, a única pessoa a pensar desta forma. Infelizmente não são poucos os que comungam com este credo e que não desgostam de que outros o compartilhem. Alguns deles são importantes e conhecidos, dedicam-se a "ensinar terapia familiar". Eles precisam vender uma terapia familiar muito complicada e difícil de apreender. Cada vez que "ensinam" preparam o terreno de um novo "ensinamento", mais complexo. De tal forma que sempre estejamos precisando deles. Sabes? A mensagem subliminar dessa visão —terapia familiar é algo extremamente complicado— é que ela deve ser feita por uns poucos eleitos, de cujos serviços nunca poderemos prescindir e que seriam indispensáveis (e insubstituíveis)... até, que a morte os separe.

Essa atitude me faz lembrar dos mágicos. Um mágico tem que encantar, mostrar suas habilidades e, sobre tudo, nunca permitir que seu público apreenda o truque. Vai embora, apreende novos truques e reaparece para mostrar quão hábil ele é. Assim ele sempre poderá ocupar o centro da cena.

Aqueles que ensinam essa terapia familiar tão complexa e difícil, São muito semelhantes ao nosso mago. Vêm, encantam, provoca admiração e levantam vôo. E nós... admiramos suas habilidades e, a seguir, temos de ficar sonhando (mas como é difícil!) "Ah!, se um dia recebêssemos a iluminação e pudéssemos ser bem sucedidos na realização dessa árdua tarefa..."

Eu só comecei a ser formador de terapeutas de família (sei que isso não se ensina, mas que pode se apreender) porque achava que era fácil. Dito em outra palavras, só acho legal ser formador em terapia familiar se for fácil, se "tá na cara", como dizem. Se eu tiver direito de ensinar "o truque" e ajudar para que outros o realizem. De outra forma... qual a graça?

Podemos inventar muitas coisas, aprimorar muitas técnicas... se não as compartilhamos, se não as transmitimos, não valeu o esforço. Ou como diz Hans:

"Mas minha verdadeira inovação, a chave do meu sucesso, estava na minha atitude moral. Depois de cada truque, eu me dava ao trabalho de explicar aos garotos como ele tinha sido realizado. Para os mágicos de

temperamento cabotino —que infelizmente constituem a norma dos mágicos— qualquer explicação é um sacrilégio. Mas eu revelava tudo de boa vontade, pensando na satisfação dos garotos repetindo os mesmos truques diante de seus pais." (60) **[17]**

Uma maravilhosa biblioteca

O fato de ensinarmos os "truques", proporcionar-nos-a um bom pretexto para... inventarmos outros. É uma atitude de precaução contra duas velhas inimigas: a acomodação e a rotina. É como se à medida que fores compartilhando aquilo que aprendestes, aquilo que sabes, tua bagagem fosse ao mesmo tempo mais leve e mais completa. Por isso é que te escrevo esta carta. Quero compartilhar contigo.

Mas antes de continuarmos, devo confessar-te algo, se não o fizer, não haverá maneira de seguirmos com nosso papo. Ao me abrires as portas da tua casa, também abristes as portas da tua biblioteca. É desta última que quero te falar. Minha primeira reação ao vê-la foi de assombro, uma espécie de admiração muda. Fiquei aparvalhado e... tive muita inveja de ti.

A seguir, decidi que era muito mais sábio aproveitar-me do teu convite (por acaso não tinha dito: "fica à vontade, podes consultá-los quando assim o desejares"). Mergulhei!

Estou em dívida contigo. Encontrei mais do que poderia imaginar, fiz descobertas de grande importância e, curiosamente, percebi que tu não tinhas uma consciência clara do valor incalculável desse acervo. Desde o primeiro momento quis "pagar-te a dívida". A única possibilidade que imaginei foi esta: devolvendo-te estes comentários. Por isso, nestas linhas encontrarás muitas citações e excertos de obras e autores da tua inesgotável biblioteca (propositadamente não utilizei nada dos outros, os cientistas e pensadores estrangeiros. Isso não quer dizer que pense que o que dizem não seja importante. Eles também dizem as mesmas coisas mas... tenho certeza, para nós, não com o mesmo sabor).

Ao final da carta encontrarás a lista completa, a "bibliografia". Não inclui o nome da obra ao pé de cada citação para não te estragar o prazer de reconhecer de quem era o texto utilizado (mas, entre parênteses, tens o número da página e, entre colchetes, um número que corresponde à obra citada.)

E agora já é tempo de voltarmos à terapia familiar.

Duas palavrinhas sobre epistemologia

Temos tantas coisas para conversarmos que, realmente, como dizem alguns dos nossos clientes, não sei por onde começar!

Talvez fosse interessante iniciar o papo fazendo um pequeno parêntese epistemológico e lembrando-te que, como quer que seja, não tenho a pretensão de te propor a *verdadeira visão*, nem a maneira *certa* de fazer terapia.

Verdade ou ponto de vista?

"Qual é o certo? A cabeça coroca, a cabeça empredrada, a cabeça que nunca se aventurou por caminhos que abram outras entradas para ela, essa cabeça, escolherá um dos dois jeitos e passará a condenar o outro jeito, inventado as raízes mais estúpidas para que o outro não valha nada." (524) **[42]**

Antigamente, a ciência promovia uma busca maniqueista de uma verdade, única e soberana. Quando se possuía uma dessas verdades, decretava-se a morte de todas as outras "verdades" possíveis. Elas, por não coincidirem com a "verdadeira", perderiam o direito à existência. Os caminhos da verdade científica eram estreitos. Hoje, eles são amplos e abrigam uma diversidade que acabou com o reino dessa verdade soberana e ditadora. Como!? A verdade não existe!? Esta afirmação, que tem revolucionado a ciência moderna, é cada vez mais aceita, e não apenas no âmbito das ciências humanas, também no campo das ciências físicas. Hoje podemos dizer: as verdades coexistem. Esse ponto de vista transformar-se-á em um dos elementos fundamentais da nossa abordagem. Teremos, agora, maneiras diferentes de ver a "realidade".**{20, 24, 30, 34, 35, 44, 58}**

"Considerei o caso, e entendi que, se uma cousa pode existir na opinião, sem existir na realidade, e existir na realidade, sem existir na opinião, a conclusão é que das duas existências paralelas a única necessária é a da opinião, não a da realidade, que é apenas conveniente." (150) **[7]**

Um dos nossos maiores vícios (que infelizmente é compartilhado pelos nossos clientes) talvez seja que continuamos acreditando na existência de uma verdade, a ***nossa verdade!*** É como se constantemente afirmássemos: quem não está comigo, está contra mim.

"Não era a verdade, mas Leniza juraria que sim, pois só há uma verdade real —a 'nossa'. Tudo o mais é mentira, impostura, desacordo, opressão, conveniência, cinismo, etc." (122) **[37]**

Qual seria a aplicação disso tudo para nossa vida quotidiana, ou para o nosso trabalho com as família? Simples, teremos que reconhecer que para cada pessoa existe uma maneira de ver o mundo, suas relações, suas dificuldades, isso constituirá para ela "sua" verdade, sua versão. Haverá, então, tantas maneiras de ver o mundo, de verdades, quanto pessoas. Essas visões não deverão ser vistas como concorrentes ou contraditórias, elas coexistem e são tão válidas umas quanto as outras. Na prática, ao ouvirmos os membros de uma família, estaremos jogando com verdades relativas que podem ser aproveitadas. Quando se acha que a verdade é única e não depende do ponto de vista, acaba-se tendo um raciocínio de canário:

"—Que dono? Esse homem que aí está é meu criado, dá-me água e comida todos os dias, com tal regularidade que eu, se devesse pagar-lhe os serviços, não seria com pouco, mas os canários não pagam criados. Em verdade, se o mundo é propriedade dos canários seria extravagante que eles pagassem o que está no mundo.

—Mas perdão. Que pensas deste mundo? Que cousa é o mundo?

—O mundo, redargüiu o canário com certo ar de professor, é uma loja de belchior, com uma pequena gaiola de taquara, quadrilonga, pendente de um prego; o canário é senhor da gaiola que habita e da loja que o cerca. Fora daí, tudo é ilusão e mentira." (94) **[3]**

Se formos cuidadosos com nossas afirmações, e um pouco desconfiados das nossas verdades, poderemos evitar cometer muitos erros de... canário rio! Isto não quer dizer, evidentemente, que não possuamos uma visão da nossa função e uma abordagem própria. Só que agora é uma visão dinâmica, biodegradável, cuja existência depende da sua utilidade. Temos um ponto de vista... que pode mudar a qualquer momento. É a liberdade, usamos uma abordagem, deixamos de ser usados por ela. Pretendemos ter uma visão circular (sistêmica), mas o fato de termos um ponto de vista não nos conduz ao extremo de desqualificar outras abordagens. Ao conquistarmos o reino da diversidade, perdemos, realmente o gosto pelas discussões bizantinas. **{19, 20, 44}**

"...dous importantes. Hazeroth e Magog, os próprios chefes do partido retilíneo e do partido curvilíneo. Devo explicar-vos estas denominações. Como eles são principalmente geômetras, é a geometria que os divide em política. Uns entendem que a aranha deve fazer a teia com fios retos, é o partido retilíneo; —outros pensam, ao contrário, que as teias devem ser trabalhadas com fios curvos— é o partido curvilíneo. Há ainda um terceiro partido, misto e central, com este postulado: as teias devem ser urdidas de fios retos e fios curvos; é o partido reto-curvilíneo; e finalmente, uma quarta divisão política, o partido anti-reto-curvilíneo, que faz tábua rasa de todos os princípios litigantes e propõe umas teias urdidas de ar, obra transparente e leve, em que não há linhas de espécie alguma. Como a geometria apenas poderia dividi-los sem chegar a apaixoná-los, adotaram uma simbólica. Para uns, a linha reta exprime os bons sentimentos, a justiça, a probidade, a inteireza, a constância, etc., ao passo que os sentimentos ruins ou inferiores, como a bajulação, a fraude, a deslealdade, a perfídia, são perfeitamente curvos. Os adversários respondem que não, que a linha curva é a da virtude e do saber, porque é a expressão da modéstia e da humildade; ao contrário, a ignorância, a presunção, a toleima, a parlapatice, são retas, duramente retas. O terceiro partido, menos anguloso, menos exclusivista, desbastou a exageração de uns e outros, combinou os contrastes, e proclamou a simultaneidade das linhas como a exata cópia do mundo físico e moral. O quarto limita-se a negar tudo." (105) **[4]**

Uma decisão

A questão da verdade, do ponto de vista é, pois, uma questão de ***decisão pessoal***. Tu decides como vês as coisas, e no teu trabalho com as famílias, tua decisão tem uma base ***pragmática***: escolho esta visão porque, no momento, é ela que melhor me serve como ***instrumento*** de modificação de uma realidade, como instrumento de ***transformação*** e ***mudança***. Escolho esta, não por ser a 'única", nem a "melhor", e sim porque é a que, neste momento, melhor se presta a meus fins. **{20}**

"Escolheu acreditar que uma parte de tudo estava no seu olho e que a outra parte estava do lado de fora e até mesmo achou que a parte do olho podia crescer e diminuir como as águas de uma ipueira que recebesse um rio. Assim olhando, vejo um tanto. Assim olhando vejo um tanto quanto. Assim mirando, vejo um tanto mais quanto." (66) **[44]**

E o diagnóstico?

Esta opção vai ser de uma grande utilidade na hora de decidir como "ver" os nossos clientes. Será graças a existência dessa possibilidade de ***escolha*** que podemos descartar as "etiquetas", nosografias e patologias (tão caras aos diversos pato... lógicos (deveríamos melhor dizer pato gênicos?), pregadores de etiquetas psiquiátricas e outras calamidades do gênero), isto é, que podemos trabalhar com ***pessoas*** que possuem infinitas possibilidades de crescimento e que não são encerráveis em empobrecedoras categorias do tipo "paciente", "doente", ou pior ainda: sintomas, diagnósticos psiquiátricos, etcétera. Estaremos sempre diante de pessoas. **{45}**

É verdade que para chegarmos a esse ponto é preciso que acreditemos no que fazemos e no que dizemos (o que também ajudar a família com a qual trabalhamos, a acreditar).

"Por isso é que se fala tanto na necessidade de ter fé para que as coisas aconteçam, pois a fé, afinal, não passa de uma maneira de ver o mundo que torna possível aquelas coisas que se deseja que aconteçam. A fé, portanto, é um conhecimento, conhecimento que ele não tinha e ninguém lhe poderia dar, só ele mesmo, embora pudesse ser ajudado. Estava disposto a ajudá-lo, se ele quisesse e desde que compreendesse que o mundo pode ser visto de muitas formas. Ele certamente sabia que as pessoas que têm excessiva certeza de que há um só caminho e uma só verdade, verdade que lhes é inteiramente conhecida, são perigosas e propensas a todo tipo de crime. Saber da verdade e querer impô-la aos outros, num mundo onde tudo muda e tudo se encobre por toda sorte de aparências, é uma grave espécie de loucura." (524) **[42]**

Não dispondo dos "privilégios" que confere a possessão da verdadeira verdade e tendo-nos que conformar com simples pontos de vista, precisamos ver como, e com que ingredientes, vamos construir esses tais pontos de vista.

A família que sofre e nos procura o faz, na maioria dos casos, porque sente que não tem outra alternativa e chega preparada para nos fornecer uma grande quantidade de informações.

Ouvir... com tudo

Penso que não exageraria se te dissesse que tudo vai depender da maneira como se ouvirá o que ela tem para nos dizer. Com o lado direito ou com o lado esquerdo do cérebro? Só com o cérebro ou também com as tripas? As informações fundamentais não virão apenas daquilo que te digam os membros da família, da construção lógica que te apresentem. **{11}**

Será preciso, também, que abras o teu coração e sintas junto com eles. A inteligência racional, aliada com a sensibilidade. Se aceitas o risco de uma abordagem tripal-total, terás muito mais chances de sentir e compreender a situação.

"Se a gente não cuida muito do que dizem as palavras, se não cheira seu sumo, ouve apenas, a fala humana é rude e bárbara, cheia de ruídos estranhos, de altos e baixos. Atente agora não só com os ouvidos bem abertos, ouça com o corpo, com a barriga se possível, com o coração, e veja, ouça a doce modulação do canto. Só o canto, a música." (73) **[21]**

Sentimento-Pensamento

Dependermos exclusivamente da nossa capacidade de pensar, de raciocinar, acaba sendo pura perda de tempo. Não ganharemos com o intelecto a luta contra o sofrimento. A nossa capacidade de raciocinar vai ajudar-nos na elaboração daquilo que formos capazes de perceber. E nossa afetividade será essencial para essa percepção. **{2, 19, 41}**

"Explico ainda que o único barulho é o latido dos cachorros, mas este ladrar está sujeito a ser compreendido de maneiras diferentes. Quanto mais é sabido o inimigo, mais é bobo. Quanto mais se versa no pensamento, mais se perde." (83) **[44]**

É claro que os membros da família tentarão te dizer as coisas fundamentalmente com ***palavras***. Ouvirás versões sobre as coisas e se ficares apenas nisso... estarás perdendo as sensações. O segredo está na escuta nas entrelinhas.

"Olha, vou te dar um conselho. Não vai muito atrás de conversa de doente. Eles falam demais. E quanto mais falam menos a gente entende o que estão sentindo." (284) **[52]**

Devemos abrir nosso coração e estabelecer esse diálogo diferente de que a família precisa. Antes de se sentir compreendida, ela precisa sentir-se aceita. Não esqueças que só está na tua frente porque fracassou em alguma tentativa importante. Deve estar vivendo no meio de uma atmosfera de frustração. Tua aceitação será essencial. A compreensão, que virá depois, será uma decorrência da primeira. **{2, 28, 41, 46}**

"Isso eu não pensei —mas meu coração pensava. Eu não era o do certo era o da sina!" (432) **[46]**

"Para entender uma coisa é preciso que ela flua na gente, e não que passe como um rio na frente da gente." [15]

O lado direito do cérebro

Deixa-me ver, não quero passar a impressão de que estou desprezando o papel do nosso saber, das nossas teorias, da nossa capacidade de compreensão racional. Só quero insistir no fato de que todas estas propostas e idéias também deverão ser ouvidas de uma maneira especial. Essa escuta especial acaba sendo destruída quando a racionalização entra em cena prematuramente... **{11, 64}**

"A inteligência, o que chamam de intelecto, é um erro —ele disse. —Não tente entender o que eu falei. Se você sente alguma coisa, deixe apenas que tudo penetre em seu coração. Você pode não entender agora, mas um dia saber. A mente não é um meio para conhecer o mistério, as coisas ocultas do mundo. Não se esforce pensando sobre o que falei. Vá para casa, Lenice, e durma com isso: deixe que o seu interior aceite o que

eu disse, mesmo sem entender. Não quebre a cabeça, como se diz. Não é por lá que a gente compreende, apontou o coração, —é por aqui. E pense que há coisas que não podem ser ditas, explicadas, como se a pessoa estivesse numa feira. Falei para que as minhas palavras guiem você ao silêncio e, assim, espere que ele floresça." (126) **[13]**

Terapia dói?

Uma das razões pelas quais a terapia familiar te parece tão difícil é que na tua formação —como na minha, aliás— estava implícita a idéia de que a terapia deve doer, que o cliente deve sofrer durante o processo. Lembras das sacrossantas palavras com que se iniciava o contrato terapêutico? "O seu processo terapêutico será longo, profundo e doloroso." Quando não doía não valia. Nossos clientes não vem para sofrer mais, o confronto será forte mas não baseado na necessidade do sofrimento.

"Não gosto é quando pingam limão nas minhas profundezas e fazem com que eu me contorça toda." (31) **[31]**

Alguns deles já participaram de outros processos, já viveram em carne própria o culto do sofrimento. É, em parte por isso, que chegam a nós tão desconfiados. Não são defesas contra a terapia, não necessariamente medo do crescimento, é medo de sofrer mais ainda... sem ver o final do túnel. Precisam ser aceitos. Eles próprios vão mudar. **{14}**

"Os psiquiatras amarram a vida da gente. Sufocam. Tudo que faço tem um sentido que não quero que tenha. Para eles, o melhor era ficar em casa, sentado, imóvel, os olhos fechados, pensamento interrompido. Pensando em psiquiatras perco o rumo." (279) **[9]**

A visão positiva

É claro que sempre a saída mais ao alcance da mão é a acusação do cliente, tudo que não funciona pode ser explicado em função das "suas defesas". Certo, mas... que ganhamos com isso? Não achas que seria muito mais honesto dar uma olhada na nossa maneira de conceber a terapia? Se nossa posição é negativa, se não estivermos centrados na busca dos seus recursos de saúde e, pelo contrário, estivermos atrás de sua “patologia” e incompetência, das suas deficiências e mazelas diversas (em resumo, se somos catadores de lixo patológico, o dito em outras palavras, ***urubuterapeutas***...) a atitude desconfiada das famílias, e dos clientes em geral, talvez não seja uma simples defesa a ser derrubada, mas sim uma proteção muito válida. Teríamos que começar por derrubar a nossa visão negativa.

É esta mudança para uma visão positiva que parece mais difícil porque a visão negativa é muito mais comum. Convivemos com ela no quotidiano e não há quase nada que nos ajude a cultivar a visão positiva centrada na saúde. **{59}**

“Estou contando ao senhor, que carece de um explicado. Pensar mal é fácil, porque esta vida é embrejada. A gente vive, eu acho, é mesmo para se desiludir e desmisturar. A senvergonhice reina, tão leve e leve pertencidamente, que por primeiro não se crê no sincero sem maldade.” (137) **[46]**

Mas, respira fundo, tranqüiliza-te, acaba não sendo muito complicado adquirir a outra visão.

“Quem tem alma grande, por mais que forceje, não atina ser miúdo. É o que eu digo, dona Rosalina.” (76) **[21]**

Cada vez que consegues receber uma família e descobrir, por trás da sua frustração, seu potencial, estarás dando um novo passo nesse sentido. Quando buscas o seu aspecto sadio, a família, com simplicidade, te mostra o caminho, ela pode te ensinar, porque tu também tens essa disponibilidade interna.

“Rompemos umas duas léguas, em estradas de muita areia. Mas eu já estava agastado. O que nesta vida muda com mais presteza: é lufo de Noruega caminhos de anta em setembro e outubro, e negócios dos sentimentos da gente.” (431) **[46]**

Terapeuta... criador de confusão

Trocado em miúdos, como esta visão positiva intervém (ou interfere) na situação da terapia? O terapeuta é um criador de confusão. Sabes porquê? Porque confia plenamente na capacidade da família, nos seus recursos. Acredita piamente que a partir da confusão criada por sua intervenção, a família poderá mostrar suas melhores capacidades. Não podemos pretender contribuir para a busca de uma saída para a saúde de uma família, sem mexer fundo nas suas estruturas, e sem que toda família mexida se sentia confusa. Será uma confusão salutar. **{31, 41, 46, 47, 65}**

"É o que estava descobrindo. Algumas pessoas de bom senso já começavam a botar o fígado no lugar do coração. Se perguntassem como se adaptariam, diria que o essencial era que não se adaptassem. Se argumentassem que seria uma nova confusão, responderia que sim, mas seria uma confusão não organizada, não bitolada, rotina que quebrava os ângulos e desbotava as cores de qualquer um. Seria uma confusão que excitaria em vez de deprimir, uma anarquia que incentivaria em vez de abafar." (331) **[10]**

O passado

Muito se tem falado das abordagens terapêuticas centradas quase que exclusivamente no passado das pessoas, bem daquelas abordagens que focalizam, sobre tudo, o aqui e agora. A verdade que a oposição entre ambas as possibilidades pode ser nociva. É a partir do passado que poderemos redefinir as situações atuais. Há passado e passado. Há um passado que poderíamos chamar de passado vivo, ele continua no presente causando as dificuldades. Esse não pode ser desprezado. **{60}**

A família pode contar-nos coisas do seu passado, isto é importante, é a partir daí que poderemos construir um presente diferente, com a condição, é claro que o vejamos com olhos diferentes.

"Não deixa nunca de prestar atenção nas coisas antigas, para as quais você deve ter sempre olhos novos. E seja sempre curioso pelas coisas novas." (220) **[8]**

Aqui e agora

Nossa ênfase será colocada nesse "aqui e agora", tido como o ponto de partida da reconstrução da vida da família. Não precisamos de discussões intermináveis sobre as culpas passadas, queremos utilizar o que passou para construir. **{37, 41, 67}**

"A vida é pra frente, não adianta tugir nem mugir. Boi é que anda certo no seu silêncio, na sua ruminação." (65) **[21]**

Agora, se tentarmos uma dessas abordagens inteiramente voltadas para o passado, poderemos ser cúmplices de uma alienação e, no final das contas, perder um tempo precioso.

"Com sua ajuda, estou me dando conta das vezes que fui ao passado, e que o medo não me deixou chamá-lo deste modo. Quem sabe não o terei visitado todas as manhãs, de onde emergia unicamente para transitar livre pelo presente, aqui cheguei sempre com algumas horas de atraso. E me pergunto se ter sido bom, ou terei por isto perdido as melhores horas da festa." (145) [36]

É muito mais frutífero pensar que podemos utilizar esse passado, que ele pode ser repensado em termos do que pode ser feito no presente e... no futuro.

"Melhor não pensar nisso, no sem jeito da vida. O que ficou pra trás, pra trás ficou, volta mais não. A gente recomeça sempre é o movimento. Daqui pra adiante, não recomeça de trás, de onde parou. A gente nunca volta pra casa, a casa nunca é a mesma." [16]

A redefinição

Então, a partir do aqui agora, e centrando-nos na saúde da família, pensando no seus aspectos mais positivos, vamos fazer uma releitura da sua realidade. Vamos criar essa confusão, da qual falávamos anteriormente, e abrir as portas para uma restruturação. Percebamos e ampliemos o positivo. **{2, 3, 7, 18, 26, 27, 29, 32, 33, 37, 38, 39, 40, 41, 42, 43, 46 47, 55, 56, 65}**

"Não vamos pensar que este homem morreu, disse Argemiro, falando com o braço estendido e a mão sobre o ombro de padre Bartolomeu. Vamos pensar que viveu. Quero dizer uma coisa: a morte é a vida e a vida é a morte. Quero que se lembrem. Antes, o padre falou que o reino não é deste mundo. Agora eu falo que não é deste nem daquele. Falo que o reino é onde se encontre a paz. A vida é a morte e a morte é a vida. Vamos repetindo, a vida é a morte e a morte é a vida. Portanto, disse Argemiro, não vamos distinguir. Cada homem tem o direito de escolher sua vida e, quando escolhe sua vida, está escolhendo sua morte. Cada homem tem o direito de escolher sua morte e, quando escolhe sua morte, está escolhendo sua vida. Quero que todos entendam. Só existe o branco porque existe o preto. Só existe o bom porque existe o mau. Só existe o rico porque existe o pobre. Vamos repetir: a vida é a morte e a morte é a vida. E, mais, que somos iguais aos peixes, porque, se você fosse peixe, você não ia cuspir dentro da água em que vive, junto do seu irmão peixe." (156) **[44]**

Não se trata da busca da alienação, de uma tentativa de desconhecer a situação. Trata-se da busca deliberada das suas outras dimensões possíveis.

"Sempre haverá dor nas coisas. Por saber disso um homem não deve se desesperar. O homem bom procurará tirar a dor das coisas. E o homem mau aumentar a dor das coisas e espalhará aonde quer que vá." (170,171) **[11]**

A função do sintoma

Será a releitura positiva da realidade que nos permitirá ser terapêuticos. Os sintomas apresentados pelos membros das famílias deverão ser objeto de uma nova leitura. Muitas vezes, diante de um comportamento aparentemente incompreensível, terás que te fazer a pergunta: qual é a função que esse sintoma cumpre nesta família? Se aceitas que os sintomas sempre podem ter uma função, terás dado um grande passo. **{3, 7, 18, 37, 50}**

O segundo será que descubras o seu aspecto positivo, ou seja, de que maneira ele visa à manutenção do sistema familiar e não a sua destruição. Isso mesmo quando esta última seja a impressão mais evidente. O membro sintomático o é apesar dele próprio e, sempre com bons propósitos inconscientes. Claro está que o mais provável é que nem ele nem a sua família estejam percebendo a mensagem dessa forma. Daí o conflito.

"Seria mesmo? Eu já duvidava. Voltaram os pesadelos e as insônias. Acordava na cama suando frio: a ponta da asa do belo anjo, subitamente traidor, podia mover-se, tocar o coração da minha mãe, e ela estaria morta.

E se já estivesse morta, ao lado do marido adormecido?

Como uma criança desamparada, eu levantava e fazia barulho pela casa até que meu pai aparecesse perguntando o que havia, queria acordar minha mãe que precisava descansar? Eu voltava para a cama, quase chorando de alívio: por algum tempo estava segura; contudo o momento seguinte poderia ser o momento do Anjo." (92) **[32]**

O sintoma enquanto comunicação

Para esclarecer melhor o tema, vou formular a questão da maneira seguinte: o sintoma familiar é a melhor maneira que se encontrou para comunicar algo, para fazer uma demanda. Ele visa resolver uma situação pressentida como grave. Tem, como já comentávamos, uma função de proteção. É claro que muitas vezes acaba crescendo tanto que se torna maior que o conflito que se queria resolver. Aceita-o como uma demanda. **{12, 52, 53, 62}**

"A tristeza. Aí, o Reinaldo, na paragem, veio para perto de mim. Por causa da minha tristeza, que de mim ele mais gostava. Sempre que estou entristecido , que os outros gostam mais de mim, de minha companhia. Por quê?" (143) **[46]**

Sim, insistamos, o sintoma sempre, por doloroso que seja, sempre cumpre uma função. Representa uma busca de equilíbrio, de preenchimento de uma necessidade. Enquanto a situação que o produziu não estiver resolvida, ele terá tenência a se manter.

"O ganha pão do mendigo era a redonda ferida aberta. E ainda por cima, devia ter medo de ficar curado, adivinhou ela, por que se ficasse bom, não teria o que comer, isso Carla sabia: 'quem não tem bom emprego depois de certa idade... Se fosse moço poderia ser pintor de pare-

des. Como não era, investia na ferida grande em carne viva e purulenta'. Não a vida não era bonita." (137) **[28]**

Sintoma e contexto

E tem mais uma coisa a esse respeito: o sintoma carece de ser compreendido no seu contexto. O contexto poderá fornecer-nos a chave da sua compreensão. Sem esquecer que para "o doente", ele pode ser, nas circunstâncias, a única manifestação possível de sua vitalidade.

"Foi quando também comecei a sentir meus defeitos como uma espécie de salvação às avessas.

Ainda falava alemão com minha avó, só que agora com algo de sotaque brasileiro da minha mãe; consegui que terminassem os exercícios de letra gótica; as lições de piano espaçaram-se, eu estava crescendo demais para levar pancadas nos dedos e golpes de bengala nas costas.

Tia Marta desistia de me ensinar receitas, meus bolos desabavam, meus pudins aguavam. Em vez de me entristecer tudo isso me divertia: fracassando, eu me sentia forte. Não ia me preparar para uma existência submissa que não desejava: cultivei assim uma liberdade oculta e mesquinha." (74) **[32]**

O "paciente" "designado"

Que nome horroroso. Com tu sabes, eu utilizo uma outra denominação, eu prefiro chamar a pessoa que manifesta as dificuldades familiares de "emergente familiar". Porque ao mesmo tempo que a pessoa é escolhida pela família para desempenhar o papel (se fosse só isso haveria motivos para chamá-la de "designada"), mas acontece que ela também se oferece, ela obtém um ganho secundário não desprezível. O caso, é que existem pessoas que assumem as dores dos outros, que os representam no sofrimento. Uma espécie de porta-vozes da dor. **{41}**

"Não era ela (Áurea) uma espécie de coordenadora do caos, um desses seres providenciais junto de quem vão desaguar todas as vagas de discór-

dia, todas as estéreis agitações que fremem no seio de tantas famílias como uma corrente elétrica?" (220,221) **[16]**

É por isso que resulta tão difícil, em certos casos, simplesmente suprimir um sintoma, é como se logo surgisse na pessoa a inquietação: "quem vai tomar o meu lugar? Quem vai, daqui para frente, sacrificar-se em nome de todos nós? Se eu mudar estarei traindo meu substituto..., um daqueles que eu quero proteger." Existe o outro lado, tu me dirás, o do poder que tem a pessoa portadora da dificuldade. Isso é verdade, também conta muito. De qualquer maneira, não esqueçamos que, esta decisão (ser o membro sintomático de uma família) não é assumida individual ou isoladamente, todos da família participam e são co-responsáveis.

"Por um instante, abrindo a cancela do jardim, pensou na estranheza dessas existências que se dissolvem ao longo dos anos, entre paredes fechadas, sem que jamais percebam uma das outras a secreta realidade que transportam. Não seria uma espécie de acordo, uma clausula nesse tácito contrato que as famílias estabelecem entre si para evitarem a mútua destruição?" (296) **[16]**

Causa e culpa

Resulta aparentemente difícil ouvir e aceitar esta parte da realidade, quando sabemos que as famílias, e nós próprios, temos uma forte tendência a procurar uma causa (ou um culpado) pela situação. Só quando compreendemos a esterilidade dessa busca é que podemos começar a ver diferente.

"Que interessava quem havia iniciado aquele ciclo? Tanto podia ser Ava, como a mulher do médico ou feirante. Ou o simpático e gentil freguês de Ava. Ou qualquer cliente do médico. Ou qualquer comprador da feira. Ou qualquer pai de aluno que pagasse o colégio. Seria como perguntar quem começou o grande engarrafamento de trânsito na estrada. Qual criança que espalhou o sarampo na escola. Que boi foi o responsável pelo estouro da boiada. Em casos assim, todos são suspeitos. Uma população inteira. Não importa estar no princípio, no meio ou no fim dessa corrente da prosperidade." (74) **[39]**

Percebes, não é apenas difícil determinar quem é o culpado, é inútil e, no final das contas, ninguém acaba sendo quem é. Se quisermos que nossa intervenção tenha o efeito positivo que desejamos, teremos que concentrar e dirigir as nossas energias para outros alvos.

"Diana, que o fitava da cama, vendo-o curvado para fora, não pôde reprimir a piedade que a invadia. Afinal, nestas vagas de sentimentos humanos, quem é a vítima, quem é o algoz? Tudo se confunde inexplicavelmente, o algoz é muitas vezes vítima, a vítima é afinal o verdadeiro algoz." (369) **[16]**

Queres que faça uma citação que confira maior força a essas propostas, está certo, apelo para a reconhecida autoridade de um célebre e renomado colega:

"Quando diante de um caso 'dos encroado", o analista de Bagé se vê 'mais apertado que Jeans de fresco', as máximas do velho Adão muitas vezes sugerem uma saída...

Dando a idéia de que o cúmplice é igual ao criminoso, ou então que muitas vezes o que parece sem importância é essencial: "'A gengiva não morde mas segura os dentes.'" (90,91) **[54]**

A pergunta

Esse é um tema muito especial, e eu acho que nem sempre lhe concedemos a importância que merece. Nossas perguntas não apenas servem para colher informações, o fato é que quando perguntamos estamos também introduzindo informações. A informação introduzida pela nossa pergunta nunca será neutra, ela poderá ser positiva ou negativa. Em certos casos, sem percebê-lo é claro, mais do que perguntar estamos induzindo culpas. **{2, 16}**

"Asseguro-lhe, então, que na terra já não tenho espaço. Não sei onde me localizo. O giro do planeta projeta-me a uma extremidade sempre em rotação. Pergunto e respondo, e ignoro quando a minha resposta não passa da armadilha da pergunta." (32,33) **[33]**

E não deixes de lembrar que quando se pensa em termos de culpa, é porque se considera que existe um culpado (o bom e o mau...), o qual quase que fatalmente fará com que alguém chegue a sentir-se culpado.

"Não estou isento de culpa quando me atribuem uma culpa. Me podem nomear culpado a cada instante, e de que servirá a proclamação de uma inocência em que eu mesmo não creio.

E com que direito protesto se fortaleci quem tinha a arma na mão, dei-lhe a munição que escasseava. Mas, não quero padecer acima de minhas forças, afinal Adão e Eva resistiram menos que eu e tinham só Deus que enfrentar. A história designou-os vitimas de um árbitro por parte de quem havia ousado criar a terra. Diga-me, tem força quem gera força, ou força tem quem sabe administrar uma força que lhe foi emprestada?" (19) **[33]**

Pode acontecer algo que seria inclusive pior... que a pessoa assim induzida aceite, sem mais, a culpa assim fabricada. Essa confissão terá a triste função de suprimir nossa angústia: quando temos um culpado só nos resta executar uma sentença...

"Tudo fazia sentido, voltava ele a pensar no seu círculo vicioso. As peças se ajustavam perfeitamente. Só não fazia sentido a sua própria verdade. O seu crime foi outro, não o que ele tinha cometido, era o que lhe dizia agora o carcereiro. O absurdo o vencia, branco. No dia seguinte, a ferro e fogo, sob tortura, contaria o que quisessem. O sangue servia apenas para confirmar o que de antemão se sabia. Me descobriram, descobriram tudo, mesmo o que não cheguei a sonhar, ia dizendo a si mesmo, sufocado pelo absurdo. Ele próprio começava a acreditar que era réu do crime que agora lhe imputavam." (47) **[23]**

Essa busca pelos culpados poderá levar-nos muito longe... com certeza iremos nos perder!!!

"E sem nenhum desespero, apenas perguntas que alguém se faz, ela diz, que fiz, meu Deus, pra que tudo isso acontecesse? Que fez ou fizeram por ela? Antes dela? A mãe? O pai? Toda uma cadeia sem fim, que começava em lugar nenhum e não parava nunca mais, roda. Qual o seu pecado? Qual o pecado de todas antes dela, que para puni-lo a invisível

presença negra (era assim que ela dizia, melhor sentia) a soprou e estimulou, a ela passava adiante, a Januário, e Gaspar, todas essas idéias malignas que foram aos poucos nascendo? Porque aquele primeiro encontro, o amor, que ela julgava uma dádiva de repente caída do céu, era um destino há muito traçado, do qual não podia fugir. O que julgou uma bênção e uma dádiva, era o castigo por que esperava a sua danação." (186) **[23]**

Quando, apesar de tudo, essa culpa (e esse culpado) parecem se impor ao nosso entendimento, não devemos esquecer que por trás do gesto — equivocado— havia uma intenção positiva...

"Não, não pense que quero transferir para você um pouco da nossa culpa, do nosso pecado. Sei que tenho culpa e ao mesmo tempo não tenho, porque tudo que fiz, tudo quanto seu pai recebeu de apoio de minha parte, foi com boas intenções. Por isso, hoje me sinto um tanto aliviada." (401) **[12]**

Devemos levar em consideração que pode ter havido também um sentimento muito profundo. Será esse sentimento que nos permitirá redimensionar as coisas.

"Foi o que aconteceu: excesso de zelo, e por que não dizer excesso de amor?

Por que não dizer?

Sim, foi isso, excesso de amor.

Não, não estava procurando me enganar. Tudo quanto fizemos, fizemos por amor." (403) **[12]**

Se não vemos nem sentimos isso tudo, talvez nós estejamos sendo "culpados", estejamos cometendo um grave erro.

"Se não estava aí a culpa, que era então a culpa? Não há senão uma forma de pecado, a de não saber amar. Tudo o mais deriva daí, como de uma fonte de sangue." (215) **[16]**

Terapia: uma declaração de amor

E isto nos leva a um outro ponto importante: pouco nos falaram durante nossa formação no ***amor***, não tinha, segundo nossos "formadores" (!?) nada a ver com a ciência, com a terapia. Mas tem sim. Eu creio que quando uma família chega e te diz: "Estamos aqui, temos muitos anos de convivência, já passamos por inúmeras situações, tristes e felizes. Sempre encontramos uma forma de aproveitá-las para crescer. Hoje... sentimo-nos confusos, não sabemos o que fazer. Estamos sofrendo muito. Decidimos escolhê-lo para abrir os nossos corações e confiamos em que juntos poderemos achar uma saída." Não te parece que se trata de uma declaração de amor?

Nossa resposta também poderia ser interpretada dessa maneira: "Há muitos anos que dedico a minha vida a tentar ser cada vez melhor como pessoa. Que estudo sobre família e que convivo com famílias que buscam crescer e serem cada vez melhores. Por tudo isso, estou disposto a expor-me diante de vocês e a confiar em que juntos poderemos crescer ainda mais." Por isso, diria que se não amarmos nosso trabalho... será melhor desistir.

"O amor existe, pensou. Apesar de o terem banido deste mundo, pois ele é um dom das almas fortes, apesar do mundo sufocá-lo sob suas mesquinhas necessidades e desconhecê-lo nessa obstinada falta de compreensão e sobretudo nessa estranha fascinação pela morte, o amor existe e só sua consciência nos poderá salvar do desespero e da mútua destruição. Decerto hoje ele está tão distante que o supomos uma miragem. Muitas vezes atravessamos a vida inteira sem conhecê-lo. Mas eu sei que ele existe e que da miséria dos homens faz uma coisa mais bela." (218) **[16]**

É claro que devido a todo o processo da nossa [de]formação, teremos que viver uma verdadeira transformação pessoal. (Mas isso não é problema, ao final das contas, a primeira pessoa que deve mudar no processo é o terapeuta.) Não é muito difícil chegar a sentir esse amor. **{36, 41, 47 64, 65}**

"E profundamente nele, começou logo a desprezar as pessoas que não amavam o que faziam. Ou que não tinham coragem de fazer aquilo que amavam. Esquecido de que só há poucos minutos encontrara um símbolo de trabalho, e que deveria ter misericórdia para os que não o haviam encontrado —ele, com fatuidade se admirava. Aquele homem pela primeira vez se amava. O que significava que estava pronto para amar

os outros, nós que nos fomos dados como amostra do que o mundo é capaz; e ele, que acabara de provar." (283) **[30]**

A família como sistema

E bem, está na hora de falarmos um pouco da família entendida como sistema. Para poderes trabalhar com a família deves vê-la como um todo. O homem visto fora do seu contexto pode parecer incompreensível. **{3, 26, 37, 62}**

"O mundo é grande e cheio de coisas estúrdias, mas a coisa mais estúrdia e dura de entender é o homem." (49) **[24]**

A família dizia, é um todo cujas partes funcionam de maneira sincronizada. O movimento de um está relacionado com o movimento do outro. A vida da família é como uma representação na qual o papel de cada um dos atores está intimamente ligado aos dos outros.

"As vidas individuais ele não as entendia. Mas já ao olhá-las em conjunto —a mulata que fora pesadamente sua e que agora enchia o balde com água cantante, Francisco serrando madeira, Vitória corajosa, Ermelinda espreitando-a e fumaça saindo alta da cozinha- isso, isso ele já pareceu entender como conjunto." (103) **[30]**

E daremos mais um passo quando compreendermos que nossa intervenção não visa apenas atingir o dito do sistema familiar, será preciso que nós próprios estejamos incluídos enquanto elementos desse sistema em processo. (Todos estamos no mesmo barco).

"Então, pensou Argemiro, estou escolhendo isto aqui, mesmo que seja só por causa deste povo e, sendo por causa deste povo, é por minha causa, porque, sem esse povo, é muito possível que eu fosse somente um Sem-Nome do Sem-Nome, de tal forma que nem minha cara nem minhas palavras fossem reconhecidas e então a terra me chupasse de volta, como chupa a água que entrega." (67) **[44]**

O anterior não significa que se possa esquecer que os membros desse sistema têm, também, uma realidade e uma existência próprias que da nossa participação.

"Raciocinei isso com compadre meu Quelemém, e ele duvidou com a cabeça: —'Riobaldo, a colheita é comum, mas o capinar é sozinho...' — ciente me respondeu." (54) **[46]**

O fato de assumir que as famílias funcionam como sistemas, poder te ser de muita ajuda, mas a condição que não esqueças que cada família é um sistema diferente, que cada uma delas é, obviamente, única.

"Quem conhece as paragens que habita sabe que nada se repete e que erra todo aquele que prevê em demasia." (110) **[44]**

Sistema familiar - sistema terapêutico

Para poder usufruir com plenitude das possibilidades abertas pela tua entrada no sistema, terás que continuar levando em consideração a necessidade de uma perspectiva diferente, da existência de uma distância. Será graças a um vai-e-vem dentro-fora, que poderás combinar as duas visões, a tua será uma proximidade "distanciável". **{7,41, 46, 65}**

"É estranho como vemos mal as faces que nos são mais próximas, como nos escapam as sutis deteriorações que o tempo lhes empresta, como se confundem com esses objetos que usamos e abandonamos sem perceber nunca a verdadeira expressão." (53) **[16]**

Sabes porque se a família te procura?, por que, de alguma maneira, sua proximidade com ela própria lhe fez perder a capacidade de enxergar o óbvio. Mas tu poderás introduzir esse fator distância, tu deverás estar em condições de fazê-lo.

"Como se nos dissessem: eis aqui a fruta mais rara, e nos mostrassem a laranja de todos os dias. Surpreendida vejo que a laranja , rara entre as mais raras." (163) **[27]**

Antes de falarmos da primeira entrevista, quero que abordemos alguns pontos aparentemente evidentes mas que com facilidade perdemos de vista.

O conselho

As famílias em dificuldades não carecem de conselhos. Conselhos já receberam de Deus e do mundo. O diabo é, justamente, que eles são incapazes de segui-los (mesmo achando-os mais do que justificados), aliás, se fossem capazes de seguirem conselhos... não te procurariam. Deves, pois, supor que o método direto terá muito poucas chances de ser eficaz. Porque razão teus conselhos teriam melhores chances de serem seguidos do que os conselhos dos outros?

"Não podia compreender o juízo de seu compadre. Era homem bom. Quando caia no mar era com coragem, passava noites e dias em cima de uma canoa, lutando, tirando do mar o que ninguém tirava. E no entanto, dava para passar dias, semanas, na vadiação, bebericando nas bodegas, jogando pelas casas dos outros. Sem se importar com a família. Por mais de uma vez lhe dissera:

—Compadre, família é família. Olha para as tuas filhas.

E ele falava sério, prometia mudar de vida e não mudava coisa nenhuma." (45) **[38]**

A demanda individual

Muitas vezes receberás demandas de terapia "individual". Em muitas circunstância uma terapia individual pode ser muito útil. Mas preciso que prestes atenção. Quando a demanda parte de um dos membros de um casal, tua intervenção pode servir apenas para precipitar uma ruptura que talvez fosse desnecessária.

"Um dia, Beijinho, não volto mais, ou melhor, terei evoluído tanto que você, para mim, passará a ser uma sereia. Mermaid, ouviu? Então não sabe, sempre que uma criatura evolui em excesso, a outra fica atrás, com garras, casca e algas coladas no rabo?" (112) **[35]**

O segredo

Enfrentarás situações nas que as pessoas vivem uma situação insustentável, que elas próprias afirmam ser insuportável mas da qual, paradoxalmente e por algum motivo desconhecido, não podem, não conseguem ou não querem falar. Nem sempre precisas insistir, podes ter paciência, quando tenham adquirido confiança poderão se abrir.

"Não falava do seu casamento. Era um ponto morto na sua vida. Uma zona escura onde não queria penetrar. Fracassara e tentar recordar não adiantava. Por mais de uma vez tivera vontade de contar à dona Mocinha o que fora sua existência de casada, os dois anos trágicos do seu casamento e nem a ela tivera coragem de contar. Seria só dela aquela história." (49) **[38]**

O fracasso

Voltando à questão do casal, nunca esqueças que de todas as tarefas já empreendidas pelo ser humano ao longo de toda sua história, talvez a mais difícil e complexa seja a construção de um casal equilibrado e harmônico. Lembra que com os casais, o sucesso do teu trabalho não necessariamente consiste em conseguir que eles se mantenham juntos. Por exemplo, há casamentos que tiveram um mal início e foram, ao longo dos anos, destruindo as poucas bases com que contavam. Manter a união a qualquer custo pode representar um sofrimento muito maior. **{64}**

"Há anos, desde o nascimento de Rodrigo, que ela o repelia, temia-o como instrumento de castigo. Bem sabia que Elisa se casara para salvar a mãe, e a irmã Helena, para evitar que elas rolassem na miséria." (7) **[25]**

Muitas pessoas continuam "juntas" anos a fio, só porque sentem que não têm outra alternativa. As vezes falta-lhes, apenas, coragem para se separarem.

"Subitamente, Laura sentiu-se cansada da presença daqueles dois homens que diziam coisas sem nexo e pareciam estranhos entre si. Quanto

ao Urbano, o que ainda a prendia a ele —sabia exatamente— era apenas o hábito, o conforto em que vivia, ou, sobretudo, o medo de ter de começar toda uma vida novamente." (33) **[19]**

As hipóteses

Teu primeiro contato com as famílias produzir-te-á uma estranha sensação de descontrole, desconcerto e, inclusive, de incapacidade de compreender alguma coisa de tudo isso que a família te traz. Quais são então tuas possibilidades de chegar ao cerne da questão? Poucas... deverás contentar-te com elaboração de algumas hipóteses de trabalho, são elas que orientarão tuas perguntas e tuas intervenções. Assim irás encontrando as primeiras pistas. As hipóteses são importantes porque são descartáveis, se uma não funcionar, joga fora, arruma outra. **{3, 4, 21, 26, 41}**

"—Que embrulhada, que embrulhada, Soares. Você, você que é velho profissional da polícia, que me diz deste caso?

—Não pude ainda formar uma opinião. Este crime é completamente desconcertante. Quando se imagina ter encontrado uma boa pista, essa pista se desmancha. Pensávamos que a vítima fosse o banqueiro e que as cartas das suas amantes, encontradas na escrivaninha, servissem de um bom roteiro para o esclarecimento do crime. Vai se ver o cadáver não é do banqueiro e sim de uma criatura que ninguém conhece. O roteiro das cartas fica assim inteiramente inutilizado. Inesperadamente surge no banheiro uma perna de mulher. Por que somente uma perna e não o corpo inteiro? O assassino, ao esquartejar a vítima, esqueceu-se da perna no banheiro? É difícil acreditar. Por que precisou esquartejar o cadáver? Por quê? Não atino. Onde meteu ele o cadáver? Numa mala? E como conseguiu transportar essa mala? Como passou, com ela, na portaria, sem que ninguém visse! Desnorteante! Desnorteante!" (22) **[20]**

Tuas hipóteses, e as respectivas pistas que elas indicam, far-te-ão sentir se estás ou não no bom caminho. Mas, como te dizia, deves estar preparado, porque novos elementos poderão vir desmanchar aquelas hipóteses que antes te pareceram tão adequadas e até... perfeitas.

"E os três, o respeitável funcionário, a velha cigana e o vil gatuno corroboraram as declarações do comissário: a pista levantada por Peleguinha era falsa de ponta a ponta. O tal dr. Oscar, encarregado do baile do municipal, declarara á polícia, e depois aos jornalistas, não haver a menor parcela de verdade na história por ele contada a Peleguinha." (56) **[2]**

Em certos casos, depois de te sentires muito satisfeito com tuas brilhantes hipóteses, poderás ver como tudo se desmancha e se anula, chegando inclusive ao desespero:

"—Bonito! Muito bonito!— o Dr. Brasil soprava para o alto a fumaça da pitada. —Mal aparece uma pista, e tudo escorrega, se escapa para o Norte ou para o Sul... Este é um crime interestadual, Soares. É o diabo! Vamos ver que o centro da trama há de estar por aí por Niterói, por exemplo..." (76) **[47]**

Além das tuas pistas e hipóteses não te levarem à solução do "caso", as coisas poderão assumir uma tendência a se complicarem com acontecimentos inesperados, produzidos pela própria situação da busca...

"O caso cresce como fermento nos bolos. Tia Maria. Somente hoje, esta tarde, já surgiram, entre outras novidades, um atentado e um kidnapping... Oh, Providênio... Digo quando a água fica túrvia demais, também não se pesca é nada... E várias pistas se desmancharam." (83) **[47]**

A intuição

É nos momentos de maior confusão que mais deverás apelar para tuas capacidades intuitivas. Se te permitires utilizar as tripas, se te deixares guiar pela tua intuição, as coisas podem tomar rumos diferentes e descobrires a clareza aí onde antes só vias confusão. **{17, 22, 23, 61, 66, 67}**

"Vindo das brumas, agora começava a ver mais claro. A verdade só germina na escuridão da terra, semente encharcada. Aqueles sonhos todos e lembranças. Quando não podia distinguir se sonhava, se apenas relembrava. Se já inventava o que ia acontecer, podia. Na escuridão às vezes pegajosa desses sonhos foi que começou a inchar a miúda semente. Uma

semente já traz em si toda a árvore que vai ser depois. Para todo o sempre, amém. Feito é cego antes de se cumprir, o destino de um homem. Mas que vive escondido na primeira semente. Súbito ele via para trás, desenovelando. E tudo fazia sentido. Um jogo cujas peças só agora, depois da revelação luminosa, era capaz de montar. Tão fácil, por que não viu?

Agora via claro, o jogo armado. Súbito viu. Agora se lembrava do que tinha visto de repente. Tudo o que tinha acontecido e ele não conseguia entender, se desvendava. Um desenho, a traça feita só para ele. Por que não tinha percebido?" (211) **[23]**

A primeira entrevista

Todas as entrevistas com a família podem ser consideradas "a mais importante", mas a primeira poderá ser a mais importante das mais importantes. Da qualidade do seu desenrolar dependerá o resultado final do trabalho. Se queres fazer um trabalho breve e bom... não tenhas pressa, não queiras saber logo qual é o problema. Vai devagar, lembra que mais tarde terás tempo de sobra para isso. Lembra de algo muito simples: tu podes ser um grande especialista na questão familiar (de fato, o mais provável é que saibas mais sobre famílias que aquela família que te procurou), mas na tua frente tens os maiores especialistas do mundo na sua própria família. Tu dependes deles para obter as informações necessárias, eles serão os teus mestres neles próprios. Antes de abordar as questões relativas aos seus problemas, fala e faz com que falem de todas as outras coisas da vida e da família. Conhece-os enquanto pessoas, depois terás ocasião de adentrar-te nas suas dificuldades. Esses primeiros momentos gastos em conversas aparentemente inúteis serão muito importantes. **{14, 15, 26, 37, 41, 57, 59, 64, 65}**

"A música —acrescentou detendo-se ao ouvir os sons de um piano num exercício ingênuo. —Este céu que nem promete chuva— prosseguiu atirando a cabeça para trás. —Aquela estrelinha que está nascendo ali... está vendo aquela estrelinha? Há milênios não tem feito nada, não guiou os Reis Magos, nem os pastores, nem os marinheiros perdido... Não faz nada. Apenas brilha. Ninguém repara nela porque é uma estrela inútil. Pois é preciso amar o inútil porque no inútil está a Beleza. No inútil também está Deus. Ouça Virgínia, é preciso amar o inútil. Criar pom-

bos sem pensar em comê-los, plantar roseiras sem pensar em colher rosas, escrever sem pensar publicar, fazer coisas assim, sem esperar nada em troca. A distância mais curta entre dois pontos pode ser a linha reta, mas é nos caminhos curvos que se encontram as melhores coisas.” (139) **[49]**

Eles vão “esquecer” que vieram para falar de “problemas”, vão sentir-se bem e terão uma grande curiosidade por saber qual é a tua e se abrirão.

“Os quatro companheiros, ansiosos de ouvir o caso prometido, esqueceram a controvérsia. Santa curiosidade! Tu não és só a alma da civilização, és também o pomo da concórdia, gruta divina, de outro sabor que não aquele pomo da mitologia.” (113) **[6]**

Não te preocupes, também não, em conferir se tudo que dizes fica perfeitamente claro, eles podem aparentar que não entenderam. Acabarás por perceber que, de uma forma ou de outra, souberam captar a tua mensagem.

“Zito disse a gente não precisa dizer muito, a gente nunca deve dizer nada explicadinho, ninguém quer saber nada por inteiro. As pessoas perguntam mais é por perguntar, para enganar o tempo.” (27) **[22]**

As crianças

Quando a família inclui crianças pequenas, aproveita, começa falando com elas, elas falam com o coração e te guiarão pelos caminhos mais importantes da família. Se sabes ouvir, elas te dirão tudo. **{41, 37, 63}**

“Visão de menino é assim mesmo, disse o tio Alfredo quando João lhe contou como ele menino via Xambá. Não digo que menino não veja as coisas direito. São as névoas dos olhos, feito você diz. É que menino vê muito, vê é demais da conta. Só que vê de través, junta o que sentiu e as coisas que aconteceram mesmo. Visão de menino é que nem visão de santo, tem lume nas bordas, pinga estrelas. Olho de menino vive cheio de neblina, depois, com o tempo, clareia ou se apaga, não sei. Depois a gente vê melhor, melhor não digo, vê diferente, a força de antes vai min-

guando no escorrer do tempo. Tudo em menino é girândola, grito, susto, foguetório, brumado de sonho." (209, 210) [22]

E isso não custa trabalho. No começo os pais acham estranho que tu te dirijas principalmente as crianças. Mas, eles próprios passam a prestar muita atenção e desfrutar do intercâmbio (o que já é bastante terapêutico para todo mundo). Só não podes esquecer que:

"...com um mínimo de boa vontade, o diálogo com qualquer criança é simples, suave, natural. Elas adoram conversar, estão sempre prontas e bem dispostas, cheias de curiosidade. Todo mundo sabe disso. É óbvio. Não é preciso nenhum esforço terrível, basta não se recusar. Crianças andam pela vida oferecendo amizade a quem aparecer pela frente. Elas ainda "não têm discernimento", "não têm experiência", e por isso acreditam —não como nós acreditamos, mas acreditam de verdade— que todos os homens são iguais, lixeiros ou milionários, que é preciso procurar aventura, que as pessoas devem ser boas, devem ser generosas. Se ouvem uma história triste, se comovem na hora, sentem uma tristeza infinita, uma vontade imensa de chorar. Uma história que acaba bem vale mais do que qualquer presente: elas ficam tão contentes, alegria tão sincera que dá até medo de olhar." (174) **[17]**

O salvador

Como as famílias te procuram com problemas dos mais variados, que provocam sofrimentos muito fortes, é natural que, com uma certa freqüência, sintas subir do fundo da tua alma um enorme impulso salvador. É provável que te vejas como a única possibilidade de salvação. Parece que eles estão aí para que tu sejas o seu salvador. Mas deves ter cuidado, porque quem salva, salva para se próprio... e acaba criando um problema maior: uma grande dependência.

"Durante dois dias pensei sem cessar. Queria achar uma fórmula que me o desse para mim. Queria achar a fórmula que pudesse salvá-lo. Sim salvá-lo. Essa idéia era-me agradável porque justificaria os meios que empregasse para prendê-lo." (18) **[29]**

E o nobre desejo de salvar alguém, infelizmente também pode produzir um resultado contrário ao desejado.

"Viver é muito perigoso... Querer o bem com demais força, de incerto jeito, pode já estar sendo se querendo o mal, por principiar. Esses homens! Todos puxam o mundo para si, para consertar o consertado. Mas cada um só vê e entende as coisas dum seu modo." (816) **[46]**

Nem as famílias, nem mais ninguém, precisam de salvadores. O mais importante que tens para dar, no início, é um pouco de compreensão.

"Ah, que bom na hora do desespero ter alguém que nos deixe desesperar, pensou Laurinha, que não nos mande ser fortes, que nos acolha no nosso desalento." (215) **[15]**

E, voltando à primeira entrevista, é possível que te perguntes se não seria mais conveniente, mais prático, ter uma entrevista "padrão", estruturada. Isso facilitaria as coisas? Depende do que chames de facilitar. Se por facilidade entendes a comodidade rotineira do questionário fechado, tens razão, facilita.

Agora, se o que queres facilitar é o teu contato e a tua percepção da família enquanto grupo vital e dinâmico, definitivamente não. Mas, enfrentar a família sem um roteiro, sem uma entrevista estruturada... não seria muito perigoso? Perigoso não, é apenas arriscado.

"Pois olhou o vazio perfeito da claridade, e ocorreu-lhe a possibilidade estranha de jamais conseguir reconstruir. Mas, se não conseguisse, não importava sequer. Ele tivera a coragem de jogar profundamente. Um homem um dia tinha que arriscar tudo. Sim, ele dissera isso." (124) **[30]**

O uso de si mesmo na terapia

Quando estás na frente de uma família deverás lançar mão de todos os teus recursos, de todos os teus instrumentos. E sabes qual é o teu principal instrumento? Tu mesmo. Tenho para mim que o terapeuta possui três arquivos onde guarda os seus recursos: em um está tudo que aprendeu nos livros e nos cursos diversos, no outro estão suas experiências com outras famílias e outros clientes e, no terceiro, todas suas experiências pessoais. Quando és solicitado pela família automaticamente buscas nesses arquivos. **{41, 46, 47, 51, 64}** É por isso que quando entras totalmente na situação, mesmo que sintas que não sabes (o que fazer, como reagir) podes acabar descobrindo que apenas não sabes que sabes, e que ao entrar podes descobrir o quanto sabias (sem saber que sabias). **{1}**

"Ver no mundo inimigos depende sempre de onde nós estamos. Não se vexe. A cabeça é só que salva ou acarreta perdição, e o desaparecimento só vem pela cabeça. Então mire as catanduvas e as urtigas e os cansanções com fraternidade, porque navegamos todos nesta mesma embarcação resseca e só quem gosta de nós somos nós e nossas coisas. Só quem pode gostar é quem vive a mesma história. Mas isso vem depois, porque isso você já sabe e somente não sabia que já sabia. Hoje nós vamos a ganhar esta batalha." (84) **[44]**

Não temas, vai em frente, aproveita para deixar-te ser e desfrutar do prazer de usar-te a ti mesmo na situação.

"O que induz a gente para más ações estranhas, é que a gente está pertinho do que é nosso, por direito, e não sabe, não sabe, sabe!" (93) **[46]**

Quando te dás ao direito de seres tu mesmo dificilmente consegues falhar.

"Ele me viu afinar a mira, uma vez e me louvou, por eu, de nascença, saber, tão bem, na horinha, segurar de não respirar. Mesmo dizia: — Senhor atira bem, porque com o espírito. Sempre é o espírito que acerta..." (116) **[46]**

A mudança

Este ponto é crucial. A questão da mudança é um dos eixos principais da nossa reflexão. Mas mudar é muito difícil, ninguém pode negá-lo. É importante que reconheçamos que isso não é válido apenas para os nossos clientes, também o é para nós mesmos. Se partimos desse princípio poderemos deixar de falar bobagens do tipo "eles querem mudar mas sem mudar", que não esclarecem nada. **{7, 6, 8, 9, 18}** As pessoas querem mudar sem perder sua identidade. A mudança que ameace a identidade será rejeitada, aquela que confirma a identidade poderá ser aceita com mais facilidade.

"Eu não sou é nada. Gosto de comer, dormir, e fazer as coisas. O que não entendo eu não gosto, me canso. Chegasse lá, sentava, historiava e esperava a decisão. Era muito melhor. Assim como está, não sei. Não gosto que o mundo mude, me dá uma agonia, fico sem saber o que fazer." (94) **[45]**

E muitas das famílias que te procuram vão com uma atitude semelhante, de medo ao desconhecido. Mas contam contigo, com tua capacidade e teu prazer pela aventura da descoberta. Querem tua cumplicidade para mudar e continuar sendo eles mesmos.

"Não quero ter a terrível limitação de quem vive apenas do que é passível de fazer sentido. Eu não: quero uma verdade inventada." (22) **[31]**

Assim, poderás viver em mudança, promovendo-a, assim serás realmente fator de saúde...

"O senhor... mire veja : o mais importante e bonito, do mundo, é isto: que as pessoas não estão sempre iguais, ainda não foram terminadas — mas que elas vão sempre mudando. Afinam ou desafinam. Verdade maior. É o que a vida me ensinou. Isso que me alegra, montão." (21) **[46]**

Conselho e auto-descoberta (induzida)

A família nos procura não em busca de receitas, quer chegar à sua própria verdade (a minha, a tua, qualquer outra não pode lhe interessar, simplesmente porque não lhe serviria de nada). A pergunta importante é: seremos capazes de servir de pretexto e de estímulo para que ela a encontre? **{25, 18, 51}**

"Felizmente não havia casamento em aquela terça-feira fúnebre e Hilda pôde gozar a paz da igreja. Apenas algumas pessoas rezavam. Um sacristão acendia velas. Viu um homem simples chorando, talvez um ope-

rário, pela morte do Getúlio. Ela, porém não estava lá para observar as pessoas. Fechou os olhos e contou a Deus o que ele por certo já sabia, e aguardou a sua resposta. Pouco se sabe dos processos divinos mas a espera sempre foi a mais sábia atitude de quem necessita. E Deus fala por ventriloquia, usando a própria voz de quem a ele recorre. Não foi breve nem fácil, mas Hilda conseguiu, graças à sua fé, auto-aconselhar-se." (55) **[40]**

Visão da família, visão do terapeuta

Quando a família procura por ajuda vem preparada para fornecer-nos sua própria visão do problema. Sua forma de ver as coisas sói ser bastante linear, ela apenas servirá de fio condutor para a construção das novas visões alternativas. **{40, 41, 48, 54}**

"Cada um se queixa do outro para a respectiva família. Ora, a família de Maria está do lado dela. E a família de João ao lado dele. Casados de três para quatro meses e Maria, segundo ela, sempre virgem. Como pode ser, contesta João, se está grávida?

Um mistério que até agora não foi decifrado." (9) **[50]**

Aceitar integralmente essa visão significaria cair em uma armadilha. Nesse caso, veríamo-nos limitados às mesmas possibilidades de reflexão com que eles já contavam. Acabaríamos sendo sufocados pelo mesmo nó que eles nos trouxeram.

"—E enquanto ao nó?— perguntei.

Mostrou a corda. Voltara mais suja da viagem e lá estava o nó, ainda mais górdio.

—Cento e vinte e um marinheiros tentaram desatar essa coisa e não conseguiram —informou—. Disseram que na Indonésia há um homem capaz de fazer isso. Mas lá eu não vou. Acho que não vou.

Então o Jardim, nu como estava, e com aquela sensualíssima peruca, disse, dando uma tapinha no rosto do infeliz Romeu:

—Não se preocupe, tenho a solução.

—A solução é meu suicídio— murmurou o Lorca.

O Jardim explicou-se:

—Enquanto você viajava encontrei a chave.

—Que chave?

O detetive saiu da sala e foi para o quarto. Não demorou muito. Voltou trazendo uma corda do mesmo tamanho e da mesma cor que o Barretão dera ao Lorca, mas... sem nó.

—Leve essa ao sogro e diga que desatou o nó. Ela não vai perceber que a corda é outra.

Lorca examinou as duas cordas e começou a rir. Depois deu um beijo no Jardim com a afetividade rude de um atleta russo. Tínhamos um litro de conhaque dos piores, mas serviu para a comemoração." (63) [41]

Há nós, realidades, problemas, que não pedem para serem desfeitos e sim... trocados, reinterpretados. Os problemas que enfrentamos são muito diversos, nossas respostas alternativas também deverão ser diversificadas. Vejamos a continuação quais seriam alguns dos principais exemplos de configurações de conflito que podem surgir. {**4**}

A dupla mensagem

A dupla mensagem é um tipo de comunicação que ocorre com muita freqüência e que não necessariamente constitui um fator patológico. Mas sua repetição, sobre tudo quando realizada com crianças pequenas, pode representar um problema: ela consiste na emissão de duas mensagens simultâneas de conteúdos contraditórios que podem provocar no interlocutor uma grande confusão. {**13, 26, 62**}

"Empertigado, Emanuel desfilava, a frente, roupa preta e bengala de bambu, que também usava para bater-me pelas costas. A nós todos, aliás, mas a mim principalmente alvejava suas bordoadas. Dizia que eu era cínico, não sei por quê. E batia mais. Enquanto dizia:

—Você o filho de quem mais gosto! Você meu filho mais velho, meu filho querido, que só me dá desgosto. Faço isso por amor meu filho.

E a bengala nas costas. Ou os grandes suspensórios dobrados. O que mais irritava em tudo era que ele dava em mim, fazendo verdadeiras declarações de amor. Quando, às vezes, eu não chorava, ficava ainda mais furioso:

—Engrossando o cangote, hein? Querendo bancar o durão. Já lhe mostro!

A bengala, firme.

—Você, meu filho, meu filho querido! Meu filho mais velho! Toda minha esperança! Ah, meu filho, faço isto por amor!" (49,50) **[43]**

A "triangulação"

Outra situação comum e geradora de conflito seria a triangulação. Particularmente quando se trata de um filho pequeno que fica preso pela lealdade devida a dois adultos importantes, seus pais, os quais, por exemplo, solicitam sua cumplicidade em um conflito que ele nem compreende nem teria como resolver. A criança sente-se, também neste caso, em um beco sem saída: qualquer que seja sua escolha, sentirá que está sendo desleal, traindo um dos seus genitores. **{3}**

"João percebeu que está grávida, desconfiou do tal Chico. Acusada de traição, Maria se desculpou que era nervoso e, logo depois, barriga d'água.

—Meu rapaz —acudiu João— sua mãe é uma grandíssima cadela! Correndo no suspensório o grosso polegar de unha curta e amarela.

—De todas as mulheres a mais sem-vergonha.

—Nunca fui gastadeira— defendeu-se Maria.

Xingou-o de velho miserável, rabugento, cheio de mania, esfregando-se na cozinha e seguindo-a quando ia arrumar o quarto.

—Teu filho é testemunha. Ah, meu rapaz, essa mulher tem me judiado.

—Deixe o menino de fora, velho sovina!

—É o teatro dela, meu rapaz, e arregaçou os dentes alvares na cara sofrida e murcha. —Deus se compadeça de nós, maridos." (34) **[51]**

Medo de ser

O medo está na moda. O pânico é uma adquisição recente. E nem sempre conseguem definir o seu medo. Medo de quê? Do desconhecido. Sindrome de pânico é o nome pomposo que arranjaram para isso... soa bem, importante.

Cada vez que vejo uma pessoa com "sindrome de pânico" percebo que por trás disso tudo pode haver um medo mais profundo e, ao mesmo tempo, mais simples: o medo de ser, o medo de se assumir tal qual se é.

"Como se houvesse atos que realizam tudo que não se pode, e o ato transpõe o poder; e quando este se cumpre, realiza-se alguma coisa que o pensamento não fazia, nós que somos de uma perfeição atroz —e a dor é que não estamos à altura da nossa perfeição; e quanto à nossa beleza, nós mal a suportamos." (314) **[30]**

Eu, devo confessar-te, tenho uma idéia muito pessoal sobre esse particular. Penso que o que está por trás de muitas das demandas de ajuda, de terapia, é o medo. Sim, o medo. Deixa que te explico. As pessoas, e as famílias, muitas vezes, têm medo de se permitir a felicidade. Sabem, de uma maneira obscura, talvez, mas sabem, que possuem enormes potencialidades e recursos. E sabem, também, que são capazes de desenvolvê-los. Procuram-nos para que... os ajudemos a vencer esse medo...

"Então rebentou o que eu mal e mal tinha contido até aquele instante — a beleza da praia rebentou, a linha fina do horizonte rebentou, a solidão à que eu tinha voluntariamente chegado rebentou, o balanço da barca que eu tinha achado bonito rebentou, e rebentou o medo da intensidade de alegria que sou capaz de atingir —e sem poder mais mentir chorei rezando no escuro, rezando assim 'nunca mais isso, oh Deus nunca mais me deixe ser tão audaciosa, nunca mais me deixe ser tão feliz, tire para sempre minha coragem de viver; que eu nunca vá tão adiante em mim mesma, que eu nunca me permita, tão sem piedade, a graça', porque eu não quero a graça, pois antes morrer sem jamais ter visto que ter visto uma só vez! Porque Deus com sua bondade permite, ouviu, permite e aconselha que as pessoas sejam covardes e se protejam, seus filhos prediletos são os que ousam, mas Ele é severo com quem ousa, e é benevolente com quem não tem coragem de olhar de frente e Ele abençoa os que abjectamente tomam cuidado de não ir longe demais no arrebatamento e na procura da alegria, desiludindo Ele abençoa os que não têm coragem. Ele sabe que há pessoas que não podem viver com a felicidade que há dentro delas, e então Ele lhes dá uma superfície de que viver e lhes dá uma tristeza." (257) **[30]**

Representando

Achas que seria muito difícil ajudar nessas condições? Deixará de sê-lo quando compreenderes que todos os sintomas e mazelas apresentados pelos membros da família formam parte de um teatro, um teatro amargo. Estão ***representando papéis*** tristes e dolorosos e isto lhes custa um esforço sobre humano. Quando nos procuram é porque estão cansados de representar e querem encontrar o caminho de si mesmos. Essa é a nossa grande vantagem: eles não querem mais continuar com a representação da dor, apenas não sabem como acabar com ela. {**49**}

"O senhor seria capaz de representar fora da Ribalta? (...) Ser outra pessoa. Desde a hora de lavar os dentes até a hora de ir para a cama. Fui claro? Fingi que não é Paulo Orion?

—Sei, fazer-me de outra pessoa, durante um dia inteiro.

—Não disse um dia. Falo de semanas, meses, anos.

O consagrado ator cortou outro pedaço de bife:

—Como se o mundo fosse um palco, quer dizer?

—Mais ou menos isso, ou isso. Substituir sua personalidade por outra. Veja que não me refiro a roupagem. Falo também do interior, para a representação ser perfeita. (...)

—Acho que entendi, disse, afinal. —Uma representação total. Ser uma outra pessoa, pensar, e agir como ela.

—Exatamente.

—Quer saber? Eu enlouqueceria.

—O senhor enlouqueceria?

—Não há nada mais exaustivo neste mundo do que representar. Principalmente quando o papel exige muita naturalidade. Eu não seria capaz de ser outro fora do palco, meu caro jornalista. Vestir a pele dum personagem, durante duas horas, já é esforço demais. Gosto de usar minha própria pele. E quando me barbeio, prefiro que a cara seja minha mesmo, não de César ou de Otelo." (114,115) **[39]**

É sim, e não o deverias esquecer. Teus clientes estão todos representando, ***tristes papéis*** (de esquizofrênicos, psicóticos, neuróticos ou de simples pais ausentes, esposas frias, filhos problema, para não citar senão alguns exemplos). Este papéis pesam-lhes enormemente. Eles, é claro, não são conscientes dessa representação, e menos ainda poderiam imaginar o que fazer para deixar de representar. É aí que tu entras.

Novos "papéis"

Não te parece que nossa intervenção poderia ser entendida como uma interferência que visa contribuir para uma busca de papéis diferentes? Sair do papel do pai carrasco, do marido distante, do casal frio, da mãe super protetora, do filho maconheiro, da filha fracassada... para assumir outros mais leves, mais próximos da própria verdade interior de cada um deles? Essa é a tarefa. {**42, 43, 54**}

"Darcy não parava de rir dos próprios pensamentos. Não estava mais tocado pela bebida, agora simplesmente representava, mas representava com sinceridade, pois desde quando só representava como um farsante?" (462) **[12]**

Estou sentindo tua impaciência, queres que cheguemos ao item ***propostas***? É claro que não há receitas, mas sim alguns princípios e orientações que poderão te ajudar (como simples guia) na tua própria busca. Não esqueças que as técnicas foram criadas por pessoas agindo com pessoas e que funcionaram justamente porque constituíam uma espécie de elo vivo, faziam parte de uma relação. O que funcionou com uns... pode perfeitamente não funcionar com outros.. Bom, vamos lá com algumas dessas orientações.

Reconstruindo a realidade

Como já tínhamos dito, o terapeuta de família vem a ser, antes de mais nada, um criador de problemas. Sua intervenção contribui para a desorganização da estrutura familiar, de tal sorte que a família, no seu intento por consertar aquilo que foi desarrumado, parte para uma reconstrução. É esta reconstrução que tu poderás influenciar, esta será a tua maneira de reconstruir a realidade. {**41, 47, 48, 64**}

"Pues um dia, que era tão pia que ainda ficava na ponta dos pés pa-mijar em penico, tive uma dor de ouvido. Chamaram tio Lautércio. Ele

chegou e encontrou chorando. A primeira coisa que disse foi pra me consolar:

—Deixa de ser veado, ó cagão.

Mas tava doendo demais e eu não parei de chorar. Ai ele começou a me dar um beliscão. E perguntava:

—O que tá pior, o ouvido ou beliscão?

E eu berrava:

—É o ouvido!

Depois:

—Tá empatado!

E depois:

—É o beliscão!

Aí ele apertou mais até que eu gritei:

—Tô com saudades da dor de ouvido!" [53]

A prescrição do sintoma

Outra possibilidade com a qual também podes contar é a prescrição do sintoma. Se bem elaborada, essa intervenção pode despertar nas pessoas o desejo de fazer exatamente o contrário daquilo que tu pedes, se sabes pedir para que façam aquilo que estão fazendo podem cair em uma contradição: se o fizerem, estarão obedecendo-te, se te desobedecerem, terão deixado de fazer justamente aquilo que os perturba e que queriam ver suprimido... **{3, 14}**

"Juarez, o outro barbeiro, cortava cabelos e fazia barba dos fregueses sempre discutindo futebol. Era o fundador de um time. O Avante. Era também seu diretor, quem tomava conta dos uniformes e o que mais contribuía para a compra das camisas e das bolas. Houve um tempo em que era bom jogador, mas a resistência física foi diminuindo e ele passou a não acompanhar as corridas e os lançamentos em profundidade. Mesmo assim, teimava em jogar, em participar dos jogos até o final e isso prejudicava o time. Como todos reconheciam seu amor e dedicação ao Avante e não queriam magoá-lo, os próprios companheiros arquitetaram um plano para fazê-lo desistir. Começaram a lhe passar muitas bolas, a lançá-lo nos ataques pelo centro, pelas pontas, e nos treinos e nos jogos só se escutava:

—Toma lá, Juarez.

—Vai nessa, Juarez.

—É sua, Juarez.

Quando chovia e o campo estava molhado, eles comentavam:

—Com esse barro na zona do agrião só você, Juarez, consegue passar.

Enchiam tanto o Juarez de bola que nos intervalos ele já não se agüentava em pé. E passando algum tempo foi se convencendo de que já não era o mesmo. Começou a pedir substituição no meio do jogo, depois a não entrar em todas as partidas e, finalmente, apenas a discutir futebol e ser o entusiasta e o financiador do Avante.” (35) **[26]**

A prescrição paradoxal

A prescrição do sintoma, para ser eficaz e não linear, sempre deverá ser até certo ponto paradoxal: ser construída levando em consideração o contexto global e trazendo como conseqüência diversos níveis de confusão. **{3, 7, 14, 32, 33, 49, 50}**

“Enquanto encilhava o cavalo, o analista de Bagé pediu detalhes sobre o caso. O peão contou que seu Vespasiano tava variando.

—Pensa que é metade gente, metade animal.

—Que animal ?

—Cavalo.

—Que pelo ?

—Castanho.

—Que metade ?

—A de baixo.

Chegaram na estância quase de manhazinha. Seu Vespasiano já estava de pé, mastigando seu milho. Recebeu o analista de Bagé com desconfianças.

—Que lhe traz por aqui?

—Pos vim olhar sua tropa. Um cavalo meu desgarrou para estas bandas (...)

—Saíram para o campo. O Analista de Bagé a cavalo e seu Vespasiano galopando do seu lado. Olharam toda a tropa, aí o analista começou a olhar seu Vespasiano de cima a baixo.

—Tá me olhando por quê? —quis saber seu Vespasiano carrancudo.

—Acho que tou reconhecendo meu castanho.

—Endoidou? Eu sou o Vespasiano.

—Só ate a cintura.

—Pra baixo também é meu.

—Então mostra a marca.

—O quê?

—Quero ver a marca na anca. Se não tá marcado, é meu.

A discussão ainda durou um pouco mas no fim seu Vespasiano se convenceu de que não era metade cavalo. Lamentou bastante porque daquele jeito estava economizando montaria. Mas a família suspirou aliviada. Não agüentava mais a bosta no tapete." (122,123) **[54]**

Não continuarei, porque há muitas maneiras de ser ter problemas e, também, muitas maneiras de se responder a cada um deles. Não faremos aqui um inventário exaustivo, não é o nosso propósito. Por enquanto bastará com que não esqueçamos que cada cliente, cada família é totalmente diferente.

"Nossa tendência —achava Rodrigo— é imaginar que as personalidades são geométricas, e assim costumamos vê-las como cubos, cones, cilindros ou esferas. Mas o diabo é que na realidade as pessoas psicologicamente podem ser poliédricas..." (407) **[52]**

Louco ou loucos?

Não esqueçamos que, no final das contas, a distância que nos separa daquele membro da família que sói ser chamado "paciente designado" e, que como te dizia, eu prefiro chamar de "emergente familiar" não é muito grande.

"Hem? Hem? O que mais penso, testo e explico: todo-o-mundo é louco. O senhor, eu, nós, as pessoas todas." (15) **[46]**

E será com nossa "espécie" de loucura, com nossa visão diferente das coisas que poderemos intervir e contribuir para o novo despertar. **{31, 41, 43, 47}**

"Padre, cada um é louco à sua maneira, conforme o seu feitio, disse o juiz. O senhor acredita na fé, católica, eu na justiça, Lucas Procópio na poesia e no sonho de que os gloriosos e imaginários dias de antigamente hão de voltar." (22) [24]

Ou, dito em outras palavras.

"Nada tenho que ver com a ciência; mas, se tantos homens em que supomos juízo, são reclusos por dementes, que nos afirma que o alienado não é o alienista?" (31) **[7]**

A disponibilidade terapêutica

Deixando de lado por um momento as questões das famílias, falemos um pouco de nós. É na exposição do nosso próprio ser, na abertura para a construção de uma intimidade terapêutica, que reside nossa força. Quando nos dispomos a entrar em contato com o outro podemos percebê-lo de forma diferente. Para isso basta que cultives a tua capacidade de vivenciar os diversos papéis familiares: de criança, de pai, de mãe, de filho, de rival, de marido, e... sobre tudo, de avó-avô. **{5, 41, 64, 65}**

"Conheci um 'ela' que humanizava bicho conversando com ele e emprestando-lhe as próprias características. Não humanizo bicho porque é ofensa —há que respeitar-lhe a natureza— eu é que me animalizo. Não é difícil, vem simplesmente. É só não lutar contra e é só entregar-se." (50) **[31]**

O poder

Para muitos dos nossos colegas, o poder é um elemento fundamental do processo terapêutico. Um terapeuta sem poder não teria condições de realizar sua tarefa. Eu creio que se entendemos a demanda da família como uma indicação de que perdeu a sua capacidade de reagir diante de certas situações, que perdeu o controle, podemos dizer que o que de fato lhe falta é a sua potência. Nossa intervenção visará essa busca vital, permitir que aí onde hoje há sentimentos de impotência volte a reinar a potência. Para isso, é claro, será necessária toda a potência do terapeuta. Eles devem perceber que tu não és facilmente manipulável, a confiança que depositaram em ti vai depender muito disso. Nas suas vidas mandam eles, no teu consultório seguem-se as regras próprios do teu consultório. **{65}**

"O homem amarrou a cara, escuta aqui, quem organiza a narrativa sou eu, escolho a porta por onde entrar e a janela por que sair. Quem não está satisfeito com o volume e a posição das palavras, abandona a sala." (38) **[34]**

Depois será muito fácil ajudá-los a encontrar o próprio caminho. Mas para isto deverás usar um outro elemento importante: a tua "diferença" deverá fazer a diferença, sustentar tua potência terapêutica (que depende de uma certa ambigüidade: és e ao mesmo tempo não és um estranho).

"O senhor é de fora, meu amigo, mas meu estranho. Mas talvez por isto mesmo. Falar com o estranho assim, que bem ouve e logo longe vai embora, é um segundo proveito: faz do jeito que eu falasse mais mesmo comigo. Mire veja: o que é ruim, dentro da gente, a gente perverte sempre por arredar mas de si. Para isso é que o muito se fala?" (36) **[46]**

O autoconhecimento

Não podemos deixar de falar da necessidade imperiosa de conhecermos a nós mesmos. Como poderíamos pretender compreender e conhecer os outros se nós próprios não nos conhecemos?

"Que mais sei? E o senhor, também? Que sabemos dos outros, quando nada sabemos de nós mesmos?" (25) **[19]**

Cada situação, cada família constituir-se-á em um momento privilegiado do teu encontro com os teus próprios recursos. O encontro com os outros, e com as suas dificuldades, será um magnífico pretexto para te conheceres cada vez melhor. Se tu estás aproveitando o encontro para cresceres, o mais provável será que os teus clientes também aproveitem.

“Possuímos, em nós, uma reserva de almas, sempre encontramos uma alma nova para cada momento e cada pessoa.” (25) **[25]**

O ritmo das sessões

Temos ainda muitas coisas para falar mas é claro que não conseguiremos acabar... Deveremos concluir. Algo que sempre te preocupou foi esse negócio de ritmo das sessões “quinze dias não é muito?”, “um mês não é tempo demais?” Perguntas-te em várias oportunidades. Na minha opinião, o tempo acaba sendo uma questão de opção...

“...o homem cada dia retomava no curral o instante interrompido do dia anterior, unindo num tema aparte os instantes esparsos que passava com as vacas, e deles fazendo a única seqüência. ‘Como eu ia sentindo...’, parecia ele pensar ao entrar no curral —e continuava o que interrompera.” (99) **[30]**

O desfecho terapêutico

Como sabes, nós não damos alta (alta só há nos hospitais e nos quartéis: alta tem o doente que sai do hospital ou do médico, e o militar que entra para o quartel), com os nossos clientes nos vivemos uma espécie de desfecho terapêutico.

Porque desfecho? Porque tem ***fecho*** (acaba a terapia entendida como encontros periódicos com um terapeuta) e ***des*** (que mantém aberto o fecho), porque o processo terapêutico propriamente dito continua muito depois do fim das sessões. Para mim não há, durante os quinze ou trinta dias de intervalo entre a sessões, ruptura entre a gente A família e o terapeuta). E isso, de certa maneira, também vale um tempo depois do desfecho final. **{7, 26, 41}**

“Sempre gosto de tornar a encontrar em paz qualquer velha conhecença —consoante a pessoa se ri, a gente se acha de voltar aos passados, mas parece que escolhidas só as peripécias avaliáveis, as que agradáveis foram.” (66) **[46]**

Bom, vamos ter que parar por aqui. Por enquanto será tudo... Posso adivinhar teu sorriso (teu pensamento, até). Teu reproche não é injustificado, não. Tens razão. Este trabalho não está concluído, fechado, apenas fizemos uma parte.[1]

Mas é o jeito... ficará assim, inacabado. Para isto, há duas razões. Por um lado, ainda passarei um tempo enorme mergulhado na tua biblioteca (é inesgotável!). Por outro lado, não acabarei sozinho... conto com as tuas inquietações, com as tuas perguntas, daqui a um tempo poderei escrever-te uma nova carta.

Deixa dizer-te, ainda, que se não consegui meu objetivo, mostrar-te o quanto terapia familiar é fácil, é porque assim... falando, é muito difícil. Terapia familiar não se apreende nos livros.

"Caro amigo Jorge Amado, o bolo de puba que eu faço não tem receita, a bem dizer. Tomei explicação com dona Alda, mulher de seu Renato do museu, e aprendi fazendo, quebrando a cabeça até encontrar o ponto. (Não foi amando que aprendi a amar, não foi vivendo que aprendi a viver?)" (10) **[1]**

Mudando

Espero, de qualquer maneira, que agora as coisas te pareçam mais fáceis, mesmo se tens a impressão de que primeiro tens de mudar muito, continues firme e que cada vez goste mais de fazer o trabalho com famílias.

"Pois, se ele queria reconstruir o mundo, ele próprio não servia. Se queria, como último termo final do seu trabalho, chegar aos outros homens —teria antes que terminar de destruir seu modo de ser antigo." (130) **[30]**

O que eu quero é que um dia possamos dizer juntos "terapia familiar é um barato, terapia familiar é fácil!" Agora continua te parecendo uma fantasia?

1 Nem sequer te falei da metáfora em terapia...

"Há pessoas que jamais se curam dos seus próprios sonhos: Quanto mais violenta é a queda, mais alto voltam a colocar suas aspirações." (401) **[16]**

A guisa de "conclusão"

Tu sabes que nosso trabalho não se fecha, só admite desfechos, mas de alguma maneira temos de concluir. Digamos então que para fazeres terapia familiar deves usar a imaginação...

"A infância é a poesia do mundo e a poesia é a infância da linguagem artística. Antes da prosa e da escrita, nascera a poesia. Para felicidade do espirito humano, a poesia é a imaginação ordenada. A imaginação, contrária a razão, é a grande força que ordena o caos e o transforma em poesia. Na infância a memória é sempre vigorosa; mais vigorosa do que ela, só a imaginação feminina..." [14]

Agora sim, paremos. Espero que breve nos encontraremos de novo. Quiçá seja para... andar de bicicleta?

Um abraço

Carlos Arturo Molina-Loza

Fortaleza, Julho de 1988

PS. Uns dias atrás, lendo o *Estadão*, encontrei um artigo do Fernando Sabino. Falava no Niemayer. Contava como um dia este tinha escandalizado seus colegas ao afirmar "a arquitetura não existe". A reação dos colegas o levaria mais tarde, a escrever uma carta esclarecendo: "Por coincidência li esta frase do velho Balzac: 'Literatura não existe. Como a arte, ela faz parte da vida e eu sou um homem que vive, nada mais.' Senti que estava em boa companhia. Depois conversamos. Um abraço do Oscar." [48]

Tenho vontade de aproveitar para encerrar dizendo-te: "a terapia familiar faz parte da vida..."

P.S. Uma explicação

Pode ser que te haja surpreendido com a mudança no formato original do projeto. Eu tinha dito que não utilizaria nenhuma referência de autor ou teórico estrangeiro... a verdade é que tive um pouco de medo. (Não de ti, é claro, sei que tu estás muito acima desse tipo de pensamento mesquinho.) Tive medo de que algumas pessoas, vendo a nossa correspondência dissessem: "Como!, não cita os autores que falam disso? Deve achar que ele é o primeiro que diz essas coisas..."

Por essa razão, resolvi que, além do número da página de cada referência literária, colocado entre parênteses ( ), do número que remete á obra citada, colocado entre colchetes [ ], colocaria um terceiro, entre chaves { }, que remeteria ás obras em que os estudiosos da terapia familiar fazem referência as mesmas idéias.

Creio que assim, além de me proteger, estou te propondo um texto que te servirá de estímulo para buscar mais e mais informação.

Nem assim escapo, é verdade, à sina de qualquer pensador que, pelo fato de procurar, acha —sem o saber— o que outros já acharam. As idéias têm vida própria e viajam escolhendo seu pouso de forma arbitrária. Quantas vezes não se pensa que se descobriu ou inventou algo novo e, ô tristeza, outros tantos já sabiam o tinham inventado.

"Há frases assim felizes. Nascem modestamente, como a gente pobre; quando menos pensam, estão governando o mundo, à semelhança das idéias. As próprias idéias nem sempre conservam o nome do pai; muitas aparecem órfãs, nascidas de nada e de ninguém. Cada um pega delas, verte-as como pode, e vai levá-las à feira, onde todos as têm por suas." (74) **[7b]**

Agora prepara-te, porque depois da bibliografia desta primeira parte, ainda vamos percorrer muitos quilômetros juntos.

Referências Bibliográficas

1. AMADO, Jorge, *Dona Flor e seus dois maridos*, 44ª. ed., Record, Rio de Janeiro, 1986.
2. AMADO, Jorge, Capitulo 5, *in* CONDÉ, João, SD.
3. ASSIS, Machado de, "Idéias de Canário", *O Alienista*, Círculo do Livro, São Paulo, SD
4. ASSIS, Machado de, "A Sereníssima República", *in O Alienista*, Círculo do Livro, São Paulo, SD
5. ASSIS, Machado de, "O Alienista", *in O Alienista*, Círculo do Livro, São Paulo, SD
6. ASSIS, Machado de, "O Espelho", *in O Alienista*, Círculo do Livro, São Paulo, SD
7. ASSIS, Machado de, "O Segredo do Bonzo", *in O Alienista*, Círculo do Livro, São Paulo, SD.
8. BAHIA, Juarez, *Setembro na Feira*, Nova Fronteira, Rio de Janeiro, 1986.
9. BRANDÃO, Ignácio de Loyola, *Dentes ao Sol*, 3ª. ed., Global, São Paulo, 1985.
10. BRASIL, Assis, "Deus, Sol e Shakespeare", *Ciclo do Terror*, Nórdica, Rio de Janeiro, 1984.
11. BRASIL, Assis, "O Aprendizado da Morte", *in Ciclo do Terror*, Nórdica, Rio de Janeiro, 1984.
12. BRASIL, Assis, "O Pacamão", *Tetralogia Piauiense*, Nórdica, Rio de Janeiro, 1979.
13. BRASIL, Assis, *Sodoma está velha*, Nórdica, Rio de Janeiro, 1985.
14. CALADO, Antônio, *Quarup,* 12ª.ed., Nova Fronteira, Rio de Janeiro, 1984.
15. CALADO, Antônio, *Bar Don Juan*, 6ª. ed., Civilização Brasileira, Rio de Janeiro, 1979.
16. CARDOSO, Lúcio, *Dias Perdidos*, 2ª. ed., Nova Fronteira, Rio de Janeiro, 1980.
17. CAVALCANTE, Pedro, *Em nome do Pai*, Círculo do Livro, São Paulo, SD.
18. CONDÉ, João, (organizador), *O Mistério dos MMM*, Ediouro, Rio de Janeiro, SD

19. CONDÉ, José, Noite Contra Noite, Record, Rio de Janeiro, 1987.
20. CORRÉA, Viriato, Capitulo 1, *in*, Condé, João, SD
21. DOURADO, Autran, *Ópera dos Mortos*, 10ª. ed., Record, Rio de Janeiro, 1986.
22. DOURADO, Autran, *O Risco do Bordado*, 10ª. ed., Record, Rio de Janeiro, 1983.
23. DOURADO, Autran, *Os sinos da Agonia*, 5ª. ed., Record, Rio de Janeiro, 1981.
24. DOURADO, Autran, *Lucas Procópio*, Record, Rio de Janeiro, 1985.
25. FILHO, Adonias, *Servos da Morte*, Ediouro, Rio de Janeiro, SD
26. FRANÇA JR, Oswaldo, *No Fundo das águas*, 2ª.. ed. , Nova Fronteira, Rio de Janeiro, 1987.
27. LISPECTOR, Clarice, *Para Não Esquecer*, Círculo do Livro, São Paulo, SD.
28. LISPECTOR, Clarice, "A Bela e a Fera ou a Ferida Grande Demais", *in, A bela e a Fera*, 3ª. ed., Nova Fronteira, Rio de Janeiro, 1979.
29. LISPECTOR, Clarice, "História Interrompida", *in A bela e a Fera*, 3ª. ed., Nova Fronteira, Rio de Janeiro, 1979.
30. LISPECTOR, Clarice, *A maçã no Escuro*, 7ª. ed., Nova Fronteira, Rio de Janeiro, 1982.
31. LISPECTOR, Clarice, *Água viva*, 8ª. ed., Nova Fronteira, Rio de Janeiro, 1980.
32. LUFT, Lya, *A Asa Esquerda do Anjo*, 3ª. ed., Guanabara.
33. PIÑON, Nelida, "O Jardim das Oliveiras", *in O Calor das Coisas*, Nova Fronteira, Rio de Janeiro,1980.
34. PIÑON, Nelida, "As Quatro Penas Brancas", *in O Calor das Coisas*, Nova Fronteira, Rio de Janeiro,1980.
35. PIÑON, Nelida, "Tarzan e Beijinho", *in O Calor das Coisas*, Nova Fronteira, Rio de Janeiro,1980.
36. PIÑON, Nelida, "O sorvete é um palácio", *in O Calor das Coisas*, Nova Fronteira, Rio de Janeiro,1980.
37. REBELLO, Marques, *A Estrela Sobe*, Círculo do Livro, São Paulo, SD
38. REGO, José Lins do, *Água-Mãe*, 10ª.ed., Nova Fronteira, Rio de Janeiro, 1988.
39. REY, Marcos, *A Arca dos Marechais*, Ática, São Paulo, 1983.
40. REY, Marcos, *Opera de Sabão*, Círculo do Livro, São Paulo, SD
41. REY, Marcos, *Esta Noite ou nunca*, Ática, São Paulo, 1985.

42. RIBEIRO, João Ubaldo, *Viva o Povo Brasileiro*, Círculo do Livro, São Paulo, SD.
43. RIBEIRO, João Ubaldo, *Setembro Não tem Sentido*, 2ª. ed., Nova Fronteira, Rio de Janeiro, 1982.
44. RIBEIRO, João Ubaldo, *Vila Real*, Nova Fronteira, Rio de Janeiro, 1979.
45. RIBEIRO, João Ubaldo, *Sargento Getúlio*, 9ª. ed., Nova Fronteira, Rio de Janeiro, 1982.
46. ROSA, Guimarães, *Grande Sertão Veredas*, 21ª. ed., Nova Fronteira, Rio de Janeiro, 1986.
47. ROSA, Guimarães, Capitulo 7, *in* Condé, João, 50
48. SABINO, Fernando, "Apenas de Passagem", *O Estado de São Paulo*, Caderno 2, 10-1-88.
49. TELLES, Lygia Fagundes, *Ciranda de Pedra*, 18ª. ed., Nova Fronteira, Rio de Janeiro, 1984.
50. TREVISAN, Dalton, "Grávida Porém Virgem", *in A Guerra Conjugal*, 9ª. ed., Record, Rio de Janeiro, 1987.
51. TREVISAN, Dalton, "A Partilha", *in A Guerra Conjugal*, 9ª. ed., Record, Rio de Janeiro, 1987.
52. VERÍSSSIMO, Érico, "O Retrato", *O Tempo e o Vento*, Círculo do Livro, São Paulo, SD.
53. VERÍSSIMO, Luis Fernando, "Outra do Analista de Bagé", *in O Analista de Bagé*, 89ª. ed., LPM, Porto Alegre, 1981.
54. VERÍSSIMO, Luis Fernando, "Outra do Analista de Bagé", *in A velhinha de Taubaté*, 8ª. ed., LPM, Porto Alegre, 1986.
7a. ASSIS, Machado de, *Esaú e Jacó*, Círculo do Livro, São Paulo, SD.

Bibliografia científica

1. ACKERMAN, Nathan,W. Psicoterapia y psicoanálisis: implicaciones de una diferencia, *in* ACKERMAN, Nathan W. (y otros), *Familia y conflicto mental*, Hormé, Buenos Aires, 1976. [Original inglês, Basic Books, Inc., SD]
2. ANDERSEN, Tom, *El equipo reflexivo, Diálogos y diálogos sobre los diálogos,* 1ª edição, Editorial Gedisa, Barcelona, 1994. [Original inglês, W.W. Norton, 1991.]
3. ANDOLFI, Maurizio, *Terapia familiar,* Paidos, Buenos Aires, 1985. [Original inglês, Astrolabio, 1977.]
4. ANDOLFI, Maurizio, *A linguagem do encontro terapêutico,* Artes Médicas, Porto Alegre, 1996. [Original italiano, Accademia de Psicoterapia della famiglia, 1994.]
5. ANDOLFI, Maurizio., MENGHI, Paolo, Um modelo de formação em terapia familiar, *in* ANDOLFI, M., SWERLING, *Dimensiones de la terapia familiar,* Israel, Paidós, Buenos Aires, 1985. [The Guilford Press, 1980.]
6. ANDOLFI, Maurizio, ANGELO, Claudio, Le thérapeute comme metteur en scène du drame familiale, *in* ACKERMANS, Alain, ANDOLFI, Maurizio, (Org.), *La création du système thérapeutique, l'école de thérapie familiale de Rome*, ESF, Paris, 1987. [Original italiano, SD]
7. ANDOLFI, M., ANGELO C., MENGHI, P., NICOLÒ-CORIGLIANO, A.M., *Detrás de la máscara familiar,* Amorrortu editores, Buenos Aires, 1985. [Original italiano, 1982]
8. ANDOLFI, M., MENGHI, P., NICOLÒ-COROGLIANO, A.M., SACCU, C., L'intéraction dans les systèmes rigides: modèle d'intervention dans la famille avec patient schizophrène, *in* ACKERMANS, Alain, ANDOLFI, Maurizio, (Org.), *La création du système thérapeutique, l'école de thérapie familiale de Rome*, ESF, Paris, 1987. [Original italiano, SD.]
9. ANDOLFI, A.. MENGHI, P., La supervision provocatrice, *in* ACKERMANS, Alain, ANDOLFI, Maurizio, (Org.), *La création du système thérapeutique, l'école de thérapie familiale de Rome*, ESF, Paris, 1987. [Original italiano, SD.]

10. ANGELO, Cláudio, La scelta del partner, *in*, ANDOLFI, Maurizio, ANGELO, Cláudio, SACCU, Carmine, *La coppia in crisi*, ITF, Roma, 1988. [V.O.]
11. BANDLER, Richard, GRINDER, John, *Sapos em príncipes*,Summus, São Paulo, 1982. [Original inglês, Real People Press, 1979.]
12. BATESON, G., RUESCH, J., *Comunicación, la matriz social de la psiquiatria*, 1ª reimpresión, Editorial Paidos, Espanha, 1984. [Original inglês, W.W. Norton, SD.]
13. BENOIT, Jean-Claude, *Vínculos duplos, Paradoxos familiares dos esquizofrênicos*, Zahar Editores, Rio de Janeiro, 1982. [Original francês, Universitaires de France, 1981.]
14. BERGMAN, Joel S., *Pescando barracudas, Pragmática de la terapia sistémica breve*, 1ª. edición, Paidos, Buenos Aires, 1986. [Original inglês, W.W. Norton, 1985.]
15. BLOCH, D., LAPERRIÈRE, Kitty, Techniques de thérapie familiale: un cadre conceptuel, *in* BLOCH, Donald (sous la direction de), *Techniques de base en thérapie familiale*, Jean-Pierre Delarge, Paris, 1979. {V.O.]
16. BOSCOLO, Luigi, CECCHIN, Gianfranco, HOFFMAN, Lynn, PENN, Peggy, *A terapia familiar sistêmica de Milão, conversações sobre teoria e prática*, Artes Médicas, Porto Alegre, 1993. [Original inglês, Basic Books, Inc., SD.]
17. BURDEN, Virginia, *O processo da intuição, Uma psicologia da criatividade*, 9ª. edição, Editora Pensamento, São Paulo, 1993. [Original inglês, The theosophical publissing House, 1975.]
18. CAILLÉ, Phillipe, *Familles et thérapeutes, lecture systémique d'une intéraction*, ESF, Paris, 1985. [V.O.]
19. CAILLÉ, Phillipe, REY, Yveline, Il étai une fois... du drame familiale au conte systémique, ESF, Paris, 1988. [V.O.]
20. DEVEREUX, George, De l'angoisse à la méthode, dans les ciences du comportement, Flamarion, Paris, 1980. {V.O.]
21. ELKÏAM, Mony, *Si tu m'aimes ne m'aimes pas, Approche systémique et psychothérapie*, Éditions du Seuil, Paris, 1989. [V.O.]
22. ERICKSON, Milton H., *L'hypnose thérapeutique, Quatre conferences*, Les éditions ESF, Paris, 1986. [Original inglês, Irvington Publishers, 1983.]
23. ERICKSON, M.H., ROSSI, E.L., *O homem de fevereiro*, Editorial Psy, Campinas, São Paulo,1994. [Original inglês, Brunner/Maziel, Inc.,1989.]

24. GLASERFELD, Ernest von, Introducção ao construtivismo radical, *in* WATZLAWICK, Paul, (Comp.), *La realidad inventada,cómo sabemos lo que creemos saber?,* Gedisa, Barcelona, 1990. [Original alemão, München, 1981.]
25. HALEY, Jay, *Tácticas de poder de Jesucristo, y outros ensayos,* Editorial Tiempo Contemporáneo, Buenos Aires,1972. [Original inglês, Grossman Publishers, 1969.]
26. HALEY, Jay, *Psicoterapia familiar, Um enfoque centrado no problema,* Interlivros, Belo Horizonte, 1979. [Original inglês, Jossey-Bass, Inc., 1976.]
27. HALEY, Jay, *Trastornos de la emancipación juvenil y terapia familiar,* Amorrortu editores, Buenos Aires, 1985. [Original inglês, 1980.]
28. HALEY, Jay, *Terapia no convencional, Las técnicas psiquiátricas de Milton H. Erickson,* Amorrortu editores, Buenos Aires, 1986. [Original inglês, 1973.]
29. JACKSON, Don D., El eterno triângulo, *in* HALEY, Jay, HOFFMAN, Lynn, *Técnicas de terapia familair,* Amorrortu, Buenos Aires, 1976. [Original inglês, Basic Books, 1967.]
30. KEENEY, Bradford P., *Estética del cambio,* 1ª. edición, Paidos, Buenos Aires, 1987. [Original inglês, Guilford Press, 1983.]
31. KEITH, David, WHITAKER, Carl, Agregue locura y revuelva. Psicoterapia con una familia psicoticogénica, *in* ANDOLFI, Maurizio, ZWERLING, *Dimensiones de la terapia familiar,* Israel, Paidós, Buenos Aires, 1985. [The Guilford Press, 1980.]
32. MADANES, Cloé, Terapia estratégica, Amorrortu, Buenos Aires, 1984. [Original inglês, 1982.]
33. MADANES, Cloé, *A família além do espelho, Avanços na prática da psicoterapia estratégica,* Editorial Psy, Campinas, São Paulo, 1997. [Original inglês, Jossey-Bass, 1984.]
34. MATURANA R, Humberto, *Biologia de la congnición y epistemología,* Ediciones Universidad de La Frontera, Temuco, Chile, 1990. [V.O.]
35. MATURANA, Humberto, O que se observa depende do Observador, *in* THOMPSON, W. Irwin, (Org.), *Gaia, uma teoria do conhecimento,* Editora Gaia, São Paulo, 1990. [Original inglês, Lindsfarme Association, 1987.]
36. MATURANA, Humberto, VERDEN-ZÖLLER, Gerda, *Amor y juego, fundamentos olvidados de lo humano, desde el patriarcado a la democracia,*2ª edición, Instituto de terapia cognitiva, Santiago, 1994. [V.O.]

37. MINUCHIN, Salvador, *Famílias, funcionamento & tratamento,* Artes Médicas, Porto Alegre, 1982. [Original inglês, Harvard, 1980.]
38. MINUCHIN, Salvador, *Calidoscopio familiar, Imágenes de violencia y curación,* 1ª. edición, Paidos, Buenos Aires, 1985. [Original inglês, Harvard, 1984.]
39. MINUCHIN, Salvador, FISHMAN, H. Charles., *Técnicas de Terapia Familiar,* 1ª. edición castellana, Paidos, 1984. [Original inglês,, 1981.]
40. MINUCHIN, Salvador, NICHOLS, Michael, *A cura da família, Histórias de esperança e renovação contadas pela terapia familiar,* Artes Médicas, Porto Alegre, 1995. [Original inglês, 1993.]
41. MOLINA-LOZA, Carlos Arturo, *Destino familiar, desatino terapêutico, experiências si-cibernéticas em terapia familiar sistêmica breve,* ArteSã, Belo Horizonte, 1996.
42. MOLINA-LOZA, Carlos Arturo, ALBUQUERQUE, C. V. de, E quando a família não volta: desistência ou alta? Um caso de terapia familiar (brevíssima), *Família* Temas de terapia familiar e ciência sociais*, Vol. 1, no 2, julho-dezembro, 1987.
43. MOLINA-LOZA, Carlos Arturo, CALIXTO, Maria de Lourdes, VITORIANO, Maria A., Louco ou mal educado? Uma questão de pontuação, *Família* Temas de terapia familiar e ciências sociais*, Ano 2, Vol 2, N 1, janeiro-junho 1987.
44. MORIN, Edgar, *O método, I. A natureza da natureza*, Publicações Europa-América, Portugal, SD. [Original francês, Editions du Seuil, 1977.]
45. NATHAN, Tobie, *L'influence qui guérit,* Odile Jacob, Paris, 1994. [V.O.]
46. NAPIER, Augustus, WHITAKER, Carl, *Le creuset familial,* Robert Laffont, Paris, 1978. [Original inglês, Haper & How, 1978.]
47. NEIL, John R., KNISKERN, David P., *Da psique ao sistema, a evolução da terapia de Carl Whitaker,* Artes Médicas, Porto Alegre, 1990. [Original inglês, The Guilford Press, SD.]
48. OMER, Haim, *Intervenções críticas em psicoterapia,* Artes Médicas, Porto Alegre, 1997. [Original inglês, W.W. Norton, 1994.]
49. PALAZZOLI, M. Selvini, BOSCOLO L., CECCHIN, G., PRATA, G., *Paradoxe et contre-paradoxe, Um nouveau mode thérapeutique face aux familles, A transaction schizophréniqiue,* 3ª. édition, Les éditions ESF, Paris, 1980. [Original italiano, Feltrinelli, 1975.]

50. PAPP, Peggy, *O processo de mudança, Uma abordagem prática à terapia sistêmica da família*, Artes Médicas, Buenos Aires, 1992. [Original inglês, The Guilford Press, SD.]
51. ROSEN, Sidney, *Mi voz irá contigo, Los cuentos didácticos de Milton H. Erickson*, 1ª. edición, Paidos, Buenos Aires, 1986. [Original inglês, Norton & Co., 1982.]
52. RUESCH, Jurgen, *Comunicación terapéutica*, 1ª reimpresión, Editorial Paidos, Argentina, 1980. [Original inglês, W.W. Norton, SD.]
53. SALOMÉ, Jacques, *T'es toi quand tu parles, Jalons pour une grammaire relationnelle*, Albin Michel, Paris, 1991. [V.O.]
54. SATIR, Virginia, Una familia de ángeles, *in* HALEY, Jay, HOFFMAN, Lynn, *Técnicas de terapia familiar*, Amorrortu, Buenos Aires, 1976. [Original inglês, Basic Books, 1967.]
55. SATIR, Virginia, *Relaciones humanas en el núcleo familiar*, Editorial Pax-México, 1978. [Original inglês, Science and Behavoir Books, 1972.]
56. SATIR, Virginia, *Terapia do grupo familiar*, 2ª. edição, Francisco Alves, Rio de Janeiro, 1980. [Original inglês, Science and Behavoir Books, 1967.]
57. SHAZER, Steve de, *Terapia familiar breve*, Summus, São Paulo, 1986. [Original inglês, The Guilford Press, 1982.]
58. STENGERS, Isabel, *Quem tem medo da ciência? Ciência e poderes*. Siciliano, São Paulo, 1990. [Original inglês, Colégio Internacional Estudos filosóficos transdisciplinares, 1989.]
59. STIERLIN, Helm, RÜCKER-EMBDEN, Ingeborg, WETZEL, Norbert, WIRSCHING, Michael, *Terapia de Familia, La primeira entrevista*, Gedisa, Barcelona, s/d. [Original alemão, 1979.]
60. THILMANS-OSTIN, Edith, Comunicação pessoal, SD.
61. THOMPSON, W. IRVIN Gaia e a política da vida, um programa para os anos noventa?, *in* THOMPSON, W. Irvin (Org.) *Gaia uma teoria do conhecimento*, Ed Gaia, Sã Paulo, 1990. [Original inglês, The Lindsfarne Association, 1987.]
62. WATZLAWICK, P., BEAVIN, H.J., JACKSON, D.D., *Pragmática da comunicação humana*, Cultrix, São Paulo, s/d. [Original inglês, W.W. Norton & Co., 1967.]
63. WHITAKER, Carl, La expanción de los limites, *in* HALEY, Jay, HOFFMAN, Lynn, *Técnicas de terapia familair*, Amorrortu, Buenos Aires, 1976. [Original inglês, Basic Books, 1967.]

64. WHITAKER, Carl, *Meditaciones nocturnas de un terapeuta familiar*, Paidos, Buenos Aires, 1992.
65. WHITAKER, C.A., BUMBERRY, W.M., *Dançando com a família*, Artes Médicas, Porto Alegre, 1990. [Original inglês, Brunner/Maziel, 1988.]
66. ZEIG, Jeffrey K., Vivenciando Erickson, *Uma apresentação da pessoa humana e do trabalho de Milton H. Erickson*, Editorial Psy II, SD. [Original inglês, Brunner/Maziel, 1985.]
67. ZEIG, Jeffrey K., *Seminários didáticos de Milton H. Erickson, Hipnose, metáforas e comunicação em psicoterapia*, Editorial Psy II, Campinas, 1995. [Original inglês, Milton H.E. Fondantion, 1980.]

II

Novos passeios de bicicleta...

"Dans toutes les langues qui proviennent du latin, le mot raison *(ratio, reason ragione)* a deux sens: avant de désigner la cause il désigne la faculté de réflexion. Aussi la raison en tant que cause est-elle toujours perçue comme rationnelle. Une raison dont la rationalité n'est pas transparente paraît incapable de causer un effet. Or, en allemand, la raison en tant que cause se dit *Grund,* mot qui n'a rien à voir avec la ratio latine et qui désigne d'abord le sol, puis un fondement. Du point de vue de la ratio latine, le comportement de la fille assise sur la route semble absurde, démesuré, sans raison, pourtant il a sa raison, c'est-à-dire son fondement, son Grund. Tout au fond de chacun de nous est inscrit un Grund qui est la cause permanente de nos actes, qui est le sol sur lequel croît notre destin. J'essaye de saisir chez chacun de mes personages son Grund et je suis de plus en plus convaincu qu'il a le caractère d'une métaphore." (285)

Milan Kundera
L'imortalité**,**
Gallimard, Paris, 1990.

Dez anos depois

Dez longos e frutíferos anos passaram-se desde que escrevi e te mandei a minha carta. Tenho uma cópia aqui, do meu lado, amarelada e envelhecida. Relendo-a, não posso deixar de sorrir. A mensagem que dela emana com mais força, e que me parece mais evidente, é a pressa que eu tinha de te escrever.

Não penses que isso significa que me arrependo de havê-la escrito, muito pelo contrário. Para mim, ela representa um momento especial do meu processo de busca. Por outro lado, segundo soube, a leitura, além de divertir-te, serviu para estimular tua imaginação e tua criatividade. Eu continuei fazendo o meu caminho. Suponho que deves ter ouvido algo a respeito do que tenho feito. Porque, de fato, tem havido muitas realizações e, como podes imaginar, também novas descobertas.

Outra Bicicleta

Quando comecei a organizar as anotações para escrever-te esta nova carta, minha bicicleta (foi assim como passou a ser carinhosamente conhecida a primeira edição do presente trabalho) já tinha rodado bastante (isto é, já estava esgotada). O que queria dizer era que, revisando as minhas fichas, deparei com uma referência "metafórica" ciclística:

"Lembrei-me que (...) costumava comparar a experiência mística a uma outra experiência que nós todos já tivemos: andar de bicicleta. Você começa subindo na bicicleta, impulsionando o pedal e caindo. Você anda e cai, anda e cai, e não vai aprendendo a se equilibrar aos poucos. De repente, entretanto, acontece o equilíbrio perfeito e você consegue dominar inteiramente o veículo. Não existe uma experiência acumulativa, mas uma espécie de 'milagre', que só se manifesta no momento em que a bicicleta passa a 'andar você'; ou seja, quando você aceita seguir o desequilíbrio das duas rodas e a medida que o segue, passa a utilizar o impulso inicial de queda para o pedal." (235, 236) **[30]**

Espero que, ao reiniciar a correspondência, possamos também reiniciar os nossos passeios de bicicleta. Agora, voltando à carta, estava falando da pressa que eu tinha. Durante esses anos fui acumulando novas idéias sobre terapia familiar e cada vez mais contribuições dos autores brasileiros. Quando já tinha tudo quase pronto... hesitei. Não havia conseguido resolver se continuaria a fazê-lo, porque, afinal, o que eu poderia dizer de novo que outros já não tivessem dito? Não sei se nada. De qualquer forma, não muito. Acabei, porém, pensando que talvez tivesse algum valor se pudesse dizê-lo de uma outra forma.

"Também pensei, mas não disse, que um verdadeiro gaúcho nem sabe que se chama gaúcho, só porque vim a encontrar em tempo em Jorge Luis Borges a mesma observação. Tolice minha... como se a gente não pudesse dizer 2 e 2 são 4 são porque outros já disseram antes." (107) **[87]**

Essa é a razão pela qual hoje, de novo, estou aqui sentado, pensando em nossa correspondência. Estou organizando as minhas notas e rabiscos. Breve estarei postando uma nova carta, desta feita, espero, mais substancial e completa.

Muitas horas, tu sabes disso, passei na tua biblioteca. Faltei enlouquecer. À medida que avançava nessa selva de páginas, maior era meu entusiasmo e, claro, maior era também a minha sensação de que havia entrado em labirinto infinito, sem saída. Mais uma vez, no momento de escrever-te, tenho consciência de que só muito parcialmente atingirei o meu objetivo. Mas, se para ti ler-me, for a metade de divertido do que é para mim escrever-te, já terá valido; posso afirmar-te que me dou por satisfeito.

Gostaria de dar-te uma idéia do meu projeto. Concordas? Tudo bem. Quero aproveitar nosso papo para apresentar-te uma visão geral do processo de constituição da família, do seu ciclo vital (as peripécias pelas quais passa). Abordarei aspectos relativos às novas epistemologias e abordagens terapêuticas. Falaremos dos contextos sociais nos quais a família vive (e nós realizamos os nosso trabalho). Finalmente, dar-te-ei um panorama do que viria a ser minha visão atual de todo o processo. Se ao final achares que o todo ficou muito incompleto... sempre terás a possibilidade de escrever-me e cobrar-me novos esclarecimentos. Quem sabe daqui a dez anos?...

As cartas que me mandaste, as inquietações que me colocaste, permitiram-me realizar uma parte do sonho: escrever de tal forma que o dito fosse o resultado da cooperação de ambas as partes: "escrevinhador" e leitor. O sonho de um texto interativo, como dizem hoje.

"De qualquer modo, quem souber de casos de genros vá me comunicando, porquanto no futuro (quem sabe?!) aproveitá-lo-emos numa obra de mérito e em que os leitores participarão, inaugurando a era verdadeiramente democrática em que público e autor trabalharão juntos." (132) **[78]**

Por onde (re)começo?

Ficou dando voltas na minha cabeça a pergunta de por onde começar esta segunda carta. Foram tantas voltas que, no final, era a minha própria cabeça que girava. Acabei dizendo para os meus botões: "mas se todos os caminhos levam a Roma, porque tanta preocupação com essa história de por onde começar?" O importante era que começasse, não te parece? Assim que respondi: "seria legal que nos aventurássemos pelos meandros do chamado ciclo vital da família. **{15, 41}** Mas, se quisermos definir o ciclo vital da família, vamos precisar primeiro de uma definição da própria família.

Por uma definição mais ampla da família

Há muitas definições de família —cada uma delas com a suas qualidades— a que eu quero apresentar-te deve cumprir, basicamente, dois requisitos: refletir as mudanças na moderna concepção de família e servir-te como verdadeiro instrumento de intervenção terapêutica. Uma definição pragmaticamente útil. Isso, de fato, obriga-nos a ampliar a idéia tradicional de uma família composta exclusivamente pelos pais, os filhos e os avós. **{8, 26, 23, 25, 54}**

Talvez tivéssemos que falar de definições de família: em alguns casos, família será aquele grupo de pessoas que é escolhido pela pessoa e é sentido como sendo *sua* família.

"Lindaura não tinha família. Ou melhor, a família de Lindaura, para ela, não mais existia. Aquele ritual constituía justamente o último corte com a sua família natural. Afastara-se definitivamente do pai, da mãe, das irmãs, ficou pensando que, de verdade, a família natural era aquela na qual agora estava ingressando, rompidos todos os laços que a ligavam ao passado." (93) **[4]**

Em outros momentos, a família, para nós, será aquele conjunto de pessoas que, afetadas direta ou indiretamente por uma dificuldade, resolvem mobilizar-se em busca de alternativas de saúde. Isto, claro está, poderá incluir pessoas que não necessariamente fazem parte do grupo vinculado por laços de consangüinidade.

"Naquela casa do Botafogo viviam todos como se constituíssem uma só família, como se Evaristo fosse irmão de Furtado e Dona Branca irmã de Adelaide, intimamente unidos, querendo um o que o outro desejava, não se contrariando um coisa alguma. De manhã iam os dois homens para o Banco, à mesma hora, depois do almoço, e ficavam as duas na bela e encantadora harmonia de irmãs que se prezam, lendo, costurando, tro-

cando confidências na sala de jantar, enquanto não chegavam os maridos —o Raul no colégio e a pequena com a ama." (16, 17) **[23]**

O ingresso para este tipo de família não obedece aos padrões tradicionais da família nuclear.

"Era uma vez, um camponês que rimava ez com nês. Mas essa simples vocação poética era atrapalhada pelo barulho imenso que faziam as pessoas que moravam com ele. Pois na cabaninha modesta, de apenas um quarto-sala conjugado, moravam a mulher do camponês, três filhos do camponês, um cobrador de seguros parente afastado do camponês e um corcunda que ninguém sabia como tinha conseguido penetrar no enredo do camponês. E, como todos falavam e gritavam e brigavam e berravam, o camponês não tinha vez nem de mês em mês de exercer com altivez seu hábito burguês de poetês." (100) **[42]**

O outro ponto importante em relação com a definição de família, seria o seguinte: não podemos mais pensar em termos de família "completa" ou "incompleta". Uma família na qual o pai ou a mãe não mantém uma convivência quotidiana com os outros membros, continua sendo uma família. Agora tem, inclusive, um nome: família monoparental. E uma família monoparental é uma família completa.

"Nunca tive desgostos, mas já fiz muita mulher sofrer. Já botei, de notícias que me deram, oito meninos no mundo, mas não conheço a cara de nenhum deles, porque quem pariu Mateus, que balance; quem não pariu, que descanse. E eu vivo descansado e sem susto. E tenho prosa e convencimento para qualquer doutor graduado, porque mais do que eu nenhum deles é, e acima de mim só vejo as nuvens. Tem horas que eu acho que nem Deus fez parelha comigo, por via de que foi Ele mesmo que me fez assim, para chegar de carreira junto das medidas d'Ele. Uma coisa é verdadeira: no meu eu ninguém bota, porque eu não deixo." (55) **[19]**

De qualquer forma, a família moderna está passando por um acelerado processo de complexificação. Os casamentos que se desfazem e deixam seus membros disponíveis para novas uniões, provocam o nascimentos de novas famílias com relações para as quais ainda não possuímos nomes. São relações inominadas (inomináveis?). Qual é o grau de parentesco, por exemplo, entre duas crianças filhas dos primeiros casamentos dos seus pais, que, ao se casarem entre, si tiveram um outro filho, que é irmão de ambas? Ninguém sabe. (Mm dia destes vou acabar o trabalho em que proponho uma nova nomenclatura para as novas relações familiares...) **{45}**

Mas o fato de que ainda não existam nomes específicos não impede que essa família moderna —complexa— exista.

"Vitor, o filho do meio, freqüentava muito a casa de Sérgio, seu melhor amigo. Os pais de Sérgio estavam separados. O pai de Sérgio tinha um dia certo para sair com ele. Domingo. Iam ao parque de diversões, ao cinema, ao futebol. O pai de Sérgio namorava uma moça do teatro. E a mãe do Sérgio recebia visitas de um senhor muito camarada que sempre trazia presentes para Sérgio. O sonho do Vitor era ser irmão do Sérgio. Venancinho, o filho menor, também tinha amigos com problemas em casa. A mãe do Haroldo, por exemplo, tinha se divorciado do pai do Haroldo e casado com um cara divorciado. O padrasto de Haroldo tinha uma filha de 11 anos que podia tocar o Danúbio Azul espremendo uma mão na axila, o que deixava a mãe de Haroldo louca. A mãe do Haroldo gritava muito com o marido." (39) **[123]**

Encerrando com as definições de família, devo alertar-te contra àquelas que contaminam, com uma visão negativa, qualquer tentativa de aproximar-se e de estabelecer uma relação terapêutica com as próprias famílias que resolvem confiar em ti e levar-te suas dúvidas, sofrimentos e esperanças.

"Seres coagidos convivendo mau grado seu, presos, trancafiados no mesmo cárcere, que se observam desconfiados, com inveja e ódio. Impedidos, pelas paredes da cela, de ver o mundo além, vivem remoendo melindres antigos, procurando anos a fio o sentido das palavras e gestos, até que a interpretação, afinal encontrada, os afunda mais em seu sofrimento. Dilacerados por forte sede de amor, machucam-se em brigas sem fim, e de cada uma saem mais infelizes, tanto mais que toda sua revolta não lhes pode alterar o fato central da existência, a condenação." (7) **[98]**

Qualquer que seja o tipo de família de que se trate, ela sempre passará por uma série de ciclos sucessivos que são conhecidos como *ciclo vital da família.* Agora, se reconhecemos que há novos e diversos tipos de famílias, também deveríamos, no mínimo, reconhecer que os ciclos pelos quais elas passam também podem ser diferentes. Por isso é que, ao falarmos de ciclo vital, teremos que tecer algumas considerações especiais.

O ciclo vital da família

Parece que essa história de "ciclo vital", no singular, é, ao igual que uma definição única e fechada da família, obsoleta. Se já conseguimos reconhecer que não existe um modelo "de família normal", que serviria de padrão para conferir o quanto uma família específica se afasta dessa norma, o seguinte passo seria aceitar que existem ***diversos ciclos*** de vida familiar, no plural. O ciclo vital da família dependeria, em última análise, do cruzamento de dois tipos de coordenadas. Uma no plano micro, outra no plano macro: sua história, sua cultura, sua posição socio-econômica, por um lado, e a situação política, social, cultural e econômica da comunidade na qual vive. Se aceitamos a existência de "ciclos vitais das famílias", deveremos frisar que uma apresentação genérica poderá servir apenas como referência para construir a idéia dos ciclos específicos pelos que passou ou poderá passar uma família também específica. Não estou te oferecendo o modelo normal de ciclo vital, está claro? **{15, 41}**

Ao falar de ciclo, falaremos automaticamente de crise. E aqui entenderemos crise como momento de ruptura (a palavra crise em chinês significa ao mesmo tempo risco e possibilidade), momento privilegiado para o crescimento e a mudança. **{14, 61}**

"—Que insensatez! '...eu era jovem!' E hoje? Acha mesmo que mudou de idade apenas passada uma semana?

—Claro. Porque esta semana envelheceu-me dez anos.

—Compreendo: uma crise. Mas, ainda assim...

—Não há mais nem ainda. —Meu pai gerou-me, coube a minha mãe parir-me, entretanto só esta crise fez de mim um homem. Todo homem nasce de uma crise." (233) **[12]**

Por outro lado, quando começa esse ciclo de crises? Por onde começar sua descrição? Começará onde quisermos que comece. Cada momento poderá ser interpretado como um novo ponto de partida ou como uma conclusão. Qualquer decisão será igualmente arbitrária.

A solidão do jovem

Sendo assim resolvo assumir meu próprio arbítrio: proponho que iniciemos o passeio crítico pelo "ciclo vital" no momento em que o jovem está estabelecendo sua ruptura com a família de origem. Para perfazer a sua definição enquanto ser autônomo e diferenciado da sua família, o jovem pode isolar-se em um mundo pessoal no qual ele só aceita a companhia da sua própria solidão

"Deitado no quarto, lia os discursos de Lenin, garimpando uma ou outra frase com que enriquecer os comícios. Revigorava-me estar sozinho ouvindo ao longe o respirar da cidade grande: freios, buzinas, sirenes. O primeiro mandamento da solidão é o prazer da própria companhia. Júlio às vezes passa-me a impressão de não se suportar: é capaz de atravessar uma noite recolhido aos seus botões." (92) **[81]**

A adolescência

É essa fase, adolescência, —tão temida pelos pais, e que antigamente começava mais ou menos com quatorze anos, mas que agora deu para começar com onze, dez ou até nove anos!— que marca o fim da infância e o início da preparação para o ingresso no mundo adulto. **{17, 19}**

"Camilo foi sempre o mais visado, naturalmente por ser o mais velho e o primeiro a sair à rua com a chave da porta. Isso aconteceu simultaneamente com a decisão de Camilo de usar calça comprida. A primeira vez que tocou no assunto, papai fez-se de desentendido:

—Vou falar a respeito com sua mãe.

Camilo insistiu:

—Já tenho quatorze anos e estou com as pernas muito peludas.

Papai relanceou os olhos pelas pernas cabeludas do filho e não demonstrou achá-las indecentes. Repetiu:

—Vou falar com sua mãe. Embora eu ache você muito criança para andar com fumaças de homem.

Não sabemos se papai falou. O que sabemos é que as calças não foram encomendadas e Camilo interpelou mamãe:

—Não vê, mamãe? Não posso mais sair com esta calça de criança. Tenho até vergonha. Parece que todo mundo esta olhando pras minhas pernas!

—Meu filho, você é ainda uma criança pra usar calça comprida!

—Tenho quatorze anos.

Mamãe foi inflexível.

—É ela quem está me sabotando —informou Camilo aos irmãos. Sabem o que Mnemônimo disse pro Butantã?: 'Deixe o menino pôr calça comprida.' E sabem o que o Butantã respondeu? 'Parece que estão me roubando meu primeiro filho!' Não é ridículo? Como é que ela pode achar que estão me raptando só porque quero vestir calça comprida?" (28) **[37]**

A adolescência, não será necessariamente tumultuada, mas sempre provocará diversas crises familiares de adaptação às novas demandas e necessidades do jovem e da família. As mulheres, além das mudanças corporais visíveis, vivem outras mudanças: a chegada da menstruação anuncia sua transformação em moças.

"Bobinha, de mim já não falo. Me enxugava no banheiro. Puxa, que susto.

—Está nascendo cabelo...

Um por um, tentei arrancar —doía muito. Confessei a medo para minha irmã.

—Lá embaixo.

Ela me acalmou:

—Sua tonta, é assim mesmo.

Quando veio a primeira vez, bem me apavorei.

—Estou sangrando. Acho que vou morrer.

Correndo a toda hora no banheiro.

—Estou me esvaindo...

De novo, minha irmã:

—Agora você sabe. O que é moça. Daqui a um mês. Todo mês.

Me ensinou a usar toalhinha, ainda o tempo da toalhinha. Esquecida horas no banheiro, lavando, lavando. Para a mãe não ver.

O seio aflorando, o biquinho doendo —de sete novenas fiz promessa.

—Meu Deus, me acuda. Se aperto o biquinho, sai leite?

O primeiro namorado, sabe o quê? Ah, o beijo único na boca. Já era pecado: duas línguas na boca. Me abraçava, eu tremia de gozo. Tanto medo: duro, grande, furando a calça. O tempo das primeiras calças justas. Ele descia reto: o começo ali no umbigo? Como adivinhar que se dobrava para cima?" (5, 6) **[116]**

A paquera

O isolamento salutar e necessário do qual já te falei, e a superação da sensação de estranheza devida as mudanças do próprio corpo, darão lugar a uma busca do relacionamento mais estreito com seus pares. Ao sair do seio da família, o jovem se deparará com o deslumbramento das pessoas do sexo complementar (eu o chamo assim porque não gosto da expressão "sexo oposto") e, timidamente, começará a mostrar seu interesse.

"As mulheres é que são danadas para perceber quando um homem está assim, moendo vidro com a bunda por causa doutra. Dona Elvira passava, me cumprimentava no portão, estreitava os olhos perquiridores gelados em mim e grunhia uma indiscrição." (118, 119) **[18]**

O enamoramento

Esse jogo de descoberta de si mesmo diante do outro, irá, aos poucos, criando as condições de uma maior aproximação, de uma maior intimidade. Surge então o enamoramento e, a seguir, o seu corolário, a paixão. Sabes porque prefiro chamá-lo de enamoramento e não simplesmente de namoro? Porque não existe nenhuma razão para que o namoro (uma atitude específica, de atenções e cuidados especiais com a outra pessoa) não possa se manter com o passar dos anos. Esse tema é fundamental e espero que tenhamos espaço para poder conversar à respeito.

"Quando foi que eu percebi que estava apaixonado por Luzia?

Deixe ver, no princípio foi somente uma boa diversão, com a gente se encontrando por detrás da gruta de Nossa Senhora de Lourdes, perto da igreja, numa escuridão que ninguém via a gente: parece que ainda estou vendo nós dois, falando muito baixinho, quase num pisca-pisca de voz. Me lembro bem de tudo, já agora sem raiva: o que eu sinto é curiosidade; até hoje sou um curioso que se investiga, procurando descobrir o motivo dessa paixão." (12, 13) **[16]**

Os primeiros momentos do idílio

Durante o idílio, o jovem ainda não está aprendendo a se relacionar com a pessoa do outro sexo. Vive a ilusão de um encontro maravilhoso, natural, no qual não é preciso fazer nenhum esforço para que as coisas aconteçam. Tudo parece simplesmente perfeito e natural.

"O que se formara entre os dois fora uma espécie de pacto amoroso que prescindiu do esclarecimento das palavras: neles o amor era uma coisa tão natural que não se recordavam de quando haviam trocado o primeiro beijo na boca: se Zé Inácio não ultrapassou o limite da virgindade de Glorinha, também não fora por oposição da moça e sim porque, para ele, aquela conquista se daria de forma natural, quando casassem." (49) **[17]**

A paixão

Tenho para mim, que durante as primeiras fases, a relação seria, de fato, entre quatro pessoas: duas, as reais, permanecem escondidas. As outras duas (ou talvez outras quatro) são produto da fantasia: o rapaz, que ele gostaria de ser, o seu ideal de si mesmo, está em relação com a moça que ele idealiza, com seu ideal de mulher. A moça, também põe em relação sua própria idealização de si mesma com seu ideal de homem. Vês, seriam seis pessoas. A paixão é um incêndio, uma sublime loucura que pouco tem a ver com a realidade. (Loucura que, aqui entre nós, ninguém deveria deixar de experimentar ao menos uma vez na vida.) O jovem, nesse período, tem sérias dificuldades para compreender como conseguiu viver, até esse momento, sem estar apaixonado.

"—Estou em estado de graça!— bradava ele, erguendo o bule. A paixão é o combustível da vida: sem ela só se anda empurrado. É o homem no seu estágio superior. Fora da paixão não há salvação. Você precisa se apaixonar, Fábio." (115) **[81]**

A escolha do parceiro

Essa escolha é algo cuja elucidação já contribuiu para que se derramasse muita tinta. Para alguns é algo misterioso, que não aceita explicação; para outros, é uma escolha perfeitamente determinada (em um nível inconsciente, é verdade, mas determinada). Escolher-se-ia aquela pessoa que, inconscientemente, percebe-se, reúne certos requisitos e com a qual haveria um encaixe (o que, é claro, pode ser benigno ou... maligno!) **{51, 5, 66}**

"O que leva um homem a se interessar por uma mulher, uma única mulher em meio a trezentas outras? Para meu amigo Júlio, 'uma ligeira comichão num ponto abaixo do umbigo'. Atração física? Fusão química? Combinação de energias?" (11) **[81]**

Na aparência, nada impede que a escolha se revista de características conscientes e pragmáticas, isto é, que ambos os parceiros se decidam por aquilo que vêem no outro: suas qualidades. São essas características que "oficialmente" parecem indicar um bom partido, que com freqüência são apresentadas como motivo real do casamento.

"Sim senhor, deu pra pensar em casar-se com a menina. Idade bem que tinha. Juízo não, mas isso é uma coisa que boa mulher, muito meiga, de braços leves para o agrado e fortes para o trabalho, até que pode dar a um sujeito desguritado sim, mas com vontade verdadeira de assentar pousado. E tudo viria mesmo no talho do corte: tomaria conta da roça para dar descanso ao velho e tentaria a lavoura. Exatinho a vida que tiveram o pai, o avô..." (55) **[34]**

A oposição dos pais

Mas se os jovens namorados estão fora da realidade, este não sói ser o caso dos pais, que podem sentir o novo relacionamento dos filhos como uma ameaça. Uma ameaça de perda que pode ser o prenúncio de outras perdas. Esse novo relacionamento pode, também, ser interpretado como um sinal de que os pais estão ficando velhos. Este poderá ser um clima propício para o surgimento de brigas e disputas.

"—Então, não se conta nada do baile? Indagou Frau Marta, dirigindo-se a Lore em tom sarcástico, enquanto fazia o prato do marido.

—Muito bom, mãe. Há muito não temos um baile tão bonito.

—E quem foram teus pares?

Lore compreendeu que seria inútil qualquer esforço para contornar o assunto. Ainda assim, fez uma última tentativa.

—Os de sempre...

—Os de sempre? E esse engenheiro com quem dançastes toda a noite e com quem tens andado de passeios pela ponte neste últimos tempos?

—Se a mãe já sabe não precisa explicar...

—Pois bem. Fica entendido. Não admito esse namoro. É preciso que saibas desde já, se não queres inferno dentro de casa... Vamos cortar isso pela raiz. —Frau Marta fazia um supremo esforço para conter o turbilhão de coisas que queria dizer—.

—Mas, por quê? Perguntou Lore, conciliadora, olhos postos no pai, como que a gritar por socorro.

Herr Wolff simulou distração. Para que lutar com Marta, se saía sempre perdendo? Depois, Marta tinha razão. Desses brasileiros não se devia esperar nada bom." (92, 93) **[70]**

O ritual do noivado

Quando baixam as turbulentas águas dos desentendimentos e passa a ser necessário que se tomem medidas práticas... os próprios pais transformam-se nos promotores dos rituais de preparação da nova etapa: o noivado formaliza a saída dos filhos do controle dos pais e transforma-se no ponto de partida do que pode ser uma nova união, uma nova família.

"Nós, Vedetinha e Jovem Promissor, descobrimos que o noivado não era simples formalidade social. Era, pelo contrário, uma porção de descobertas para um futuro que se descortinava. O noivado: uma prolongada dança nupcial, como se Vedetinha fosse uma abelha rainha e o noivo um jovem zangão. E era como se o nosso amor inchasse, inchasse, com o risco de arrebentar. Pois lá dentro, latente, escondia-se uma angústia causada por nossa própria felicidade. Era uma série interminável de olhares melosos, apertar de dedos e, por fim, beijos como se nunca nos cansássemos de tantos beijos. E era precisamente o que temíamos, nós que, como todos os mortais, não estávamos habituados à alegria: que esta alegria fosse apenas o prenúncio irônico de desgostos e tragédias. No entanto, exatamente por crer que no limite final daquela felicidade nos esperavam o tédio e a dor, era que tudo aproveitávamos com ansiedade. Por enquanto, o amor e o prazer. O monte de tolices que os apaixonados se dizem uns aos outros," (75) **[102]**

A ilusão do cônjuge perfeito

A ilusão do encontro da "cara metade" que, rapidamente, dará lugar à crua realidade: cada um dos parceiros começará a mostrar quem realmente é, quais são suas expectativas e, sobretudo, suas exigências. Será uma fase crítica de descobertas: o outro não é exatamente como se havia imaginado (idealizado).

"Veio o namoro ligeiro. Para o noivado não houve tempo. Descobrira ele que ela gostava de esconder a origem roceira e ela percebeu que ele não era economista coisa nenhuma e nunca fora interessado em qualquer indústria. Não passara de um curso de vinte dias, programado por firma da praça, a rapazes da chamada boa aparência, candidatos a vendedores a domicílio.

O casamento chegava, assim, a assentar o pó, igual a goma na decolada. Ambos necessitavam da ilusão e não pretendiam romper o estabelecido. Ela, querendo um marido vistoso e ele precisando investir a boniteza na fortuna dela. Guerrinha fria em que o temor da perca sustinha a hipocrisia do casal." (59) **[78]**

Uma gravidez inesperada

Mas o casamento pode também ser "decidido" por ocasião de uma acontecimento fortuito: uma gravidez inesperada:

"—Você está grávida! Comenta, como uma repreensão.
—Estás vendo? Nós não queríamos, mas não consegui evitar. A criança vai atrapalhar um pouco, não achas? Mas é o resultado de nossa inexperiência.
Ela está segura de si, ainda mais direta, olhando-o dentro dos olhos, esperando, condescendente. Ele está atrapalhado." (85) **[20]**

O fato acaba sendo que, de uma forma ou outra, pode chegar-se ao casamento (claro que casamento aqui, deverá ser entendido como união estável entre duas pessoas, e não apenas como assinatura, diante de um "representante da lei", de um papel que "certifica o fato"). E essa etapa trará consigo novas fontes de acomodações e de crises.

Machismo e casamento

Vamos falar dos motivos do casamento, mas, antes de entrarmos diretamente no tema propriamente dito, quero falar-te de um problema cultural muito sério: a concepção machista das relações. Essa concepção é compartilhada por homens e mulheres. É como se não houvesse espaço para o verdadeiro homem. Vejamos o lado dos homens primeiro:

"Essa minha compulsão de querer levar todas as mulheres para a cama me obrigava a fazer papéis absurdos como aquele: eu conversava com Lígia sem prestar a menor atenção no que ela dizia." (33) **[46]**

Esse tipo de "homem" não está preparado para ter uma relação com uma mulher. Pode estabelecer inúmeros contatos com diversas parceiras, mas não estabelecer um vínculo de intimidade. Quando um ***omem*** desses encontra alguém, só pode ser uma ***mulhé***. A crise não tardará a estourar.

"Toda essa esculhambação me feria o amor próprio, desmoralizava o meu orgulho. É o diabo mesmo! Um sujeito que carrega a fumaça de

machão de fanforronice, arrastador de mala que não se sujeita a mando de ninguém, ainda mais de fêmea, acabar deixando encabrestar-se e passar barbicacho, é uma desgraça. E eu não via que aquela sujeita só queria de mim meia hora de atrações duas ou três vezes por semana, estava me desgraçando? Pensava nisso e amargava humilhação mortificante." (154) **[18]**

A atitude e a concepção machistas não são "privilégio" dos homens. Quando um homem não corresponde ao estereótipo machão, pode ser completamente desprezado pelas mulheres. As ***muié*** não gostam, ou não são capazes, de se relacionarem com os **homens**.

"Um amor, o Leonardo. Divorciado, carente, vivia atrás de mulheres. Tinha sempre alguém com ele, se apaixonava com facilidade e em pouco tempo era sacaneado. Não entendo por quê. Correto, agradável, ele não chega a ser bonito, mas é simpático, dança bem, sabe conversar, é inteligente, carinhoso, não consegui descobrir ainda porque ele não se ajeita com mulheres. Segundo diz, gosta de trepar, está sempre disposto, e isso é raro hoje em dia, minha amigas vivem reclamando. Talvez mostre depressa demais as suas fragilidades. Detesta sexo sem amor, gostaria de se relacionar com uma mulher bonita, sensível, que valorizasse o que ele faz, fosse meiga e soubesse se deixar amar.

Leonardo é um dos poucos românticos que ainda restam no Rio de Janeiro. Mas eu não consigo vê-lo como homem. Para mim é apenas um amigo que prezo muito e com quem tenho certeza de poder contar. Ele também sabe que pode contar comigo." (125, 126) **[76]**

Por si só, o fato de casar, de estarem casados, levanta uma questão paradoxal. Cada um dos cônjuges pode perguntar-se: estou com ele(a) porque estou casado ou estou casado(a) porque estou com ela(e)?

"Eu amo o Torres porque preciso dele? Ou será que eu preciso do Torres porque o amo? Nós somos mais amantes do que amigos, ou mais amigos do que amantes? Sinceramente, não sei. Quando ele se despediu de mim uma semana atrás, e me abraçou e me beijou e disse que me amava e me adorava, senti uma tristeza tão grande na sua voz, uma aflição tão intensa, tive o pressentimento de que nunca mais o veria, desandei a chorar. Não devia ter feito isso, mas não pude evitar. Se o Torres

morrer, se o Torres for preso, se judiarem dele, ah! eu não agüento, eu não posso viver sem ele, juro que me suicido, me mato, dou fim à minha vida. Não consigo me imaginar vivendo sem o Torres.” (249) **[75]**

Por que casar?

Agora sim, vou apresentar-te algumas das motivações que tiveram para se casarem alguns dos casais em crise, que encontramos no nosso trabalho terapêutico. Também, gostaria de acrescentar que o fato desse tipo de casamento “ter motivos específicos”, não significa que os parceiros não possam ter, ao mesmo tempo, a ilusão de um amor que poderá surgir. E será essa ilusão, como veremos mais adiante, que será quebrada com o passar do tempo.

Casamento passaporte

Esse tipo de casamento serve tanto para sair de uma família que se ressente como insuportável, quanto para atingir um objetivo não estritamente relacionado com o fato específico de haver casado com uma pessoa.

“—Meu casamento está uma porcaria. Não há mais nenhum jeito a dar, mesmo que eu queira. Eu me casei de idiota. Acho que não gostava de Saulo. Nunca gostei. O que eu queria mesmo era ir para Nova York. Viver nos Estados Unidos sempre foi o meu sonho de menina criada no interior do Rio Grande do Norte. O casamento com o Saulo, embora eu não tivesse consciência disso, foi apenas um meio de realizar o meu sonho. Terminei caindo do cavalo. (15) **[76]**

Em certos casos, um dos parceiros pode ter consciência do tipo de casamento (passaporte) que está realizando. A verdade é que isso não costuma ajudar em nada. Aquele que “sabe”, vive a ilusão de que conseguirá mudar o outro e transformar o casamento.

“—...eu prestei atenção em tudo, em cada coisinha que ela fazia e que deixava de fazer, porque eu tava só vendo adonde ela ia: deveras, quando Aía aceitou de casar comigo eu tava cansado de saber que ela não gostava de mim nem nada, o que ela queria era fugir da casa do pai,

daquela cachoeira que mais dia menos dia ia acabar sugando ela prás águas, então ela fez que sim com a cabeça quando eu tomei coragem e pedi a ela pra casar comigo: nossa vida de marido e mulher só tinha graça pra mim, pela cara dela eu via que Aía tava cansada de mim, das crianças, que o que ela queria no real era cair no mundo, conhecer o Rio de Janeiro, essas coisas de moça da roça, o senhor sabe, né?" (221) **[14]**

Uma escolha dos pais

O casamento decidido pelos pais deixou de ser uma norma e, felizmente, a maioria das pessoas já tem direito de fazer sua própria escolha de forma mais ou menos independente. Mas, infelizmente, isso ainda acontece, pois, não raro defrontamo-nos com casamentos realizados para obedecer, agradar, não desgostar... aos pais.

"Indaiá adentro: metro e sessenta. Naqueles antígandos, acontecia muito de as mocinhas se casarem por obrigo do pai. Era ele quem escolhia o moço capaz de manter a filha submissa e sob proteção. Não eram casamentos precedidos de namoro e noivado enlevado em sonhos, não! Não havia nem chora-me-dói!" (36) **[28]**

Atração pelo que "falta" ao outro

Em alguns casos, o fator mais importante da atração de um pelo outro é justamente aquilo que faz falta, sua carência. Esse "amor" tem como função o preenchimento de um vazio. Se preencher, perde seu sentido, se não... provoca uma frustração permanente. Esse tipo de casal vive, no início uma crise que, ao se tornar crônica, deixa de ser crise: eu os chamo de casais ***cróticos***. Vivem uma situação de crise crônica!

O casamento-sacrifício

A motivação de alguns casamentos pode ser a gratidão, a pena, a comiseração, uma necessidade de ajudar o outro. Esse gesto altruísta parece maravilhoso para a pessoa que o realiza, mas, com certeza, mais tarde ela tentará cobrar sua parte pelo sacrifício... e a crise poderá explodir!

"Lázaro e Cacilda se olhavam e sorriam ligeiramente: sorriam por dentro e por fora, sabiam, pois a sua única certeza era que tinham um ao outro —ele abrandava os sentimentos exaltados e negros pensando nela, esculpindo-a como se moldasse a sua própria personalidade.

Cacilda experimentava a mesma sensação, envolta num clima de esperança e misericórdia: *mesmo que ele perca o emprego, que esteja doente, com alguma coisa ruim, irei até o fim com Lázaro, não o deixarei perdido ou sozinho. Vou ajudá-lo, dar o meu sangue para ele.* Teve vontade de chorar ao observar os ferimentos no seu rosto. *—Vou servir como nunca servi à pessoa alguma. Caridade, afeição, amor, por que as pessoas complicam tudo se as coisas podiam ser tão simples?"* (35) **[22]**

Casamento reparação

Semelhante, em parte, ao casamento para agradar aos pais, este serve para apagar a mácula deixada por uma relação que foi além do imaginado pelos pais (podendo, ou não, haver uma gravidez). Os pais exigem que a filha (ou o filho) casem para desfazer uma afronta.

"Do meio para o fim, a conversa só se referia ao caso da filha.

Machadinho e Geraldo ouviam e também falavam. Raul só ouvia. (As crianças tinham sido afastadas dali.)

A filha —era essa a história— fora... compreendiam!... (Também, ele não sabia que porcaria, essa agora, de quererem namorar!...) O culpado era um dos rapazes do Clarimundo. —E o homem olhou para seu Machadinho, e esperou... Era conhecido.

Fez-lhe mal, e agora não queria reparar o seu ato.

—Deu parte à polícia?

Dera, mas já fora da época.

—Quase sempre acontece isso. Mas depois? —quis saber o outro.

Depois, nem o rapaz (que se chama Djalma), nem o velho Clarimundo queriam reparar o ato.

—Mas, como é que você acha que eles devem reparar? —perguntou seu Machadinho.

O homem não sabia...
—Casando?" (210) **[64]**

O casamento financista

O objetivo imediato e aparente do casamento pode ser a necessidade de economizar: casar sai mais barato do que manter duas casas, dois orçamentos. Uma economia que pode sair... muito cara.

"—Você está bobeando, Marco. Pagar duas empregadas, Ter duas geladeiras, duas máquinas de lavar roupa, desembolsar dois aluguéis, tudo em duplicata, até parece que estamos nadando em dinheiro. Se viesse morar comigo ou se eu fosse morar com você, sairia tudo mais barato. Talvez até desse para você parar de fazer traduções. Com o dinheiro da rádio e o pinga-pinga dos direitos autorais, daria para ir vivendo. Nós racharíamos as despesas, seria melhor. Mas você é tão teimoso..." (56) **[76]**

E, na nossa cultura, essa dependência financeira poderá ser, no caso da mulher, acompanhada de outras dependências não menos graves:

"Não, —disse Lana, a faxineira de Manhattan—, a UNESCO realizou uma pesquisa para saber exatamente porque a mulher latino-americana se casa. E sabem qual foi o resultado? Ficou provado que ela se casa, antes de mais nada, por insegurança financeira, por necessidade de Ter um amparo, para não ficar para tia, o que provoca pânico em toda moça da América Latina, casa para fugir da solidão, para ficar livre da opressão da família e, só em sexto lugar, é que aparece o amor. Quer dizer: a mulher latino-americana tem tanta dependência econômica e cultural que não é dona do seu coração, há um Hitler ocupando o coração da mulher latino-americana." (223) **[41]**

O casamento reprodutivo

Se no casamento financeiro a finalidade era dividir, neste tipo a finalidade é a de multiplicar. Um ou ambos os parceiros parecem apenas estar obedecendo à injunção "Crescei e multiplicai-vos!" E quando a finalidade do casamento é apenas ter filhos, o parceiro acaba sendo... descartável.

"Você veja, Bernardo. Eu nunca menti. Sou feito meu carro, ouro de lei. Eu já disse à noiva que, no dia do casamento, não quero saber de automóvel. Meu automóvel é este. Mas você sabe, Bernardo? Tenho uns dinheiros juntos, não sei se compre enxoval ou se dê entrada noutro caminhão. Que é que você acha? Pra lhe falar a verdade, eu não tenho vontade de casar. A noiva é bonita. Bonita e boa. É como diz a história: bonita, boa e barata. Mas o que eu tenho vontade, mais do que tudo, é ter filho doutor. Não é bonito? A gente dizer numa conversa: 'Quando meu filho se formar...' É ou não é?" (53) **[57]**

A "hora" de casar

Nem sempre resulta evidente quando seria a hora de casar: os pais podem achar que o filho, ou a filha, ainda são imaturos, que devem esperar. Do seu lado, a filha, ou filho, podem sentir-se aptos para esse casamento. (O problema pode ser que talvez ambas as partes, e ao mesmo tempo, estejam com a razão!)

"Papai deixou o jornal no joelho e ficou olhando apalermado para o filho primogênito. Custou a falar. Anos atrás explodiria, mas agora controlava-se, raramente tinha um rompante como antes.

—Casar, você disse? Você está mangando comigo?

—Casar —eu disse.

—Ora, casa com quem, pode-se saber?

—Com uma moça, evidente.

—Isso eu sei. Não há de ser com o Churchill.

—Paula, o senhor não conhece.

—Claro que não conheço. Ninguém me conta nada nesta casa.

—O que é que o senhor me diz?

—O que é que você quer que lhe diga? Acho que é cedo. Você ainda não passa de um frangote. Ainda não está maduro. Não me esqueci ainda de você engolindo um caroço de ameixa, lembra-se Rute?

—Tenho 22 anos.

—É cedo. Não se deve casar tão moço. É preciso ser mais escolado. Eu esperei até os trinta e acho que ainda devia esperar mais. O casamento não é mar de rosas. As responsabilidades de uma família são muito pesadas. Um rapaz de vinte e dois anos não está preparado para tomar estado. E se um homem não é traquejado, o casamento dá em água de barrela. Se você quer minha opinião, não se case por enquanto. Espere mais algum tempo. Pelo menos até os vinte e sete. Tire o corpo, meu filho. Divirta-se primeiro. Eu, que sou um macaco velho, sei o que estou dizendo. Se casar, depois é aquela garapa!

—Pai, não quero esperar, quero casar já.

—Por que, posso saber? Por que essa pressa? Você não vai tirar o pai da forca! E não me diga que você, meu filho, atentou contra a honra...

—Não!" (43, 44) **[37]**

Quando a preocupação dos pais pelos filhos chega aos extremos do excesso, (e estes vivem quase que dentro de uma redoma, protegidos do mundo exterior), eles podem "crescer" sem amadurecer, e o casamento aparecer como uma mudança forte demais, para o qual não estão, óbvio, preparados.

"Vera admite que cresceu defasada do seu tempo, filha única de um pai idoso, educada por preceptores prussianos, aqui e na Europa, superprotegida, custou a encontrar o caminho da sua consciência, custou a se equilibrar sobre as próprias pernas. No dia em que deu de cara com a sua persona, prá lá dos trinta, não precisou andar muito para dar um pontapé e estilhaçar o escudo de proteção. Entre os cacos: Zênio e o casamento. Vera saiu da casca e entrou numa montanha-russa de transformações. As mudanças, ao contrário do que ela esperava, puseram fermento na paixão do ex-marido. Zênio é obcecado por ela, empenha-se de todos o modos para tê-la de volta e não esconde isso de ninguém. Nem de mim." (28) **[81]**

Outros casamentos acontecem como conseqüência do tempo, porque está na hora. A sociedade e a família cobram: "quando é que vocês vão casar, já está na hora de decidir, não podem esperar tanto tempo..."

"Era incrível como Maria Luísa saíra à mãe. Lucinha, em mocinha, quando se casaram era quase como a filha nos seus quinze anos. Casara-

se com ela... Ora, só Deus sabe por que um homem se casa. Casara-se, eis tudo. A hora do casamento chega como a das cataporas. Chega, e o homem se casa." (212) **[35]**

Antes de falar-te de quais podem ser as conseqüências dos casamentos desse gênero, quero que vejamos que o fato de não casarem, também pode constituir um fator de crise.

Quando os filhos não casam...

Um outro problema pode ser aquele ocasionado pelos filhos que, apesar de estarem em idade de casar (ou de sair de casa), vão realizando uma espécie de prolongamento da adolescência, sem permitir que os pais tenham a satisfação de ver sua tarefa realizada por completo. Essa convivência sob o mesmo teto pode ir se tornando cada vez mais complicada.

"Não fazia questão. Moça era para viver dentro de casa, dar-se o respeito. E Marta foi crescendo e não mudou de gênio. Botara na escola do Pilar, aprendeu a ler, tinha um bom talhe de letra, sabia fazer o seu bordado, tirar seu molde, coser um vestido. E não havia rapaz que parasse para puxar uma conversa. Havia moças mais feias, mais sem jeito, casadas desde que se puseram em ponto de casamento. Estava com mais de trinta e agora aparecera-lhe aquele nervoso, uma vontade desesperada de chorar que lhe metia medo. Coitada da filha. E depois ainda por cima o pai nem podia olhar para ela. Vinha com gritos, com despropósitos, com implicâncias. O que sucederia à sua filha, por que Deus não lhe dera uma sina mais branda?, pensava assim a velha Sinhá enquanto na tenda o mestre José Amaro batia sola." (86) **[91]**

A desilusão do casamento

Agora sim, falemos do que pode acontecer com tais casamentos. Como bem podes imaginar, esse tipo de arranjo pode, com muita facilidade, conduzir a uma grande desilusão: o casamento não era aquilo que poderia ser...

"Tudo parecia claro por um momento, tudo vinha aos seus olhos aflitos e tristonhos, toda a sua vida de pequenas misérias, dores e sofrimentos. Tomava consciência dramaticamente do seu destino. Ouvia em silêncio, os olhos engrandecidos pelas sombras, a voz surda e doída que lhe vinha do peito. Sentia-se estranha, agreste como eram as ondas quentes e selvagens que lhe cresciam no corpo, o sangue a correr o seu destino."

"O amor não fora o que dele esperava. Ismael não era homem que podia completá-la e seguirem como um só pela estrada de um mundo novo. A poesia de uma vida pura, quase selvagem, dois seres arrancados a correnteza, o sabor das coisas selvagens e primitivas não foram feitos para ela. Nada daquilo ele lhe podia dar, tinha o coração inundado de águas contaminadas, de tanto sentir a si próprio. Uma vida artificial, de constantes buscas interiores, lhe deformava a parte sã do corpo. Não podia viver como os outros, costumara ele dizer, tinha alguma coisa a espetar-lhe a carne, não podia se entregar com pureza ao húmus poderoso da terra. Desejava mesmo a loucura, para que pudesse agitar as águas esverdeadas de podridão de sua vida. Era aquele o homem a quem se entregara." (164-166) **[38]**

As primeiras descobertas do casamento

Será durante o casamento que surgirá a possibilidade da verdadeira descoberta do outro, bem como de si mesmo diante do outro. A realidade começa a tomar o lugar da fantasia, enfrentando-se as possibilidades reais de construção de uma relação a dois. O encontro com o parceiro deixa de ser programado e decidido de cada vez; ambos fazem parte de uma organização que deverá estabelecer suas próprias normas de funcionamento. O casamento seria, de certa forma, o ponto de partida de uma profunda crise que favorece o crescimento e a descoberta pessoal.

"Casou-se com uma moça que foi por assim dizer a sua namorada de infância. Na própria noite daquele casamento sem lua-de-mel, pois não tinham viajado, e dormiam juntos pela primeira vez no quarto estreito da casa que haviam alugado na Ponta Grossa (e Alexandre se lembrava de que, no momento exato em que se estendera sobre o corpo de Alice, e a sentira fremir na escuridão como um pássaro, ouvira o apito de um trem

de carga sulcar o vazio da noite), tivera a nítida consciência de que estava finalmente enjaulado." (39) **[81]**

A reação diante dessas descobertas será crucial para o futuro da relação: o que fazer quando se fica a par da, até então, ignorada fragilidade do outro?

"Pela primeira vez eu a via sem defesas, nem retoques, fora de sua armadura. É nas situações-limite que as pessoas perdem suas escamas. Vera pareceu-me uma velhinha desamparada, encolhida na ponta do sofá, sem pai, sem marido e com uma enorme interrogação —isso ela não sabia— a lhe cobrir o futuro." (257) **[81]**

Adivinhar o outro

Nesse período, um dos maiores perigos consiste em tentar agir como se o clima e as atitudes da fase do enamoramento pudessem ser mantidos para sempre. Nesse caso, a grande prova do amor que se poderia receber do parceiro seria sua capacidade de adivinhar os nossos desejos mais íntimos. (É como se constantemente cada um dos parceiros estivesse dizendo: "se você me ama você me adivinha, adivinha o que eu quero"). Essa atitude só pode contribuir para o surgimento de insatisfações e cobranças que, no futuro, poderão adquirir dimensões gigantescas, e trazer conseqüências muito destrutivas.

"Acabou pedindo a Nazaré para ir morar em sua companhia quando a casa ficasse pronta. Era questão de semanas —quinze dias, talvez. Não lhe dava luxo, mas dava segurança, boa roupa, passeios, amizade. Não falou em amor —o amor estava entendido nos abraços, nos beijos. Era ponto pacífico —não ocorreria a de oferecer como promessa o que lhe dava aos borbotões. Depois, isso não se fala a mulher, ela que compreenda, adivinhe." (43) **[86]**

Casamento e recasamento...

E visto que estamos falando de casamento, quero aproveitar para fazer uma diferença: com muita freqüência ouvirás falar de "recasamento". Para aqueles que utilizam essa expressão, ela significa um novo casamento com uma outra pessoa, depois de uma separação **{39}**. Para mim, o recasamento só acontece quando é com a mesma pessoa; uma volta ao casamento com a mesma pessoa. Em qualquer outro caso, tratar-se-ia de um novo casamento, pronto. Porque fazer essa distinção?, simplesmente porque ela me é útil no trabalho terapêutico. Alguns casais que me procuram estão atolados em uma crise cuja única saída parece ser a separação. Para mim, a outra pode ser o recasamento. Isto é o fim do casamento ruim que vivem, para o estabelecimento de um outro casamento, saudável. Mas disso falaremos um pouco mais à frente.

"Carneiro, touro, veado, vaca, dona Esmeralda? Perguntou seu Emílio. Desde que virara adúltera que dona Esmeralda só jogava em bicho de chifres. Ela escolhia sempre um de chifres e jogava. Há dois anos tinha abandonado o marido em companhia de um caixeiro viajante de Recife. Na capital pernambucana, ela ficara quatro meses e no quinto voltara para o marido. 'Você voltou?' Perguntou seu marido, carpinteiro de profissão, consertando um cadeira sem demonstrar, pela volta da esposa, nenhuma emoção, rancor ou alegria. 'Voltei. Ele morreu. Ficamos num hotel três meses, quanto mais ele fodia, mais eu queria, quanto mais eu queria, ele queria mais ainda, e ele morreu fodendo. Tive que sair debaixo dele, já morto. Nem trabalhar ele queria e eu acho que fazia muito bem. A vida é uma só. E é melhor morrer fodendo que viver até o fim serrando madeira.!' O marido estava consertando uma cadeira e continuou a fazê-lo com o mesmo interesse de antes da mulher chegar. 'Quando ele morreu, eu fui trabalhar de doméstica, ganhei dinheiro da passagem e voltei para casa. Me considero viúva!' O marido se dignou a levantar a vista da cadeira e disse: 'Se quer ficar, não tenho nada contra. Para mim, boceta lavada é boceta nova.' Esta mesma reposta ele deu na venda de seu Marcelo, quando resolveram chamá-lo de corno manso." (89) **[44]**

O início do Casamento

As chances de sucesso são muito maiores quando a comunicação é explícita, aberta. Os parceiros estimulam-se mutuamente, ambos crescem e podem iniciar a aprendizagem das novas responsabilidades e novas possibilidades, podendo contar um com ou outro.

"Sim porque oito meses depois estavam noivos, e seis meses após o noivado eles se casaram, para desespero de uma de suas namoradas (chamava-se Sandra Mara, a amante abandonada. E no dia do casamento bebera meia garrafa de cachaça e fora cair, aos gritos, à porta de sua casa, acusando-o de traição). Janete lhe impusera um novo ritmo de vida, fizera com que encarasse com mais seriedade o trabalho e a vida. Muitas vezes, nos meses de noivado, ele se surpreendia a fazer planos com ela. Eram pobres, sim, mas podiam melhorar de vida, por que não? Ela o incentivava, lembrava que, após o casamento, continuaria a trabalhar na loja de sapatos em Madureira. Não teriam filhos tão cedo, antes montariam a casa. E Edmilson, por causa da moça, já via a vida de outra maneira —afinal, se dizia, não se é moço o tempo todo, é preciso pensar, agora, no futuro." (17) **[108]**

E as primeiras possibilidades de crise

Mas, quando o período do namoro e do noivado não foram suficientes para se conhecerem mais um ao outro, a crise pode começar muito mais cedo. Os parceiros podem vir a descobrir que desconhecem por completo um ao outro pessoa, que não se casaram com o outro, uma pessoa com qualidades e defeitos próprios, mas com seu próprio sonho, com sua própria fantasia.

"Nos primeiros oito dias ainda as cousas foram bem: era a novidade do casamento. Mas logo depois comecei a sentir que ele não correspondia ao meu sonho de marido. Não era um homem terno, dedicado, firme, vivendo de mim e para mim. Ao contrário, parece outro, inteiramente outro, caprichoso, intolerante, gelado, pirracento, e não ficarei admirada se me disserem que ele ama a outra. Tudo é possível, por minha desgraça..." (322) **[8]**

A relação sexual sói ser um dos terrenos preferidos pelos casais para dar vazão às suas frustrações do desencontro mútuo. Seria mais ou menos assim: se você não dá para mim... eu não dou para você. E, no sexo, esse não dar tem conseqüências mortíferas. **{29}**

"O seu casamento com Baltazar Antão, as palavras melosas que ele lhe disse ao ouvido, o corpo imenso sobre si, os esforços que ela fazia para não falar, mostrando-se como dela esperavam, quieta, simulando estar no cumprimento de um dever, tanto por fim, que simulava e mentia, que desconhecer qual a sua verdadeira tenção, naqueles momentos. Momentos que se repetiram com a regularidade das lunações, e que a deixavam perplexa. Sim, dessas lunações ela se lembrava, por espanto, nem tudo soterrado e consumido." (192) **[5]**

Transformar o parceiro (em outro)

Será durante as primeiras fases do casamento, também, que acontecerão as maiores tentativas por transformar o outro. Cada um dos parceiros vem de uma família diferente (óbvio, não é?), e seu modelo de (bom) funcionamento familiar costuma ser o próprio. A reação natural consiste em tentar moldar o outro para que aceite essa nova forma de relacionamento (melhor que a dele...) Isso vai acontecer tanto ao nível global da pessoa, quanto ao nível particular dos seus gostos, da suas manias e até da sua forma de vestir.

"Ela consertou a sandália no sapateiro. Depois comprou... não, não um sapato: comprou tênis —dois pares de tênis!

'Pra que dois?...'

'Pra que dois? Um é pra mim; o outro é pra você.'

'Pra mim? Tênis? Você ficou maluca?'

'Pra você mesmo?'

'Eu usar tênis?'

'Por que não?'

'Imagine, imagine só. Imagine o Epifânio Carvalho todo catita, flanando de tênis pelas ruas da cidade; já imaginou isso?'

'Já, já imaginei.'

'Você é louca mesmo, bem...'

'Ficará ótimo para você, Pi.'

'Ótimo...'

'Experimenta, pra você ver...'

'Nunca!'

Ela ficou olhando, com o tênis na mão.

'Ficaria tão bom...'

'Bom...'

'Você ficava com esse tênis agora, depois a gente saía aí pra fazer outras compras.'

'Sei...'

'A gente comprava umas camisas... Mas umas coloridas. Que tal, por exemplo, uma camisa amarela?'

'Nem vou responder.'

'Ô Pi... Umas camisas estampadas... E calças também; umas duas calças jeans, por exemplo...'

'Você está é louca.'

'Mudar o look, Pi.'

'Mudar o look...'

'Isso é importante. Você vai ficar com a aparência mais jovem...'

'Quem disse que eu quero ficar com a aparência mais jovem?'

'Quem não quer? Todo mundo quer. Ninguém quer parecer velho.'

'Sei.'' (67, 68) **[129]**

Não sei se fica claro o que estou pretendendo te dizer: isso não é necessariamente negativo, faz parte do processo. Se não acontecesse haveria uma evolução em paralelo de duas pessoas que não se influenciam mutuamente. É a exacerbação da atitude que pode ser negativa.

"'Aí, sabe', ela disse sentando-se na cama, 'aí a gente pegava o embalo e...'

'E...'

Ela deu um sorriso:

'Você promete não ficar zangado comigo?...'

'Eu não prometo nada.'

'Suas cuecas, Pi...'

'Minas cuecas? Até minhas cuecas? Quê que tem minhas cuecas?'

'Desculpe falar, mas... Acho essas cuecas tão ridículas...'

'Ridículas por que? Me explique.'

'Ninguém mais usa elas, Pi.'

'Não. Então como eu encontro para comprar? Será que a fábrica faz só para mim?'

'É capaz...'

'É. é capaz mesmo; muito interessante... Só eu que uso essas cuecas no Brasil... É o caso de dizer ridículas e preciosas.'

'Eu nunca vi ninguém com elas.'

'Pelo jeito, você tem visto muita cueca, hem?...'

'Até o nome é ridículo: cueca samba-canção.'

'Quê que tem esse nome de ridículo? Samba é ridículo? Canção é ridículo?'

'Eu acho... cueca samba-canção... É o próprio ridículo, Pi, pensa bem se não é...'

'Se fosse, por exemplo, cueca rock-pauleira, você não achava não, né?...'

'Não...'' (69, 70) **[129]**

"Acho que estou grávida..."

Esse ritmo de transformações da vida a dois que prevalece na vida do casal será abruptamente interrompido por uma notícia muito importante: "Acho que estou grávida..." A partir do momento em que essa frase é pronunciada, a vida do casal muda. Instala-se uma crise. Esse duo que estava apreendendo a conviver a dois, terá que refazer o caminho: apreender uma convivência a três, sendo que esse terceiro chega impondo condições próprias que não admitem muita discussão: ele vai exigir proteção e cuidados. Seu pai e sua mãe ao seu serviço! E, quando se trata de um homem (ou de uma mulher) imaturo... as conseqüências podem ser muito mais graves. {34}

"Meio chato, no começo, esse negócio de virar pai. Mulher de barriga grande, devia respeitar. O certo era procurar outra, ficar firme, mas quem podia?

Resistira bem. Semanas e semanas a se revirar na cama. Nervosismo, irritação. Por fim, buate. Norma no carrossel. E depois Susie. E depois Mariana. E depois Tereza. E depois a escurinha aquela, sorridente, de seios bonitos. Bonitos, vírgula. Bonitos assim, cobertos. Na hora do pega, cadê seios? Havia era sutiã daquele de borracha, muito bem forrado, a simular." (174, 175) **[72]**

De qualquer maneira, a crise e a mudança serão grandes. E falo crise não apenas quando é uma gravidez inesperada, também quando se trata de um grande desejo do casal. De qualquer maneira haverá transtornos na vida deles.

"Meu bem, tenho uma coisa para lhe contar.

Agastou-se. Será? Bem que andava desconfiado. Nos últimos dias bem que Leda se despreocupara por completo. Nada de tabelinhas, nada de pressa de ir ao banheiro. Essas mulheres... Vai ver tinha sido de propósito. Ela vivia falando que fulana estava, que sicrana não tinha jeito de ficar, que beltrana tinha um garoto que era um amor. E agora...

—O que é, Leda? O que tem você para me dizer?

A mulher olhou para os lados inquieta.

—Qual é o galho, mulher? Diz logo.

—Você estragou tudo, Joaquim. O que eu tinha para lhe dizer é que... estou grávida, ouviu? Grávida!

Joaquim sentiu um choque. Há muito se preparara para a notícia. Mais um dia, menos um dia, teria que acontecer. Estava até custando muito. Mas logo agora! Logo agora que ele tinha tudo planejado para as férias.

Férias com a mulher de barriga era terrível. Mulher de barriga enjoa por qualquer coisinha, não pode comer direito, é um inferno. Imagine só, ele e Leda, de férias, em Montevidéu, a mulher grávida. Azar, muito azar.

Leda lhe notou a raiva.

—Se você quiser, Joaquim, eu tiro. Pensei que você gostava de criança.

Joaquim ficou confuso. O que está feito, está feito. Quem sabe não seria bom ter um filho, um menino correndo dentro de casa? Quando ele voltasse do trabalho, na certa o menino lhe iria ao encontro e ficaria morto de contente, quando ele metesse a mão no bolso e tirasse os bombons que ele havia trazido.

É, quem sabe?

—Eu não estou zangado, benzinho. Foi a surpresa. Eu queria tanto que você tivesse um filho, que fiquei meio abestado, quando você falou. Foi isso.

—Foi mesmo Joaquim?

—Foi.

—Você quer que sua mulherzinha tenha um filho seu?

—Quero, meu bem, quero.

—Ah, querido, que bom! Você é tão bonzinho com sua mulherzinha." (113) **[72]**

Ciúmes do filho que vem por aí...

Novamente falando em imaturidade, a reação do casal —dos futuros pais— diante do anúncio de gravidez, pode ser de insegurança, de ciúme: o pai pode, por exemplo, experimentar um forte temor de perder o lugar de preferência diante da mulher...

"Por que você já está querendo um filho, Vedetinha?", eu perguntei. Eu estava enciumado. Talvez eu não estivesse mais bastando à Vedetinha, como no princípio do casamento. E eu também achava que o marido devia ser o primeiro a saber dos desejos de sua mulher e não o Dr. Phd ou mesmo Deus ou quem quer que fosse." (166) **[102]**

A imaturidade da mãe, também pode ser a fonte do problema: o filho vem para substituir um afeto adulto que ela não tem. Quando uma mulher que se transforma em mãe não recebe afeto do seu homem, pode procurar por um afeto substituto, fazendo com que o bebê que chega já traga uma responsabilidade que está acima das suas possibilidades: prover, com afeto substituto, a carência de um adulto: a mãe. Esta é uma forma nada positiva de se começar uma vida.

"—Que nome darei a meu filhinho? —pensava. —Gostaria que possuísse o de João Maria. Mas bem claro me ficava ser demais o mesmo nome para os dois únicos homens da ilha —se jamais dela escapássemos! — o que me parecia em tudo provável. Chamei-lhe em breve apenas João, logo Joãozinho. Dava-lhe eu metade do nome querido. Esperava que João Maria aprovasse. Três dias após o nascimento de Joãozinho — ainda continuava esperando por meu amante e Juliana. Contudo minha força de querer ali a João Maria havia diminuído, senão passado de todo. Possuía meu homenzinho, e era bem homem o meu filho. O cabelo crescia-lhe reto e forte, espesso e negro em sua fronte. Nunca vira criança nova assim farta de pêlos. Suas faces eram redondas, o peito forte, e estava longe de lembrar aqueles meninos enrugados, trementes e aflitos, lá da aldeia." (72) **[85]**

O nascimento do primeiro filho

Depois do anúncio da gravidez, vem o nascimento do filho, as previsões se confirmam, ele exige e não espera, a vida gira em torno dele. Em certos casos o bebê parece interpor-se entre os membros do casal. O filho pode ser utilizado pela mãe para ocupar o lugar do pai, ou este pode ser tão imaturo que passa a sentir que perdeu o seu lugar.

"Nasceu o primeiro filho, e Alice, após meses de vertigens e vômitos, encontrou nessa criaturinha languinhenta e sujeita a caganeiras uma razão de viver superior às flores artificiais e aos cômicos objetos de biscuit.

Alexandre Viana observou que o filho os separava, parecia torná-los mais livres, excluía as convivências demasiadas, assegurava a cada um deles uma zona de sombra e sigilo que se confundia com a reflexão e pudor. E durante anos tinham ambos vivido separados por uma reserva mútua, como senão ousassem confiar um ao outro os seus segredos e meditações." (40) **[52]**

Mas algo semelhante, e inverso, pode acontecer: a filha ocupar o lugar da mãe junto ao pai.

"Durante três dias e três noites, Clara não fez outra coisa senão chorar. Argumentava: 'Se ele fizesse isso mais tarde, vá lá. Mas agora...'. A verdade é que jamais foi a mesma. Um mês depois, acusava os primeiros sintomas de gravidez, que o exame médico confirmou. E, então, aconteceu o seguinte: enquanto ela, no seu ressentimento, esfriava, Aderbal se prostrava a seus pés em adoração. Sentimental da cabeça aos pés, não podia ver uma senhora grávida que não se condoesse, que não tivesse uma vontade absurda de protegê-la. Lírico e literário, costumava dizer: 'A mulher grávida merece tudo!'. No caso de Clara, ainda mais, porque era o seu amor. No fim do período, nasceu uma menina. E foi até interessante: enquanto Clara gemia nos trabalhos de parto, Aderbal, no corredor, experimentava a maior dor de dente de sua vida. Mas ao nascer a criança a nevralgia desapareceu, como por milagre. E, desde o primeiro momento, ele foi, na vida, acima de tudo, o pai. Esquecia-se da mulher ou negligenciava seus deveres de esposo. Mas, jamais, em momento algum, deixou de adorar a pequena Mirna. Incidia em todas as inevitáveis

infantilidades de pai. Perguntava: 'Não é a minha cara?'. Os parentes, os amigos, comentavam:

—Aderbal está bobo com a filha!" (58) **[95]**

Tens que prestar muita atenção às reações dos filhos. Nem tudo que acontece com as crianças é produzido dentro da família, mas elas, por serem muito sensíveis, costumam ser porta-vozes das crises familiares. Seus transtornos podem ser a metáfora de algo que acontece em outros níveis da família. **{38, 30}**

"Criança põe sentido nas coisas em desde bem pequenina mesmo! Ela pode até não veicular os apercebidos dos fatos com palavras. Entretanto, os acontecidos ficam no registro de uma memória virgem e susceptível à inscrições, no demais do muito. São leituras de sempre se voltar pelos relembros da vida afora. Gravam-se mais fortemente as primeiras. São elas as quais, nos posteriores da velhice, sempre retornam na vividez da fresca lembrança." (38) **[28]**

O pai... é uma suspeita

Se a mãe pode ter a certeza de que é a geradora do filho, para o pai a coisa é diferente. O pai não passa de uma suspeita. Na nossa cultura o pai pode ser uma figura muito ausente. **{66}**

"Era uma verdade? O pai não é uma verdade, é apenas uma hipótese de trabalho, como diz o professor do meu filho, e hipótese de trabalho, pra mim, é fralda de camisa velha que se usa até comprar uma camurça no Peg-Pag." (218) **[37]**

Em parte, a dificuldade do pai em relação com a vinda do filho, deve-se a sua lancinante dúvida: será que é meu filho?

"'Quanto filhos tem?'

'Meu caro juiz: só a mulher pode fazer semelhante afirmativa. Homem absolutamente isso ignora. Pode fazer mera estimativa, jamais alegar conta certa. Não sabemos, V. Excia. e eu, quantos filhos fomos dei-

xando por aí. Até porque alguns dos que acreditamos que sejam, só a mãe tem condições de abonar.'" (221) **[65]**

E essa dúvida pode ser reforçada pela atitude da mãe. Quando esta se "apropria do filho" e favorece a atitude de afastamento do pai.

"A mãe dele que se engana, porque o pai nunca aparece. Pensa que o filho é só dela. Porque o filho é mais japonês do que caboco, paresque. Só porque aprendeu o ofício do avô, vive com o avô e quando fala com as pessoas faz todas aquelas reverências. Ela que pensa, ela que ache. De repente, no meio de uma curva, na ponta de um estrião, na travessia dum lago, eu tomo conta dela pra viver os meus sonhos por alguns pedaços." (165) **[69]**

Em alguns casos a ausência física do pai (nas famílias monoparentais, por exemplo), fortalece no próprio filho a dúvida a respeito da paternidade.

"Sei de mãe. Pai ignoro. A mãe criou-me e educou-me conforme pôde, sozinha. Não registremos o nome da criatura a quem faltou marido ou amásio que lhe reconhecesse o rebento. Ela própria me deu existência civil. Resoluta compareceu ao cartório e fez constar meu nascimento." (221) **[65]**

O nascimento do segundo filho

A chegada do segundo filho, de um irmão, mexe com o sistema no seu conjunto, mas muitas vezes é o primeiro filho que mais se ressente. O irmão mais velho pode reagir de forma muito agressiva. É importante que se compreenda que ele não é mau ou perverso; ele representa o grupo e o seu incômodo por essa nova fonte de perturbações.

"Sim, eu o detestava, desde pequeno, desde quando ele caçava moscas e arrancava-lhes as asas e depois colocava-as no chão e dizia *'quero ver você voar agora, mosca'*. Mas não o odiava por arrancar as asas das moscas, eu o odiava por sua fantástica habilidade em pegar as moscas. José via uma mosca parada sobre uma superfície —podia ser vertical ou horizontal— e num movimento extremamente rápido pegava a mosca

antes que voasse. *'Está no papo'*, dizia mostrando com mão fechada. Depois punha a mão embaixo da torneira, para molhar as asas do inseto e assim impedi-lo de voar quando fosse iniciar o seu trabalho de mutilação. Eu não conseguia pegar moscas com a mão e invejava sua habilidade. Era isso. Eu era um invejoso. Devia saber que uma pessoa com aquela inventividade e impiedade teria um futuro brilhante, e morria de inveja por isso." (37) **[47]**

Nascimento dos filhos: repercussões financeiras

Não é apenas no terreno emocional e relacional que o nascimento dos filhos altera a vida do casal. Existe também o aspecto econômico. Muitas mudanças terão que ser realizadas para que "aí onde comem dois... comam três". Esses três poderão virar quatro e assim por diante.

"Irene não foi a Paz. Foi mais trabalho, foi mais pobreza, foi miséria. O orçamento, dificilmente equilibrado, rebentou de uma vez. A menina era fraquinha, chorava dia e noite, um tormento sem fim. Campos Lara, que tinha adoração pela filha, perdia logo a paciência, exasperava-se. Não podia trabalhar em casa, não podia ler. À noite, apesar do choro da criança, dormia como pedra. Não havia jeito de fazê-lo acordar, de conseguir-lhe uma ajuda. Isso quando não perdia o sono, agitado por algum livro em perspectiva. E então explodia. Ralhava, gritava, protestava. Abrandava de repente, pegava a criança nos braços, punha-se a passear pelo quarto. Aquilo inquietava ainda mais Maria Rosa. Quando Campos Lara cantarolava, andando pelo quarto, pra ninar a filha, esquecendo os versos, deixava-se tomar por uma sonolência invencível. O ninado era dele. E Maria Rosa precisava ficar alerta para, quando os esbarrões se amiudavam, quando a voz baixava, cada vez mais lenta, correr em auxílio da criança.

—Vá dormir, meu filho. Eu tomo conta...

Juca obedecia, metia-se nas cobertas, ressonava logo. Com dois meses faltou o leite de Maria Rosa. Novas angústias, novas despesas. E a vida do casal foi afundando cada vez mais. Aberto o caminho, um ano mais tarde, vinha Anita. Dois anos mais tarde, Joãozinho, nome do avô." (131) **[56]**

O fator econômico pode ser o elemento desencadeante de uma crise, mesmo quando não se trata do nascimento de um novo filho. Lembra o papel preponderante que podem ter, em certos casos, os sistemas maiores nos quais está incluída a família. {**32**}

"O leiteiro diz-lhe aquelas coisas, despenca-se pela escadinha que vai do portão até à rua, toma as rédeas do burro e sai a galope, fustigando o animal, furioso, sem olhar nada. Naziareno ainda fica um instante ali. (A mulher havia entrado.) Um ou outro olhar de criança fuzila através das frestas das cercas. As sombras têm uma frescura que cheira a ervas úmidas. A luz é doirada e anda ainda longe, na copa das árvores, no meio da estrada avermelhada.

Naziareno encaminha-se, então, para dentro de casa. Vai até ao quarto. A mulher ouve-lhe os passos, o barulho de abrir e fechar um que outro móvel. Por fim, ele aparece no pequeno corredouro, o chapéu na mão. Senta-se à mesa, esperando. Ela lhe traz o alimento.

—Ele não aceita mais desculpas...

Naziareno não fala. A mulher havia se sentado defronte dele, olhando-o enquanto ele toma o café.

—Vai nos deixar ainda sem leite...

Ele engole o café, nervoso, com os dedos ossudos e cabeçudos quebrando o pão em pedaços miudinhos, sem olhar a mulher.

—É o que tu pensas. Temores... Cortar um fornecimento não é coisa fácil.

—Porque tu não viste então o jeito dele quando te declarou: 'Lhe dou mais um dia!'" (...)

"Ele se pára bem defronte dela e a interpela:

—Me diz uma coisa: o que é que se perdeu não comendo manteiga, isso, que é mais um pirão de batatas do que manteiga?

Ela não responde.

—E o gelo? ...pra que é que se precisava de gelo?...

Faz-se uma pausa. Ele continua:

—Gelo... manteiga... Quanta bobice inútil e dispendiosa...

—Tu queres comparar o gelo e manteiga com o leite?

—Porque não?

—Com o leite?!

Ele desvia a cara de novo.

—Não digo com o leite —acrescenta depois— mas há muito esbanjamento.

—Aponta o esbanjamento.

—Olha, Adelaide (*ele se coloca incisivo na frente dela*) tu queres que eu te diga? Outros na nossa situação já teriam suspendido o leite mesmo.

Ela começa a choramingar:

—Pobre do meu filho...

—O nosso filho não haveria de morrer por tão pouco. Eu não morri, e muita vez só o que tinha para tomar era água quente com açúcar.

—Mas Naziareno... *(A mulher ergue-lhe uma capa branca, redonda, de criança grande chorosa)*... tu não vês que uma criança não pode passar sem leite?... (17-20) **[63]**

O nascimento de uma criança excepcional

O nascimento de um filho pode ser ainda mais perturbador para o casal, ou para a família, caso já haja outros filhos, quando se trata do nascimento de uma criança excepcional. Não existe pessoa no mundo que esteja preparada para a chegada de uma criança excepcional. Todas as expectativas dos pais se vêem frustradas. A isto temos que agregar que a filosofia da nossa cultura a esse respeito pode ser sucintamente resumida no ditado popular: "Quem pariu Mateus que o embale..."

Os pais enfrentam a tarefa da criação do filho quase sós (estamos muito longe da realidade dos países de verdade em que o Estado assume a responsabilidade pelos cuidados especiais exigidos por esse tipo de criança. E assumir significa aqui não apenas dispor de instalações e pessoal especializados, como também arcar com o ônus financeiro da tarefa).

Creio que não terás dificuldade em imaginar o impacto provocado pelo nascimento de uma criança com necessidades especiais, particularmente no nosso país. **{10, 20, 33}**

"Os dias se passam, os cascos não caem, o couro não mostra qualquer fissura. Outra idéia ocorre a meu pai: é doença. E talvez curável. Que acha a senhora? —pergunta à parteira. Será doença, isso que meu filho tem?" (...) "Talvez seja uma coisa temporária, pensa meu pai, esperan-

çoso. Como a mulher, ele também sabe de crianças que nasceram peludas como macacos —mas que ao cabo de alguns dias perderam os pelos. Quem sabe o caso é o mesmo? Seria de se esperar um pouco; então, os cascos cairiam, o couro se desprenderia em grandes pedaços, deixando aparecer ventre e pernas normais, um pouco atrofiadas da longa permanência na sombria cavidade. Tão logo liberadas, contudo, já se mexeriam, as espertas perninhas. Ele daria um bom banho no menino; queimaria os repulsivos restos no fogão —à medida que as chamas os consumissem tudo estaria sendo esquecido, como um sonho mau. E eles voltariam a ser felizes." (26) **[106]**

E nesses casos, o sentimento de perda chega a ser tão grande que pode abalar profundamente o próprio sentimento amoroso do casal.

"Nos casamos antes mesmo de eu terminar o curso. Nossos pais nos deram um apartamento e nos ajudavam com dinheiro e tudo, até que me formei e arranjei emprego. Nasceu a criança, e no começo foi uma alegria; depois veio a suspeita —e o desespero, quando a coisa se confirmou— e agora estamos resignados. Resignados, mas não felizes, Guedali. Não somos felizes. Olho para a Fernanda, ela olha para mim, a gente não diz nada, mas sei que ela está se perguntando —porque é o que eu estou me perguntando— onde estão os nossos sonhos. Um dia desses, deixamos a criança com meus pais e fomos até a chácara em Ibiúna, que agora está a venda; chegamos lá, e era a mesma casa —uma casa antiga, mas muito bonita, estilo colonial, com lareira e passamos a noite no mesmo quarto em que tínhamos dormido, na mesma cama, mas já não era a mesma coisa, Guedali. Você acredita? Não era a mesma coisa, não tinha sabor, entende? O tempo passa, a gente deixa de se amar, e fica se perguntando, para que afinal serve a vida? Para nada, parece. Todas as tardes, quando fecho o escritório, penso, mais um dia se foi, esse dia não incomoda mais." (144) **[106]**

A doença de uma das crianças

O equilíbrio da vida do casal, que foi afetado pela chegada dos filhos, poderá dar agora lugar ao desequilíbrio familiar provocado pela doença de um dos filhos. A ameaça da morte de uma vida que recém começa... significa uma perturbação muito grande.

"Com três anos Pedro deu o primeiro susto na família. Depois de uma gripe muito forte, a respiração foi-se. A casa tornou-se uma centena de prantos. Vieram os médicos. Todos os que puderam vir. E Pedro na cama, espantado, vendo, não vendo, partindo, diminuindo. Tossir, não podia. Encharcado de morte aos 36 meses. No quarto, o pai. A mãe girando. Termômetros, água, nenhum olho desatento. A morte curiosa se aproximava. Pedro, desairoso, um peixe triste, as pernas finas estiradas sobre o lençol muito branco. Também vermelho." (39, 40) **[71]**

A adoção

A adoção é uma outra maneira de se acrescentar mais um filho a uma família. O processo de adaptação às novas circunstâncias será diferente, e provocará outro tipo de reajustes.

"Lá dentro, na cozinha, Tarová, a mulher, ouviu a canoa chegando. O barulhinho de espuma que a proa fazia, abrindo bigode na correnteza, chegou aos ouvidos, perfeito, sem mistura de chiado da mandioca fritando no azeite de peixe. 'Aqui tem coisa', foi pensando, e se botou para a janela de oitão.

Na mesma hora se engraçou do piá de perninhas tortas, gingando na rampa da praia.

Abriu a porta ainda com os olhos lacrimejando da fumaça de lenha verde e deu a mão, sem querer, para a benção do menino.

Sentaram-se os três na cozinha. Ninguém falou. Pirajuru, acocorado, começou a picar fumo. Tavorá ainda esfregava os olhos e o menino trepado no jirau, olhando os caibros sujos de picumã. Tristinho, tristinho. Depois Tavorá disse:

—Que havemos de fazer?

—E eu sei?

—O jeito é criar o curumim. Bem que a gente andava precisada de uma criança.

—É. Mas filho dos outros é perigo. Ninguém sabe o sangue que tem. Pode ser daninho.

—Ora, homem, se deixe de simetrias. Não há de ser ruim, com uma carinha tão simpática.

Olhou para o canto e lá estava o piá encorujadinho, os olhos grandes, ver um bacurau. Tavorá achou o nome dele:

—Mitavaí Arandu, desce do jirau, vem beber café.

O menino a acompanhou, soprou o café adoçado com garapa e se encorupou de novo. Dormiu, não falou, ninguém perguntou nada. Só Pirajuru saiu horinha depois, pra o rio, pescar.” (29, 30) **[84]**

Algumas famílias ocultam ao filho adotivo sua origem. Podem mentir-lhe de várias formas: dizendo que é filho deles, que os seus pais morreram, que não sabem onde encontrá-los. Nesses casos, os filhos soem começar a criar sérios problemas para a família. Na maioria das vezes apenas gostariam de conhecer suas origens. Quando os pais aceitam esse desejo, eles se sentem aceitos, mesmo que não consigam descobrir quem são os genitores.

“Eu sempre quis saber. Nunca acreditei nas histórias da mulher que me criou: que meu pai tinha morrido, etc. Quando os meninos debochavam de mim, no Grupo Escolar, e eu chorava —não era por causa deles, não; chorava porque não sabia quem era meu pai e queria saber. A professora me pegava no colo e me contava histórias: a da Pequena Sereia e outras. Mas não eram contos que eu queria, era a verdade. A história verdadeira. A minha história natural.” (52) **[104]**

Medos infantis

As crianças, qual radares, podem manifestar de mil maneiras diferentes a necessidade da família de parar e olhar para si mesma. Os medos infantis constituem uma delas.

“Como purguei medo na minha pequeninice! Sobremaneira à noite, por causa dos fantasmas e bichos noturnos, chefiados pelo chifrudo.” (55) **[28]**

Um dos maiores e mais importantes medos da criança é o medo da morte. Ele pode estar associado à convivência com pessoas mais idosas da família. A criança pode estar denunciando, através dos seus temores, as angústias vividas pelos adultos —os seus pais ou tios, por exemplo— que têm uma consciência clara da proximidade da morte de algum ser querido mais idoso (um dos avós). **{43}**

"Tinha um medo doentio da morte. Aquilo da gente apodrecer debaixo da terra, ser comido pelos tapurus, me parecia incompreensível. Todo mundo tinha que morrer. As negras diziam que alguns ficavam para semente. Eu me desejava entre estes felizardos. Por que não podia ficar para semente? Dentro de um navio, enquanto o mundo todo acabasse. E nesse barco eu me via cercado de tudo que era bicho, e a minha Tia Maria, a negra Generosa, a Vovó Galdina, o meu avô, tudo que me amava estaria comigo. Esta horrível preocupação da morte tomava conta da minha imaginação." (112) **[90]**

A briga infantil

A briga dos irmãos é outro momento importante da família. Não esqueças que essa briga faz parte de um processo saudável. Os irmãos precisam brigar. Mas essa briga pode ser, também, um sintoma. Nesses casos será necessária uma intervenção terapêutica.

"Por jogo discutem as crianças. Mas também por avidez e briga. Aldinha sentia-se batida e sofria. Muito? Muito. Porém depois gozava com a reflexão: Antes assim! Se a onda chegasse até junto dela, meu Deus! Teria medo... Antes assim! Ah! Laurita, Aldinha, vosso brinquedo me melancoliza... Vós não brincais por brincadeira, não... Brincais por treino, exercendo em diminutivo a angustiosa advinhação da existência..." (100) **[3]**

O filho na escola

Outro momento marcante da evolução da vida familiar, é a saída do filho para escola. Pais e filhos podem ressentir essa separação como prematura e terem dificuldades para se adaptarem a ela. **{38}**

"O menino adoecia, escrevia cartas terríveis: 'Mãe, eu não dou conta, só menino muito industrializado que consegue passar, eu não agüento.' O menino detectava por força de sua inocência e sofrimento o mecanismo diabólico das escolas e escrevia: 'eu não sou industrializado', um grito inconsciente de socorro." (84) **[82]**

Para a criança, entrar em uma escola não preparada para recebê-la (e que, por sinal, espera que seja a criança que se adapte a ela), pode significar um choque. Seu rendimento escolar tornando-se, nessas circunstâncias, muito inferior às suas reais capacidades.

"De tarde fui dar minha lição. Levava o coração aos saltos, como nas noites em que acordava com o quarto às escuras. Muitas vezes a velha Sinhazinha me deixava esta impressão de pavor. Com a velha, porém, havia jeito de fugir às suas iras. Aqui mudava muito para pior. Errei a lição toda. Sabia quase que decorada a história de 'Júlia, a boa mãe'. O medo, no entanto, fazia a minha memória correr demais; e saltava as linhas.

—Leia devagar. Para que esta pressa?

Foi pior. A língua não me ajudava. Quando vi foi ele com a palmatória na mão.

—Levante-se.

Não soube mais o que fiz. Senti as mãos como se estivesse com um formigueiro em cada uma. Como o Chico Vergara, apanhava no meu primeiro dia de aula.

Dos externos só restava um na sala, e eu também, até dar certa a minha lição. No salão deserto, a minha angústia crescia ainda. Apanhara no primeiro dia, e fora tudo num instante, nem sei como. Quando a velha Sinhazinha me pegara uma vez, a casa toda ficara comigo. A minha vaidade de menino se enchera com essa dedicação. Ali fora com indiferença geral que a palmatória tinira nas minhas mãos. Talvez porque o castigo não fosse uma exceção naquela casa, apanhava-se todos os dias." (11) **[89]**

A escola da crise

Ampliando a reflexão, para incluir um sistema mais amplo, teremos que levar em consideração qual é o papel que a escola desempenha nessa história. Uma escola que não é voltada para o cumprimento da sua tarefa: fornecer as melhores condições de aprendizagem e de formação para a criança (superlotação das salas de aula, professores mal pagos e mal preparados, insuficiência de instalações adequadas, etc.), dificilmente cumprirá seu papel. Por outro lado, o fracasso do aluno na escola poderá ter conseqüências a nível do sistema familiar. {**44**}

"Não tenho muitos dados sobre esta fase da existência de Tietê. Sei que insistira em trabalhar durante o dia, para auxiliar nas despesas da casa, no que não foi atendido por dona Rosa, que o queria estudando. E sei, pena é confessá-lo que Tietê, levado pela inquietação dos seus verdes anos, não foi dos melhores alunos. Tem sido sempre esse um dos males do ensino em nosso país, cujos ministros da educação passam a vol d'oiseau sobre os problemas reais da sua pasta, e vítimas indefesas como Tietê acabam adentrando a vida, afinal, sem um mínimo dos conhecimentos necessários." (50) **[36]**

Como podes ver, os problemas que a criança ou o jovem podem enfrentar na escola não necessariamente são provocados por conflitos familiares (como já se disse tanto por ai). A escola também é um sistema com seus próprios conflitos. {**43**}

"Tenho que acabar o ginásio, tá bom, mas pensa que se aprende alguma coisa na minha escola? Está cheio de matéria sem professor, até agora: outubro, e tem matéria que não pintou professor. Pode crer, é isso mesmo. Tem noite que é puro tempo perdido ir até lá: vou só por causa do papo, dos colegas, às vezes nem entro no prédio. A gente se reveza, cada dia um responde à chamada, e tudo bem. É difícil o professor que reprova, eles também estão mais é querendo se livrar daquela merda de escola. Ninguém leva à sério, mas eu pergunto: dá pra levar? Com o salário miserável que eles ganham, ficam correndo de uma escola pra outra, dando aula em cima de aula. Meu professor de português é um cara legal, a gente gosta dele, tem dias que dá quatorze horas de aula. Pode um troço desses? Em três escolas diferente; ande de um lado para

o outro, chega de noite está mais a fim de uma cama do que de ficar ensinando.” (225) **[66]**

O fantasma do Vestibular

Esse problema será elevado a potência **n** quando chegar o momento do vestibular. O jovem que está começando a aprender a tomar suas próprias decisões —e que tem o raro privilégio de poder pensar em realizar uma formação superior— precisa decidir qual a profissão que o acompanhará pelo resto da sua vida. Se isso fosse pouco, o vestibular foi criado com o propósito de estabelecer uma pesada atmosfera de competição na qual o fracasso será a “recompensa” da grande maioria.

“E não é só isso. Acredito que os vestibulandos, quase todos com 17, 18 anos, são levados muito cedo a escolher suas carreiras. Eu, aos 28 anos, ainda que com diploma debaixo do braço (que a família me impingiu), não tinha a menor idéia do que fazer da vida. E na verdade fiz de tudo, menos o que o diploma me autorizava. Entretanto tão cedo assim para uma faculdade é muito natural que no meio do caminho o cara se desencontre da carreira que segue e fique por aí cheio de incertezas como um conhecido nosso que estava na maior dúvida entre engenharia e química.” (63) **[80]**

A adolescência

Na mesma época, os jovens estarão descobrindo, com toda a força possível, uma nova etapa da vida: a adolescência. Seus interesses mudam, aquilo que antigamente faziam com tanta facilidade, passa a ser motivo de contestação. Na nossa época, que faz pairar sobre qualquer pessoa a ameaça da contaminação pelo vírus da AIDS, a angústia dos pais é multiplicada.

“Eu, à medida que me punha taludo e um iniciava com as cabras de minha tia —de um modo que contarei melhor, depois— começava a deixar de lado as caçadas de balieira e badoque, e a me chegar mais, de noite, para roda das mocinhas e meninas, antes desprezadas como indignas do interesse de um homem. De repente, dei para rondá-las toda noite, a fim

de me aproveitar do contato de uma ou de outra menina mais despachada, com os peitos já se arredondando e disposta a me acompanhar disfarçadamente para fora do pátio, para lugares mais escuros e cobertos de mato, mais propícios, portanto, à brincadeira e as alegrias. Quando éramos surpreendidos, eu levava uns cascudos e tia Filipa sublinhava-os comentando:

—Menino Safado! Menino malino! Vai ficar igualzinho ao pai!" (50) **[111]**

A discussão a respeito de um filho

O filho pode ser uma espécie de "ponte" entre os pais, ao mesmo tempo "vínculo" e motivo do afastamento. Vínculo porque eles o utilizam para comunicar entre si, ele é o motivo das suas preocupações (estão unidos por essas mesmas preocupações). Motivo de afastamento, porque ao discutir sobre ele, colocam-se em campos opostos, distanciando-se cada vez mais.

"—Meu filho, por que não conversa com seu pai?

—Poxa, mãe... nunca vai aprender?

Dez anos que não fala com o pai e faz as refeições no quarto, até hoje os filhos, quase casados, não fumam na presença do velho; ai de quem esquecia de tomar a benção pela manhã e antes de dormir! O caçula José, mimado pela mãe, único a desafiar sua prepotência.

—Este rapaz, Cecília, tem jeito não.

—Estou velho demais, mãe, para pedir louvado.

Os filhos casaram e deserdaram a família, ficou somente José. O pai, que persegue a coitada da dona Cecília, verifica antes se ele não está por perto. Envelhecem, ambos intransigentes no seu rancor, o ancião lépido aos setenta anos e José, bigode grisalho, na flor dos quarenta. Herda a roupa sovada dos irmãos e dona Cecília, escondida do marido, dá-lhe pequena mesada para cinema e cigarro." (14) **[115]**

A revolta do filho

É nesta época que os filhos experimentam a necessidade de "ruptura" com os seus pais, em particular, e com a família como um todo, em geral. É uma preparação para a luta pela vida que, em breve, deverão enfrentar sem ajuda dos pais. {38}

"O senhor fique bem sabendo que tanto quanto eu me chamo Maria Olegária, esta que está aqui nenhum homem vai bridar, colocar os freios para mim ter que fazer o que ele bem quer e manda!

(Aproximando o rosto de padre Cesário, ela fala bem explicado.)

Eu não quero nenhum rombudo me atazanando os miolos, não senhor! Eu quero é ser livre, livre como os passarinhos, livre como os índios selvagens, que nem o pai consegue sujigar! Quero montar no Negro e me soltar pelos matos, como um bicho, sem dono nem razão, um bicho do mato que nem a fala dos homens entende. Isso é o que eu quero, padre! Será que o senhor não entende uma pessoa assim, assim que nem eu?" (25) **[17]**

Um outro aspecto desse momento de crise é a falta que o jovem pode sentir quando percebe que o pai não tem a força suficiente para segurá-lo, para servir de continente à sua revolta. Muitos, para não dizer a maioria, dos comportamentos inadequados das crianças e dos jovens, constituem menos a manifestação do próprio desejo de liberdade, e mais a necessidade de sentir a ***presença*** dos pais. Quanto mais descontrolado e tirânico parecer o comportamento de um filho, mais estará indicando que precisa dessa ***presença*** firme dos seus pais. **{52}**

"Porque era a sua severidade que me atingia a sensibilidade como uma lixa grossa, e porque me feria eu me sentia à vontade para enganá-lo, até desafiá-lo e muitas vezes vencê-lo, confundi-lo. Camilo e Arlete, depois Lincoln se admiravam da minha vitória, não eu: só me doía que ele não fosse realmente forte, indestrutível, e lamentava que ele não vencesse e eu pudesse dizer, vencido pela sua razão: sim, pai. Agora, ele não está mais no pelourinho, me escapou, se omitiu, a idade lhe deu uma habeas-corpus que eu não posso recusar. Tenho de aceitá-lo como a um pobre velho, um pobre e inerme velho que depende de mim, do meu dinheiro e da minha afeição. Eu preferia que não fosse assim, preferia até que ele

estivesse em condições de estranhar que um lente universitário não tenha um boletim para mostrar ao pai como vai de comportamento e de Mecânica Espacial. É horrível que agora seja assim, não que a situação dele seja horrível. Eu queria poder alheiar-me à vontade, sabendo-o invulnerável e altaneiro, e não sentir esta ponta de culpa, que não quero aceitar. Que posso fazer por eles dois mais do que estou fazendo? Que posso fazer para deter os anos que marcham contra eles e os vão esmagando tão natural e cruelmente? Não que eu queira, mas se o quisesse, o que poderia fazer que eles parassem no tempo, me esperassem até ficarmos da mesma idade, e só depois envelhecêssemos juntos, todos pais, todos velhos, afinal reconciliados?" (34) **[37]**

Conflito de desejos

O choque pais e filhos, nesta fase da vida, acontece em torno da questão dos desejos: os desejos dos filhos, os desejos dos pais. Os pais desejam que os filhos consigam sucesso na vida. De forma imediata, muitas vezes os filhos desejam fazer inúmeras coisas (que, de fato, nada têm a ver com o seu futuro pessoal e profissional, que tanto preocupa e interessa os pais).

Por outro lado, pode acontecer que os caminhos que os pais conhecem, tenham mais a ver com suas aspirações pessoais, frustradas ou não, do que com os próprios desejos e aptidões do filho. Quando o filho "obedece" a uma escolha dos pais, ignorando seu próprio desejo, o resultado pode não ser o mais satisfatório.

"Meu nome é Fernando. Doutor Fernando: realizei um dos sonhos do meu pai (*meu sonho também —também? Não sei, não importa)* formei-me advogado. Meu pai era um homem esforçado. Gerente de uma loja, trabalhava duro de dia e à noite, freqüentava reuniões, de clubes de serviços e outras, inclusive de grupos políticos. Homem ambicioso, ansiava por estabelecer ligações que o ajudassem a subir na vida." (11) **[105]**

Quando a escolha profissional do filho, por exemplo, contradiz ou se choca com aquilo que os pais consideram ser uma opção que garanta o futuro, pode surgir uma crise. Muitas vezes a escolha do filho é vista pelo pai ou responsável, como uma garantia de fracasso.

"Anastácio leu outra vez o versos, e só então reparou na assinatura do afilhado. Não havia que duvidar: o rapaz dera em poeta. Para o velho aposentado era isto uma grande desgraça. Esse, ligava à idéia de poeta a idéia de mendicidade. Tinham-lhe pintado Camões e Bocage, que eram os nomes literários que ele conhecia, como dois improvisadores de esquina, espeitorando sonetos em troca de algumas moedas, dormindo nos adros das igrejas e comendo nas cocheiras das casas-grandes. Quando soube que o seu querido Luís estava atacado da terrível moléstia, Anastácio ficou triste, e foi nessa ocasião que se encontrou com o Dr. Lemos e lhe deu notícia da gravíssima situação afilhado.

—Dou-lhe parte de que o Luís está poeta.

—Sim? perguntou-lhe o Dr. Lemos. E que tal lhe saiu o poeta?

—Não me importa se saiu mau ou bom. O que sei é que é a maior desgraça que lhe podia acontecer, porque isto de poesia não dá nada de si. Tenho medo que deixe o emprego, e fique aí pelas esquinas a falar à lua, cercado de moleques." (103) **[9]**

Um mundo diferente

Já tínhamos visto como os agora pais dessa família, na sua época adolescente, haviam criado um mundo especial e diferente do mundo dos adultos: a solidão, o desejo, as rotinas e... a vontade de amar. É uma das formas de "fechar" o ciclo: a repetição, mas com características próprias da época, de um passado que ainda está vivo nos corações dos pais. Daí a força da repercussão.

"A montanha, a solidão. A solidão capacitava-o para o amor, criara recônditas forças criadoras que ele se imaginara capaz de usar. Assim pensava certos dias, esquecendo-se da frustração em que vivia. Mas não era tão forte como se julgava no íntimo, ele mesmo sabia. Se a vida ao redor, o espírito viciado, o ambiente mesquinho não marcassem tão fundamente, desvitalizando-o, se fosse capaz de romper os diques que barraram a circulação livre do sangue, então, sim, seria um ser novo, a vitória seria completa. Poderia até morrer, como queria Tarsila, que a morte seria digna, ao menos mais digna do que o sedentarismo em que vivia. Pressentia no fundo do coração uma grande ternura quente vinda à flor da pele, extravasando-se. Pensava então sua vida com Paula, bem

próximo de seu corpo, livres, inauditavelmente livres como cavalos soltos pela várzea. Imaginava-se com ela, sozinhos pelos montes, as serras mais longe azulando-se até se tornarem sombras cinzentas, os pés pisando o mato, cortando os rios, muito unidos, o braço passado em torno de sua cintura, cheirando-lhe os cabelos que o vento brincava, em meio a seiva verde que crescia." (132, 133) **[38]**

O casamento de uma filha

E a história se repete... agora são os filhos dos pais, que apenas ontem estavam querendo começar a vida independente, sinalizado a chegada do momento de uma nova separação: um deles quer casar, colocando, assim, os pais diante da ameaça da perda.

"—Não suporto a idéia de ver-te casada com um homem de raça inferior. Era só o que faltava —afirmou Frau Marta.

—Quem vê a mãe falar, há de pensar que temos sangue nobre: devíamos assinar 'Von' Wolff..., ensaiou Lore numa tentativa de gracejo.

Não. Nas veias de Frau Marta não corria sangue nobre, mas ela tinha orgulho de sua raça. Orgulho de descender de alemães, de haver casado com um filho de alemão. Ela mesma se considerava alemã. A raça nada tinha a ver com o lugar de nascimento. Não, não havia de tolerar a ameaça de um intruso na família, um negro. Para Frau Marta quem não tivesse sangue ariano puro estava irremediavelmente condenado: era negro. Lore havia de se casar com um filho de alemão, se possível com um alemão. Quando Lore era pequena desistira de pensar nisso. Os que vinham depois da guerra pertenciam a uma geração avariada, de nervosos, de estropiados, de neurastênicos, de comunistas, inutilizados para o trabalho decente e que só serviam para estragar a reputação da colônia. Mas agora tudo havia mudado. A Alemanha era de novo a Alemanha. Mesmo que não fosse possível casar a filha com um alemão, tinha de ser com um filho de alemão, como ela. De resto, das suas companheiras nenhuma fizera um casamento como o seu." (23, 24) **[70]**

O casamento de um filho

O que vale para a filha... pode também valer para o filho. Em alguma parte da alma os pais sentem a perda.

"O comentário veio seco, mas sincero. Naquela mesma tarde Toninho iria encontrar-se com a moça, exatamente para pedi-la em casamento. A reunião seria na casa dos tios, onde Estela morava, na Tijuca. Clotilde sentiu que pela segunda vez o filho mais velho se afastaria dela. Se perderia, talvez." (40) **[71]**

Ou simplesmente a sua saída

A saída do filho não será necessariamente para casar, os motivos podem variar. O fato é que o sentimento pode ser de perda e os pais precisam lutar contra esse sentimento: estar perdendo um filho sem ter a certeza de que a decisão que ele está tomando seria a melhor.

"Clotilde gaguejou, mas terminou a frase.

—Ele não vai agüentar. Ele...

Por outro lado, Clotilde sabia que o filho faria tudo que pudesse para ir para o exército. Armando também. Os homens acabam suportando as ferocidades do dia e vão dando adeus às lágrimas, que antes eram engenhosamente cuidadas.

—Clotilde, eu não sei se ele vai agüentar ou não. Eu não sei. Só sei que a gente tem que se acostumar a ficar sem ele.

—Como ficar sem ele? Ele volta todos os dias, não é?

—Não sei, às vezes pode ser que tenha que ficar para fazer algum serão, alguma patrulha, dando guarda por aí. Não se esqueça de que estamos em guerra. Nós não, o mundo." (29) **[71]**

Pode, também, acontecer que o filho "saia" da família no meio de uma crise, de uma desavença com o pai. Mas o filho que "sai" dessa forma, de fato, não consegue sair. Está apenas brigado. Depois terá que voltar, ser novamente aceito, para, aí sim, realmente sair.

"É uma viagem —ele disse: —uma viagem que estou planejando fazer ao Acre.

Bosco era natural do Acre.

—Quê que você pretende fazer lá?

—É isso que eu vou te dizer... Há tempos que pretendo fazer essa viagem. Eu tinha quinze anos quando saí de lá, e nunca mais voltei. Foi uma saída chata: eu saí brigado com meu pai. Eu queria vir para o sul, e ele não queria que eu viesse. Um dia fui e falei pra ele que eu ia viajar. Ele não falou nada, não disse mais uma palavra. Antes tivesse dito, me xingado, ou o que fosse; aquele silêncio é que me doeu, e eu o vim amargando a viagem toda, do Acre até o Rio; um espinho atravessado na garganta; e quanto mais distante o Acre ficava, mais o espinho doía. Lembro-me que fiquei pensando nessa palavra: Acre. Era isso o que eu sentia, e o que de certa forma até hoje sinto: acre." (73) **[128]**

O ninho vazio

O momento em que o último dos filhos sai da casa dos pais é chamado de crise do ninho vazio. Aqueles pais que se acostumaram a viver em função dos cuidados prodigados aos filhos, não sabem mais conviver com o cônjuge. Esse casal estará constituído por dois "estranhos" que não se conhecem.

"Arlete recebia aquele mutismo e meias palavras como uma reprovação. Por que, se eles tinham concordado, se ninguém os forçara a vir para o asilo? A casa onde eles moravam tantos anos, e nós também até nos dispersarmos, era úmida, fria no inverno e quente no verão, e tinha escadas que já não podiam mais subir. É verdade que se afeiçoaram a ela, embora de aluguel. Mas, e daí? Camilo fora o primeiro a sair de casa. Depois ela, que tivera o primeiro filho. Dalmo em seguida, porque precisava do mais absoluto recolhimento quando defendia tese. No fim, Lincoln, com aquela história de precisar morar no mesmo prédio da sua escudeira. Uma debandada geral. Os velhos ficaram perdidos na casa imensa e vazia. Alguém lembrou que a melhor solução era Arlete umdar-se com o marido e os filhos para lá. Espaço não faltava e fariam economia de aluguel. Ela, porém, disse que Plínio jamais consentiria em sair de sua casa, à qual era muito apegado. Aliás, tinham acabado de renovar o contrato. Nem se devia consultá-lo. E, por essa altura, Camilo

já tinha morrido. Dalmo excluiu qualquer possibilidade de acolher os pais: não parava no apartamento, não tinha empregada, vivia viajando e os deixaria tão sós como já estavam. E o caçula *(estava correndo em Senigallia)* nem sequer compareceu à reunião de família para discutir o destino dos pais." (05) **[37]**

A doença de um membro da família

Há toda uma série de situações que não tem uma época específica para acontecer (podendo inclusive não acontecer!) A doença de um dos pais é uma delas. E sabes, apesar daquilo que afirmamos quando dizemos que a família é um sistema e que quando se afeta uma das partes se afeta todas as outras, eu sempre insisto em que existe uma hierarquia de "importâncias" nessas partes. A doença de uma mãe afeta uma parte que pode afetar muito mais as outras partes que a doença de um filho pequeno, por exemplo. (É claro que isso é relativo, mas, de qualquer maneira, creio que deves levá-lo em conta.)

"A época em que a mulher de Zé da Ferida endoidou, ele se viu aperreado com a repartição de tarefas há muito estabelecida pelo casal. Coisa mais sem propósito nunca que lhe tivesse acontecido na vida ordeira que levava com Maria Banga e os filhos. Uma parada para desmantelo como poucas que poderiam suceder na existência de um cristão. A mulher não dera qualquer sinal prévio de endoidamento, pegando todos desprevenidos e no maior espanto. Ela comandava o batalhão de filhos no trabalho de pedir esmolas, organizar novenas e tirar dinheiro para os santos nas feiras, festas e casas de rua. Os meninos trabalhavam como quê e se dedicavam com entusiasmo ao exercício da profissão dos pais, se havendo com muita dignidade e competência no santificado ofício da esmolagem. Eram, todos eles, matreiros e sabidos de dar gosto, e deles muito se orgulhavam os pais. Nasciam e se iam criando junto com os bichos dos terreiros, abençoados por Deus com uma estabilidade de saúde de causar inveja às pessoas abastadas. Tinham tido, é verdade, todas as doenças corriqueiras e regulamentares que atacam os meninos da Zona da Mata, mas todos se criaram e nenhum virou anjinho." (17) **[19]**

A morte de um filho pequeno

A morte de um filho pode deixar marcas profundas em uma família. Sabes por quê? Porque essa é uma morte que transtorna a ordem natural das coisas. A morte de uma criança é vivida como uma das maiores injustiças que se pode imaginar. A ferida provocada pela dor e pelo desespero dos pais pode aparecer como ferida que "nunca cicatrizará".

"Então, eu, você, Marta, as meninas, todos nós o procuraremos pelos arredores. Ele há de estar escondido num recanto qualquer: na casa do morador, atrás de uma porta. Quem sabe se não foi armar uma arapuca? Talvez tenha caído do alto da casa. Isto, exatamente: caiu! Neste caso, estará apenas ferido, e nós desceremos à cidade...Lamas e folhas... lama e folhas...

Mas o bandido do negro o encontrou.

Tento afastar a visão: uns bracinhos inermes, pendentes, cabelos ralos que gotejam. Lobo, mãos aflitas que se debatem. Um grito? Talvez. Ou apneas o desejo de que o meu braço protetor e amigo estivesse perto.

Acredito que sonhei. A sensação é de pesadelo. Névoas outra vez e um grande peso que me esmaga. Luto por afastá-lo, sinto os músculos cansados e a tentativa é vã. As janelas do quarto estão abertas, sopra o vento e há arrepios na noite, mas as paredes me sufocam.

Deixem-me só. Tragam-me café, e eu fumarei mais um cigarro. Venderei esse pedaço de terra, fecharei minha casa de negócio. Já não saberia trilhar os mesmos caminhos, repousar nos mesmos recantos. Ouço vozes?" (24, 25) **[24]**

A morte de um filho mais velho

Os filhos, de certa forma, "sabem" que os pais vão morrer antes do que eles. Está, de alguma maneira, programado. Agora, os pais não podem "saber" que um filho vai morrer antes do que eles.

"Tudo seria diferente se Camilo estivesse vivo —pensava dona Rute.— Não devo dizer isso, não é direito, mas Camilo era o meu filho querido. Nós morremos quando ele morreu. Foi aí que nós morremos, não ontem nem amanhã. Não porque fosse o meu primeiro filho. Mas porque era o

mais interessado, o mais afetivo, o mais generoso. E também porque foi de todos os irmãos o que mais sofreu. Quando penso na sua morte, ainda tenho vontade de chorar. Não choro por causa de Mano, que não gostava de lembranças. Mano acredita no futuro, enquanto eu só vivo do passado. Vai ver que ele, só porque viu o senhor Abel consertando coisas, também já está pensando numa nova ocupação. É capaz de querer ser o carapina do asilo. Quando lembro a morte de Camilo, minha fé fica abalada. Perdoai-me, Senhor, se penso assim, mas por que Vós me tiraste o meu Camilo? Que boa razão Vós podeis me dar? Já não tendes anjos suficientes em volta de vós?" (74) **[37]**

A morte de um irmão

A perda é sentida em todos os níveis do sistema e pode-se perceber sua repercussão em cada um deles.

"Eu também não vou durar muito. Tenho certeza disso.

Foi então que comecei a me sentir perdido, desamparado, sozinho. Tudo o que me restava era um imenso absurdo. Mamãe Absurdo. Papai Absurdo. Eu Absurdo. 'Vives por um fio de puro acaso.' E te sentes filho desse acaso. A revolta, outra vez e como sempre, mas agora maior, mais perigosa. Não morrerás de susto, bala ou vício. Morrerás atolado em problemas, a doce herança que te legaram. O enterro foi pago com dinheiro emprestado, a juros. Uma miséria, de uma miséria de outra miséria. Teu pai não sabe se vai ter dinheiro para comer, daqui pra frente, quanto mais se vai pagar os juros do enterro de um filho. Ele está te contando que passou a vida pegando no pesado, ninguém nunca poderá chamá-lo de preguiçoso. E agora só lhe restam duas mãos cheias de calos. E quando perguntaste pela terceira vez —o que é que o senhor vai fazer?— te respondeu: —Se não fosse pela idade, eu ia para São Paulo - Paraná. Talvez estivesse querendo que o empurrasse pela estrada. Nelo, querido, não vou chorar a tua morte. Foste em boa hora. Agora eu te entendo, é bem capaz que eu já esteja começando a te compreender." (107) **[112]**

A morte de um dos pais

A doença pode levar a um falecimento. Quando a morte atinge um dos pais, a crise que se desencadeia terá tendência a ser muito séria. As famílias que passam por essa dolorosa experiência, podem dar-te, no início, a impressão de que nunca conseguirão superar essa perda. Viverás, junto com eles, um luto profundo e a necessidade de busca de novas alternativas. **{39, 46}**

"Morte do pai foi de repente, sem ninguém esperar, um baque muito grande para a família inteira. Estaria debaixo da figueira, ou do maracujal, o pito na boca, cortando bambu para fazer as gaiolas e arapucas que trançava como ninguém nos momentos de folga, quando emborcou de lado, o mocho de couro rolado na poeira, mão no peito, os olhas parados, uma ronqueira que já era da agonia. Acudimos e levamos ele para dentro, enquanto a mãe tratava, no fogão, de um chá de sua fé e confiança, que o finado nem chegou a engolir. Em poucos e poucos minutos a vida se esvaiu e terminou assim de uma hora para outra, sem aviso, sem nenhum preceito de doença ou sinal de alerta; ainda me lembro de ter saído porta afora, em busca dos irmãos mais velhos, que roçavam uma encosta de morro para os lados do Pururuca, primeira carpida em milharal novo, e quando cheguei e disse pai morreu, irmãos, pai acabou de finar, um deles pegou a rir, não crendo, e o outro louco varrido com a notícia assim seca, no sufragante, saiu a me perseguir pela encosta abaixo, como se culpa tivesse eu do sucedido. Morte chorada e lamentada como a dele, não por ser o pai, juro que até hoje ainda não vi." (14, 15) **[67]**

A perda do pai pode acontecer sem que ele tenha morrido. Mas a família pode ficar sem ele... como se tivesse morrido.

"Encarnação do Amor Divino se sentaria na cama com as batidas de punho na porta do quarto:

—José Cristo Virkkunen!

Deixaria a cama grande e voaria para a pequena, cingindo o menino. Ficariam os dois abraçados e apavorados.

O tenente arrombaria a porta com um pontapé. Agarraria o menino e o apartaria de Encarnação. Ela cairia ao chão, em soluços estendendo-lhe a mão.

O tenente sairia da casa arrastando o garoto, que estaria na sua camisola compridinha, que ninguém usava em Pau-Seco. E José Cristo iria vendo a multidão, a mesa... e o Pai contra a cerca. Paavo de mãos amarradas por detrás, os olhos muito azuis fitando o céu. Adiante, a fila dos soldados da execução, em posição de sentido.

O velho Paavo Virkkunen lançaria um olhar para o herdeiro, sorrindo-lhe. Não compreendia a sentença, não compreendia a vida. As testemunhas assinariam o processo. João Corcundinha e Rui Galo principalmente.

—O acusado reconhece os fatos?

Reconheceria os fatos, mas não admitiria a culpa

—Sou inocente! —repetiria." (371, 372) **[79]**

Uma morte na família extensa

Perdas de membros da família extensa também podem acontecer. Na medida em que os vínculos sejam fortes, as repercussões serão igualmente fortes. Não é possível, tu sabes disso, fixar um padrão de reação válido para cada uma das perdas. O que podemos afirmar é que a família pode reagir de forma tal que precise da nossa intervenção.

"A dos Souza Costa bem mais razoável, permite acentuar o lado bom daquela gente e uma linda união familiar. Brasileira. Portanto registremos com largueza: Estão consternados com a doença de Maria Luísa; Souza Costa pai, Dona Laura, Carlos, Laurita, Aldinha. Não: Fräulen também. E Tanaka e a criada de quarto. A cozinheira e o motorista. Nem assim o rol se completa. O próprio lar, paredes, janelas, vocês repararam como as luzes vivem menos impetuosas agora? As plantas, a comida... consternação geral." (95) **[3]**

A reestruturação do sistema familiar após uma perda

A morte de um dos pais deixará um vazio muito grande, mas toda família tem recursos internos que poderão permitir que se reerga e torne a funcionar de forma sadia. O que se espera de ti, nesses casos, é que sejas capaz de, ao acompanhar a família, contribuir para o descobrimento desses recursos que, devido às circunstâncias, podem estar momentaneamente desativados.

"O filho mais velho, troncho de uma perna, assumiu as funções da mãe e passou, depois de algum tempo, e em socorro às atribulações do chefe da família, a gerenciar o trabalho, substancial à manutenção de todos. Na verdade, e com isenção de ânimos, até que viviam bem e longe estavam da miséria absoluta que assolava a grande maioria dos esmoleres nordestinos.
Pode-se garantir, com precisão, que, se não viviam na fartura, também fome não passavam e nada tinham a reclamar da caridade do povo palmarense. Apesar da concorrência enorme, se desavinham com bastante competência e achavam, sem invejas ou ressentimentos, que havia lugar para todos. Precisão e mato era o que não faltava no mundo. E houvesse coragem para se trabalhar e caçar o ganho diário honestamente." (17) **[19]**

O reconhecimento após a morte

Parece curioso, mas acontece, em relações de casal que já estavam realmente deterioradas (e a opinião de cada um dos parceiros sobre o outro tinha chegado a ser a pior possível) que, quando um morre... o outro descobre o quanto esse lhe era importante.

"Cousa singular: em vida, a nossa divergência moral trazia a frouxidão dos vínculos, que se sustinham principalmente da necessidade e do costume. A morte, com o seu grande poder espiritual, mudou tudo; Rufina apareceu-me como uma esposa que desce do Líbano, e a divergência foi substituída pela total fusão dos seres. Peguei a imagem, que enchia a minha alma, e enchi com ela a vida, onde outrora ocupara tão pouco espaço e por tão pouco tempo." (34) **[10]**

Nem todas as crises estão, é claro, associadas a uma situação de perda. A crise, como verás, pode ser desencadeada pelo acréscimo de novos membros ou, simplesmente pela volta de alguém que já tinha partido.

A volta de um filho

Da mesma forma que a família é sacudida pela saída de um filho, sua volta, anos depois, também poderá exigir dela novos arranjos e novas transformações.

"Depois de vinte e cinco anos de casados, com Toninho já homem, e acatados os recatos que tutelavam aquele casal, Pedro aparecera engolido pela religião dos pais, mas também por consultas, fugas, receios, consolações e mistérios. A casa expandira-se em seus erros e acertos para a vinda de Pedro. O menino teria que ser a chave de tudo. Antes e depois. Um planejamento, uma história preparada, um natal para os Teixeiras, sólidos, embora temerosos." (38) **[71]**

Novos membros da família

O crescimento da família através das alianças matrimoniais dos filhos (genros, noras, cunhadas), também pode desencadear processos de crise.

"Paula não demorou a se queixar de falta de roupas, de acomodações melhores e das refeições parcimoniosas em nossa casa. Mamãe fechou a cara, papai deu algumas indiretas, Camilo ficou carrancudo e o ambiente se tornou irrespirável. Aliás, a atmosfera era sempre tensa quando Paula estava presente. Nenhum de nós se sentia à vontade. Parece que, a qualquer momento, aconteceria algo que não podíamos deter. Perto dessa ameaça, as tempestades provocadas por papai eram brisas suaves. Papai forçava uma serenidade que, estávamos certos, não sentia, e mamãe não despregava os olhos de nossos lábios, controlando cada palavra que dizíamos. Chegava a doer.

Ao contrário do tempo de noivado, que fora curto, Paula mostrou-se bastante antipática nas relações com os cunhados:

—Que mania essa que vocês têm de se chamarem de Crack, de Meneghetti, de Abominável! Que coisa ridícula! Por favor, não me ponham apelidos, que não tolero!

Quando ela se pôs a maltratar Camilo diante de todos, dizendo que ele não sabia dar-se o valor no banco, que não cultivava boas amizades e que usava a mesma camisa dois dias seguidos, mamãe saiu em defesa do

filho e foi bastante áspera com Paula. Papai se absteve de dizer algo *(resmungou que 'não queria botar mais lenha na fogueira')*, mas sua cara foi mais eloqüente do que qualquer palavrão. Camilo, posto entre dois fogos, buscou conciliar a esposa e a mãe, e saiu-se mal com as duas. Não voltaram mais a almoçar em casa nem a nos visitar. Quanto muito, Camilo telefonava do banco para saber notícias nossas." (45, 46) **[37]**

A simples presença eventual de um parente, que passa a ocupar um lugar ou mesmo a ter uma função na família, pode representar o fator de desequilíbrio e de crise.

"Mesmo assim, houve tempo suficiente para que eu ficasse conhecendo com intimidade aquele primo indesejado e estranho para mim. Na época, o que mais me irritava, nele, era sua predileção pelos meus brinquedos, em especial por uma perereca de lata que dava saltos movidos por uma corda. Era um brinquedo importado, o mais precioso de minha coleção, apesar disso eu não dava muita bola para ela, preferia uma carrapeta sonora, meus soldadinhos de chumbo, um jogo de armar no qual aparecia um quadro de Botticelli.

Francisquinho apaixonou-se pela perereca. Quando eu conseguia esconder o brinquedo, ele abria um berreiro abominável, parecia estar sendo esganado, chamava pela perereca como um desesperado, minha mãe era a primeira a me convencer: 'Empreste a perereca a seu primo! O choro dele incomoda seu avô'

Engolindo a raiva eu ia ao esconderijo onde guardara a preciosidade e odiava minha mãe, odiava meu avô, odiava sobretudo Francisquinho. Mas o odiei muito mais o dia que a solércia de seu caráter me foi revelada." (38) **[33]**

Outras crises

Os motivos pelos quais uma família *rompe o seu equilíbrio* podem ser dos mais variados, inclusive aqueles que à primeira vista te dão a impressão de que "isso" não seria suficiente para provocar uma crise. Tudo depende de dois tipos de fatores: os internos (equilíbrio familiar do momento) e os externos (situações que podem ir desde perturbações na família extensa até conflitos maiores no âmbito do sistema social). **{41}**

O desemprego de um dos pais

A perda do emprego por parte de um dos genitores pode ser fator desencadeante de crise por dois motivos diferentes. A diminuição do dinheiro disponível pela família, é o mais evidente. Mas, por outro lado, quando o homem perde o emprego, o fato de não poder se ausentar para trabalhar, pode implicar em uma presença constante dentro da casa, o qual não deixará de trazer uma série de complicações.

"Ora, ele não era o único desempregado do mundo, naquele exato momento. Almoçar sozinho é que não tinha a menor graça. Abriu a geladeira. Entupida. Cheíssima. Fartura no pedaço. Que bom! Mas não tinha sido ele mesmo que tinha feito a feira, ontem? Voltara esfalfandose, com o peso do carrinho apinhado de frutas, verduras e legumes. Aliás, agora que dispunha de todo o tempo do mundo, estava ajudando muito em casa. Comprar pão, jogar lixo fora, encarar fila de banco dobrando quarteirão no fim do mês, para pagar as contas, fazer o lanche quando a galera voltava da escola *(e como adolescente come)*, fazer café, espremer laranja, descascar abacaxi, lavar o espremedor e o liqüidificador, e tudo o mais que não cabia na máquina de lavar pratos, ajudar a pôr a mesa, a tirar a mesa, a levar bronca quando fazia perguntas idiotas, onde aí, bem debaixo do seu nariz, puxa, você nunca acha nada, tem sempre que me interromper para pegar as coisas que estão na sua cara, engolia em seco e ia tentando ajudar, estava por baixo até dentro de casa, procurava ocupar-se fisicamente em alguma tarefa para não pensar , mas que adiantava, continuava pensando, além da conta,..." (145) **[113]**

Desavenças financeiro-familiares

Quando os membros de uma família extensa fazem parte de um empreendimento econômico conjunto, as dificuldades naturais colocadas pelo relacionamento familiar podem agregar-se as provenientes do mundo dos negócios. A crise pode explodir tanto nos tempos de bonança (quando se trata de ver quem fica com a fatia maior do bolo), quanto nos tempos de penúria (em que se trata de buscar um culpado pelo fracasso). **{32}**

"O que preocupava mais D. Dondon era a situação do marido. Via-o aperreado, sempre com os negócios, agitado, sem dormir e agora se queixando dormência nas pernas. Pedira para ele ir ao Dr. Maciel se receitar, mas Juca não ligava a doenças. Se todos fossem como ela, agüentaria o desastre da Bom Jesus, sem grande abalo. No dia que Clarisse contou ao pai a história da Rainha da Moda, vira a cara de sofrimento do marido. Bem que ela pedira para a filha não contar a Juca aquela desfeita de seu Avelino! Sabia bem que o marido andava quase de esperanças perdidas. Fizera aquela usina juntando os parentes. Fora um santo para todos até o dia em que açúcar dera dinheiro. Agora os parentes falavam dele, afirmando que tudo fora por culpa de Juca. Negócio com parente não dava certo. Até seu pai, que nunca abrira a boca para falar do genro, chegara-lhe com censuras, falando no luxo que levavam. Que luxo era aquele?" (278) **[92]**

O tempo e o espaço familiares

Existem tantas outras situações ou fatores de crise que não teríamos nem tempo nem espaço para abordá-los. Quero apenas dar-te alguns exemplos que podem servir para dar uma idéia mais geral. Nossa cultura ou, melhor dizendo, nossa civilização, tem jogado a família em um redemoinho infernal no qual falta tempo e espaço para todos. As distâncias se alongaram (como conseqüência disso, a jornada de trabalho também), as moradias se reduziram, o tempo de convivência de todos também... isso é um perfeit caldo de cultivo para muitas crises.

"—É justamente por viver em Copacabana que falo assim. Eu conheço a minha gente. Não existe prazer real em Copacabana. Ninguém gosta de ninguém. O que acontece é bem diferente disso que você e Marta estão imaginando. Em Copacabana, todo mundo dorme muito com todo mundo, mas não é amor, não há prazer, não há satisfação, não há nada.

—Como é que você explica, então...

—Muito fácil. Pegue uma família qualquer, de cinco pessoas suponhamos, de classe média, o pai funcionário público. Muito bem. Essas cinco pessoas moram num apartamentozinho de quarto e sala conjugados. Como é que essa gente vive? Nenhum deles tem o seu canto. A garota, quando fica mocinha, não tem lugar só dela, para pensar coisas. O

rapaz, idem. A mãe chega ao fim do dia estourada. O pai volta para casa estupidificado pela luta da condução e esgotado pelo calor. Essa gente toda se encontra, aí pelas sete horas. Suponhamos que haja água nas torneiras e todos tenham tomado o seu banho. Ótimo. Na hora do jantar, se fossem outras as condições, eles se reuniriam em torno da mesa e bateriam papo. Depois, o rapazinho iria estudar ou escutar discos. A mocinha iria conversar com a amiguinha da escola ou sairia para ver o namorado. O pai e a mãe discutiriam, a sós, os assuntos mais sérios da família. Isso, se fossem outras as condições. Mas não são." (100, 101) **[72]**

Catástrofes maiores

A família também pode ver-se atingida por catástrofes de proporções maiores, nas quais não se contabiliza uma, mas muitas perdas.

"Deixei a casa sem nenhuma saudade. Dela só colhi dores e tristezas. É que ali, moço com sou, perdi meus pais em menos de três anos. Tudo muito rápido e ainda, evidentemente, como resultado do incêndio que devorou a fábrica de algodão do meu velho interior. Éramos então prósperos, já se vê. Mas as labaredas queimaram-nos até o fim.

Foi aí que nos mudamos para a capital, na tentativa impossível de nova vida. Impossível, sentíamos todos, sem que tivéssemos coragem de confessar um ao outro. Há sentimentos que não se formulam em palavras, pelo medo de que eles se tornem evidentes demais. Lançavamo-nos a uma aventura, ou melhor dito, à única porta que nos deixara o incêndio." (80, 81) **[25]**

A questão da velhice

Aqui poderíamos dedicar um espaço à questão da velhice. Em primeiro lugar, devo lembrar-te que essa é uma questão bastante relativa. Aquilo que se entende por velho mudou com o passar do tempo. Antigamente, pelo fato de morrer-se mais cedo, era-se velho também mais cedo. Um homem de sessenta anos era um verdadeiro ancião. **{39, 21}**

"Acácio Nunes de Assis era um homem bonito e chegado às mulheres. O fato de ter morrido de complicações prostáticas e uretrais demonstra a sua intemperança e incúria: nunca se tratou devidamente, e mesmo assim atingiu a idade de setenta e quatro anos — o que era uma façanha para o seu tempo. Geralmente, um ferroviário morria antes dos cinqüenta, e quem chegasse aos sessenta podia ser considerado um ancião. Apesar de ninguém ter pressa para nada, morria-se cedo no Brasil daquele tempo." (20) **[33]**

Em relação com o ciclo vital, será a velhice dos avós que primeiro abordaremos, porque depois, esses que agora estamos vendo como casal (e pais dos filhos), virão a transformar-se também em avós. A sensação de perda pode ser um dos seus aspectos mais relevantes.

"Mas, meu Deus! e eu? a quem darei nesta avançada idade o meu amor, minha ternura, este meu sexo indisfarçável como a gávea dos navios? Não haverá então quem o queira, hem? Tenho-o quase adolescente, ó vós que passais, desavisadas fêmeas! E um coração suculento que me dói nesta estação do outono, maduro, enfim, e todavia inutilmente como o fruto que pende sobre a estrada já sem trânsito." (98) **[12]**

Para algumas pessoas, a velhice vem a ser como uma maldição da qual não se pode escapar, uma tragédia que não deveria existir.

"Eu me via, me sofria, como se fosse outro. Procurava entender o que era diferente, sem atinar. Afinal vi: não sou mais nem parecido comigo. Com quem fui. É certo que antes pouco me olhava. Hoje fiz a besteira de ver. Estou um caco, seu padre, um molambo. Eu era seco, duro, firme. Agora vi a que me reduzi: um saco molhado. Sou só um velho tossidor, trêmulo, sujeito a vertigens. Quem diria?

Todo me apalpei lá na bacia, com a tristeza de me descobrir tal como sou. Gambito de pernas. A batata é uma pedra de sabão correndo no meio da pelanca. A bunda mirrada murchou. O pescoço chupado, de galinha, com o gogó solto em cima. As partes nefandas estão pretas, encoroadas. Minha pica é um bico de mijas. Os pés enormes com unhas crescidas em garras, negras.

Para isso é que escapei de tanta bala e tocaia, de tamanhas malquerenças? Essa é minha vitória? Não há doença pior do que velhice. A

mim escalavrou. Sobrevivi para ver, testemunhar, como me acabo ou como a vida acaba comigo, comendo carnes, me entortando os ossos, encarquilhando, oprimindo, doendo." (390) **[94]**

Mas essa não é a única forma de perceber a velhice. Ela pode ser vista como um processo no qual se estabelece um equilíbrio entre a perda das capacidades físicas e o ganho em sabedoria. **{16, 35}**

"Perguntei uma coisa, que ele não caprichou de entender, e o catrumano Teofrásio, que já queria se mostrar jagunço decisivo, o catrumano Teofrásio bramou —abocou a garruchona em seus peitos deles. Mas, que não deu tujo. Esse era o velho da paciência. Paciência de velho tem muito valor. Comigo conversou. Com tudo que, em tão dilatado viver, ele tinha aprendido. Deus pai, como aquele homem sabia todas as coisas práticas da labuta, da lavoura e do mato, de tanto tudo. Mas, agora, que tanto aforrava de saber, o derrengue da velhice tirava dele toda possança de trabalhar; e mesmo o que tinha aprendido ficava fora dos costumes de usos. Velhinho que apertava muito os olhos." (485) **[99]**

Outras pessoas colocam-se em uma situação oposta: parecem querer negar que estão velhas, negam-se a aceitar o processo de envelhecimento. Agem como se velhice fosse sinônimo de doença.

"Mas esta coisa dentro do coração, esta esperança, é isso? É como uma esperança? Eu absolutamente não me apercebo velho, a minha velhice estará nos outros, a minha idade é neles, é como eles me olham, que eu mesmo decrépito não me aceito, não me reconheço, não sou. Engraçado, a minha velhice são eles, nunca tinha cogitado nisso. Aos poucos, esses anos todos, foram criando de mim um retrato que vai ver nem é meu, real?, eles se se identificassem comigo deveras, ligassem propriamente à minha pessoa, estivessem perto de mim como meus irmãos, meus parentes bem chegados, veriam que não estou normal, estou tendo quem sabe o começo de uma coisa ruim," (181) **[29]**

O velho sábio

A grande descoberta é a do envelhecer aprendendo a preencher os espaços que se abrem nessa fase da vida, sem ficar se lamentando pelos espaços que se perdem, que se fecham. Esse tipo de envelhecimento constitui uma conquista. O velho sábio ***se*** vive de forma diferente e passa por esse momento do ciclo, a velhice, de forma também diferente.

"Na doçura da velhice está a sabedoria, e, nesta mesa, na cadeira vazia da outra cabeceira, está o exemplo: é na memória do avô que dormem nossas raízes, no ancião que se alimentava de água e sal para nos prover de um verbo limpo, no ancião cujo asseio mineral do pensamento não se perturbava nunca com as convulsões da natureza; nenhum entre nós há de apagar da memória a formosa senilidade dos seus traços." (59, 60) [77]

Mas, como esse envelhecimento acontece no seio de uma família, suas conseqüências podem ser muito diferentes. A rotina da família pode mudar e isto poderá perturbar as relações dos seus membros.

"Certo dia, a Veialita adoeceu gravemente e o jeito foi levá-la para a casa de um dos outros filhos, Francisco, casado com Margarida, em Beira Rio. Justiça se faça: nas primeiras semanas nada faltou: do médico ao mingau. Findo os quinze dias, a nora, que até ali vinha tratando à velas de libra, começou a recomendar:

—É, Francisco, você sabe, a Veialita precisa de melhor conforto... aqui em casa ela dá muito prazer... sei que é minha obrigação... estou pronta para zelar dela até os últimos instantes... mas... no hospital é melhor... tem uma tratamento especializado... ela pode piorar de uma hora para outra... o balão de oxigênio... essa falta de ar dela... o médico de plantão...

Francisco desconfiou que a mulher pretendia descartar-se do fardo: levar a sogra ao banheiro, segurá-la, virá-la na cama; a sogra cuspia no chão, escarrava gema de ovo no tapete da sala, os netos desacostumados com a presença da avó, que não podia ouvir zoada e ficava impaciente começavam a inticar a Veialita." (23) **[78]**

A aposentadoria

A aposentadoria não necessariamente está ligada à velhice (temos atualmente uma legião de aposentados "prematuros" com menos de cinqüenta anos!) Mas também pode constituir um marco, um momento crítico na vida da pessoa (e por via de conseqüência, na vida das pessoas da sua família). Dependendo de toda uma série de fatores, a aposentadoria pode ser vista como uma ameaça, como uma negação do valor da pessoa, que se sente descartável, tratada como um objeto inútil.

"Ora qual aposentadoria nem meia aposentadoria!

Eu desfaço aquele processo, vou falar com um bom advogado, daqui de dentro não, é tudo a mesma laia, um bem competente, humano, que sinta o meu problema, um como doutor Egídio Sales, Paolo Ricci, Carlos Ferro e Silva, um assim, a ver que jeito dou de anular o requerimento... onde estava eu com a cabeça? Eu sei, eu sei que houve vezes em que suspirei por isso. sonhava chegar a esta idade, completar meu prazo e partir, viver sossegado no meu canto, dono do meu tempo, senhor do meu ir e vir, isto pretendi, não nego, e muitos ouviram me queixar, principalmente depois desse horário que está dando cabo em todos nós. Não contesto, desejei. Quando me enfureciam, me levavam ao desespero, com tanta malinação. Mas já não quero, meus amigos, escutem, doutor Presidente, senhores Desembargadores, Meritíssimos Juizes, me ouçam: não me mandem embora, quero trabalhar até o derradeiro final da minha vida." (158, 159) **[29]**

A aposentadoria pode estar vinculada ao surgimento de uma doença. Nesse caso, há uma acumulação dos fatores críticos.

"Papai tinha sessenta e tantos anos quando sofreu uma séria ameaça de enfarte *('dessa vez quase fui parar nas caldeiras de Pedro Botelho)* e passou a preocupar-se mais consigo mesmo. Embora quisesse continuar trabalhando *('eu não quero ficar no choco, não sou traste!'),* foi aposentado. Ainda durante alguns anos depois disso, fazia em casa algumas escritas para firmas de antigos clientes. Depois teve de largar tudo e levar uma vida muito tranqüila e regrada; fazendo a sesta e deitando-se logo às nove horas da noite. 'Mau, mau! Os médicos me pegaram para Cristo. Tenho ordem de marombar. Se quiser viver mais algum tempo,

preciso levar o resto da vida neste chove-não-molha, nem ata nem desata... Não posso me preocupar nem com os balancetes dos meus fregueses. Se estourar uma concordata, entrego os pontos. Vocês acham que isto é vida? Não é muito caiporismo? Não é mais de homem encostar uma espingarda na testa com chumbo paula-souza'?" (47) **[37]**

A conseqüência dessa aposentadoria pode trazer como corolário um sentimento de perda, de menos valia.

"O que notei de peculiar, de específico nos inativos é uma forma de tristeza, tecida de frustração e mau humor. Por esse tipo de tristeza, estampada na fisionomia, me foi dado identificar à primeira vista qualquer inativo. Podemos chamá-la tristeza dos três-por-cento. O inativo é três por cento menos gente do que o ativo, e isto só foi descoberto pelo Governo Federal, que nem sempre descobre coisas, mas lá de longe em longe dá uma dentro.

Ao mandar para o Congresso a proposta de aumento de vencimentos dos servidores, o governo estabeleceu 20% para os funcionários em exercícios *(ativos)* e 17 % para os demais *(inativos)*. Se o fez, após minucioso exame, é porque chegou à conclusão objetiva de que a vida para o inativo custa menos três por cento do que para o resto da população. O inativo come menos 3%, veste menos 3%, vê, ama, sofre menos 3% do que a humanidade em geral. É o governo que o diz, com sua autoridade, seus órgãos de pesquisa e de análise." (93) **[2]**

Filhos "pais" dos pais

A situação se inverte. Com o passar dos anos são os filhos que vão assumindo as responsabilidades por si próprios e pelos pais. À medida que cresce a dependência dos pais, os filhos podem passar a agir como pais dos seus próprios pais.

"Passados tantos anos, como parece descabido, tão ridículo que um dia tenhamos tido receio, medo e até pavor de mamãe —já não dizemos de papai. Como e por que ela, de repente, se anula diante de nós, e o respeito que nos infundia se desvanece, deixamos de temê-la, e o que ela diz não é mais uma advertência, nem mais sábio, nem mais amedrontador?

Por que é assim ou por que é que tem de ser assim?

Por que é que temos de, aos poucos, insensivelmente, sem mesmo notar, transformar-nos em iguais, depois em pais de nossos pais?

Por que lei, por que lei iníqua e terrível temos irremediavelmente de vê-los de cima como um dia nos viram, de julgá-los e, nem sempre, de perdoá-los? (41) [**37**]

Por mais que queira dar-te uma idéia do desenrolar do ciclo no tempo, resulta impossível. Na vida, as coisas acontecem e não respeitam "planejamentos". Cada um dos momentos descritos pode acontecer em épocas diferentes.

Quero que passemos agora a considerar o subsistema casal, constituído pelos pais da família e as suas respectivas crises. Só não podemos esquecer que não há uma ordem lógica e que cada família passará (ou não) pelas diversas fases do ciclo, segundo seu próprio ritmo.

A crise do casal

Como bem sabes, as crises mais sérias do casal não têm hora para acontecer. Obedecem, a um certo ritmo, mais ou menos assim: dois ou três primeiros anos ("descobri que o casamento foi um grande erro"), sete a dez anos ("o amor acabou") e quinze a vinte ("já criamos os filhos agora não é mais problema separar").

Bem, isso era até pouco tempo atrás. Agora com a ajuda de muitos bisturis, "lipos" de diversos tipos, quilos de cremes revolucionários, raios laser e malhações de toda natureza, próteses e, *última hora!*, viagras miraculosos, surge uma possível nova fase: a dos trinta ou mais anos de casados ("o que é que eu estou fazendo com ele/ela, eu não estou de se jogar fora, ainda tenho as minhas chances...") **{11, 12, 13, 39, 47, 50}**

A crise do início do casamento

A crise pode, como vimos, estourar nos primeiros anos do casamento. Cada um dos cônjuges começa a "descobrir" quem é o outro. Percebe que a pessoa com quem se casou, tem características (indesejáveis) que não imaginou.

"Vem a pé. Automóvel na oficina, aproveita e dá longas caminhadas. Quer emagrecer. Dia inteiro sentado no escritório, músculos lassos, facilmente se cansa; em casa sente mal-estar: o ambiente está pior. Não adianta ler jornais depois do jantar, nem fingir que ouve rádio. Sara adora discutir. Quando não tem motivo, inventa. Só se acalma depois de falar muito. O jeito é escutar calado. As mesmas frases, os mesmos arrazoados —o cansaço chegou, sai todas as noites. Descobriu o grupinho que se reúne na Samambaia, lá aparece com freqüência. Tem predileção por uma garota morena, de Pernambuco, que deu certa vez um passeio a Petrópolis, com ele e os outros: Hulda. Quieta, pensativa, Hulda era exatamente o contrário de Sara. Agradava-lhe. E como gostaria de falar em teatro e discutir cinema, passavam horas e horas a bater papo, esquecidas do tempo." (14) **[72]**

A crise dos dez anos de casamento

A crise dos dez anos pode revestir diversas formas, uma delas é a da resistência passiva. O casal parece esperar por um acontecimento que venha sacramentar uma separação sentida como inevitável mas que, por outro lado, também é muito assustadora. **{64}**

"Eu cada vez ficava mais egoísta. Pensava: não agüento mais esta vida, mas não tinha coragem de abandonar Cristina. Não era devido a nenhum sentimento de generosidade. Apenas porque não suportava a idéia de que alguém passasse a viver com ela. Para falar a verdade eu já não tinha o menor interesse sexual por Cristina. Depois de dez anos de casado tudo acaba. É uma pena, mas acaba. Não adianta tentar seguir as instruções dos manuais que procuram garantir a sobrevivência do casamento através de exercícios sexuais, receitas de compreensão e autoanálise, etc. Eu ainda não tinha largado Cristina apenas porque a considerava minha propriedade privada." (45) **[46]**

Em outros casos, o casal não fica esperando e faz acontecer. Apelando para a agressão (física ou moral), precipita os acontecimentos.

"Quis pensar mas não pode! A lembrança de Olga se metia. Dez anos de casamento e já estava cansado. De manhã, só porque ele derramara

café na gravata, de olho parado, com os olhos cheios de macobeba, foi destampatório:

—Seu porco, pingando café na gravata. Nunca vi homem relaxado assim, isso é uma vergonha, falta de higiene e educação.

Ele reagira querendo assustá-la.

—Cale a boca, vá passar pito nos seus escravos.

—Pois é isso mesmo. Quer xingar? Xingue. Mas tem que escutar a verdade. Você não gosta que a gente diga a verdade, essa, isso é que é. Eu sou mesmo infeliz. A coisa que eu mais detestava era homem relaxado. E não é que fui casar com o pior de todos? Parece castigo, que estou pagando pelo que disse!

—Dane-se.

—Pois é só isso que você sabe dizer. Olhe, eu ainda estou pura, mas acho que você não gosta disso. Não pense que não sou capaz de achar quem me queira. Os homens de hoje estão assim. Gostam que a mulher seja conquistada. Acham bonito.

Mitaraí saíra de porta afora, sem acabar o café. Agora no banco repetia baixinho "vaca, vaca, vaca!" (151, 152) **[84]**

Quinze anos de casamento

Ao final de muitos anos de convivência, os membros do casal podem passar a ser dois perfeitos desconhecidos. Eles chegam a não saber quem é essa outra pessoa, quais os seus gostos, os seus desejos, suas aspirações: dois estranhos.

"Afinal de contas, dinheiro pouco estou ligando. Puta que pariu! Como fui fazer uma cagada dessas? O que foi que vi nessa mulher, há quinze anos atrás? Hoje não casaria com ela de jeito nenhum. Acho que não casaria: mas o que ela pode ter na cabeça? Vive presa em casa, cuidando dos meninos, contando o dinheiro, sempre curto, sem nenhum horizonte, porra; Lélia, um dia desses saiu para a rua para vender produto de beleza para as amigas, para ganhar um dinheirinho extra. Tudo bem, o trabalho dignifica, não tenho nada contra, mas fala a verdade: quando você se vê diante de uma situação dessas, enche o saco." (35) **[66]**

Com a briga de casal acontece algo muito curioso. Com o passar dos anos, certos casais se habituaram a viver suas disputas como se fossem um momento privilegiado de contato, de intimidade. É como se houvessem substituído o atrito dos corpos, das bocas, dos sexos, pelo simples atrito das brigas, das agressões das reclamações do quotidiano. É como se, na falta do amor, esquentassem suas vidas atritando-se violentamente.

"Não conhecia Gabriel. Sentiu saudades dele, sentiu amor, desejo de dar com ele uma briga muito grande, uma briga saudável e bonita como as brigas de Stella com o marido." (77) **[82]**

Em certas circunstâncias, o casal dá a impressão de que esgotou o seu ciclo. Um dos parceiros não quer mais saber da relação, cansou e ponto.

"Não podia mais suportar aquilo, aquela vida, não podia! Sentia-se de mãos e pés atados, enfiada numa jaula, amordaçada. Tinha de achar um jeito de libertar-se, de ficar só outra vez, de buscar outro caminho no fim do qual não existissem forçosamente o marido, os filhos, aquela maldita casa e todas as suas limitações. Plínio se acomodara, como se acomodava a tudo, um acomodatício por natureza. Não tinha ambição, não enxergava um palmo diante do nariz, era irritante! Satisfazia-se com ser um bom funcionário, um chefe de seção de pessoal de uma indústria qualquer, e até achava justificativa para os patrões não aumentarem. Era de encher aquela sua maldita biblioteca de legislação trabalhista, que ela teria o maior gosto em atirar no lixo, sem prévio aviso. Malditas leis com seus artigos e parágrafos, níveis de salário, privilégios, recolhimentos, o diabo! Ir a festas da empresa, as tais festas de integração? Missa pascal? Jamais. Festas na antevéspera de Natal para ganhar um saco plástico com uma garrafa de vermute fabricada num porão de Bom Retiro, castanhas do Pará e um panetone cheirando a mofo? Nunca. Como perdera o pai ainda criança, para Plínio o lar era tudo. Lar, como se se pudesse chamar aquilo de lar! Àquele inferno, com aqueles quatro fedelhos chorões! Estava histérica, reconhecia Arlete, estava histérica, tinha vontade de sair gritando, como uma doida, até que a metessem numa camisa de força e a fizessem apagar com barbitúricos." (62) **[37]**

Surge a idéia da separação

Em qualquer um dos momentos de crise, o casal pode optar pela separação. Mas é claro que todas as crises podem servir como alerta para a necessidade de uma redefinição, de um crescimento, tanto do casal quanto dos seus componentes por separado.

"—No começo, é provável. Tudo corria bem. Isto é... Bem mesmo, as coisas nunca estiveram. Mas havia o encantamento de morar em Nova York, o charme de viver na capital do mundo, de ser casado com o diretor de uma grande empresa multinacional. Foi essa ilusão que ficou me alimentando. Depois vieram os filhos. Quatro. Todos homens. Menino absorve demais, a gente não tem tempo nem de pensar. Quando acordei, eles estavam grandes, tinham crescido, já não precisavam tanto de mim. Resolvi me dedicar mais a mim mesma, com outras pessoas, abri os olhos, descobri que estava levando uma vida limitada e que o mundo ainda tinha muita coisa para oferecer.

—Deu muita briga?

—Até que nem. O Saulo aceitou a idéia com facilidade. Concordou que eu estava mesmo me trancando demais em casa. Ele até gostou quando começamos a freqüentar coquetéis, jantares, mesas de pôquer. Entramos numa roda vida. Foi bom. Mas começaram a aparecer as diferenças que haviam entre nós, sugiram os problemas. Acho que eu evoluí, ele ficou parado no tempo. Quando eu te conheci, naquele jantar na casa da Daisy, eu e ele vivíamos como dois estranhos, cada um pro seu lado, fazendo o que bem entendia. Aproveitei bastante. Saía muito, jantava fora, encontrava amigos, ia aos bares, foi ótimo. O Saulo também se divertia. Mas acho que eu me divertia mais do que ele. Questão de temperamento, talvez. Ele virou uma fera." (16) **[76]**

Para algumas pessoas o início da crise é sinônimo de necessidade de ruptura, de separação. O casal com problemas é visto automaticamente como um casal acabado. E claro, sempre encontram a quem culpar.

"—Bobagem, minha filha. Quando um casal começa a desacertar, os desacertos vão até o fim. Não vale a pena querer remediar. E a culpa, sabe? A culpa é sempre da mulher.

—Sempre? Você está ficando doido.

—Sempre, sim. Quando um casamento fracassa, o homem nunca tem culpa. Procurando bem, a gente acaba descobrindo que a culpada —a única culpada— é sempre a mulher.

—Deixa de dizer loucura Messias.

—Loucura uma ova! A mulher tem tudo nas mãos para prender o marido. Ela só deixa o casamento ir por água abaixo quando quer. Ou, então, quando é burra. E a burrice, minha filha, é crime. Crime imperdoável! (76) **[73]**

Dar aos filhos a notícia da separação

Um dos problemas dos pais, quando enfrentam a possibilidade da separação, é o momento de dar a notícia aos filhos. Eles supõem que, pelo fato de não terem abordado o assunto abertamente, os filhos não estão a par dos acontecimentos. O curioso resulta que as crianças "sabem" e não ficam surpreendidas quando os pais comunicam que vão separar. O importante, o que realmente precisa ser explicitado é que não cabe aos filhos nenhuma responsabilidade pela separação.

"Meu Deus, como começar? Era preciso começar, já se fazia tarde, o refresco se acabava, em pouco tinha de levá-la de volta para a mãe. Estivera viajando sim, por que haveria de mentir?

—E chegou assim, sem mala, sem nada?

—É porque eu cheguei... Isto é... Olha aqui, toma este outro também, papai não está com vontade —e passou-lhe o copo.

—Assim não janto e mamãe zanga —disse ela, indecisa, a boca a meio caminho do segundo refresco.

—Não tem importância. Diga que fui eu.

Não tinha importância —o importante era dizer, contar tudo, escandalizar, violentar a inocência da menina. Assim recomendavam todos hoje em dia: as crianças devem saber tudo, porque senão inventam por conta própria, e é pior. O que não é capaz de inventar uma criança? Antigamente na escola, entre as amigas, a criança se sentia única, mas hoje em dia podia-se dizer que era a regra, tantos casais separados! E sacudiam a cabeça, convictos: sobretudo não dê motivo fútil." (...)

"Motivo fútil. O que não seria motivo fútil?

—Bem, eu e sua mãe gostamos muito um do outro mas eu andava muito cansado, trabalhando o dia todo, sua mãe muito nervosa, nós vivíamos discutindo... brigando...

—Se gostam por que é que brigam?

Foi a única vez que a menina o interrompeu. Dali por diante ficou calada, olhando para outro lado, e ele prosseguiu como pôde, dizendo: ela não tinha uma amiguinha no colégio? Não gostavam uma da outra? E de vez em quando não brigavam? Pois então? Com eles também era assim. E para viver junto era preciso não brigar nunca, era preciso ser muito bom um para o outro, era preciso...

—Minha filha, você não está me escutando.

—Estou sim papai...

A menina terminara o refresco e agora riscava distraidamente a mesa com a palha umedecida.

—Que é que estou dizendo?

Ela voltou-se para ele:

—Está dizendo que você e mamãe vão se separar. Ele respirou fundo, num misto de angústia e alívio:

—Mas eu vou visitar vocês sempre...

—Eu sei.

—Posso levar você para passear.

—Sei.

—Posso... Posso...

Ela se levantou, puxando-o pela mão:

—Papai, me leva embora que já está ficando tarde.” (11, 13, 14) [101]

A interferência das famílias de origem

Muitas vezes, um ou ambos os parceiros, não conseguem assumir a responsabilidade pelo fracasso da relação, nem estabelecer uma linha de demarcação entre a nova família constituída por eles e as respectivas famílias de origem. Cada um deles pode ver a outra como sendo fonte de uma interferência intolerável.

“Paula não podia ver a família de Ismael sem sentir ódio e desprezo. Eram eles que o inutilizavam para a vida. Chegava a odiar os próprios

mortos dos quais Ismael contava histórias. Eram ele certamente, os fantasmas, que o prendiam com seus inumeráveis e invisíveis fios.” (168) **[38]**

A fuga... na relação extraconjugal

Alguns casais não enfrentam o problema diretamente e “resolvem” com a “ajuda” de uma terceira pessoa. Um dos dois (ou os dois ao mesmo tempo) sai em busca de uma relação extraconjugal. Essa relação pode acabar funcionando, por algum tempo, como válvula de escape para a crise e a angústia vivida pelo casal. Essa é uma “solução” daquelas em que a emenda sai pior do que o soneto. **{55, 65}**

“— Eu não queria ir porque nós tínhamos combinado dar uma parada, não tínhamos? Continuo achando que nós devemos nos afastar um pouco. Tenho marido e quatro filhos. Você tem mulher, sua filha. Meu casamento vai mal. O seu também. Precisamos de um tempinho para pensar, botar as coisas nos lugares. Estamos nos envolvendo demais, um com o outro. Isso é péssimo, influencia o nosso comportamento em casa. Depois de estar com você, como é que eu vou poder achar graça no relacionamento com o Saulo? É tudo tão diferente... Por mais que eu procure me desligar, nossa relação está presente. Com você deve acontecer a mesma coisa. Como é que você pode se dar bem com a sua mulher, se nós nos encontramos quase todos os dias? É inevitável um certo afastamento em casa, uma certa indiferença. Foi por isso que lhe fiz a proposta. Precisamos deixar de nos ver por uma temporada, para saber como nos sentiremos. Em casa, talvez, quem sabe...” (14) **[76]**

O que aqueles que buscam uma relação extraconjugal costumam não saber é que, na medida em que ela dure no tempo, haverá uma certa tendência a surgirem as mesmas dificuldades que, antes, ritmaram a vida do casal.

“Horas antes, no restaurante grã-fino da rua 57, bebendo vinho tinto e fazendo força para comer o churrasco, que terminou ficando quase inteiro no prato, ao lado dos talheres, eles se continham para não se darem as mãos. Havia gente conhecida circulando, convinha manter certa descrição. A proposta que ela fizera, três dias atrás, para não mais se en-

contrarem, fora aceita por ele, que no entanto, na véspera, quase em desespero, a convidara para ir ao apartamento que dividia com o William, no Village. Ela aquiescera a contragosto. Viveram horas de magnífico amor, ternura e compreensão, para no fim se darem conta, outra vez, de que estavam apenas aprofundando martírios, dores e sofrimentos passados que no futuro se repetiriam." (09) **[76]**

Antigamente podia-se ter alguma certeza neste campo. Quando um dos dois tinha um relacionamento extraconjugal... ele tinha outra ou ela tinha outro. Hoje, os tempos mudaram, outros ventos sopram, e há novas e diferentes possibilidades: ela pode ter outra e ele outro.

"Ninguém estranhou quando, depois de vinte e cinco anos de casamento, filhos criados, a mulher do dr. Pompeu pediu o divórcio. As razões dela eram normais para a época: não queria mais ser apenas uma dona-de-casa. Queria viver sua própria vida, estudar psicologia, ter sua própria carreira. Tudo bem. O escândalo como ainda existem preconceitos, foi quando souberam que o dr. Pompeu, em vez de mulher, arranjara um marido.'" (43) **[125]**

Dentro da própria casa

Podes pensar que isso só acontece nos romances, mas muitas relações são detonadas por uma infidelidade dentro da própria casa dos cônjuges. Não se fala muito dos casos de envolvimento das mulheres. Os mais comentados são os casos dos homens.

"Ao surpreendê-lo com a criadinha na cama do casal, Maria arrumou as malas e, sem se despedir, partiu de trem. Dias depois veio o genro negociar.

—Eu faço tudo —prometeu João. —Não sei onde a cabeça. Desde que ela volte.

Roubara dos pais a sua Maria, então com quatorze anos, ele dezesseis. Foi motorista de caminhão, mágico do circo de cavalinhos, agente de polícia — e sempre a perdição da menina, o consolo da dona casada, o arrimo de velha feia. Descoberto com a mão debaixo do vestido da viúva de sete dias. Deitava com todas as criadinhas da casa e do vizinho.

—Que loucura seu João. Na sua idade. Na mesma cama do casal. Não bastou a mulher do Zé da Bateria?" (99, 100) **[114]**

A infidelidade concertada

Muita gente não acredita, mas a infidelidade pode ser uma trama orquestrada a dois. Os cônjuges, cúmplices dessa tragi-comédia, provocam uma situação de crise que, ao romper a monotonia, os obrigue a tomar uma atitude. **{65}**

"Não existe dignidade no marido traído. Marido traído é corno e corno não pode ter dignidade. Corno é um camarada que só está bem, que só realmente está no seu papel, quando esbraveja, quando grita, quando protesta, quando faz arruaça. Por isso é que ele, Honório, tem raiva dos cornos mansos. Como manso não é corno, é imitação. São os cornos mansos que estragam a classe, que lhe tiram o prestígio. Sim, pois há um certa nobreza em ser corno, certo romantismo. As mulheres adoram, sentem despertado o instinto maternal e querem proteger. Na base dessa proteção é que o corno atua. Fazendo de conta que precisa dessa proteção, é que o corno age, e arranja mulheres, grandes mulheres. Não, não há dúvida: todas as mulheres são vigaristas, umas grandes vigaristas. Bem que avisaram a Joaquim, tempos antes. Joaquim não quisera ouvir. Que agüentasse pois. Ia gritar no bar, ia gritar quando chegasse em casa, ia dizer a todo mundo que Joaquim era corno. Corno do brabo, corno do bom, como que não envergonhava a classe, corno-padrão. Tentou levantar-se, o peso das pernas não deixou." (173) **[72]**

Essa conivência com a infidelidade pode até ser consciente. É assustador imaginar algo assim, mas quando o casal vive preso a sua incapacidade de tomar decisões, um dos parceiros pode desejar que o outro procure uma relação extraconjugal. O parceiro "traído" passa a contentar-se com os benefícios secundários decorrentes da situação.

"... Às vezes eu me surpreendo desejando que ele arranje uma nova amante. Viana fica carinhoso, me procura mais, as noites são maravilhosas. É como se estivesse querendo me dar alguma compensação, um jeito de pedir desculpas. Eu adoro. E me envaideço sabendo que meu marido é desejado, desperta paixões nas outras mulheres, elas têm de

inventar artifícios para se encontrar com ele. Divertem-se, é claro, mas de uma maneira sobressaltada, inquieta, perigosa, enquanto eu posso ir para a cama com ele na hora que me der vontade, sem correrias nem precauções." (117) **[75]**

Depois de falarmos sobre tudo isto, o que imagino é que possas estar dizendo: "Tudo bem, entendo que isso aconteça, mas por que se chega a esse ponto, como isso se explica?" A resposta poderia assumir a forma de um monstro de mil caras... os pretextos podem ser grandes ou pequenos. Vou te falar a respeito de alguns, não necessariamente os mais importantes, apenas alguns.

A "idade do lobo"

Nunca ouvi maior bobagem do que essa. (Poderia muito bem chamar-se de ***idade do bobo***.) Um homem decide aquilo que faz. Essa "idade" pode ser um pretexto. Em algumas ocasiões, a deterioração da relação do casal corresponde ao período em que o homem vê sua potência sexual diminuir e, para compensar, pode decidir buscar, no estímulo proveniente de outras mulheres, a sensação de que ele ainda "dá conta do recado", de que não está acabado.

"Qual é moça, sujeito! Já foi o tempo que existia isso. Quase certo que é uma dessas que eles chamam de "carente de afeto", as tais "mal-amadas"!

—Será?

—Ora se é!

—Por que será que a coisa danou-se desse jeito, com tanta mulher padecendo carências, mastigando em seco feito poldrim novo?

—Sei não; Antoim mostrou-se desalentado, mas avançou uma opinião —quero que seja hormônio. Toda coisa que esses riquinhos comem e bebem contém hormônio e drogas que esfriam macho, como é que pode?

—Você acha que hormônio pode dar esses desesperos nas mulheres?

—Só pode. É hormônio no frango de granja; é nos ovos das galinhas que põem dois por dia. E só feminino que derroba os homens e esfogueteia as mulheres. Elas dizem aí, para quem quiser ouvir, que já

não existe mais homem como antigamente, que o bicho homem é uma espécie em extinção.

—Espera aí, você está caindo em contradição. Como é que você acaba de dizer que as moças estão tudo furadas?

—Serviço de rapazinhos que ainda estão começando; mas nenhum vai aos quarenta dando no couro. E é nessa idade que lá entre eles todo mundo está desquitando, as mulheres metendo o pé nos fundos dos maridos mandando-os passear e endoidam.

—No que você quer dizer, essa praga de baitolas por aí desmunhecando está incluída?

—E não está na cara?

Mais essa; pensei, e durante essa conversa toda a figura esguia de dona Vaninha, que me lembra o porte imponente da suçuapara, esteve presente nas minhas reflexões." (133, 134) **[18]**

Problemas sexuais

Os problemas sexuais. Muitas das queixas estão relacionadas com a sexualidade do casal. Nem sempre os homens têm a maturidade suficiente para administrar a diminuição da potência sexual que chega com o avanço da idade: trocar a quantidade pela qualidade. E isso pode constituir um sério fator de desestabilização. **{28, 29}**

"Nada se compara ao fracasso do macho fodedor. Não tanto por vergonha diante da mulher querida. Ela mesma há de suspeitar que talvez tenha culpa no falimento de seu homem.

Broxura é demasia de desejo escaldando no peito, explodindo na cabeça. Mata a tesão que não desce pra esquentar a moleza das partes que deviam estar mais afoguecidas. Acho até que dor de corno é melhor. Ofende demais, mas não dói com tanto desespero." (404) **[94]**

Em alguns casos, há um esfriamento no relacionamento sexual do casal. Esse reage de tal forma que dá a impressão de ter percebido que não pode permitir que o esfriamento atinja níveis muito baixos. Por esse motivo "resolve" esquentar a relação de uma outra maneira... substituindo o atrito dos corpos na cama pelo atrito idiota provocado por qualquer bobagem.

"Serena tinha oito anos. Quando os pais de Serena começavam a brigar na mesa, ela fechava os olhos e tentava pensar em outra coisa. Pensava na sua casa de bonecas. Os pais de Serena brigavam na mesa porque era a única hora do dia em que ficavam cara a cara. No resto dia ia cada um para o seu lado, queixar-se do outro. Na mesa, não paravam de brigar. Serena fechava os olhos." (41) **[126]**

Um dos parceiros parece casado com a profissão

Uma queixa muito freqüente é a de que o parceiro está casado com a profissão, que dá mais valor ao seu trabalho, que à relação e ao parceiro.

"Ao levantar, a história de sempre. Bem que você podia ter telefonado. Fiquei sabendo porque liguei para o jornal. Um pouco de consideração com a família não faz mal a ninguém, você não acha? Mas é assim, já estou acostumada com essas coisas, é isso mesmo. Você só vive para o trabalho, só pensa no trabalho, a mulher, os filhos que se danem. Veja só, hoje, por exemplo: um domingo, e a gente aqui, trancados como se fosse uma prisão. Pedi que parasse de falar, que estava morrendo de dor de cabeça, que, por favor. Kadu entrou na copa e veio lamber a mão de Gonçalves. Deu-lhe um empurrão, passa fora, porra! Vai embora. Some daqui, cachorro nojento." (33) **[66]**

Muito semelhante à anterior, é a queixa do amor pelo dinheiro. O relacionamento também é relegado a um segundo plano, conta mais o quanto se tem do que com quem se tem. **{32}**

"Em dias de grande movimento, esquecia-se das refeições e, se fosse preciso, deixaria de dormir. Embora tivesse família, sua maior alegria eram os lucros do armazém, prejuízos, mesmo ínfimos, deixavam-no irritado, perdia noites de sono, pensando nos devedores." (42) **[57]**

A solidão a dois

A solidão a dois (sentida dentro do casamento), costuma ser o pretexto anunciado quando se estabelece um relacionamento paralelo que, aparentemente, não se estava procurando. Em certos casos ouvirás um dos parceiros afirmar: "Não era essa minha intenção mas... aconteceu..."

"Não sabia como tudo acontecera. O que sabia era que pouco depois conversava com David na maior intimidade. Até parecia que se conheciam há muito, muito tempo. Quando deu por si, estavam sentados no restaurante, na praia de Botafogo, paisagem belíssima na frente, a voz macia de David deslizando, frase em cima de frase:

—A solidão é terrível, Verinha.

Contou que estava brigado com a mulher: há três meses praticamente não se falavam, só moravam juntos para salvar as aparências.

—Você compreende, na nossa posição...

Vera compreendia. Achava formidável estar conversando com David, no restaurante: sentia-se alguém. Ela também sofria o drama da solidão." (17) **[72]**

A falta de comunicação

Para alguns é mais claro. Percebem que foi a falta de comunicação que provocou a crise. Essa falta de comunicação pode afetar, é claro, a família toda, não apenas o casal. **{59, 60}**

"—Pois é. Em Copacabana, não há nem hora de comer. Cada um vai terminando o banho, vai pegando o seu prato e janta em qualquer parte. Quando acabam de fazer isso, há a televisão. A família fica bestificada, vendo programas idiotas a noite inteira. Isso cansa, vem a saturação. E chega a hora de dormir. Promiscuidade total! Onde é que essa gente vai parar? Onde é que essa gente pode parar? No hospício ou no cemitério. Cada um mete uma bala na cabeça e acaba a festa, ou vai todo mundo para o hospício, pois não há tipo de vida mais estúpido." (101) **[72]**

Depois de muitos anos de não sentir nada pelo parceiro, e sentindo que não se pode sair da relação, o casal pode excluir qualquer verdadeira intimidade e passar a viver uma espécie de teatro de sombras em que cada qual apresenta uma máscara para o outro.

"Inquieta, acompanhando a marcha progressiva daquele desejo, Elisa, em certos momentos, julgava a vida como sendo uma criação impura. 'Impura e hipócrita,' observava. Concluía logo depois: 'Como os artistas de teatro, somos obrigados a usar duas vozes diversas. Uma, em tom alto, para o público, e outra para nós mesmos.' Assim, usando a hipocrisia como um escudo de defesa, se dirigia a Paulinho Duarte." (53) **[45]**

O casamento morto

Alguns casamentos nasceram mortos. Só foram realizados por aquele sentimento de piedade que une os parceiros, e porque as pressões externas foram mais fortes que a sua maturidade para tomar decisões fundamentais para suas vidas.

"Cacilda saía da casa de Lázaro sentindo-se arrasada, um ser estranho e inerme em face do que não podia entender. *Ele está piorando e mais louco.* Em casa disse para uma amiga:

—Tenho medo que Lázaro faça alguma coisa, uma besteira. Mas não posso abandoná-lo agora, seria uma crueldade, uma traição.

— Case-se com ele, Cacilda.

—Como? Acho que Lázaro não me quer.

Sentia-se cada vez mais distante dele, física e afetivamente, o laço amoroso e fraternal se extinguindo —como se uma parede, entre os dois, a princípio tênue, fosse a pouco e pouco adquirindo espessura e consistência. *Estou deixando de amá-lo.*" (276) **[22]**

Outros, simplesmente só não morreram porque os parceiros continuam se agredindo. Parece que levam muito a sério aquilo de que "até que a morte o separe", mas acham que se o outro não morrer logo... terão que fazer algo para ajudá-lo a acelerar o processo! É a instalação de uma rotina de agressões mútuas e falta de maturidade para tomar uma decisão...

"—Não confesso porra nenhuma. Continuo sem entender. Se a tua vida é assim tão ruim, se você e o Saulo não gostam, vivem brigando, porque não se divorciam de uma vez, não começam vida nova?

—Aí é que está. Eu chego em casa, janto com ele e os meninos, me tranco no quarto, fico lendo ou assistindo televisão. Em geral, ele vai

para rua, volta depois da meia-noite. Eu já estou dormindo ou então finjo que estou. Ele dorme prum lado, eu durmo pro outro. Nossa cama é grande, cada um tem cobertor separado. Ou então brigamos a noite inteira. Eu xingo, ele xinga, ficamos até de madrugada batendo boca. Ele diz coisas que me ofendem. Eu também digo. Sábado passado, fiquei histérica. Se você acha que sou uma puta, por que continua vivendo comigo? Não tem vergonha na cara? Pra mim, você não serve. É um fracasso na cama. Se eu fosse como você, meio broxa, essa merda que está aí, já teria me suicidado. Juro que me jogava pela janela. Pois no dia seguinte o filho da puta me trata como se nada tivesse acontecido. Chega até a me abraçar e me beijar. Tenho vontade de matá-lo. Como é que se pode ser assim tão insensível? Dou empurrão nele, grito, fico histérica.” (17) **[76]**

Muitas vezes não há agressão, mas também não há autenticidade, não existe mais nada entre os dois.

“Nesse período em que me afastei dos meus intelectuais, em solidariedade ao meu ex-lutador de boxe, posso dizer que foi um tempo de total concessão aos gostos e preferências de Monte. Uma vez por semana ele chegava com um presente para ‘o nosso ninho de amor’, como gostava de chamar meu apartamento, e eu era obrigada a esconder meu desgosto pelas peças de mau gosto que ele escolhia,” (56) **[15]**

E parece que, quando essa agressividade não é expressada, as coisas se tornam ainda mais difíceis. É como se os parceiros não tivessem um bom pretexto para se separarem. O fato do outro ser uma boa pessoa, leva a agir como se a relação (mesmo que muito desgastada, muito ruim), fosse uma fatalidade.

“—Você é bom, Bernardo.

Ele cruzou os braços, o vaivém da rede se anulou. Sua respiração opressa cresceu no silêncio. Depois ele começou a falar e sua voz intimidava, pela absurda cólera que parecia conter.

—Eu sou bom? É, eu não sou ruim. Mas não era isto que você esperava, nem o que merecia. Nada cresceu em minhas mãos. Eu sou trabalhador, você vê como eu trabalho, mas que bens você obteve nestes anos todos?

Teresa olhava-o imóvel, pálida, atônita diante daquela súbita explosão.

—Não fale mais. Você tem sido infeliz, mas isto haverá de passar.

—Você tem sofrido o que não devia sofrer. Tornou Bernardo com desânimo.

Teresa inclinou a cabeça, os dentes cerrados, para não chorar. Ele sentou-se, afogou o rosto nas mãos, depois cruzou-as.

—O homem que você aceitou não é o homem que você tem. Eu não possuía nada, mas você tinha fé em mim. E hoje? E ninguém pode saber o que se passa em sua alma — acusou-a.

Não suportando mais a presença daquela mulher que o ouvia sem responder, com uma expressão ao mesmo tempo submissa e obstinada, abriu a porta e foi para fora. Seguiu ao longo do oitão.” (183) **[57]**

O ciúme

Um lugar todo especial deverá ter o ciúme nessa história. O ciúme (que por favor tens que diferenciar do zelo, isto é, esse cuidado especial, que é algo que não pode faltar em uma relação amorosa), o ciúme, dizia, talvez seja o sentimento mais corrosivo e traiçoeiro que existe. Ele é capaz de destruir um amor de qualquer qualidade, de qualquer tamanho. Tratados e mais tratados poderiam escrever-se a seu respeito; não é essa minha pretensão aqui. Quero apenas mostrar-te alguns exemplos:

O ciúme masculino.

O ciúme é em sentimento de insegurança em relação com a parceira que sói provocar sérios estragos na capacidade de raciocinar dos homens.

“Pela primeira vez experimentei o que era ciúme: até aquele dia, elas, as mulheres, é que tinham ciúme de mim; nunca me passou pela cabeça que uma mulher pudesse preferir outro homem a mim — caramba, por Deus que nunca.

Mas aquela tarde, na barbearia, quando ouvi a história do engenheiro francês, senti como se tivesse levado um soco bem no meio do peito; e não ficou só nisso não; um outro cara me disse que o garçom da

Madre Joana, um portuguezinho novo, muito corado (por sinal era ele quem me servia as refeições), um tal de Pedro, também 'era contemplado com os favores da filha do coveiro': foi assim que o tal cara falou, me lembro até hoje. Então o velho Honorino, o dono da barbearia, fez um comentário esquisito, que naquele momento eu não entendi, de tão alucinado que estava: ele mencionou o perigo de um tal Pacífico vir a saber das safadezas da filha do coveiro. Disseram que Luzia tinha um amante pra cada hora e que a partir das onze horas ela recebia o 'velho' (e o velho era o tal de Pacífico de Moura Alves) em sua própria casa, levando ele pra cama, enquanto o pai roncava no quarto vizinho, o 'bucho cheio de cerveja. (13) **[16]**

O ciúme feminino

Esse esporte terrorífico também é praticado com maestria por algumas mulheres:

"'E, como se não bastasse, a mulher do Cravino é mais ciumenta que um pierrô. Por qualquer coisinha, parte pra ignorância. A coisa foi num crescendo de amargar. No começo, o Cravino olhava pro lado e levava uma cutucada nas costelas, porque a mulher achava que ele estava dando bola para alguma desajustada social. Depois, passou da cutucada ao beliscão, que é muito mais doloroso e, ultimamente, diante da complacência do marido *(complacência essa ditada por total incapacidade física diante da mulher)*, iniciou, com bastante êxito, o chamado festival da bolacha. O pobre do Cravino, por qualquer besteira, apanha mais em casa que o time da Portuguesa no campeonato.'" (84) **[83]**

Dado que o ciúme pode atingir os maiores níveis imagináveis de irracionalidade, em relação a ele podes esperar quase qualquer coisa. Algumas pessoas o cultivam como se fosse seu bem mais precioso. São incapazes de viver sem ele.

"Amanheci com os bofes em fogo. Não só os do peito, encatarrados. Também os da alma, amofinados. Passei a noite revivendo idos que nem nunca foram. Sou homem de juízo, sabe o senhor. Mas meu juízo não é tanto que me livre das maluquices que fiz e às vezes faço.

Principalmente da que me deu agora, de curtir ciúmes de minha finada mulher, como senti e sofri a noite inteira. Caio e recaio nisto pelo gozo que esse sofrimento me dá. Que explicação pode haver para tamanha falta de tino? Não dormir, nem querer dormir, para engendrar lembranças ruins de siá Mia. Tenho pra mim, o senhor julgará, que estas são maluquices culposas, por mais que me machuquem serão gozosas. E não é nos gozos que está a marca dos pecados?" (70) **[94]**

O atleta do ciúme, o profissional do ciúme, procura todas opções imagináveis para cultivar o seu sentimento. Sua criatividade não tem limites: pode "possuir" toda uma galeria de amantes possíveis do parceiro. Nas crises mais violentas pode exigir que o outro "reconheça" aquilo que ele próprio criou: "você tem outra pessoa!!!"

"Quando cheguei ali, parei.

—Agora não, continue. Seja boazinha. Ai, querida. Mais.

Me segurou a cabeça, o puto. E sabe o que?

—Tesão. Oh, polaquinha. Você me mata. Ai, que bom. Ai.

Uma gritaria que chegou a tocar o telefone. Assim que voltei do banheiro, já desfigurado

—Quem foi que te ensinou?

Essa, não. Um João na minha vida não basta?

—Quem podia ser? Você mesmo.

—Não acredito. Sabe o que acho? Você tem outro. Está me traindo.

Mexer um pouquinho já não podia.

— Foi o outro que te ensinou assim.

Uma nova posição, você? Nem eu. Mordia-se de ciúme do meu chefe. No plantão, ligava de meia em meia hora. Até que o bom velhinho.

—Se dá para ele, por que não para mim? Sabe que é casado? E se diz bem casado?

Naquele dia foi a minha vez.

Muito bonito. O doutor bem casado, não é? Nunca me contou.

Ali no restaurante sempre a mesma cena.

—Quer que eu saia? Mude para outra mesa? Assim você namora à vontade.

Não estou namorando. Se alguém me olha, lá tenho a culpa?
—Se ele te olhou, você que provoca. (42, 43) **[116]**

O ciúme retrospectivo

Um exemplo típico é aquele dos ciúmes retrospectivos: um dos parceiros tem ciúme daquilo que aconteceu antes do encontro de ambos. É um pouco como se o outro, devido ao fato de já ter experiências prévias, tivesse uma espécie de pecado original. O problema é que esse pecado é inexpiável: o ciumento compulsivo parece alimentar-se desse sentimento, insistindo no tema mil e uma vezes.

"—Pare com isso. Pare. Já disse.
Cadela, queria fazê-lo escravo do vício.
—Pensa que não sei? E quando te perder? Como vai ser?
—Você nunca me perde.
—Qualquer dia me deixa por outro. Como é que eu fico? Não quer mais me ver.
— ...
—Está muito boa. Cada vez mais gostosa. Eu te ensinei tudo. Assim que esteja pronta. Fêmea completa. Nesse dia você me deixa. Olhe para mim polaca.
—O que, Nando?
—Um velhinho babão. Careca. Picego. Pé torto.
—Não é nada disso.
—Que se aproveitou de você. Dos teus melhores anos. E nada te deu. Por teu bem nada fez.
—Me basta você, Nando. O teu amor.
—Merda de amor. Nem isso tenho para dar." (53) **[116]**

Empurrar com a barriga

A infelicidade e a angústia quotidiana podem ser abafadas pelo estrondo de uma violenta guerrilha conjugal, que dá uma ilusão de estar vivo e acaba substituindo os momentos mais intensos da relação: do fogo do amor passam para o fogo cruzado da guerra conjugal. Ao acomodar-se à situação... vivem empurrando com a barriga.

"A saída talvez esteja na saída, mas não me sinto encorajado a dar um xeque na rainha. Restrinjo-me a um terrorismo bobo e infantil de insinuações e indiretas. As balas ricocheteiam em Vera sem atingi-la nas suas certezas. Ela mantém a mesma inteireza, a mesma integridade de sentimentos que exibiu por todos esses anos. Passa ao largo das minhas aflições, observa-as do alto do andor e isso só serve para reduzir meu tamanho e aumentar minha confusão. Empurro a relação com a barriga à espera de um milagre." (12) **[81]**

A separação impossível

Em uma relação em que um dos cônjuges depende financeiramente do outro, a possibilidade da separação pode aparecer como impensável. Nesses casos a relação seria mantida na base da opressão da parte dependente. Esse tipo de casal também seria um casal morto. Quando essa dependência desaparece, também pode desaparecer o "vínculo".

"O marido insiste no desquite amigável. Os olhos dela são de espanto, transtornada. Não sabe o que fazer da vida sem ele, desamparada. Nunca trabalhou fora, não conhece um ofício, a sua luta é dentro de casa, no tanque, na cozinha, com os dois filhos pequenos. Uma vez ou outra que possa sair, de chinelas e ainda ajeitando os cabelos, é para ir à mercearia na esquina comprar a cabeça de alho, as duas cebolas ou o pacote de maizena. Quem faz as compras no supermercado é ele, que escreve no papel o que ela vai ditando. Traz sempre as coisas pela metade, alegando que está sem dinheiro no bolso das calças penduradas no prego atrás da porta, e ganha muito bem na empresa onde trabalha." (42) **[27]**

A rotina rotineira

Muita gente fala que o que mata o casamento, a relação de amor no casamento, é a rotina. Eu não concordo. Uma vida sem rotinas é impossível de se imaginar. A rotina, ou as rotinas, estruturam a nossa vida. Sem elas estaríamos perdidos. Precisamos delas. Já pensaste o que seria uma vida em que nunca pudéssemos prever, minimamente que fosse, uma atividade futura? O grande problema no casamento é a rotina sem graça, sem criatividade. Essa sim, empobrece e mata.

"Como custavam agora as noites de Ismael. A insônia, o cigarro no canto da boca, apenas a brasa acesa no escuro. O sono tardava. O peito doía de solidão, pensava em como se libertar da vida costumeira, que o inutilizava aos poucos, que o impossibilitava de ter o pensamento voltado para o lado sadio da vida, de onde poderia tirar forças para a vida que imaginava ao lado de Paula.

Na realidade, talvez Tarsila tivesse razão: faltava-lhe aquela fagulha que queima os paióis de palha, que tudo contamina, que impossibilita pensar friamente. Não, ele nada fazia para quebrar a monotonia dos dias seguidos (quem ama não tem dias monótonos, tudo é dramático, pensou), dias mortos, o trabalho inútil, o corpo cansado de tanto encurvar-se sobre os papéis do cartório, à espera de que um dia pudesse abandonar aquela vida que detestava." (130, 131) **[38]**

A previsibilidade

Quando a rotina é "rotineira", não há lugar para a descoberta de novas possibilidades. Quando ***tudo*** se torna previsível é como se a vida acabasse. É no contexto de uma relativa imprevisibilidade que se cultivam as relações.

"Cinco anos é um tempo bem razoável para se distinguir certas particularidades submersas nos primeiros momentos. Vera tem uma característica marcante: a previsibilidade. Uma relação se alimenta (também) do inesperado, sob pena de se tornar repetitiva como o dia-a-dia de um quartel. Vera é uma mulher previsível. Aprendi a prever exatamente sua reação diante de qualquer fato novo que se introduza na rotina da convivência. Às vezes, em meio a uma discussão —e elas se tornaram freqüentes— dizia-lhe: "Surpreenda-me Vera." Ela podia entrar de sola, ou pé-ante-pé, como no caso da Silvia, mas o discurso seguia inexorável seu traçado mental, como uma locomotiva escravizada nos próprios trilhos." (52) **[81]**

O desencontro

O desencontro do casal chega a ser como a somatória de duas vidas paralelas que não se tocam. Cada um dos parceiros se limita a ver no outro o culpado pelo que não pode fazer. Suas frustrações, segundo ele, são causadas pelo outro. Esse outro é um permanente acusado.

"Afonso que antes não ligava para roupa, passava horas escolhendo gravata, meia, camisa, e tinha até arranjado alfaiate em São Paulo. Sugerir que ele comprasse roupa feita nas lojas de Brasília era querer briga. Afonso aproveitava as viagens a São Paulo acompanhando o ministro, para encomendar três, quatro ternos ao mesmo tempo. Um exagero. Ela ficava uma fera, mas não adiantava reclamar. Ultimamente ele vinha querendo dar palpite nos seus vestidos. Quando ela ia comprar bolsa, sapato, blusa, Afonso fazia questão de ir junto. Não se limitava a acompanhá-la. Dava opinião sobre tonalidade, formato, corte, perguntava se estava na moda, queria saber de tudo. Ela não se conformava, viviam discutindo. Estava que não agüentava mais de tanta recepção, jantar e coquetel. Vivia no cabeleireiro, já conhecia as mulheres de todo mundo que era importante em Brasília, recebia cantada toda noite, estava exausta, tinha chegado a hora de sair desse esquema. Pelos menos durante algum tempo, para poder escrever a dissertação. Afonso ria. Está tudo bem, Marilda. Se você acha que é importante, deve mesmo escrever essa tal de tese. Mas a hora não é boa. Estou começando a me firmar. Esse lugar de assessor de ministro é muito bom. Você não imagina quanta gente gostaria de conseguir posição igual. Dá prestígio e dinheiro. Você não desconfia? Sempre achei que você era uma mulher inteligente, mas agora... Ela se enfurecia. Não estou pensando em dinheiro, Afonso. Nem em *status*. Prestígio não me interessa. Quero apenas viver a minha vida. Será tão difícil assim, fazer com que você me entenda? Afonso se zangava. Entender o quê? É isso que eu gostaria de saber. O que está acontecendo de fato, Marilda, é que eu escolhi a mulher errada. Claro que não é culpa sua. É minha, reconheço. Você é mulher sem ambição, de vôo baixo. Eu evoluí, subi na carreira, sou hoje um economista respeitado, um nome conhecido, enquanto você... Marilda teve vontade de jogar na cara do marido o sapato que estava engraxando. Eu, o quê? Que é que você está pensando? Essa briga toda é por causa do mestrado. Mas de uma coisa você pode ficar certo. Eu vou

até o fim. E tem mais. É bom ficar logo sabendo. Depois do mestrado, vou fazer doutorado, quer você queira, quer não.” (15, 16) **[75]**

Adivinhar o outro

Uma dos motivos mais freqüentes de queixa dos casais é a necessidade que cada um parece ter de ser adivinhado pelo outro. A grande prova de amor do outro seria que ele sempre adivinhasse, que soubesse interpretar corretamente os sentimentos. E para que o outro possa adivinhar é preciso... calar.

“Não falar nisto: é quase um impudor —refletiu. E talvez fira-a Por que não silenciar? Terei precisão de que alguém acredite no meu bem-querer? Guardá-lo em mim e nem mesmo a Bernardo abrir o coração. Deixar que adivinhe a verdade na minha voz, na minha pele. Que tudo fique guardado, bem guardado em mim.” (49) **[57]**

Incapacidade de prescrever

Muitas vezes o casal chega a exaustão devido à extraordinária capacidade que têm os parceiros de viverem remoendo o passado. Parece incrível, mas muitos casais não sabem ter uma briga... têm três séries de brigas ao mesmo tempo: as brigas antigas (“tudo que ele lhe fez somado a tudo que ela lhe fez”), as brigas futuras (“do jeito que você é quando a gente ficar velha você vai...”) e a briga atual. Que acaba se tornando $(\text{Briga})^3$. (Leia-se, briga elevada ao cubo...)

“Ele dizia que sim com a cabeça. Achava detestável, dum incrível mau gosto aquela mania de Anita, de recordar-se de todas as suas atitudes, de todas as suas palavras com a minuciosidade de quem acompanha uma pessoa para depois escrever-lhe a biografia. Era exasperante. Daí a dez anos, se ainda vivessem, seria capaz de repetir-lhe tintim por tintim tudo quanto lhe dissera em dado momento, mesmo que não tivesse a menor importância. Anita estava sempre dentro de sua atmosfera de drama e nunca a abandonava. Refugiava-se na trama das palavras como os covardes junto aos joelhos dos homens. Levava tudo dentro dela e ela própria dentro daqueles sons, para onde quer que fosse.” (10, 11) **[35]**

A natureza se cuida sozinha

Sabes qual é a conclusão a que eu cheguei? Observando os ciclos ocorridos na natureza, percebi que ela sabe cuidar-se sozinha. Tudo está muito bem determinado e acontece como se obedecesse a um regulamento muito estrito. Quando há intervenção da mão do homem... tudo muda. O processo natural, ao ser perturbado, exige cuidados artificias que, antes dessa intervenção, eram desnecessários. Concordas comigo: a natureza sabe cuidar-se sozinha e as produções humanas (da cultura) carecem de cuidados especiais e artificiais?

O casamento não é... natural

Pois bem, o ***casamento é uma produção da cultura***, não é algo natural. Para que viva ele deve ser cuidado, muito bem cuidado. Quando encarado como algo natural, que sabe se cuidar sozinho... morre. Entregue a sua própria sorte definha. {**39**}

"O que há de errado no meu casamento? Tudo e nada. Perdeu a graça. Ou nunca teve graça. Os dias e as noites escorrem mornos. Não há grandes tristezas, nem grandes alegrias. Os meses passam, monótonos, rotineiros, iguais. Como um expediente de repartição pública. Caralho! Foi para isso que eu nasci?" (216) **[75]**

O sacrifício em nome dos filhos

Mesmo vivendo casamentos que não produzem nenhum tipo de satisfação, muitos casais continuam morando sob o mesmo teto. (Seria meio forçado dizer que continuam juntos, porque como te dizia antes vivem uma separação quotidiana na qual não há nada que lembre o amor.) Quando pesquisares suas razões poderás ouvir todo tipo de pretextos. Os filhos são um que aparece com muita freqüência.

Pela janela, Marilda vê a filha brincando na quadra, na área livre entre o seu prédio e o vizinho. Jogo da amarelinha. Maria Rita pula, animada, põe um pé em cada quadradinho riscado a giz no chão. Uma me-

nina feliz. É por causa da filha que Marilda não larga o marido. Não quer atrapalhar a vida de Maria Rita. Numa separação, a menina ficaria com ela, na certa. Afonso não faria objeção. É com a mãe que os filhos costumam ficar, quando os pais se divorciam. Por melhor que seja, um homem não sabe cuidar das crianças tão bem quanto a mãe. Com relação a isso, não tem dúvida, Maria Rita ficaria com ela. As duas viveriam juntas e seriam felizes. Seriam mesmo? Uma garota sem pai é sempre uma garota sem pai. Se pudesse evitar... Talvez convenha esperar um pouco. Maria Rita tem dez anos, está ficando mocinha, não há necessidade de criar problema para a menina agora. O casamento vai mal, mas não exige ruptura imediata. Não há drama. penas insatisfação. Das duas partes, talvez. Ela e Afonso não acertam nas coisas básicas; deixou de coincidir a maneira como vêem o mundo; separados, os dois serão mais felizes. Mas poderão continuar vivendo juntos por mais alguns anos. Um acordo é possível, em benefício de Maria Rita. Continua tudo normal, como se nada de errado estivesse acontecendo. Apenas cada um passa a se importar menos com a vida do outro. Uma espécie de liberdade consentida, sem exageros nem provocações, mantidos os limites da descrição. Talvez seja essa a saída. (230) **[75]**

Eles parecem cultivar uma idéia básica: a idéia de que a separação é a coisa mais terrível que pode acontecer com os filhos e de que devem protegê-los, a qualquer custo, de tal eventualidade.

—Minha mulher não me compreende. Mais nada entre nós. Fez da minha vida um inferno. Só de pena dos filhos não me separo." (11) **[117]**

Agindo dessa maneira, não percebem que mais terrível acaba sendo uma convivência com pais que não apenas deixaram de se amar, como também passaram a se odiar ou a se ignorar.

"—São Cosme e São Damião

'Protegei os meninos dos casais que se separam e sofrem com isso, e protegei os meninos dos casais que não se separam e se dizem coisas amargas e fazem coisas que os meninos vêem, ouvem, sentem.'" (54) **[21]**

"Salvar" o casamento

E sabes porque isso acontece?, porque de certa forma agem como se o grande sucesso da vida fosse "salvar o casamento". E no caso isso significa salvar as aparências. Manter uma situação perante os outros, mesmo que já tudo tenha acabado entre eles.

"E essas notícias de separação muito antes de sair nos jornais correm com uma velocidade espantosa. Alguém nos conta sob segredo de morte, e em três ou quatro dias percebemos que toda a cidade já sabe e ninguém morre por causa disso."

Ah, os casais de antigamente! Como eram plácidos e sábios e felizes e serenos...

(Principalmente vistos de longe. E as angústias e renúncias, e as longas humilhações caladas? Conheci um casal de velhos bem velhinhos, que era doce ver os dois sempre juntos, quietos, delicados. Ele a desprezava. Ela o odiava.)" (51, 52) **[21]**

Como sabes, não separar em nome dos filhos (para poupá-los da dor da separação) não faz com que eles sejam poupados da dor do desentendimento quotidiano. E, quando já não há mais uma verdadeira relação e que não se pode fazer mais nada, o mais sadio pode ser uma separação.

"—Se eu fosse casada e não me acertasse com o meu marido, chutaria tudo para o alto. Não vejo razão para passar o resto da vida aturando um marido enjoado. Essa história de carregar a cruz até o fim está superada. E o argumento de que os filhos sofrem, quando os pais se separam, é cretino. Conheço muita garota, filha de pais divorciados, que vive sem nenhum problema. Errada é essa história de continuar vivendo com um homem sem gostar dele." (86, 87) **[74]**

Quando, apesar de não haver mais amor nem mutualidade, o "casal" se mantém, o parceiro vira o inimigo mortal, o responsável por todos os males da pessoa. A hostilidade é só o que resta.

"Calou-se. No silêncio imediato, ouvia-se apenas sua respiração colérica. O advogado se ergueu, ficou de pé junto à escada. Ali se precipitara Miguel, ninguém saberia porquê. Teve desejos de fazer o mesmo, atirar-se

pelos degraus sem corrimão, espatifar a cabeça no cimento grosso, nunca mais ter pensamentos, nunca mais sonhar. Vida miserável. Esperanças, canseiras, anos vividos, discursos, resoluções. Hostilidade. 'Vou começar no interior. Com um ano ou dois...' Direito civil, Internacional, greves, passeatas. Uma única farda, no tempo de ginásio, lavada aos domingos. Assimilar teorias era fácil. Mas viver! Geraldo Alonso não admirava a sua juventude. Não era uma força a sua juventude. Cordialidade, convites para cear... Geraldo Alonso desejava atraí-lo para uma das filhas. Quando mentir, quando ser autêntico?" (155) **[57]**

O casal em guerra...

Muitas das situações que descrevemos poderiam ser resolvidas até simplesmente. O problema é que a "guerra do casal" tem uma lógica própria, ela se auto alimenta. Os dois contendentes só querem vencer, ignorando que participam de uma guerra na qual não pode haver vencedores... ambos só podem sair vencidos.

"Sim, que aquele 'ele ou eu' não tivera lá essa consistência, por conseguinte houvesse a esposa dado demonstração de condescendência, talvez ele até terminasse por contemporizar quanto ao seu ultimato, sabe-se como é —hoje é uma coisa, amanhã é outra, já pesados os prós e os contras, a cabeça fria.

Entretanto, a guerra já havia sido declarada e, em vista disso, tornava-se mais difícil o armistício ou o recuo. (172) **[50]**

A separação

Assim sendo, a separação do dia a dia vem a ser substituída pela possibilidade de uma separação efetiva.

"Há dois meses a idéia de separação ronda minha cabeça como um guarda noturno." (12) **[81]**

O divórcio

A morte de uma relação que já tinha acontecido pode ser sancionada com um divórcio. Se for um divórcio adulto que acontece quando já se fizeram as tentativas de outras saídas, ele poderá ser muito mais saudável que a manutenção dessa guerra destrutiva que fatalmente atingirá a todos os membros da família. **{37, 65}**

Essa guerra foi inutilmente prolongada pela lei que impedia o divórcio. As pessoas eram, ao menos no plano formal da lei, obrigadas a continuarem casadas.

"—Sei lá, meu caro, aqui neste nosso país acho que tudo pode acontecer, até o divórcio. Aí o guarda achegou-se pachorrento, testa franzida: sabe, doutor não sei se o que vou dizer é ou não é o despautério, mas acho que está no meu fraco entendimento (eu não tenho nem o curso primário, doutor, mas a vida me ensinou muita coisa) até que o divórcio podia resolver muita coisa, pelo menos certos casos que andam por aí, com tanto desinfeliz amigado e com filho dentro de casa, uma falta de vergonha, e se o marido e a mulher pudesse procurar um padre e tratar do divórcio dentro da lei até que nem seria muito ruim, o senhor não acha, doutor? O prefeito recuou como se tivesse sido picado por uma vespa e bateu com o tampo da janela, irritado.

Retornou ao seu lugar e disse: querem acabar com a religião, com a moral, com o espírito cívico, querem acabar com a imagem de Deus, que é coisa que a gente traz do berço; vejam aí o exemplo concreto, até esse pobre homem da porta da rua, que tem um penca de filhos, parece que dez ou onze, achando que o divórcio pode resolver todos os problemas do homem e da mulher; é demais, francamente, acho que vamos acabar morrendo num outro dilúvio maior, mais arrasador, sem Arca de Noé e sem nenhum casal sendo salvo para a perpetuação da espécie sobre a face da terra." (108) **[51]**

O que era uma situação de fato, passou a ser uma situação de direito. Mas, mesmo assim, (e para nossa infelicidade) ainda existem as duas possibilidades de separação: a separação calhorda, cafajeste, durante a qual ambos os parceiros travam uma luta venenosa, apelando para um sórdido arsenal de baixarias (agressões verbais, financeiras, e até físicas, manipulação dos filhos jogando-os contra o outro etc.) A separação adulta é aquela na qual, nem a tristeza pelo fracasso, nem a frustração pela série de perdas que se vivem, fazem com se abandone o respeito mútuo e o respeito pelos filhos. Na separação adulta reconhece-se que os filhos continuam sendo filhos de ambos e que a ambos corresponde cuidar deles e protegê-los. O "contrato" de paternidade não acaba com a separação do casal. **{55, 65}**

"Há quantos anos não vejo Laura? Quatro? Cinco? Perdi a conta. Tão logo tratamos do desquite, nunca mais nos procuramos. Quando Ana Maria dependia de nós, resolvíamos o caso pelo telefone, ou, mais tarde, por intermédio da própria Ana Maria. Nunca tivemos motivo para nos procurarmos um ao outro. E de repente, aqui estou à sua porta, e para quê? Resolver mesmo o caso de Ana Maria (...)

—Paulo!

O tom é afetuoso, calmo.

—Como vai Laura? Assustou-se?

Ela me olha —e reparo que seus olhos estão dilatados, como se usasse lentes de contato, ou como se tivesse colocado remédio para abrir as pupilas. Ambas as hipóteses são frágeis, ela não usa nada naqueles olhos que lhe dão vaidade e arrogância.

—Eu podia esperar tudo, menos...

—Sei, Laura, eu devia ter avisado, podia ter telefonado, o assunto é importante, mas podia ser resolvido pelo telefone. Nem sei como acabei vindo aqui. Você me perdoe, não quero criar problema.

Ela que havia se sentado próxima a mim, na minha frente, faz um gesto impensado, como se fosse tomar-me as mãos. Reflete e se refreia a tempo.

—Não, Paulo, não é incômodo nenhum." (61, 64) **[31]**

Agora os casais que optam pela separação cafajeste... aprontam uma briga sem tamanho de conseqüências desastrosas.

O casal "perfeito"

Muitas vezes os casais passam por períodos muito difíceis e nem sempre é possível que, do exterior, se tenha uma idéia do que está acontecendo. Certos casais podem parecer perfeitos, mas no seu interior pode não haver mais nada.

"De onde menos se espera é que sai.

Foi durante muito tempo o chamado casamento feliz

E, quando a notícia do desquite saiu para a rua, ninguém acreditou. Tudo podia acontecer, menos aquilo.

O casal era uma doçura de convivência, de relações arrumadas, de filhos exemplares, todos pegando os primeiros lugares das escolar, sem maconha, bebida, cigarro. A vizinhança inteira flexava o dedo para eles, como exemplo de maior correção." (48) **[78]**

O amadurecimento do casal

Mas todas essas crises, na medida que vão sendo superadas, contribuem para o amadurecimento dos cônjuges e da relação. Algumas famílias, alguns casais, precisam da ajuda de um terapeuta. Mas, não esqueças que a grande maioria das pessoas consegue sem ajuda. Por outro lado, mesmo aqueles que procuram por tua ajuda, já conseguiram superar outras dificuldades. Eles têm a capacidade de superar.

"Eu tenho muito, Bernardo: aí está você. Imagine quantos se querem neste mundo e gostariam de ter o que nós temos: o direito de estar aqui, sem conforto algum, ameaçados, mas juntos, o homem ouvindo a confissão da mulher, a mulher com um filho do homem no seu sangue. E os dois com a lembrança de um filho que morreu. Eu tenho certeza, há casais que dariam metade da sua vida por isto, pelas dores comuns que sofremos, pelo privilégio de recordar um filho morto, mas deles. Como iria eu desejar mais do que tenho? Como posso lamentar o que tem sido a minha glória?" (185) **[57]**

O amor no casal

Por favor, não quero que esqueças que não estou tentando dar uma imagem do que *é* o casamento, mas apenas uma idéia rápida do que seria o ciclo da família, com algumas das suas possíveis crises. Cada uma delas pode ser, insisto, o ponto de partida para um novo desenvolvimento, para um novo crescimento. Na maioria das vezes a família consegue e, como um barco que navega sobre um mar encrespado, vence as maiores ondas. No caso do casal, isto se traduz por um novo reencontro com o amor. **{65}**

"—Você quer saber se me arrependo, se daria ainda o mesmo passo que eu dei —recomeçou, com a boca tão próxima à pele do homem que ele sentiu o calor do seu hálito. Tem razão de perguntar isso. Há oito anos eu lhe jurei amizade. Mas aquele juramento era só um desejo e um propósito. O juramento que eu faço agora vale mais e tem mais peso, porque eu sei o que digo, eu não conheço apenas a esperança, mas também o sofrimento, o perigo, a solidão e a morte. Hei de amá-lo sempre, sempre, como todo o amor que está em mim e de que eu sou capaz." (185) **[57]**

Fatores extra-familiares de crise

Agora gostaria que déssemos uma olhada nos fatores extra-familiares da crise. Mas, antes disso, quero lembrar-te que a família de hoje inclui crises que antigamente eram muito raras: com a sua crescente complexidade ela passou a ter cada vez mais pontos de impacto. Imagina que uma família pode ser afetada pela morte da ex-mulher do marido (ou do ex-marido da mulher), por um novo casamento de um dos ex cônjuges, pelos nascimentos de filhos do ex parceiro, etc.

"Ana Maria não entendeu, Paulo. Quando fiquei grávida, achei da minha obrigação avisar, antes que se notassem os sinais. Ela no início não disse nada, pensei até que houvesse aceitado naturalmente. Mas quando a barriga começou a crescer, caí na asneira de ir lá, no colégio, visitá-la. Ela me viu e ficou louca. Fomos para o canto do jardim, me implorou que nunca mais lhe aparecesse, assim, de barriga, diante das colegas, eu chorei muito, Paulo. (...)

—Bem, agora que a criança nasceu, acho que pode ir lá. Ela precisa de você.

—Evidente, Paulo, eu não abandonaria a minha filha. Apenas, tenho agora um filho, veja, dois meses apenas, olha só que dedinhos." (66, 67) **[31]**

Algumas vezes, certas mudanças que poderiam passar despercebidas para algumas famílias, em outras provocam verdadeiras comoções. Uma mudança de casa, por exemplo.

Uma mudança de residência

Para algumas pessoas, sair de uma casa para ir morar em um apartamento, representa uma perda muito grande, sentem que perderam as suas raízes. **{38}**

"Dona Júlia custou muito a adaptar-se ao apartamento, e quando isso aconteceu, não foi por reconhecer a sua comodidade, mas pelo cansaço. Já se extenuara de oferecer resistência aos costumes que os filhos lhe impunham. O mundo estava se modificando, não era mais o mesmo de seu tempo. Quintais de terra já não existiam. Ela, com sua família e milhares de outras que moravam em apartamentos, moravam no ar; haviam perdido as raízes, o contato seguro com o chão e o convívio da vizinhança. Naquele prédio talvez morasse mais gente do que numa rua do Carrão, mas como era difícil travar amizades por mais que encontrasse seus moradores no elevador! Sandra já lhe advertira que era feio conversar com pessoas estranhas. Ninguém tem nada a ver com a vida do outro. Lembrava-se com saudade das palestras que mantinham com dona Carmela, a vizinha; o intercâmbio de sal, pimenta e açúcar, por cima do muro, que sempre era pretexto para um dedo de prosa. E as cadeiras na calçada, quando a filha era ainda pequena e não combatia esse hábito salutar. O mundo estava se transformando e ela, velha demais para reagir à transformação, tinha que ficar à margem, ao sabor dos acontecimentos, como se aceitasse tudo que acontecia." (177) **[93]**

E não necessariamente porque a mudança seja para uma situação pior do que a precedente. O simples fato de mudar pode gerar a crise.

"Era como sua cunhada: apreciava as casas velhas. Nunca seria capaz de morar sozinha numa casa moderna. As casas novas, de concreto, não têm alma, não têm nada em comum com as criaturas. São pedreiras artificiais, duras e frias, indiferentes à vida e à morte." (29) **[35]**

Mudar para uma outra cidade

Pode tratar-se, também, da mudança para uma nova cidade. Um ou vários membros da família se ressentem, podendo manifestar sérias dificuldades de adaptação.

"Cidade! E o que era a cidade, para quem não possuía uma certeza, uma segurança monetária, ou pelo menos uma orientação amiga?

O que é a cidade para quem passa fome, para quem nasce do nada, para quem se torna por herança dono de todas as misérias? O que era a cidade para aqueles que gemeram o segundo choro ao relento da roda? Nada.

Só o tempo passando a esconder os corpos de outras como ela à sombra do mau humor dos chapelões de religiosas saturadas de Deus, viciadas em Deus... Quando tinham um passeio por mês, saiam acorrentadas: mãos unidas, uma a uma.

—A cidade se manifestava imensa. As ruas faziam medo, o povo as olhava penalizado. Os ônibus, os bondes, os letreiros luminosos tudo amedrontando, porque não fora dado a elas o direito de ter nascido como parte natural de uma cidade, e sim, como sobras da vida." (53) [121]

Às vezes essa mudança de território acaba tendo conseqüências maiores porque coincide com outras dificuldades (doenças, etc.)

"Tinha seu lastro de outro, o respeito alheio, casas, as colinas e vales do Surrão, pastagem e gado, aquele amplo armazém, os grandes canaviais. Disposições e merecimentos para ser feliz. Mas vinham os aperreios de família, a moléstia impossível de curar. Qual seu padecer, desejaria Bernardo perguntar, qual a sua insônia, a sua dor mais forte? A doença, o irmão, a mulher branca." (42) **[57]**

A imigração

As mudanças podem, também, ser para um outro país. Além de se deixarem para trás relações, hábitos etc., o impacto da adaptação a uma outra cultura pode ter repercussões muito fortes na família. **{48, 49}**

"No caso do proprietário do circo, ele até que podia compreender, desde que o objetivo final de Beniamino era retornar ao seu país, quando terminasse aquela turnê pela América do Sul: mas quanto a seu pai, até hoje não pudera vencer o ressentimento que tinha contra ele, por terem abandonado a Itália: a palavra *emigrante* lhe soava como uma designação de menosprezo e *emigrar* era para ele o mesmo que trair; haviam deixado para trás o lugar em que tinham nascido e o relacionamento de seus olhos tortos com à paisagem que o cercara desde pequenino não era apenas o de quem conhece as montanhas, as casas, as ruas e as pessoas: não, seu olhar amava cada uma daquelas coisas, era um relacionamento amoroso que ele tinha com todas elas e de repente tudo aquilo lhe tinha sido roubado, por força da decisão de seu pai, que resolvera emigrar, mais devido a viuvez recente do que propriamente pelo desejo de melhorar de vida, de enriquecer 'na América', como acontecia com os emigrantes." (13) **[14]**

Quando comecei a trabalhar com famílias nordestinas, percebi que muitas vezes a estrutura familiar não apresentava, em si, fatores desencadeantes de uma crise. No entanto, passavam por uma crise muito séria. Quando descobri de que se tratava, passei a chamá-las de "crises meteorológicas": são crises provocadas por circunstâncias que fogem ao controle da família, mas que também mexem profundamente com ela. **{40, 42}**

A seca

"Tão violenta foi a seca de 905, que o cupim cresceu e secou o leito estorricado dos ribeiros. Assolou tudo, matou tudo!

João Piancó, doente, não pôde salvar as reduzidas criações. E morreu de desgosto.

Geraldo, a esse tempo, tinha já três filhos. Lutou contra a miséria o quanto pôde. Josefa o ajudava dia e noite.

Mas tiveram de desanimar, como outros tantos. Perceberam que só lhes restava o recurso de desertar, fugir para sempre daquele torrão maldito.

Arrumaram alguns objetos indispensáveis, as poucas roupas que ainda tinham, e puseram-se na estrada.

Destino certo, não levavam. A Cotinguiba, o vale rico do Japaratuba, qualquer lugar onde houvesse água e onde não se morresse de fome.

Foram andando, foram andando...

O Engenho Ribeira, no município da Capela, estava acolhendo retirantes. Pediram pouso, e ali ficaram." (8, 9) **[48]**

As mudanças bruscas no meio ambiente

A agressão ao meio ambiente, além de destruir os meios de subsistência, pode destruir também uma forma de viver, uma forma de estar integrado ao sistema como um todo.

"Quando a tarde morria, já não incendiava tudo. Tinha uma luz pálida e esquálida, como se olhos da tarde tivessem chorado. A cabeça vermelha dos morros, com a luz da tarde que morria, deixou de ficar mais vermelha, para ser negra. E os campos também deixaram de ser mais verdes para tornarem-se negros.

Seu Inácio fitava o turbilhão de fumaça, que crescia cada vez mais. Os homens tornavam a incendiar outros campos. Que maldade! Bastava que eles desconfiassem que havia um local onde podia aparecer uma mancha de cristal para que imediatamente incendiassem o campo, criando a destruição." (113, 114) **[120]**

Nesta época de opressão e falta de consideração pelo ser humano, a crise de algumas famílias acontece como conseqüência da perda da sua moradia... vindo estas, muitas vezes a fazer parte da legião dos sem-teto.

"Ora, ora, quem não sabe? O 'Chapéu de Palha' é um homem sem ninguém na frente e atrás. Morava com a família num palmo de terra, tinha lá o seu roçado quando chegaram os homens do fazendeiro e queimaram a roça, barraca com tudo dentro, roupa, bancos, redes, panelas, potes d'água, tudo. Em horas assim o homem vira Leão e foi no que ele virou, num leão. Outros se juntaram e houve o que houve." (116) **[65]**

Bem, creio que agora temos uma visão global (mesmo que não exaustiva) daquilo que seria o ciclo vital da família: as diversas venturas e desventuras pelas quais cada família, a sua maneira, pode atravessar. Mas adiante, ao abordarmos os diversos motivos pelos quais as famílias procuram uma terapia, veremos outras situações conflitivas que podem fazer parte desse ciclo. Por outro lado, não deverás esquecer que cada família poderá passar, ou não, por alguns desses momentos e, por outro lado, suas reações serão diferentes e idiossincrásicas.

Chegou a hora de darmos uma olhada, também rápida, em alguns dos fundamentos teóricos da terapia familiar. Começaremos com a teoria da comunicação humana e, a seguir, abordaremos a teoria geral dos sistemas.

Os fundamentos teóricos

Alguns dos especialistas mais notáveis no terreno da terapia familiar coincidem ao afirmar que o terapeuta de família deve ***esquecer tudo*** aquilo ***que aprendeu***. Infelizmente, esta afirmação costuma ser entendida pela metade. Isto é, ouve-se apenas a primeira parte ***esquecer tudo***, ignorando-se a segunda, ou seja que só pode esquecer aquele ***que aprendeu***. Para se ter o direito de se esquecer tudo aquilo que se sabe, primeiro é preciso que se saiba. Segundo, que se saiba muito bem aquilo que se sabe. Esquecer quando não se sabe muito... é diletantismo ou reles ignorância. Deves ter cuidado com essas afirmações descontextualizadas contra o saber (como se ele fosse o inimigo público número um). **{38}**

Para não correr o risco de cair nesse erro, proponho que façamos uma rápida revisão daquilo que é epistemologia e, para concluir, dos axiomas da Teoria da Comunicação e nos princípios da Teoria Geral dos Sistemas.

Epistemologia

Posto que falamos em ciência, demos uma olhada naquilo que se chama de epistemologia. Para início de conversa, quero lembrar-te que essa palavrinha tem várias definições. Duas delas, que poderias imaginar como estando colocadas nos dois extremos de um grande continuum, interessam-nos particularmente. De um lado temos a epistemologia ***visão de mundo***. Todas as pessoas, desde o mais sofisticado cientista ou filósofo, até o mais simples iletrado, possuem uma forma de ver o mundo, de concebê-lo. Assim sendo, todas, mesmo que não o saibam, têm uma epistemologia pessoal.

No outro extremo temos a epistemologia como estudo crítico da ciência. Isso é uma atividade específica do estudioso da ciência, do epistemólogo. Ela nos interessa? Ela deve fazer parte das tuas preocupações? É claro, porque é com esse instrumento que tu podes definir teu afazer terapêutico. Ela te ajuda a poder dizer: "isto é o que eu faço... e isso significa que". Tua forma de fazer terapia deixaria, assim, de ser uma seqüência de "surtos"' de criatividade pura. Seria um conjunto com uma certa coerência interna. {22}

"'E-p-i-s-t-e-m-o-l-o-g-i-c-a-m-e-n-t-e', eu gaguejei. 'Epistemologia. Uma parte da filosofia que põe criticamente em questão a validade do próprio conhecimento humano. E se trata do conhecimento que um ser humano tem de outro ser humano, esta relatividade cognitiva é ainda muito mais complexa. Naquele momento dentro do ônibus, por exemplo.'" (63) **[102]**

Uma "ruptura epistemológica"

Até a irrupção da nova teoria (comunicacional-sistêmica), a psicologia e a psiquiatria lineares, eram a norma. A busca da causa do transtorno constituía-se no eixo da intervenção.

"Sim, Joaquim Pedro tem Esquirol, mas também tem Pinel e outros franceses. Cita uma passagem do primeiro: 'não há na vida circunstâncias que não possam tornar-se causa de alienação mental.' Cita pausadamente as palavras, solenes como versículos de Evangelho. Sabe que o doutor Landell ainda se apega ao velhíssimo Morão, que inclui a loucura entre as doenças físicas, e nessa idéia parece cada vez mais enterrado; o passar do tempo apenas acentua esta visão primitiva. Passou ao largo de qualquer teoria moderna, considerando-as, no mínimo, ociosas, quando não deletérias. Joaquim Pedro, resolve ser mais explícito." (157) **[6]**

E muitos desses transtornos eram tidos como incuráveis. A solução consistia em isolar o "doente mental". Esse "doente" encarcerado, era visto como sendo o portador do mal. Alguns terapeutas mais sensíveis começaram a ver a necessidade de romper esse cruel isolamento.

"—Sabe, meu Landell —diz Joaquim Pedro, repentinamente iluminado. —A mesma civilização que perturba a mente também possui os meios de cura necessários para reintegrar o homem à vida comum das pessoas. Caso fosse o contrário, se configuraria uma tragédia.

—E, sinceramente preocupado, interroga: —Você como o trataria?

—Primeiramente, acho que não tem cura. O que se podia fazer, franceses à parte, é aplicar-lhe sangrias, algumas purgas, banhos frios para alterar os humores e, talvez com isso, atingir de maneira benéfica o cérebro afetado. Mas sei que sua pergunta é feita apenas para medir o meu grau de estupidez. Você é muito inteligente. E agora devolvo-lhe a pergunta: e você, procederia de que modo?

A resposta é irresoluta.

—Não isolando o infeliz. Se o deixarem numa cela, como está, estarão fazendo dele um louco verdadeiro, ele que já está tão abalado. Isolado, ele não terá nada mais a fazer senão sucumbir às próprias fantasias." (160) **[6]**

Já sei, vais dizer que esse tipo de "terapeuta" linear ainda existe... Tens razão, a ideologia da exclusão, do poder, ainda vige por ai.

Mas agora há outras possibilidades. Vejamos, pois, o que são as novas propostas.

Teoria da comunicação humana

Como sabes, a teoria da comunicação humana é um dos pilares da terapia relacional sistêmica. Seria inimaginável que não dedicássemos um espaço (mesmo que pequeno) à exposição dos seu principais axiomas. Mas antes de passar a revê-los um por um, gostaria de retomar a primeira grande revolução proposta pela nova teoria da comunicação.

Antigamente, a comunicação era concebida com acontecendo entre dois pólos: um emissor e um receptor. O primeiro, tinha uma função ativa (emitir a mensagem), enquanto ao segundo cabia a função passiva (receber a mensagem). Mesmo que essas funções fossem intercambiáveis, cabia a ambos os participantes da seqüência, uma alternância nos papéis passivo e ativo. Esta era a dita concepção linear da comunicação. **{6, 63}**

A causalidade circular

Essa concepção foi substituída pela concepção circular, segundo a qual ambos os participantes da seqüência seriam, ao mesmo tempo, emissores e receptores. A principal conseqüência dessa transformação é que, aí onde se via uma pessoa (passiva) reagindo à mensagem de uma outra (ativa esta), agora podemos ver duas pessoas que, ao mesmo tempo que emitem, recebem mensagens. O que também quer dizer que não adianta tentar saber quem desencadeou a seqüência: isto é o que chamamos de causalidade circular. **{57}**

"Por outro lado, talvez seja impossível estabelecer uma ligação entre o primeiro elo desta corrente de acontecimentos àquilo que se considere como seu desfecho. Embora também nunca se possa reconhecer com certeza o que seja um início e o que seja um fim. Pois o que às vezes se chama *começo,* talvez não passe de um nebuloso ponto limite numa cadeia de associações retrospectivas. E aquilo que se aponta como *fim* pode não passar do recomeço, muito relativo, de uma nova corrente de fatos." (155) **[102]**

Agora passemos aos axiomas da teoria da comunicação. O primeiro, e talvez o mais controvertido, é a "impossibilidade da não comunicação". **{27, 63}**

Não se pode não comunicar

Segundo este axioma, todo comportamento é comunicação. Dado que não existe o não comportamento... também não existe a não comunicação. Algumas pessoas pensam que não dizer nada significa não comunicar.

"...Atrás da mesa da Velha, a Velha manchada estava como sempre com uma revista aberta junto do prato: fingia ler, ou realmente lia? Passava tanto tempo sem virar a página que acredito que a revista era apenas um truque: assim, não precisava comunicar-se com ninguém. Os estudantes, em duas mesas mais afastadas, pareciam as únicas pessoas, realmente vivas: falavam animadamente, riam alto." (41) **[60]**

Mas se comportamento é comunicação não é possível evitar a comunicação. Tenta imaginar-te não fazendo nada! Podes deixar de fazer muitas coisas, mas sempre estarás fazendo algo... inclusive a tentativa de não fazer nada. Tentar não se comportar vem a ser tentar não ser, o que se torna um dilema terrível: a tentativa de não comportamento tem um nome muito feio: esquizofrenia.

"Como se não fosse um espetáculo, porque nada estava previsto e não houvera ensaio algum, como se eu jamais pudesse ter certeza se alguém decorara a sua própria fala ou estava se apropriando da fala de outro ou inventando alguma, para não permanecer parado e mudo. Embora não fosse um espetáculo, não podia parar, e a essa fala de outro que era de outro alguém, ou invenção, eu precisaria responder imediatamente, não podia parar, ainda que parasse, não pararia, mesmo que meu papel fosse o de um cego ou mudo ou paralítico, de alguma maneira teria que reagir ao que aconteceria à minha volta. E o que aconteceria à minha volta aconteceria de qualquer jeito, a minha não-participação seria ainda uma forma de participar, permitindo que tudo acontecesse, sem interferir." (94) **[1]**

Comunicação digital e analógica

Toda comunicação tem dois níveis: um digital, também chamado de verbal, e outro analógico, ou não verbal. Temos que sublinhar aqui duas características importantes. A primeira é que a comunicação analógica (posturas corporais, gestos, tom de voz, etc.) existiu antes mesmo de que nos transformássemos em seres humanos. Os animais comunicam toda uma série de mensagens (que são perfeitamente interpretados pelos seus congêneres) de forma analógica. Já a comunicação verbal é muito mais recente. Isto tem, para nós, uma grande importância: a expressão não verbal é revestida de uma intensidade maior. Por outro lado, ambos os níveis da comunicação podem transmitir mensagens contraditórias.

"Luísa atirou-me um olhar de desprezo, tive a impressão de que em mim havia um desmoronamento. Nada opus ao gracejos da Teixeira. Emergi penosamente do fundo da minha miséria, dei as boas-noites a dona Engrácia e a Vitorino, articulei tremendo:

—Como vai, dona Luísa? Já me informei da saúde de seu Adrião. Julgo que melhorou.

—Vai muito bem, respondeu Luísa.

Mas este muito bem, pelo modo como foi pronunciado, não podia ser uma resposta à minha pergunta. Era um aplauso sarcástico ao que ela, no dia do Marino Faliero, imaginara talvez haver entre mim e Marta.

Muito bem! E ninguém entendeu. Vitorino bocejava, dona Josefa ria como uma doida, doida Engrácia cantarolava um bendito, Marta acolheu com ingenuidade o sorriso estranho de Luísa." (124) **[88]**

Comunicação paradoxal

Quando os dois níveis da comunicação —verbal e não verbal— transmitem informações contraditórias, temos a chamada comunicação paradoxal. Essa é a comunicação do tipo "faça tal coisa mais não faça tal coisa".

"'Agora que eu te peguei, Vedetinha. Você disse que assim era gostoso, dava uma sensação de violência, de força.'

'Mentira, eu não disse isso.'

'Disse sim, Vedetinha.

'E mesmo que eu tenha dito. Uma mulher não quer violência e força todo dia. Ela quer ser é conquistada.'

'Está bem, Vedetinha. Amanhã eu compro flores pra você.'

'Assim eu não quero. Você tem que fazer isso espontaneamente.'

'Agora que você falou nisso, eu não posso fazer espontaneamente.'

'Deixa de ser careta, JP. Se não forem flores, pode ser um vidro de perfume. Qualquer coisa. Até uma fruta. Uma maçã, por exemplo. A gente podia ficar comendo a maçã na cama. Eu mordia um pedaço e depois você mordia outro. Aí eu mordia outra vez e você morde de novo. E assim por diante.'" (86) **[102]**

A metacomunicação

Qualquer comunicação humana vem acompanhada de uma outra comunicação que comunica a respeito da precedente. Uma comunicação qualifica a outra. Dito em outras palavras, uma comunicação está sempre acompanhada por uma outra que informa: "isto significa que".

O anterior, leva-nos a afirmar, também, que "é impossível não metacomunicar" (que não existe a não metacomunicação). Aquilo que dizes é qualificado pela forma como o dizes. E aquilo que fazes pode ser explicitado por meio de uma fala.

"... ela queria dizer que as mulheres deviam fingir que não sabiam que seus maridos tinham outra mulher fora de casa. Os homens não podiam, mesmo que quisessem, mesmo se isso fosse possível, fingir que não sabiam que suas mulheres tinham um homem fora de casa, porque um princípio de honra os impedia. As mulheres estavam condenadas a fingir e os homens a não poder fingir. O heroísmo, para as mulheres, estava justamente em esconder, com perfeição, o que sabiam. Os homens tornavam-se heróis, justamente quando tomavam atitudes compatíveis com sua honra, como por exemplo, matar a mulher, ou mais raramente, o outro homem. Minha avó fora considerada santa justamente porque fingiu admiravelmente bem, durante toda a vida, ignorar que meu avô tinha outras mulheres." (27, 28) **[53]**

É a existência desses dois níveis que tornam possível a dupla comunicação ou dupla mensagem.

A dupla comunicação ou dupla mensagem

Chama-se de dupla mensagem aquela que transmite dois níveis de informação, sendo que ambos são de caráter contraditório. Ela tem sido associada ao surgimento de certas patologias do comportamento. Mas isolada, por si só, não constitui um fator suficiente: ela está, por sinal, na base da ironia, de certas piadas e de muitas brincadeiras e faz parte da vida quotidiana de todas as pessoas. Mas ela pode tornar-se patológica em certas circunstâncias especiais: uma criança que seja submetida constantemente a esse tipo de informação pode tornar-se muito confusa e não saber exatamente à qual das duas metades obedecer. **{7, 19}**

"Esconder os chapéus das visitas, deitar rabos de papel a pessoas graves, puxar pelo rabico das cabeleiras, dar beliscões nos braços das matronas,

e outras muitas façanhas deste jaez, eram mostras de um gênio indócil, mas devo crer que eram também expressões de um espírito robusto, porque meu pai tinha-me em grande admiração; e se às vezes me repreendia, à vista de gente, fazia-o por simples formalidade: em particular dava-me beijos.” (31) **[7]**

Essa dupla mensagem pode traduzir o desejo da mãe de realizar aquilo que para ela foi impossível: a mãe submissa (por falta de opção) pode ver nas aprontações da sua filha a realização dos seus desejos de desforra.

“Nhá Felismina se lembrava como defendia e tentava ocultar o procedimento da filha. Sentia, no meio dos maus pressentimentos e dos ralhos, uma íntima, irreprimível satisfação aquele jeito danado da menina, pulando cerca, caindo das goiabeiras, ajudando os homens a limparem o poço, montando nos carneiros, apalpando as galinha para saber se tinham ovo. No velório de Mineruino, e foi quando velha Felismina reparou que a filha era já uma moça, Orminda ficou de olhos pregados no caixão, mais tarde, silenciosa e serena, cobrindo o cadáver de flores. Noites, a mãe ouvia a filha rolar na rede, como se abafasse soluços.” (100) **[55]**

Aspectos ordem e relato da comunicação

A comunicação humana tem dois aspectos: o aspecto ordem, que transmite uma informação a respeito de como a mensagem deve ser interpretada, além de impor um comportamento, refere-se a relação entre os participantes. O aspecto relato, que é o encarregado de transmitir a informação e seria sinônimo de conteúdo.

“—Olha, eu me chamo Carmelinda. Minha mãe gosta que eu fique sempre a sorrir no verdadeiro do feliz, por que põe a gente mais bonita. Como se chama?

—Francisco. E meu pai deseja me ver forte depois de grande. Ele aspira por ver meus estudos terminados na beleza de um diploma do advogado. Precisa de mim, muito entendido nas façanhas com as leis. Agora você pode colocar essa sacola aqui em cima da cama, Carmelinda.” (67) **[28]**

Pontuação da seqüência de eventos

Outra das características interessantes da comunicação humana é que cada um dos participantes da interação manifesta a tendência a perceber a seqüência a partir de um ponto de vista oposto: cada um deles se coloca como reator de um outro que, logicamente, seria quem, com suas ações, provoca as ditas reações (algo assim como "eu só faço aquilo que faço porque reajo àquilo que você fez..." e vice-versa).

"Ai, meu Deus, a incoerência —Greta pensa. Alguém transmite uma imagem e, sem mais nem menos, se transforma em outra.

A Sônia vidrada em literatura podia ser uma pessoa feminina e frívola, num passe de mágica? Multiplicidade de caráter.

Ninguém é tão linear quanto se pensa. O erro, ou a mediocridade, está exatamente nisso, na visão unilateral que se tem das pessoas.

É claro que Sônia, sob aquela capa ou crosta de leitora obsessiva, devia ser mulher ainda." (55) **[110]**

O comportamento de duas pessoas, por exemplo, pode ser complementar ou simétrico. Normalmente, esses dois tipos de relação coexistem em qualquer relacionamento saudável. Podemos pensar em termos de patologia quando os envolvidos se mantêm exclusivamente em um dos dois comportamentos.

Complementaridade

A complementaridade consiste na situação em que o comportamento conjugado dos parceiros, enfatizando a diferença, faz com que o comportamento de um dos dois complemente o do outro. Quanto mais um dos dois componentes da díade assume uma atitude ou comportamento, mais o outro se refugia no comportamento oposto. Um fala de mais, o outro é extremamente calado; um é agressivo, o outro é passivo. Este tipo de interação, repitamos, está baseado na exacerbação da diferença.

"Por muito ativo e laborioso que era, o marido de D. Ana não consentia que pessoa alguma, nem mesmo a mulher, se intrometesse em dirigir-lhe os negócios. Reduziu em breve a companheira a passividade completa, e

deixou-a totalmente entregue as suas orações e as suas mulatas. À princípio a filha do capitão tomara a liberdade de dar alguns conselhos ao marido, e fazer-lhe algumas observações; mas a isto respondia Faria com alguma grosseria que o papel da mulher neste mundo é rezar e remendar meias; por isso D. Ana resignou-se à completa inatividade, tanto mais quanto este modo de proceder do marido quadrava perfeitamente à sua índole." (2, 3) **[109]**

Simetria

Neste caso, a conduta de cada um dos parceiros parece espelhar o comportamento do outro. Ambos os membros da díade mantém uma igualdade nos comportamentos: um fala muito... o outro fala muito mais, um se cala, o outro também. O ódio de um é o equivalente do ódio do outro.

"Ermelinda calada. Comadre me mandou um. A mamona. O cheiro de mamona lhe trouxe o quarto velho, os pesados castiçais no armário cheio de drogas do seu tempo de solteira. Não, não dava pra visitar doente. Sobretudo naquele calor, e doente daquela pobreza, embrulhando aquela rede que era um trapo. Lembrava-se de suas irmãs, amarelas de icterícia, solteironas, e da sua mãe, quando caíam de cama. Quanto aborrecimento, quanta impaciência por estar ali, à cabeceira, e dando um chá e mudando um pano, tolerando gemidos e queixas. A visita a um doente fazia-a reavivar aqueles dias cruéis em que sua mãe adoeceu, depois do que se passou entre as duas, de maneira tão imprevista. Já no fim os olhos da mãe em agonia fixaram-se na filha numa desesperada acusação. A boca parecia afundar-se, escura e inerme no esforço vão de exprimir aquele ódio, 'aquela maldição', como compreendeu a filha. Fazia recordar sombriamente a noite em que sua mãe a surpreendeu, então recém-casada, nos braços do tio, um oficial da polícia. Não esquecera aquela súbita expressão de espanto, náusea e logo sua mãe se volveu tão rapidamente como se fosse apanhada por um redemoinho. Depois foi o silêncio em que permaneceu, tão inexplicável que parecia cumplicidade, uma cumplicidade tão hostil que a humilhava continuamente. Isso as separava cada vez mais. Guardavam entre as duas uma reserva que ninguém compreendia e por isso Ermelinda era ainda mais odiada pelas irmãs. Muitas vezes, em casa de sua família, ao lado do marido sentia

até os ossos o olhar de sua cúmplice, aquela demorada contemplação tão meticulosa e escarninha que não só a despia toda como a envelhecia e prostituía. Era ódio antigo, pensava Ermelinda —'aquilo' foi, apenas, um pretexto, para a revelação desse ódio. Antes tivesse escapado, denunciado ao marido. Sua mãe era orgulhosa de um passado de que as próprias filhas não tinham bem noção. O marido, um marinheiro, morrera em viagem. Ermelinda vivia uma vez mais queimando papéis no fundo do quintal. As duas filhas doentes mereciam dela mais pena do que simpatia. Era pobre com uma paciente e formal dignidade. Ermelinda odiou-a e com esse ódio lançou-se mais uma vez ao oficial de polícia. Sua indiferença pelo marido —aquele Josias que lhe veio de Abaeté contra os seus sonhos de um grande casamento— crescia apesar daquela maldosa compaixão com que a mãe dela o tratava." (19, 20) **[55]**

A Teoria Geral dos Sistemas

A teoria geral dos sistemas, também conhecida como teoria dos sistemas gerais, operou uma revolução quanto à maneira de se compreender o ser humano. Provocou o abandono das hipóteses de tipo psicodinâmico, segundo as quais os problemas do indivíduo teriam uma origem intrapsíquica e, por conseguinte, sua solução seria o produto de um trabalho individual de elaboração desses mesmos conflitos. **{27, 63}** A psicanálise opta pelo estudo e o tratamento do indivíduo.

"—A psicanálise, Marcus, não passa de um telescópio. Você vê a estrela aumentada, vê certos detalhes que a olho nu passam despercebidos. Mas, mesmo esses detalhes podem ser efeitos de distorções ópticas, compreende? E ver um objeto aumentado não significa que o estamos conhecendo melhor. Digo isso, sobretudo, em relação ao amor. O que a psicanálise sabe a esse respeito não é melhor do que já descobriram a filosofia, a religião, a quiromancia." (74, 75) **[49]**

Muitas das pessoas com as quais vais trabalhar, já passaram por uma experiência psicanalítica. Se te procuram é porque querem algo mais. Sabes o quê? O trabalho terapêutico centrado no intrapsíquico tal como é realizado nos nossos dias, requer um tempo muito grande (tu sabes que algumas pessoas passam anos em tratamento psicanalítico sem conseguir mudar). Elas querem mudar, mudar de forma de interagir com o meio, mudar sua vida e suas circunstâncias, não querem aguardar anos e anos.

"Ainda não teve coragem de entrar quando chegou outra vez diante da porta. Recomeçou outra volta pelo quarteirão. Fizera três anos de psicanálise inutilmente. Parara por falta de dinheiro. Era muito sobrecarga para o salário fajuta do Plínio, aquele bobalhão incapaz de ganhar dinheiro. Inutilmente, inutilmente, sim. Para que o Dr. Alex lhe dissesse não haver outra saída que não a de adaptar-se à realidade. Realidade! Pois era dessa realidade mesma que ela queria escapar a qualquer preço. 'Se a psicanálise quer me ajustar ao que não quero, então, merda para a psicanálise! Não quero mudar por dentro: o que quero é mudar de vida, é mudar a vida que me cerca, é largar disto tudo e começar a vida outra vez, noutro meio, com outra gente! Não me digam, como médicos, como parentes ou como amigos, que não tenho outra alternativa. Não abro mão de outras opções, não quero mais viver esta vida, não quero mais banana do meu marido nem quero mais saber destes malditos chorões que nem sei como fui capaz de botar no mundo!'" (62) **[37]**

A partir das idéias da TGS, o ser humano passou a ser visto em função da sua interação com seu meio. O interesse da pesquisa (e da intervenção terapêutica) deslocou-se para o terreno, pragmático, das relações. O estudo do indivíduo passou a incluir o estudo do seu contexto e das relações nele estabelecidas.

Agora, prepara-te, porque vamos examinar os princípios da Teoria Geral dos Sistemas.

Globalidade

As partes de um sistema estão, todas, ligadas ou relacionadas de tal maneira que qualquer modificação em uma delas provocará uma mudança em todas as outras, bem como no sistema no seu conjunto.

"E quando acontece um dia de um sopro pestilento, vazando nossos limites tão bem vedados, chegar até as cercanias da moradia, insinuando-se sorrateiramente pelas frestas das nossas portas e janelas, alcançando um membro desprevenido da família, mão alguma em nossa casa há de fe-

char-se em punho contra o irmão acometido: os olhos de cada um, mais doces do que alguma vez já foram, serão para o irmão exasperado, e a mão benigna de cada um será para este irmão que necessita dela, e o olfato de cada um será para respirar, deste irmão, seu cheiro virulento, e a brandura do coração de cada um, para ungir sua ferida, e os lábios para beijar ternamente seus cabelos transtornados, que o amor na família é a suprema forma da paciência; o pai e a mãe, os pais e os filhos, o irmão e a irmã: na união da família está o acabamento dos nossos princípios.” (61) [77]

Não somatividade

Esta característica está relacionada com a anterior e a complementa: o sistema não é igual a soma das suas partes. Isto para nós se reveste de uma importância especial, porque significa que, mesmo conhecendo cada uma das partes do sistema isoladamente... ainda desconheceríamos o sistema.

Quando conhecemos uma pessoa não podemos supor que sabemos qual seria seu comportamento dentro de um determinado sistema.

“A casa —o majestoso corpanzil de Dona Anja estremece como que sacudido por terremoto de longínquo epicentro— que pagava as suas quotas de segurança policial religiosamente, que não deixava as suas meninas perambularem pelas ruas e lojas com pintura na cara ou com vestidos de generosos decotes, que não permitia janelas abertas a não ser pela manhã quando as faxineiras tiravam o pó e consertavam os desleixos da noitada, quando sacudiam as cortinas enfumaçadas e batiam os tapetes de encontro o muro.

A casa consolidara o seu conceito de pacata e ordeira, discreta e limpa. Até as senhoras da cidade passaram a conviver harmoniosamente com a idéia de que existia uma casa de mulheres na cidade, sem que isso pudesse representar graves riscos para as mocinhas da cidade. Antes pelo contrário, era um descanso saber-se que os fogosos rapazes das boas e distintas famílias tinham onde aliviar seus ardores da idade, desabafar as suas comichões de virilha e ainda por cima com a segurança de que as mocinhas coletivas eram examinadas todas as semanas pelo médico do Posto de Saúde e que até papel oficial assinava como garantia de que o doce e perfumado rebanho de Dona Anja permanecia rígido e livre da-

quelas vergonhosas doenças que atacavam os jovens mis afoitos e menos prevenidos. A casa, freqüentada pelas mais altas e conspícuas autoridade locais: o prefeito municipal, o delegado de polícia, os senhores vereadores de ambos os partidos, professores e profissionais liberais, grandes plantadores de arroz e de soja, representantes comerciais e membros do Rotary Club e do Lions, que ali chegavam para trocar de domadoras por algumas horas nas belas noitadas e ainda a fauna dos turistas que eram atraídos para as festas do Centro de Tradições Gaúchas, onde corria sempre o assado e o mate, com bem jeitosas prendas de vestidos de chita estampada, flores presas nos cabelos, sapatinhos de tornozeleiras, mas que apesar de tudo isso não chegavam aos pés das meninas de Dona Anja, que se apresentavam também garridas mas que a seguir despiam os panos e se ofereciam desnudas e fáceis para a gula dos clientes, enquanto que as meninas tradicionalistas regressavam ao lar materno com o corpo em brasa e com todos os seus infindáveis desejos trancados a sete chaves, cadeado de segredo para a eventualidade de qualquer desfalecimento de caráter." (26) **[51]**

Percebe que se trata de uma decisão: compreender as pessoas a partir das suas relações. Por quê? Não porque seja mais próximo da verdade "verdadeira", mas simplesmente porque resulta mais prático, permitir-te-á ampliar teu campo de ação, de intervenção terapêutica.

"As vidas individuais ele não as entendia. Mas já ao olhá-las em conjunto —a mulata que fora pesadamente sua e que agora enchia o balde com água cantante. Francisco serrando madeira, Vitória corajosa, Ermelinda espreitando, e a fumaça saindo alta da cozinha —isso, isso ele já pareceu entender como conjunto. E foi como se um calor se envolasse do esforço de todos, e foi como se aquele homem estivesse enfim aprendendo que a noite desce e que o dia renasce e que depois a noite vem. E assim era. Seu corpo, nesse entendimento, ficou bom, sem necessidade do erro que seria a maldade." (103) **[58]**

Não consigo resistir à tentação. Vou apresentar mais um exemplo dessa concepção sistêmica: o todo como algo diferente da somatória das suas partes.

"De repente, penso na douta academia; podia consultá-la, não claramente, mas por hipótese. Mandou chamar os acadêmicos; vieram todos menos o presidente, o ilustre U-Tong, que estava enfermo. Eram treze (...)

Em seguida começo a falar de cousas diversas para que o principal assunto viesse de si mesmo; falou nas últimas notícias do Ocidente e nas leis de Manu. Referindo-se a U-Tong, perguntou-lhes se realmente era um grande sábio, como parecia; mas, vendo que mastigavam a resposta ordenou-lhes que dissessem a verdade inteira. Com exemplar unanimidade, confessaram eles que U-Tong era um dos mais singulares estúpidos do reino, espírito raso, sem valor, nada sabendo e incapaz de aprender nada. Kalaphangko estava pasmado. Um estúpido?

—Custa-nos dizê-lo, mas não é outra cousa; é um estúpido raso e chocho. O coração é excelente, caráter puro, elevado...

Kalaphangko, quando voltou a si do espanto, mandou embora os acadêmicos sem lhes perguntar o que queria. Um estúpido? Era mister tira-lo da cadeira sem molestá-lo. Três dias depois, U-Tong compareceu ao chamado do rei. Este perguntou-lhe carinhosamente pela saúde, depois disse que queria mandar alguém para o Japão estudar uns documentos, negócio que só podia ser confiado a pessoa esclarecida. Qual dos seus colegas da academia lhe parecia idôneo para tal mister? Compreende-se o plano artificioso do rei: era ouvir dois ou três nomes, e concluir que a todos preferia o do próprio U-Tong; mais eis o que este lhe respondeu;

—Real senhor, perdoai a familiaridade da palavra: são treze camelos, com a diferença que os camelos são modestos, e eles não; comparam-se ao sol e à lua. Mas, na verdade, nunca a lua nem o sol cobriram mais singulares pulhas do que esses treze... Compreendo o assombra de Vossa Majestade; mas eu não eu não seria digno de mim se não dissesse isto com lealdade, embora confidencialmente...

Kalaphangko tinha a boca aberta. Treze camelos? Treze, treze. U-Tong ressalvou tão-somente o coração de todos, que declarou excelente; nada superior a eles pelo lado do caráter. Kalaphangko, com um fino gesto de complacência, despediu o sublime U-tong, e ficou pensativo. Quais foram suas reflexões, não o soube ninguém. Sabe-se que ele mandou chamar os outros acadêmicos, mas desta vez separadamente, a fim de não dar na vista, e para obter maior expansão. O primeiro que chegou, ignorando aliás a opinião de U-Tong, confirmou-a integralmente

com a única emenda de serem doze os camelos, ou treze, contando o próprio U-tong. O segundo não teve opinião diferente, nem o terceiro, nem os restantes acadêmicos. Diferiam no estilo, uns usavam camelos, outros usavam circunlóquios e metáforas que vinham a dar na mesma cousa. Entretanto nenhuma injúria ao caráter moral das pessoas. Kalaphangko estava atônito. (...)

E a música vinha chegando, agora mais distinta, até que numa curva do rio apareceu aos olhos de ambos um barco magnífico, adornado de plumas e flâmulas. Vinham dentro os quatorze membros da academia (contando U-tong) e todos em coro mandavam aos ares o velho hino: 'glória a nós, que somos o arroz da ciência e a claridade do mundo!'

A bela Kinara (antigo Kalaphangko) tinha os olhos esbugalhados de assombro. Não podia entender como é que quatorze varões reunidos em academia eram a claridade do mundo, e separadamente uma multidão de camelos. Kalaphangko, consultado por ela, não achou explicação. Se alguém descobrir alguma, pode obsequiar uma das mais graciosas damas do Oriente, mando-lha em carta fechada, e, para maior segurança, sobrescritada ao nosso cônsul em Xangai, China." (199- 201) **[11]**

Creio que poderíamos mandar a carta, não te parece?

Eqüifinalidade

Segundo este princípio, a compreensão do resultado provocado pelo impacto que uma informação suscita em um sistema, não dependem dos estímulos externos ao sistema e sim do estado do próprio sistema. Dito em outras palavras: estímulos diferentes podem provocar o mesmo resultado ou um mesmo estímulo pode provocar diferentes resultados. Tudo isto porque o que é determinante é a organização do sistema.

Vejamos, por exemplo, como um mesmo fato (uma queimada) provoca reações diferentes em dois sistemas diferentes (duas pessoas). Um parece indiferente à destruição que provocou.

"Vão do Paraná. Saudade doída daqueles idos venturosos. Vão do Paraná. Eu, na força e na inocência dos trint'anos. A mata florestal maior desse mundo. Saída virgem da mão de Deus. Tanto verde. Um mundo

imenso de léguas de mata; da mata mais alta e espessa. Negra. Enormíssima.

Eu fiz aquela mata tremer, urrar, ardendo inteira debaixo do meu fogo, aceso na maior fogueira que jamais se viu. O mundo todo queria pegar fogo. A terra arfava, esfumaçando debaixo do calor medonho. Estalos de metralha. Fagulhas. Artilharia de canhões. Foguetes. Bombas de estrondo dos troncos queimados que trincavam e partiam.

Aquele mundo verde, entroncado, poderoso, aberto em palmas, esgalhado, lá no alto, debaixo do meu fogo escureceu. Acinzentou. Amarelou. Ficou rubro e azulou para logo perder as cores e só deixar no mundo o preto das tronqueiras queimadas sobre a brancura do manto de cinzas.

Completado o rodeio de fogo, meus tocheiros e juntaram comigo. A nado, passamos pro outro lado do Paraná onde eu tinha queimado antes uma coivara velha. Lá ficamos olhando o fogaréu arder, desfazendo o verde mundo vegetal e com ele as mil raças de bichos e pragas que tinham aquela mata por morada.

De repente, o que vimos foi o ar grosso, recheado de fumaça, estremecer animado como se ganhasse vida. Era o turbilhão de abelhas, maribondos, cigarras, besouros que rodopiavam enlouquecidos. Ouvimos, depois, o estrondo da revoada aloucada de quanta ave e pássaro esbaforido saía de todo lado, batendo asas na busca de outro rumo, longe dos ninhos queimados.

Aí eu vi, me lembro como hoje, o chão do outro lado tremer e remexer fervendo de cobras rastejando em desespero no meio de tatus, tamanduás, caxinguelês, desnorteados. Onças de todo pelame saltavam n'água esturrando. Atrás delas vieram bichos e bichos atropelados. Vi, até com pena, um veado atado no chão, querendo fugir sem poder: tinha os pés queimados. Uma vara de caititus descabeçada se derramou toda no rio, batendo os queixos, urrando desesperados, como só porco assombrado sabe urrar. A bicharada apavorada saía d'água, bem na nossa frente, sem nenhum temor, tanto era o medo do fogo saltando em labaredas por todo lado." (256, 257) **[94]**

Já o outro, reage com um forte sentimento de arrependimento e de culpa. O que muda é o estado do sistema, não o estímulo externo.

"Mas só parei de pensar, quando fabriquei o meu primeiro incêndio. E o pior de tudo foi o que o incêndio fez comigo e com a mata. Comigo, nem lhe conto, o estrago que o fogo me causou por dentro. Me estorricou a alma. Quando procurei as árvores que marcavam o meu caminho, os galhos que faziam a minha sombra, velhos conhecidos meus de tantos anos, testemunhas de tantas passagens e lembranças, foi que compreendi toda a maldade. Descobri a tamanha força do fogo e o estrago de tanta terra estorricada e tanta vida feito cinza." (160) **[69]**

Por outro lado, dois acontecimentos diferentes (e inclusive de signo contrário) podem provocar a mesma reação (também dependendo do estado interno do sistema).

A morte, por exemplo, sói provocar uma intensa angústia e tristeza.

"—Doutor!

—Venha. A senhora é uma mulher corajosa, eu sei. Infelizmente a sua filha não resistiu. Foi uma parada cardíaca.

—Doutor?!— Os olhos esgazeados, ela o afastou da frente e tomou a dianteira, não prosseguindo porém por haver o médico lhe segurado o braço dizendo:

—Não, ela não está mais aí. É uma sala atrás da enfermaria. Venha por aqui.

Em vendo a filha morta, Dona Verônica quis dar um grito mas sufocou a voz. O mundo desabou? O teto, as paredes, a casa. Havia relâmpagos de sol e incêndios de tempestade.

—Meu Deus! Minha filhinha querida!— Debruçou-se sobre o corpo inanimado e o seu choro fluía sem alucinações nem desespero, a alma que se ajoelhava ferida para despedir-se da alma irmã que partia. —Como pôde acontecer isto, minha Nossa Senhora, eu não acredito." (210) **[50]**

Mas, por outro lado, a notícia da morte pode ser acolhida com grande júbilo e felicidade.

"Peçanha veio ao encontro, de braços abertos:

—Imagina quem morreu, imagina!

—Quem?

O outro, baixando a voz e piscando o olho:

—O marido da tua pequena, do teu amor imortal!

Agarra-se ao amigo:

—Morreu? Mas é batata?

Peçanha recua, quase ofendido:

—Claro que é batata! Vim de lá, agorinha mesmo! Deixei Jandira subindo pelas paredes! —Pausa e acrescenta, em tom vago: —Sabe que é bonito ver uma viúva arrancando os cabelos?” (149) **[97]**

Retroalimentação (*feedback*)

Por algum motivo estranho, alguns tradutores mantiveram a palavra do original inglês: feedback, sendo que existe uma palavra em português equivalente que traduz o seu significado: retroalimentação.

A retroalimentação pode ser positiva (que conduz às mudanças) ou negativa (também chamada de homeostase) e que designa a tendência a manutenção do estado original.

“*Feedback* —o que é?

Feedback é um termo que vem dos Estados Unidos —e só isto já o torna importante, naturalmente. Poder-se-ia traduzi-lo —por retroalimentação, talvez —mas não ficaria tão bom. *Feedback* é a palavra. *Feedback:* um som agudo, longo, seguido de outro curto seco, implacável. *Feedback!* Jóia.

Feedback,* então, mas o que vem a ser isto? O termo, popularizado (!) pela teoria dos sistemas designa o mecanismo pelo qual um sistema se auto-regula. Vamos, alunos, a um exemplo. Suponhamos um sistema formado por um homem gordo, A, comida, B, e um cozinheiro, C. O homem gordo tem um cinto, D. Do teto da cozinha pende, aberta, uma rede de metal, E *(já vamos ver para que serve).

O homem gordo senta-se à mesa —com muita fome, claro. O cozinheiro então lhe traz a comida. Ele come, vorazmente. *Mais* —grita. O cozinheiro traz mais, mais; o cinto distende; quando atinge determinada circunferência, um dispositivo de alarme nele colocado é acionado. Fecha-se um círculo, pondo em ação o mecanismo que, na cozinha, solta a rede sobre o cozinheiro. Este imobilizado, não pode trazer mais comida para o gordo. A comida é digerida, a barriga encolhe, o cinto relaxa, o

alarme á cortado, a rede sobe, e volta o cozinheiro com mais comida.” (111, 112) **[107]**

Retroalimentação negativa

Quando se diz retroalimentação negativa esse *negativo* não tem relação com uma conotação moral, significa apenas que desempenha um papel importante na manutenção da estabilidade das relações.

“A boca cheia de esperanças, como se apostasse na virada. A conversa resvalou para as mutações dos seres humanos. Um tema para mim apaixonante, porque percebo nas pessoas uma aversão sociopática a mudanças. A tia de Lavoisier disse que na Natureza tudo se transforma: das galáxias às plantinhas. O homem, no entanto, o único animal pensante, recusa-se a viver em estado de transformação. Um prisioneiro do seu privilégio de raciocinar. É sempre mais cômodo tocar a existência sobre a estrada que se conhece a arriscar-se por atalhos ignorados. Temos um amigo comum, eu e Júlio, que bate no peito orgulhoso por ser hoje o mesmo homem de vinte anos atrás. A coerência a congelar-lhe a vida. Falei a Luísa do meu processo acelerado de transformações, desde que larguei o jornalismo para trabalhar com Max.” (94) **[81]**

Retroalimentação positiva

Na retroalimentação positiva, por outro lado, a informação aparece como estímulo para a transformação. Representa a necessidade de mudança.

“Henriqueta pensou em ir embora. Arranjar um rapaz que a levasse. Estava farta daquele barulho. Tinha medo de ficar como Raquel, como Bita, a eterna noiva, a viver de falar da vida alheia, a se alimentar de discussões, de todo aquele horror.

Era uma vida de ração, a bóia não chegava. Era aquela briga por causa de comida, era a luta por um casamento. Carvalho tinha umas simpatias por ela. Bita sabia e se pôs na frente desde aquela tarde de carnaval. Ezequias andou namorando com ela e Bita avançou. Tinha vinte anos. Já não era uma menina.

Todo dia, era a recomendação de que comesse pouco, que não havia dinheiro. Não havia nada! Era o regime da ração. E depois aquelas brigas sem fim. Cristino dizendo horrores de Bita. Raquel no seu despropósito. Ó, como queria sair daquele inferno!" (112) **[54]**

A família além do sistema

Ah!, não posso esquecer de lembrar, depois de tanta teoria e de tantos sistemas, que "sistema" é apenas uma metáfora de família. Quando tu vês uma família... estás vendo uma família e não apenas um sistema. A família é algo mais que um reles sistema... **{3}**

"'Tolice —falou Lore, amargurada e agressiva—, uma tolice como a de todos aqueles que um dia pretenderam imprensar a vida na simetria dos sistemas.'" (208) **[70]**

Em última análise, os sistemas estão constituídos por indivíduos (que não são abstrações), e são os indivíduos que amam, sofrem, desejam, brigam, buscam. É com pessoas, com indivíduos que trabalhamos. **{36}**

"Não; absolutamente não. Os indivíduos me enternecem, isto é, o ente isolado a sofrer, e é só!

Essas criações abstratas, classes, povos, raças, não me tocam... Se efetivamente não existem!? E, pelo conceito literário, filosófico, sociológico e religioso —mulheres— tenho até uma grande afeição de ordem puramente intelectual —bem entendido!— para que não haja contradição." (50) **[13]**

Se consegues atingir o indivíduo no âmago do seu sentimento, do seu desejo mais íntimo, ganhas um cúmplice nessa busca de crescimento. Não apenas quando se trata de uma sessão individual, também quando estás com a família toda. As famílias são compostas por indivíduos...

"E é na perseguição desse tempo, possivelmente, que o olhar do homem perde-se, dentro de si mesmo e fora. Como se o seu espírito vagasse pelos trilhos, percorrendo curvas e serras, até aportar numa nova civilização da qual o homem já se sabe excluído, mas onde se instala neste ins-

tante o seu desejo. E ao tocar neste desejo pode refazer todo o percurso de volta, conduzindo num vagão o seu perfume, até ali onde se encontra de próprio, o homem sentado sozinho numa estação ferroviária.” (81) [103]

Bem, esse foi o ponto de partida da terapia sistêmica de família. A seguir, muitos outros elementos se agregaram. No decorrer da nossa conversa, iremos abordando alguns deles. Agora, antes de ver a família por dentro, gostaria que abordássemos uma questão crucial que te obriga a fazer uma escolha determinante para o teu trabalho: auto determinação ou predeterminação.

Autodeterminação versus predeterminação

A realização da tua tarefa exige que, antes de mais nada, assumas uma postura nítida em relação a uma questão básica: "tem o indivíduo a capacidade de decidir sobre o seu futuro"? (Isso significaria que acreditas que ele é o único responsável pelos seus atos e, por conseguinte, que tem a capacidade de mudar). Ou, "está ele determinado por diversas forças que não controla"? (O que significaria que não pode ser responsabilizado nem pelos seus atos nem pela sua mudança.) **{31}**

Muitas pessoas, e muitas correntes psicológicas, também, partem do princípio de que a vida está determinada por forças externas, que não podem ser nem mudadas nem controladas pelo indivíduo. A vida passa a ser, segundo esta ótica, uma seqüência de "fatalidades", de coisas que "de qualquer forma" iriam acontecer.

"Se em Malvina era a memória, nele era o destino, o destino do passado. Mais lúcido e trágico do que ela *(ele aceitava),* de tanto sondar o coração e buscar se conhecer, de tanto não sonhar e avançar, não em frente como ela, ao futuro, mas para trás, mais e mais sempre em direção a um passado cada vez mais brumoso e impenetrável, distante e fugidio como o futuro, e como o futuro inevitável, ele seguia o seu caminho para o passado, sem desespero ou sobressaltos *(não que não sofresse, sofria, e isso vimos),* lucidamente agônico, na aceitação silenciosa e fria dos seres abúlicos que caminham para a morte —certo de que a encontraria fatalmente, não adiantava fugir. E seguia o seu destino do passado, não como ela na sua memória do futuro para saber onde estava o erro e assim poder evitá-lo, não para saber onde estava a culpa pretérita, mas para aceitá-la como fatal e irremediável..." (151) **[40]**

“A culpa não é minha...”

Essa concepção pode apresentar-se sob diversos roupagens (sempre no intuito de colocar a responsabilidade daquilo se é para fora de si próprio). Vejamos, a seguir, alguns dos exemplos mais freqüentes.

“Vítima do demônio”

O demônio, com seus diversos apelidos: Lúcifer, Satanás, Capeta & Cia., bem como sua colega, a Pomba Gira, costumam ser responsabilizados por inúmeras maldades e desacertos das pessoas.

“—A nossa igreja de braços abertos para você. Te oferece a cura da pior enfermidade. Mesmo desenganado pelos médicos. O irmão com AIDS , você aí. Saiba que não é doença. Sim um agente do mal que invade e controla a tua pessoa. Homem ou mulher com o sexo trocado? Só um trabalho da Pomba Gira. Não é você: ela quem te faz assim. O pederasta é uma vítima do demônio. A lésbica, um espírito imundo. Vencido o capeta, você é salvo, irmão. Nós temos a força e Deus o poder.” (103) **[119]**

“É herança genética”

A herança genética constitui um outro exemplo freqüente de como certas pessoas tentam jogar a responsabilidade dos seus atos para cima de algo que não dependeria da sua vontade.

“Estes são, talvez, meus defeitos menores. Muito pior é o da prepotência. Gozo de exercer mando com dureza. Trato duro, orgulho e soberba são as qualidades principais de minha alma. Só me consola saber que eu não me fiz. Meu caráter é como minha fisionomia ou minha dentadura: herdados. Ser feio, zarolho é como ser violento, orgulhoso e sovina.” (100) **[94]**

"A má sorte"

A sorte (má, é claro) será incessantemente invocada por aqueles indivíduos que não conseguem assumir suas próprias responsabilidades.

"O senhor conhece um tipo azarado? Esse sou eu. Em janeiro bati o carro, não tinha seguro. Depois roubam o toca-fitas, nem era meu. Vendi os bancos para um colega e recebo só a metade. Em março, despedido da firma onde trabalhei sete anos. Empresto o último dinheiro a um outro amigo, que não me paga. Vou a um bailão, não danço e acabo apanhando." (5) **[119]**

A má sorte (que persegue uma pessoa e que pode ter aparecido muito cedo na sua existência) pode servir para justificar o fracasso e mediocridade de toda uma vida.

"Repito, sou um grande caipora, o mais caipora de todos os homens. Há uma locução proverbial, que eu literalmente realizei. Era em Corumbá; tinha sete para oito anos, embalava-me na rede, à hora da sesta, em um quartinho de telha-vã; a rede, ou por estar frouxa a argola, ou por impulso demasiado violento da minha parte, desprendeu-se de uma das paredes, e deu comigo no chão. Caí de costas; mas, assim mesmo de costas, quebrei o nariz, porque um pedaço de telha, mal seguro, que só esperava ocasião de vir abaixo, aproveitou a comoção e cauiu também. O ferimento não foi grave nem longo; tanto que meu pai caçoou muito comigo. O cônego brito, de tarde, ao ir tomar guaraná conosco, soube do episódio e citou o rifão, dizendo que era eu o primeiro que cumpria exatamente este absurdo de cair de costas e quebrar o nariz. Nem um nem outro imaginava que o caso era um simples início de cousas futuras." (28) **[10]**

A ditadura do passado

Certas pessoas acusam, simplesmente, o passado. Não podem decidir os rumos da sua vida por causa daquilo que aconteceu no passado. A programação do presente e daquilo que será o futuro (sempre negativo, é claro!), estaria previamente determinada pelo passado.

"—Você acha que eu, nós, pessoas assim, possam se libertar do passado?

—Não, —disse Rodrigo— o passado que nos domina é uma miséria, e sabe você por que é uma miséria?

Ângelo respondeu negativamente com a cabeça. Rodrigo continuou:

—Ainda não percebeu? É uma miséria sim! —e acrescentou ardorosamente: —Nós o trazemos antes mesmo de nascermos, já o tínhamos antes de começarmos a vida.

—É por isso, então... — fez Ângelo.

—Sim, é por isso que tudo é inútil, que tudo fracassa. Não adianta nada, está ouvindo? Nada!" (189) **[45]**

"Comigo é assim..."

Uma das situações mais difíceis que podes encontrar é aquela do indivíduo que está sofrendo e não apenas é consciente do seus sofrimento como também tem consciência de porque sofre. No entanto não se dispõe a fazer nada para sair da situação porque "ele é assim". Pareceria que tem um "certo orgulho" daquilo que lhe acontece... é assim. Mas essas pessoas não gostam daquilo que são —e é por isso que podem procurar-te— em alguma parte de si mesmas experimentam o desejo de mudar. Essas pessoas escondem-se por trás de um suposto ***ser*** imutável.

"Comigo é assim; já tinha acontecido outras vezes. Fico na dúvida de fazer ou não alguma coisa e o tempo passa e não faço. Ou faço de repente. Como o grito pedindo depressa o meu prato. (...)

Eu havia começado; então era obrigado a continuar. É o que acontece comigo, é engraçado, não sabendo direito se estou ou não querendo uma coisa e às vezes as coisas vão e acontecem na frente e não dá mais pra desistir, embora lá no fundo eu reconheça a besteira. Mas se desistisse o mulato entenderia a retirada; o mulato entendia tudo. Então dei o berro e uma porrada na mesa e os copos e garrafas e pratos tremeram, ele continuando a comer, como se nada tivesse acontecido. Só o velho é que se mexia, incomodando-se, querendo atrair a atenção para uma gentileza. Quando ofereceu a cerveja, peguei ela como um direito certo e nem mesmo devolvi a garrafa. Deixei ela ali do meu lado e isso botou o velho sem graça e descorado de medo. Eu ficando ainda mais nervoso, que a disputa era com o mulato e não queria fazer nada com o velho,

mas fazia, não sei por que eu fazia, era assim, ficava com raiva de mim mesmo fazendo uma coisa dessas com um cara mais fraco e quanto mais raiva eu tinha de mim mais sacanagens fazia. Igual quando batia na minha mulher. Batia porque ela tinha razão e eu batia e ela chorava e então eu batia ainda mais e ficava com nojo de minha pessoa e se ninguém me segurasse acabava matando ela de tanta raiva que tinha de mim." (12) **[103a]**

A culpa da bebida

Muitas vezes haverás de ouvir o velho argumento: Fulano (ou fulana, claro) é uma ótima pessoa, mas quando bebe... sai de baixo. A pessoa é boa, a bebida é que é ruim. Isso serve para justificar todas as estripulias que aprontam.

"Desde noivo, para acalmar os nervos, o João bebia. Nasceu a menina, queria que eu o imitasse. Com umas e outras, a gente ficava em doce bobeira. Ás vezes discutia, quem se lembra porquê? No começo era uísque, depois a velha pinga. Queixava-se de não conseguir emprego. Como podia, se acordava de garrafa na mão?

Uma noite derramei água fervendo na perninha do nenê. Minha mãe fez que me internasse no asilo. Lá fiquei trinta dias. De volta, o João bebendo na minha frente, enchendo o meu copo, você resistia?(...)

Jurava nunca mais beber. E seguir o tratamento em casa. Chegando em casa, não o acompanhasse, meu João brigava. Desde menino, viciado pela sua própria mãe." (65) **[118]**

O problema, como vês, é que não são apenas aquelas pessoas que bebem —e, sob os efeitos da bebida, realizam atos reprováveis— que jogam a responsabilidade pelos seus atos no álcool. Muitas vezes as próprias vítimas das agressões "desculpam" o agressor porque "estava bêbado e... não sabia o que fazia". Com essa atitude contribuem para irresponsabilizarem o agressor.

"—Não. Não pense que foi culpa sua, você deu apenas o pretexto. Luis voltou logo depois, embriagado, bebeu o dia todo por aí, não foi ao trabalho, quando chegou para jantar reclamou de tudo. Eu nem o censurei pelo fato de estar embriagado, aceito-o tal como é, e o amo assim mesmo. Mas hoje ele estava fora de si, bebera demais. Jogou o jantar no chão,

acordou o garoto. Eu pedi que ao menos respeitasse o nosso filho, ele gritou que estava na casa dele, que nos sustentava a todos, que o guri era dele. Eu disse que a mulher também era dele. Aí ele parou, me olhou desvairado.

—Reclamou da minha visita?

—Não. Não tocou em seu nome, nem em sua visita. Jogou todo o jantar no chão, quebrou pratos. Eu me abaixei para limpar o assoalho, agastei a mesa para retirar o tapete. Então ele me agarrou e me levou para a cama. Eu estava suja, parte da comida havia caído no meu vestido, minhas mãos estavam lambuzadas, recusei, disse que precisava lavar as mãos, o rosto, mas ele me quis assim mesmo. Fiz-lhe a vontade, chorando, e ele nem percebeu ou nem se incomodou pelo fato de eu estar cheirando. Quando caiu para o lado eu pensei que podia me recompor, que ele ia adormecer e dormir até amanhã, foi o pior. Caiu em cima de mim. Meteu as unhas na minha cara, disse palavrões, eu tentei fugir dele, corri para o quarto do garoto, mas não tive tempo de fechar a porta. Ele me agrediu outra vez, deu-me socos e ponta pés, eu nem gritar podia, não queria assustar o garoto, nem escandalizar os vizinhos. Foi horrível, Paulo, foi horrível!" (114, 115) **[31]**

Mas, acontece que... também há bebedores honestos

Quando se aceita que a bebida é a responsável pelos atos das pessoas... como se explica a atitude daqueles que, mesmo bebendo muito, nunca cometem nenhuma dessas estúpidas atitudes do tipo agressão, irresponsabilidade familiar, profissional, etc.? O álcool não é o responsável por nada do que acontece e sim quem o ingere. **{31}**

"Ouso sugerir que a humanidade é afligida não pelo álcool, mas pelo alcoolismo. A arte de bem beber se contrapõe justamente ao vício de beber mal. O álcool em si não é bom nem mau, e existe desde que o homem é homem. Todas as civilizações conhecidas produziram alguma espécie de bebida alcoólica. O mal no está no que entra no homem, mas no que dele sai, como afirmou Cristo. Ele próprio não consagrou a água, o leite ou a coca-cola: consagrou o pão e o vinho, como alimentos do corpo e do

espírito. É preciso respeitar a bebida — não saber beber é que constitui um dos mais terríveis males que afligem a humanidade.” (47) **[100]**

E certas pessoas colocar-te-ão diante do dilema: ter de ouvir suas queixas e, ao mesmo tempo, suas afirmações de que aquilo que lhes acontece nada tem a ver com elas. Isso significaria que não sendo responsáveis por aquilo que são, também não o seríam pelas mudanças que dizem almejar.

“Se você tivesse me contado *(Januário rebuscava possibilidades passadas)*, as coisas podiam ter sido diferentes. Não *(Isidora confirmava a imutabilidade fatídica do passado)*, não ia ser diferente. Tudo tinha de ser como foi. *(E Tirésias reafirmava, revia e antevia a impossibilidade de mudar o passado, como se dissesse o passado é tão imutável quanto o futuro, só que o futuro é encoberto, somente os cegos, mergulhados no tempo sombrio, podendo ver as pedras de um jogo inconseqüente e absurdo, jogado, na sua glória cruel, por deuses desatentos e vingativos.)* O que ficou para trás, para trás ficou disse Isidoro, e a gente não pode mudar. Só o pra frente, o que ainda vai acontecer. Pra depois que acontecer a gente falar que tinha que ser. Também o futuro não se pode mudar.” (217, 218) **[40]**

A liberdade de ser, de mudar

A vida assim entendida, destitui o ser humano de algo que lhe é fundamental: sua autonomia, sua liberdade. Como poderia alguém iniciar um processo de mudança pessoal se para fazê-lo ele não depende de si próprio, mas de forças que ele não controla?

Quando decides respeitar a capacidade de autodeterminação do indivíduo, assumes que cada um é inteiramente responsável por aquilo que é, que é capaz de realizar escolhas e exercer seu direito de fazer sua própria eleição. **{58}**

“Se em Malvina não era o destino mas a memória que reagia, embora ela vivesse no futuro e para o futuro, e por isso amava *(quando se voltava para o passado era para se justificar e buscar novas forças para a caminhada ascendente)* —porque ela, no seu orgulho, confiava em si, na sua força, certeza e poder, e por isso previa e calculava— as coisas que a sua imaginação ia inventando e sonhando como um destino ainda por se re-

alizar, mas preestabelecido, adquiriam existência e realidade, aquela imutabilidade das coisas acontecidas, e era difícil para ela depois saber se tinham ou não se passado, tanto as encharcava com o sumo quente do amor no quentume do coração.

Ela não tinha consciência dessas coisas e do engenho que a movia, não sabendo o que ainda estava por acontecer, e que acontecia, já aconteceu no coração, e por isso podia se lembrar do que sonhou e desejou como uma coisa do passado, portanto acontecida, e recorria a esse futuro transmudado em memória e nele vivia, procurando tirar lições, ver onde os erros e acidentes a evita, como alguém olha um mapa na escuridão." (150,151) **[40]**

As idéias de alguns dos nossos mestres

Da última vez, pediste que desse uma olhada geral sobre as propostas centrais dos nossos grandes mestres. Seria interessante; mas... imagina o tamanho deste texto! Como não quero te desapontar vou apresentar alguns aspectos da abordagem de alguns deles. Só para te dar um gostinho e despertar-te vontade de procurar nas fontes. Como sabes, as referências estão ao final de cada seção, vamos ver se os identificas.

Uma questão de fronteiras

A família pode ser vista como uma estrutura separada por fronteiras. Da qualidade dessas fronteiras poderá desprender-se uma análise do seu tipo de estrutura. Obedecendo a esse critério haveria três tipo de famílias. **{36, 38}**

As fronteiras difusas

As famílias com fronteiras difusas, nas quais os menores problemas mobilizam todos os seus membros, o que traz como conseqüência uma constante ebulição familiar.

"Era uma boa menina, delicada, de uma fragilidade física impressionante. Constava, mesmo, que sofria do coração e a família, preocupada, vivia atrás dela, cheia de cuidados e prevenções: 'Fulana, não faz isso! Não faz aquilo! Sobe a escada devagar!"

Se apanhava um resfriado trivial, se acusava uma coriza sem maiores conseqüências, pai, mãe, tias se arremessavam em pânico. Era colocada na cama, quase que à força; fechavam todas as janelas, por causa

dos golpes de ar; e, de dez em dez minutos, impingia-se o termômetro na axila da pequena. Havia, naquela família de emotivos, de nervosos, a idéia de que Conceição ia morrer, de repente, em plena mocidade.” (91) **[96]**

As fronteiras rígidas

Já as fronteiras rígidas não permitem que as informações circulem normalmente pelo sistema. Isso faz com que, em situações nas quais uma mobilização urgente fosse necessária, a resposta seja demorada e até inadequada.

“Mais tarde, veio a coriza. Depois, um febrícula. À meia-noite e pouco, ela, com a temperatura mais elevada e atormentada pelo frio, chamou o marido, que, ao lado, cochilava.

Baixou a voz:

—Eu vou morrer Alberto!

—Que idéia!

—Vou sim, Alberto. Sei que vou morrer!

Ele acabou praguejando:

—Perde essa mania de morte, Conceição! Isso que você tem é um resfriado bobo!...

—Alta madrugada, ela o acordou de novo. A febre a embelezava, dava-lhe graça triste e ardente. Estava com obsessão da morte. Repetia com um doce e monótona tristeza: ‘Vou morrer, vou morrer...’.

—O marido, já com um começo de medo, ensaiou o protesto prosaico:

—Sossega!” (94) **[96]**

As fronteiras nítidas seriam aquelas que filtram adequadamente a informação, permitindo que a família reaja de forma também adequada ás circunstâncias.

Utilização da fantasia, provocação

Quando ouves o discurso aparentemente louco de um dos membros da família, tu podes apropriar-te dele e responder, um degrau acima, com um discurso mais doido ainda. Muitas vezes parece que a quantidade de loucura que cabe em uma mesma sala é limitada. Se o terapeuta é muito mais louco... o cliente passa a ter uma atitude mais equilibrada. **{65, 66}**

"O Javali Sangrento foi mole. Quando o javali atacou o alfaiate, besuntado de sangue, na calada da noite, o alfaiate gritou: 'Javalis Sangrentos não existem! São criações hipotéticas do fabulário universal.' O Javali respondeu: 'Você está confundindo tudo, ô cara! Isso é unicórnio' Mas o alfaiate replicou: 'Então você não passa de uma projeção junguiana do inconsciente coletivo. Mil cruzados pela consulta.' E imediatamente voltou ao Rei e lhe comunicou: 'Acabo de destruir um dos tecidos fundamentais da crendice popular em seu Reino.'" (28) **[43]**

A narrativa empática

Espero que não te assustes pelo fato de estar utilizando aqui o termo empatia (já sei que sabes o que penso a respeito dele). Acontece que, como cada um tem o direito de definir os termos segundo sua própria visão das coisas, vais te deparar com uma definição (no caso: narrativa empática) que nada tem a ver com aquela velha (e suposta) capacidade que teriam certas pessoas de se colocar no lugar de uma outra. A narrativa empática consistiria, resumindo brevemente, na capacidade de transformarmos a narrativa de uma pessoa em um relato que reuna três características. Que situe a pessoa no centro da história, isto é, que ela seja a heroína da sua própria história, que seja plausível e que represente uma possibilidade de mudança, de um futuro melhor. **{53}**

"Silenciou um pouco tonta. Um cobiçoso amor pela sua própria história a tomara. Ali estava ela naquele momento de pé —rica, tonta, pesada, ganhando ali mesmo, enquanto falara, um passado de que jamais suspeitara... 'Mas eu tenho ainda todo um passado para trás!', gritou-se subitamente em arrebatamento de surpresa. Até bonita ela fora! até jovem ela fora —coisa que jamais seria no futuro. Estremeceu ao pensar que se não tivesse contado a Martim sobre o rapaz da fogueira, talvez ficasse para sempre ignorando acontecimentos seus, seus de direito. Pois só ao contar é que ela se lembrara... Como se somente agora soubesse que um rapaz e uma fogueira também eram sentimentos, e que também isso era

vida sua, ah, quem sabe se a veemência se devia dar ao que se esquecera, quem sabe." (269) **[58]**

E posto que estamos falando disso, não posso deixar de lembrar-te que para mim (pessoalmente), a essas três importantes características da narrativa terapêutica tens que agregar uma outra: a de ser uma história esteticamente diferente, uma história mais bela que aquela que até então era vivenciada pela pessoa.

Incapacidade de metacomunicar abertamente

Os problemas da família podem ser interpretados como fruto da incapacidade dos seus membros de metacomunicar aberta e conscientemente. A comunicação em código, que é utilizada por muitas pessoas, provocaria dificuldades que, com o passar do tempo e ao se avolumarem, conduziriam às crises. Se vês a família desse ângulo, a tu tarefa seria facilitar o processo de uma comunicação clara e aberta. **{59, 60}**

"Havia porém um problema de ordem prática muito intenso: seu processo de viver simplesmente não lhe dava o que ela queria. E o resultado é que ela involuntariamente parecia pura sem, no entanto, sequer desejar sê-lo. Somente para evitar a grosseria de se tornar clara. Ela, por exemplo, jamais confessara a um padre que tinha medo de morrer; em vez disso dissera-lhe cheia de intenções e com grande refinamento de alusão: "acho tão mais bonito uma pedra que um passarinho" —com isso talvez quisesse dizer, quem sabe, que uma pedra lhe parecia mais próxima da vida que o passarinho que no seu vôo lhe lembrava a morte, o que, naturalmente, significaria que ela tinha medo de morrer. O padre não entendera, e ela saíra inconfessada, espantada por não Ter tido uma resposta. Havia anos aquela moça não tinha a satisfação de um sucesso.

—Olhe esta samambaia! Disse ela para o homem porque uma pessoa não pode dizer "eu te amo". (143,144) **[58]**

O fim das escolas

Houve um tempo em que os terapeutas deviam possuir uma linha, pertencer a uma escola. (Escola cuja pureza e ortodoxia era zelosamente salvaguardada pelos guardiões das verdades fundamentais.) Mas o tempo das "escolinhas" passou, abriram-se as porteiras. Hoje, terapeutas de todas as origens e abordagens utilizam-se de métodos e propostas provenientes de outros horizontes.

"O analista de Bagé se declara 'freudiano de colá descalço' e 'mais ortodoxo que Caximir Buquê', mas isto não o impede de experimentar com novas formas de terapia. Como no caso da mulher do compadre Salustiano." (7) **[122]**

Agora proponho que entremos na família. Falemos um pouco da comunicação na família.

A comunicação na família

Quero que demos uma olhada na questão da comunicação da família. Lembra, tu podes saber muito de "famílias", mas daquela família que tens diante de ti quem mais sabe são eles próprios. O primeiro passo será apreender com eles: qual é a sua cultura, que língua falam, quais são seus valores, etc. **{2, 11, 39}**

A expressão das emoções.

Cada família possui suas próprias regras em relação à comunicação e expressão dos seus sentimentos. Sob uma aparência fria e distante, pode esconder-se um vulcão de emoções.

"Nesse dia, durante o jantar pouco se falou. Toda a conversa se fez em surdina, e no silêncio espesso só se ouvia o tinido dos talheres batendo nos pratos. Era com uma pesada tristeza que Herr Wolff olhava para o lugar que Lore costumava ocupar. Frau Marta, essa conseguia controlar as emoções. No seu código íntimo havia regras nítidas e indiscutíveis no que dizia respeito à exibição de sentimentalismo. Amava a filha dum modo exclusivo, iniludível, quase feroz. Seria capaz de fazer por ela todos os sacrifícios. Fora, porém, educada num ambiente em que todas as manifestações derramadas de sentimentos íntimos eram tidas não somente como ridículas, senão também como absolutamente inúteis." (179, 180) **[70]**

Muitos pais têm uma enorme dificuldade para expressar suas emoções. São aparentemente frios e ausentes. Como sabes, alguns manifestam abertamente uma recusa à participação no trabalho terapêutico. Se não levas em consideração que sua conduta é produto do seu sofrimento, podes cometer uma grande injustiça e, claro, alienar-te da sua colaboração.

"—Não julgue o seu pai. Ele é um homem dilacerado. Ele hesitou, examinou o próprio adjetivo e o aprovou.

—Dilacerado, é isso. Tem uma mente agudíssima, mas a embotou contra essa maldita religião. Quando nós tínhamos a sua idade, passávamos noites inteiras discutindo sobre, literalmente, Deus e o mundo, e quando eu não tinha mais argumentos contra a fé que ele defendia, ele me supria de argumentos! Muito mais agudos e destruidores do que os meus. Mas sempre voltava à sua fé, como a criança que joga fora o brinquedo maravilhoso e prefere brincar com a caixa.

—Ele dilacerou a família —disse Estevão, o Inflexível.

—Ele sempre foi um apaixonado pela família, pela casa. Ele só não soube, talvez, expressar este amor. Veja só, o que ele tinha que dizer aos filhos que deixou marcado em livros, com santinhos. Isto apesar de ser um homem eloqüente, um orador inflamado. Uma vez quase chegamos aos socos numa discussão sobre o pecado original, sobre a Feliz Culpa." (113) **[127]**

Com algumas famílias acontece que o medo de falar traduz o medo de ferir. Seriam tantas as coisas que deveriam ser ditas (e que nunca se disseram), que, por mais que precisem urgentemente falar, no início, vão preferir calar.

"Sentada na beira da minha poltrona, componho a máscara adequada. Falamos algumas coisas formais, meu pai e eu. O que temos a nos dizer nunca foi pronunciado: seriam apenas acusações recíprocas. Por isso, cada vez que estamos juntos ansiamos pela separação. Que sossego não ter mais de representar.

Era assim também quando eu morava com ele. Só quando ele não estava em casa respirávamos direito. Mas cada vez mis difícil era abandonar uma postura rígida. Éramos destreinados na ternura: nosso único exercício eram os ásperos carinhos de Berta, braços fortes mais eficientes do que o coração." (42) **[59]**

O diálogo na família

Certas famílias dão uma grande importância à comunicação aberta e explícita. Sabem utilizar o diálogo aberto e franco como um meio de comunicação adequado.

"—Conversar é muito importante, meu filho, toda palavra, sim, é uma semente; entre as coisas humanas que podem nos assombrar, vem a força do verbo em primeiro lugar; precede o uso das mãos, está no fundamento de toda a prática, vinga, e se expande, e perpetua, desde que seja justo." (162) **[77]**

A linguagem própria da família

Agora, o fato de que uma família fale abertamente, não significa que tenhas condições de saber com certeza do que estão falando. Cada família possui seus códigos secretos de comunicação. Diante da família encontramo-nos, no que diz respeito a sua forma de falar, em uma situação semelhante à daqueles lingüistas que estão tendo um primeiro contato com uma comunidade cuja língua não falam (mas podem pretender estabelecer esse contato porque conhecem algumas línguas afins, com raízes comuns), e precisam realizar uma construção paulatina do seu conhecimento. O discurso só será inteligível depois de se ter compreendido a lógica da sua linguagem. **{1, 69}**

"Andesta na florando um enaco macorme avistorvo um cou com um beço pedalo de quecio no beijo. 'Ver comou aqueijo quele ou não me chaco macamo', vangloriaco o macou-se de sara pigo consi. E berrorvo para o cou: 'Oládre compá! Voçá estê bonoje hito! Loso, maravilhindo! Jami ovais tem bão! Nante, brilhio, luzidegro! Poje que enso, se quisasse canter, sua vém tamboz serela a mais via de testa floroda. Gostarilo de ouvia, comporvo cadre, per podara dizodo a tundo mer que você ê o Pássaros dos Pei.'" (46) **[42]**

E lembra, ao dizermos linguagem não queremos dizer apenas linguagem verbal. Precisamos conhecer também seus códigos não verbais.

"Que estranha forma de comunicação existia entre nós, expressa por sinais, sinais que reconhecíamos, onde quer que estivéssemos, como as flores colocadas no meu quarto e a toalha da mesa escolhida para o dia da minha chegada.

Minha mãe se comunicava com Lúcia pelos códigos estabelecidos entre os seres humanos. Os nossos não eram convencionais, ainda que não difíceis de desvendar, exigindo apenas um pouco mais de atenção." (127) **[53]**

E se pretendes ser compreendido pelas crianças de uma família, terás que levar em consideração que elas vêem o mundo através da sua imaginação. Elas possuem uma linguagem diferenciada que devemos saber ouvir e aceitar.

"O que Tati quereria fazer se não estivesse presa era abrir um túnel na areia, brincar de casinha, e depois subir o elevador do arranha-céu para ver melhor o mundo que Manuela lhe vinha explicando. Mas sua mãe estava ruim aquele dia, proibiu tudo e agora jogou-a na cama. Sem ação, sem sono, começa a imaginar e faz perguntas: —Mamãe, filho de elefante já sai daquele tamanho? Por que é que bicho não fala, heim?... Você não sabe Zequinha? Ele é moleque mesmo... Outro dia ele quis suspender a minha saia, eu dei um soco nele. Eu também tenho muque, não tenho, mamãe? Quem tem mais muque eu sei é seu Vicente, mas o muque do Popaye ainda é muito maior... O muque de Deus, então nem se fala, não é mamãe?..." (208) **[62]**

A família que te procura tem, além dos membros presentes na sala de terapia, outros membros significativos que exercem uma grande influência sobre ela. Tanto vivos quanto mortos. Eles não podem ser ignorados. **{9}**

A árvore genealógica familiar

A demanda espontânea de terapia para a família é hoje, no nosso país, uma raridade (somos nós, os terapeutas, que, de fato, convocamos a família). A maioria das vezes, atende-se a família nuclear. Acontece, porém, que nem só os membros da família nuclear participam da construção da trama familiar, quer seja dos seus momentos gloriosos ou de suas crises.

"Mas, em genealogia, o passado é uma riqueza que se pode analisar: quando menos se espera, eis que nos aparece algum avô com seus brasões e glórias; alguma vítima das inconstâncias dos tempos; algumas beldades, alguns revoltosos, por entre sombras que se confundem, reduzidas a simples nomes, e que foram, no entanto, como qualquer criatura humana, um complexo de esperanças e alegrias, de sofrimentos e decepções; palpitantes nas suas datas de nascimento, casamento, testamento e morte." (29) **[68]**

O genograma

É comum ouvir os membros da família fazerem referência a esses membros importantes que não estão presentes. Não raro as relações atingem um tal grau de complexidade que chega a ser difícil saber quem é quem. Existe, no entanto, um instrumento que nos permite estabelecer uma espécie de "mapa da família" no qual aparecem graficamente os distintos membros e algumas das suas características pessoais: o genograma. O genograma é construído com a ajuda da família e é, de certa forma, um "ser vivo", já que ele pode ser modificado no decorrer das sessões. **{15}**

"—É fácil, e eu explico já a Vossa Excelência! Minha mãe, Maria Sulpícia, era irmã de meu padrinho Dom Pedro Sebastião. Meu padrinho casou-se a primeira vez com Dona Maria da Purificação Pereira Monteiro, mãe de Arésio. Mas casou-se a segunda vez com minha irmã, Joana Quaderna, sobrinha dele e mãe de Sinésio. Tornou, assim, meu cunhado, além de meu tio, como já era. E, sendo casado com uma sobrinha, tornou-se tio afim dele mesmo!" (270) **[111]**

Concordo contigo. Parece, de início, extremamente complicado. Como o genograma acaba sendo uma espécie de mapa, vou apresentar-te sua construção por etapas. Comecemos com a família do narrador: a mãe, ***Maria Sulpícia***, seus dois filhos, o narrador e a irmã, ***Joana Quaderna***, que tem um filho, ***Sinésio***. Essa parte do genograma ficaria assim:

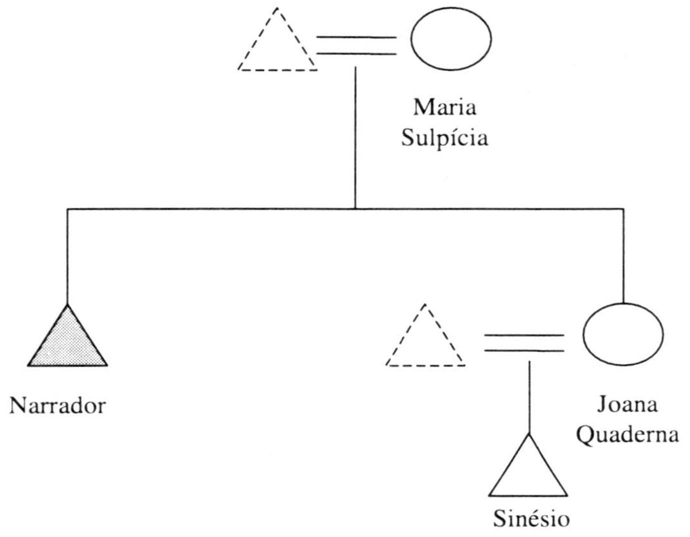

As figuras pontilhadas do marido de Maria Sulpícia (pai do narrador e Joana Quaresma), bem como do marido desta, apesar de não serem citadas no relato, foram colocadas aqui para uma maior clareza e compreensão da ilustração.

Agora passemos a outra parte: ***Maria Sulpícia*** é irmã de ***Pedro Sebastião*** que foi casado com ***Maria da Purificação Pereira Monteiro***, eles tiveram um filho chamado ***Arésio***. O mapinha dessa outra parte seria:

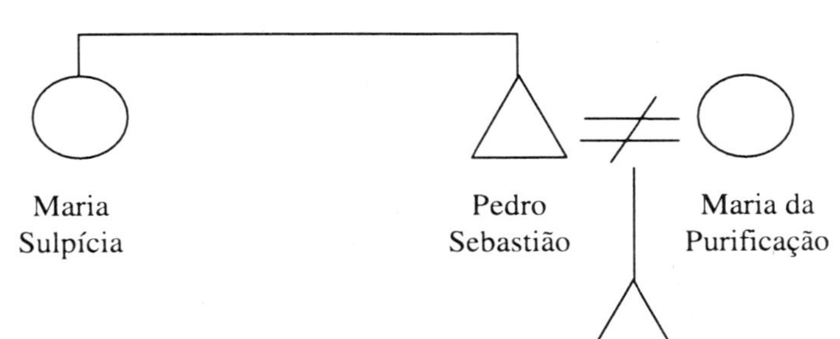

O que nos resta agora é fazer a junção dos dois elementos. Aí teremos o genograma da família em questão.

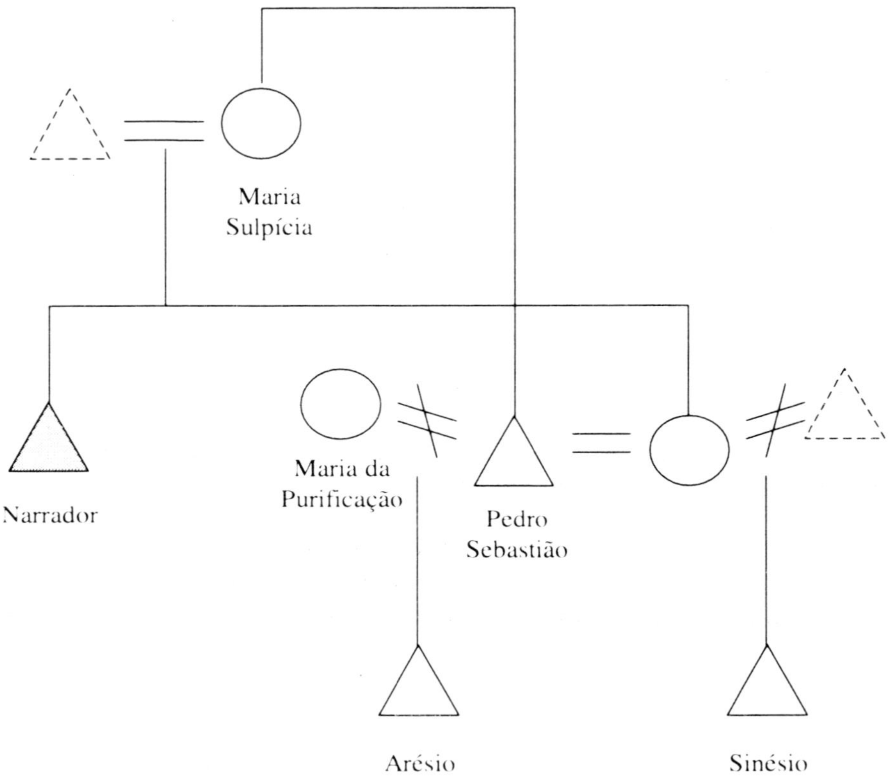

Não está completo? Nem poderia. Estamos construindo a partir das informações que temos. Lembra que não estamos interessados na coleção de "todos os dados da família", queremos, apenas, colher informações que nos ajudem a melhor aproximarmo-nos da família. Como te dizia, se aparecerem novas informações relevantes... inclui-as, alimenta teu genograma. Só não podes esquecer que o fundamental continua sendo a informação que te proporciona e não sua exaustividade.

Um "final" provisório

Sabes, tenho uma certa pressa. Mas estou dividido. Se por um lado, gostaria que já tivesses recebido esta carta, por outro, sei que ainda há muitas coisas para comentar contigo. (Se fosse seguir o impulso de falar tudo de uma vez só, esta carta demoraria mais dez anos!) Não dormi algumas noites pensando em uma solução... cheguei a pensar em dividir o texto em duas metades, encerrando aqui a primeira. Depois pensei, e falei com os meus botões: se mandar esta e continuar depois com a outra, corro o risco de que se passem outros dez anos. Por outro lado, também, tinha que ponderar que uma carta muito volumosa poderia ser um problema. Finalmente decidi que seguiria o impulso de continuar escrevendo. Teu interesse pelas questões da terapia familiar me estimula.

Recebe meu abraço e meus votos de que tenhas uma agradável e sugestiva leitura.

Carlos Arturo Molina-Loza

Belo Horizonte, dezembro de 1997

Referências bibliográficas

1. ABREU, Caio Fernando, *Triângulo das Águas,* Nova Fronteira, Rio de Janeiro, 1983.
2. ANDRADE, Carlos Drumond, Inativos, *in Caminhos de João Brandão,* 3ª. edição, Record, Rio de Janeiro, 1985.
3. ANDRADE, Mário de, *Amar, verbo intransitivo,* Círculo do livro, São Paulo, s/d.
4. ARAUJO, P. Carlos de, *Macumba - As forças da natureza,* Record, Rio de Janeiro, 1989.
5. ASSIS BRASIL, Luiz Antônio de, *As virtudes da casa,* Mercado Aberto, Porto Alegre, 1985.
6. ASSIS BRASIL, Luiz Antônio de, *Cães da província, Mercado Aberto, Porto Alegre, 1987.*
7. ASSIS, Machado de, *Memórias Póstumas de Brás Cubas*, Círculo do Livro, São Paulo, s/d..(b)
8. ASSIS, Machado de, *O Alienista,* Círculo do Livro, São Paulo, s/d. c.
9. ASSIS, Machado de, Aurora sem dia, *in Histórias da meia-noite,* Globo, São Paulo, 1977.
10. ASSIS, Machado de, Último capítulo, *in Histórias sem data*, Globo, São Paulo, 1977.
11. ASSIS, Machado de, As academias de Sião, *in Histórias sem data*, Globo, São Paulo, 1977.
12. BARRETO, Benito, *Mutirão para matar, in Os Guaianãs II,* 3ª edição, Mercado Aberto, Porto Alegre, 1986.
13. BARRETO, Lima, *Vida e morte de M. J. Gonzaga de Sá,* Garnier, Rio de Janeiro, 1990.
14. BARROSO, Maria Alice, *O globo da morte,* Record, Rio de Janeiro, 1981.
15. BARROSO, Maria Alice, *Um dia vamos rir disso tudo,* Mercado Aberto, 2ª. edição, Porto Alegre, 1984.
16. BARROSO, Maria Alice, *Quem matou Pacífico?,* 7ª. edição, Mercado Aberto, Porto Alegre, 1987.
17. BARROSO, Maria Alice, *A saga do cavalo indomado,* Record, Rio de Janeiro, 1988.
18. BERNARDES, Carmo, *Memórias do Vento,* Marco Zero, São Paulo, 1986.

19. BERTO, Luiz, *O romance da besta fubana,* Itatiaia Ltda, Belo Horizonte 1984.
20. BORGES, Dirceu, *O talismã das Amazonas,* Iluminuras, São Paulo, 1988.
21. BRAGA, Rubem, *Ai de ti Copacabana*, Record, Rio de Janeiro, 1981.
22. BRASIL, Assis, *O prestígio do diabo,* Melhoramentos, São Paulo, 1988.
23. CAMINHA, Adolfo, *Tentação no país dos ianques,* José Olympio, Rio de Janeiro, 1979.
24. CAMPOS, Moreira, Lamas e folhas, *in, Contos escolhidos,* 3ª edição, Antares/MEC, Rio de Janeiro, 1978.
25. CAMPOS, Moreira, *Contos escolhidos,* 4ª. edição, Ed. UFC, Fortaleza, 1984.
26. CAMPOS, Moreira, *A grande mosca no copo de leite,* Nova Fronteira, Rio de Janeiro, 1985.
27. CAMPOS, Moreira, O desquite, *in, A grande mosca no copo de leite, op. cit.*
28. CARVALHO, Omar, *Místico das contendas*, Itatiaia, Belo Horizonte, 1987.
29. CELINA, Lindanor, *Afonso contínuo ,santo de altar,* Nova Fronteira, Rio de Janeiro, 1986.
30. COELHO, Paulo, *O diário de um mago,* 4ª. edição, Eco, Rio de Janeiro, s/d.
31. CONY, Carlos Heitor, *Pessach: A travessia,* Companhia das Letras, São Paulo, 1977.
32. CONY, Carlos Heitor, *A verdade de cada dia*, 3ª edição, Mercado Aberto, Porto Alegre, 1988.
33. CONY, Carlos Heitor, *O piano e a orquestra*, 1ª reimpressão, Companhia das Letras, São Paulo, 1996
34. DONATO, Hernani, *Chão Bruto,* 6ª edição, Melhoramentos. 1969.
35. DONATO, Mário, *Presença de Anita,* Círculo do Livro, São Paulo, s/d. (a)
36. DONATO, Mário, *Tietê Barbosa,* Catavento, São Paulo, s/d. (b)
37. DONATO, Mário, *Partidas dobradas,* Hucitec, São Paulo, 1978.
38. DOURADO, Autran, *Tempo de amar,* Record, Rio de Janeiro, 1984.
39. DOURADO, Autran, *Um artista aprendiz,* José Olympio, Rio de Janeiro, 1989.
40. DOURADO, Autran, *Os sinos da agonia*, 5ª edição, Difel, São Paulo, 1981.

41. DRUMMOND, Roberto, *Hitler manda lembranças*, 2ª. edição, Nova Fronteira, 1984.
42. FERNANDES, Millôr, O corvo e o macaco, *in Novas fábulas fabulosas*, 2ª. edição, Nórdica, Rio de Janeiro, 1978.
43. FERNANDES, Millôr, O alfaiate mata sete, *in Eros uma vez*, Círculo do Livro, São Paulo, 1987.
44. FIGUEIREDO, André de, *Alvorada*, Nórdica, Rio de Janeiro, 1978.
45. FILHO, Adonias, *Os servos da morte*, 4ª. edição, Civilização Brasileira, Rio de Janeiro, 1985.
46. FONSECA, Rubem, *O caso Morel*, 2ª edição, Artenova, Rio de Janeiro, 1973.
47. FONSECA, Rubem, *Vastas emoções e pensamentos imperfeitos*, Companhia das Letras, São Paulo, 1988.
48. FONTES, Amando, *Os corumbas*, 13ª. edição, José Olympio, Rio de Janeiro, 1984.
49. FREIRE, Roberto, *Cleo e Daniel*, Círculo do Livro, São Paulo, s/d.
50. GALIZA, Ribamar, *O cantar das casuarinas*, Nova Fronteira, Rio de Janeiro, 1987.
51. GUIMARÃES, Josué, *Dona Anja*, Círculo do livro, São Paulo, 1987.
52. IVO, Lêdo, *Ninho de cobras*, Record, Rio de Janeiro, 1980.
53. JARDIM, Rachel, *O penhoar chinês*, 4ª. edição, José Olympio, Rio de Janeiro, 1990.
54. JURANDIR, Dalcídio, *Chove nos campos de cachoeira*, 2ª. edição, Studio Cátedra, Rio de Janeiro,1976.
55. JURANDIR, Dalcídio, *Marajó*, 2ª. edição, Cátedra, Rio de Janeiro, 1978.
56. LESSA, Orígenes, *O feijão e o sonho*, Abril Cultural, São Paulo, 1980.
57. LINS, Osman, *O fiel e a pedra*, 4ª. edição, Melhoramento, São Paulo, 1974.
58. LISPECTOR, Clarice, *A maçã no escuro*, 7ª edição, Nova Fronteira, Rio de Janeiro, 1982
59. LUFT, Lya, *Reunião de família*, Guanabara, Rio de Janeiro, 1987.
60. LUFT, Lya, *Exílio, 3ª. edição*, Siciliano, São Paulo, 1991.
61. MACHADO, Anibal, *Et alii, Brandão, entre o mar e o amor*, Record, Rio de Janeiro, 1985.
62. MACHADO, Anibal, *A morte da porta-estandarte, Tati, a garota e outras histórias*, José Olympio, Rio de Janeiro, 1989.
63. MACHADO, Dyonélio, *Os Ratos*, 11ª edição, Ática, São Paulo, s/d.

64. MACHADO, Dyonélio, *O louco do Cati,* 4ª. edição, Ática, São Paulo, 1984.
65. MARANHÃO, Haroldo, *Rio de Raivas,* Francisco Alves, Rio de Janeiro, s/d.
66. MEDINA, Sinval, *Cara, coroa coragem,* Nova Fronteira, Rio de Janeiro, 1982.
67. MEDINA, Sinval, *Memorial de Santa Cruz,* Mercado Aberto, Porto Alegre, 1983.
68. MEIRELES, Cecília, Genealogia, *in Escolha seu sonho,* 12ª edição, Record, Rio de Janeiro, s/d.
69. MONTEIRO, Benedicto, *Aquele um,* Marco Zero e PLG, 1985.
70. MOOG, Viana, *Um rio imita o Reno,* 3ª. edição, José Olympio, Rio de Janeiro, 1987.
71. MOREIRA, Virgílio Moretzson, *Fardados de azul,* 2ª. edição, Nova Fronteira, Brasília, 1985.
72. NASCIMENTO, Esdras do, *Solidão em família,* Círculo do Livro, São Paulo, s/d.
73. NASCIMENTO, Esdras do, *Engenharia do casamento,* Gráfica Record, Rio de Janeiro, 1968.
74. NASCIMENTO, Esdras, *O ventre da baleia,* Nórdica, Rio de Janeiro, 1980.
75. NASCIMENTO, Esdras do, *As surpresas da paixão,* Nórdica, Rio de Janeiro, 1986.
76. NASCIMENTO, Esdras do, *O barba azul de Ipanema,* Nórdica, Rio de Janeiro, 1988.
77. NASSAR, Raduan, *Lavoura Arcaica,* 3ª. edição, Companhia das Letras, São Paulo, 1989.
78. NETO, Euclides, *Os genros,* GRD, São Paulo, 1981.
79. NETO, Paulo de Carvalho, *Suomi,* Guanabara, Rio de Janeiro, 1986.
80. NOVAES, Carlos Eduardo, *Os mistérios do aquém,* 2ª. edição, Nórdica, Rio de Janeiro, 1976.
81. NOVAES, Carlos Eduardo, *A próxima novela,* Ática, São Paulo, 1988.
82. PRADO, Adélia, *Cacos para um vitral,* 2ª. edição, Nova Fronteira, Rio de Janeiro, 1980.
83. PRETA, Stanislaw Ponte, Desastre de automóvel, *in Febeapá I, 1º festival de besteiras que assola o pais*, 9ª edição, Civilização Brasileira, São Paulo, 1980.

84. PROENÇA, M. Cavalcanti, *Manuscrito holandês ou "A peleja do caboclo Mitavaí com o monstro Macobeba,* 5ª. edição, Civilização Brasileira, Rio de Janeiro, 1990.
85. QUEIROZ, Dinah Silveira de, *Margarida La Rocque, in, A ilha dos demônios,* 5ª. edição, José Olympio, Rio de Janeiro, 1978.
86. QUEIROZ, Raquel de, *O galo de ouro,* 2ª. edição, José Olympio, Rio de Janeiro, 1986.
87. QUINTANA, Mário, *Da preguiça como método de trabalho,* 2ª. edição, Globo, Rio de Janeiro, 1987.
88. RAMOS, Graciliano, *Caetés,* Círculo do Livro, São Paulo, s/d.
89. REGO, José Lins do, *Doidinho,* 22ª edição, José Olympio, rio de Janeiro, 1982.
90. REGO, José Lins do, *Menino do engenho,* 33ª edição, Nova Fronteira, Rio de Janeiro, 1984.
91. REGO, José Lins do, *Fogo Morto,* 28ª edição, Nova Fronteira, Rio de Janeiro, 1986.
92. REGO, José Lins do, *Usina,* 12ª edição, Nova Fronteira, Rio de Janeiro, 1985.
93. REY, Marcos, *Café na cama,* Círculo do Livro, São Paulo.
94. RIBEIRO, Darcy, *O Mulo,* Círculo do livro, São Paulo, 1981.
95. RODRIGUES, Nelson, O decote, *in A vida como ela é, O homem fiel e outros contos,* 7ª reimpressão, Companhia das Letras, São Paulo, 1997.
96. RODRIGUES, Nelson, Agonia, *in A vida como ela é, O homem fiel e outros contos,* 7ª reimpressão, Companhia das Letras, São Paulo, 1997.
97. RODRIGUES, Nelson, Momentos de amor, *in A vida como ela é, O homem fiel e outros contos,* 7ª reimpressão, Companhia das Letras, São Paulo, 1997.
98. RONAI, Paulo, Apresentação, in CONY, Carlos Heitor, 1988.
99. ROSA, João Guimarães, *Grande Sertão: Veredas,* 21ª. edição, Nova Fronteira, Rio de Janeiro, 1986.
100. SABINO, Fernando, Ao bom bebedor meia garrafa basta, *in Deixa o Alfredo falar! Como diz o mineiro, conversa de mais de dois é comício,* 7ª edição, Record, Rio de Janeiro, 1980.
101. SABINO, Fernando, Passeio, *in, A companheira de viagem,* 9ª edição, Rio de Janeiro, 1986.
102. SANT'ANNA, Sérgio, *Simulacros,* Círculo do Livro, São Paulo, s/d.
103. SANT'ANNA, Sérgio, *A senhorita Simpson,* Companhia das Letras, São Paulo, 1989.

103a. SANT'ANNA, Sérgio, A luta, in *Contos e novelas reunidos,* Companhia das Letras, São Paulo, 1977.
104. SCLAIR, Moacyr, *O ciclo das águas,* 4ª. edição, Editora Globo, 1982.
105. SCLAIR, Moacyr, *A Festa no Castelo,* L&PM Editores, Porto Alegre, 1982.
106. SCLAIR, Moacyr, *O Centauro no Jardim,* L&PM Editores, Porto Alegre, 1983.
107. SCLAIR, Moacyr, Histórias com feedback, *in A massagista japonesa,* L&PM, Porto Alegre, 1984.
108. SILVA, Aguinaldo, *O inimigo público,* Mercado Aberto, 1984.
109. SOUZA, Inglês de, *O cacaulista,* UFPA, Belém, 1973.
110. STEEN, Edda Van, *Corações Mordidos,* Círculo do Livro, São Paulo, s/d.
111. SUASSUNA, Ariano Vilar, *Romance d'A Pedra do Reino e o Príncipe do sangue do Vai-e-volta: romance armorial- popular brasileiro,* 4ª. edição, José Olympio, Rio de Janeiro, 1976.
112. TORRES, Antônio, *Essa terra,* 7ª. edição, Ática, São Paulo, 1986.
113. TORRES, Antônio, *Um taxi para Viena D'Áustria,* Companhia das Letras, São Paulo, 1991.
114. TREVISAN, Dalton, Olhos azuis mais lindos, in A faca no coração, 2ª edição, Record, Rio de Janeiro, 1979.
115. TREVISAN, Dalton, *Cemitério de elefantes,* 7ª edição, Record, Rio de Janeiro, 1984.
116. TREVISAN, Dalton, *A Polaquinha,* 4ª. edição, Record, Rio de Janeiro, 1985.
117. TREVISAN, Dalton, *Virgem louca, loucos beijos*, 3ª edição, Record, Rio de Janeiro, 1985.
118. TREVISAN, Dalton, *Pão e sangue*, Record, Rio de Janeiro, 1988.
119. TREVISAN, Dalton, *2,3,4*, Record, Rio de Janeiro, 1997.
120. VASCONCELOS, José Mauro de, *Banana brava,* 2ª. edição, Melhoramentos, São Paulo, 1969.
121. VASCONCELOS, José Mauro de, *Arara vermelha,* 12ª. edição, Melhoramentos, 1977.
122. VERISSIMO, Luis Fernando, Outra do Analista de Bagé, in VERISSIMO, L.F, (1982)
123. VERISSIMO, Luis Fernando, Lar desfeito, in VERISSIMO, L.F, (1982)
124. VERISSIMO, Luis Fernando, *Outras do Analista de Bagé*, 44ª edição, L&PM, Porto Alegre, 1982.

125. VERISSIMO, Luis Fernando, O Marido do Dr. Pompeu, *in O marido do Dr. Pompeu,* LPM, Porto Alegre, 1987. (a)
126. VERISSIMO, Luis Fernando, Serena, in O marido do Dr. Pompeu, LPM, Porto Alegre, 1987.
127. VERISSIMO, Luis Fernando, *O jardim do diabo,* LPM, Porto Alegre, 1987. (b)
128. VILELA, Luiz, *O inferno é aqui mesmo,* Círculo do livro, São Paulo, 1987.
129. VILELA, Luiz, *Graça,* Estação da Liberdade, São Paulo, 1989.

Bibliografia científica

1. ANDERSEN, Tom, *El equipo reflexivo, Diálogos y diálogos sobre los diálogos,* 1ª edição, Editorial Gedisa, Barcelona, 1994. [Original inglês, W.W. Norton, 1991.]
2. ANDOLFI, Maurizio, *Terapia familiar,* Paidos, Buenos Aires, 1985. [Original italiano, Astrolabio, 1977.]
3. ANDOLFI, M., ANGELO C., MENGHI, P., NICOLÒ-CORIGLIANO, A.M., *Detrás de la máscara familiar,* Amorrortu editores, Buenos Aires, 1985. [Original italiano, 1982.]
4. ANDOLFI, Maurizio, ANGELO, Claudio, SACCU, Carmine, *La coppia in crisi,* I.T.F., Roma, 1988.
5. ANGELO, Cláudio, La scelta del partner, *in,* ANDOLFI, Maurizio, ANGELO, Cláudio, SACCU, Carmine, *La coppia in crisi,* ITF, Roma, 1988. [V.O.]
6. BATESON, G., RUESCH, J., *Comunicación, la matriz social de la psiquiatria,* 1ª reimpresión, Editorial Paidos, Espanha, 1984. [Original inglês, W.W. Norton, SD.]
7. BENOIT, Jean-Claude, *Vínculos duplos, Paradoxos familiares dos esquizofrênicos,* Zahar Editores, Rio de Janeiro, 1982. [Original francês, Universitaires de France, 1981.]
8. BERGHE, Pierre L. Van Den, *Sistemas de la familia humana, Una vision evolucionista,* Fondo de cultura económica, México, 1983. [Original inglês, Elsevier North Holland, Inc., 1979.]
9. BOSZORMENYI-NAGY, Ivan, SPARK, Geraldine M., *Lealtades invisibles,* Amorrortu editores, Buenos Aires, 1983. [Original inglês, Harper & How, 1973.]
10. BRAUNER, Afred, Les enfants des confins, Bernard Grasset, Paris, 1976. [V.O.]
11. CAILLÉ, Phillipe, *Familles et thérapeutes, lecture systémique d'une intéraction,* ESF, Paris, 1985. [V.O.]
12. CAILLÉ, Philippe, *Um e um são três, O casal se auto-revela,* Summus Editorial, São Paulo, 1994. [Original francês, 1991.]
13. CAILLÉ, Phillipe, HAKON, Arveit, Dificultés de la relation de couple ou le visage sombre de Janus, *in* REY, Yveline (Org.) *La thérapie familiale telle quelle..., de la théorie à la pratique,* 2ª edition, ESF, Paris, 1983. [V.O.]

14. CAPRA, Fritjof, *O ponto de mutação, A ciência, a sociedade e a cultura emergente,* 10ª. edição, Cultrix, São Paulo, 1995. [Original inglês, 1982.]
15. CARTER, Betty e MCGOLDRICK, Monica & colaboradores, *As mudanças no ciclo de vida familiar,* 2ª edição, Artes Médicas, Porto Alegre, 1995. [Original inglês, Allym and Bacon, 1989.]
16. DEVEREUX, GEORGE, comunicação pessoal, Paris, 1980.
17. FISHMAN, Charles H., *Tratamiento de adolescentes con problemas,* 1ª. edición, Paidos, 1989. [Original inglês, Basic Books, 1988.]
18. HALEY, Jay, *Psicoterapia familiar, Um enfoque centrado no problema,* Interlivros, Belo Horizonte, 1979. [Original inglês, Jossey-Bass, Inc., 1976.]
19. HALEY, Jay, *Trastornos de la emancipación juvenil y terapia familiar,* Amorrortu editores, Buenos Aires, 1985. [Original inglês, 1980.]
20. HARMS, Ernest, Psicología del niño anormal, Paidós, Buenos Aires, 1964. [V.O.]
21. HERR, J., WEAKLAND, John, *Terapia interaccional y tercera edad,* Nadir Editores, Argentina, 1979. {Original inglês, Springer Publishing, 1979.]
22. KEENEY, Bradford P., *Estética del cambio,* 1ª. edición, Paidos, Buenos Aires, 1987. [Original inglês, The Guilford Press, 1983.]
23. KÖNIG, René, *La familia en nuestro tiempo,* España Editores, Madrid, 1981. [Original alemão, 1974.]
24. LÉVI-STRAUSS, Claude, SPIRO E. Melford, GOULGH, Kathleen, *Polémica sobre el orígen y la universalidad de la familia*, 2ª edición, Editorial Anagrama, Barcelona, 1976.
25. LÉVI-STRAUSS, Claude, La familia, in, LÉVI-STRAUSS, Claude, SPIRO E. Melford, GOULGH, Kathleen, *Polémica sobre el orígen y la universalidad de la familia*, 2ª edición, Editorial Anagrama, Barcelona, 1976. [Original inglês, Oxford Universit Press, 1956.]
26. LINTON, Ralph, Introducción la historia natural de la familia, in, FROMM, Erich, HORKHEIMER, Max, PARSONS, Talcortt y otros, 1978. [Original inglês, Harper & Brothers, 1ª edição castelhano 1970.]
27. LITTLEJOHN, Stephen W., *Fundamentos teóricos da comunicação humana,* Zahar Editores, Rio de Janeiro, 1982. [Original inglês, Merril Publishing, 1978.]
28. LOPICCOLO, Joseph, HEIMAN, Juliar, *Descobrindo o prazer, uma proposta de crescimento sexual para a mulher,* Summus, São Paulo, 1992. [Original inglês, Prentice Hall Press, 1988.]

29. MADANES, Cloé, *Sexo, amor e violência, Estratégias para a transformação,* Editorial Psy, Campinas, 1997. [Original inglês, Jossey-Bass, 1994.]
30. MADANES, Cloé, *A família além do espelho, Avanços na prática da psicoterapia estratégica,* Editorial Psy, Campinas, São Paulo, 1997. [Original inglês, Jossey-Bass, 1984.]
31. MADANES, Clóe, KEIM, James P., SMELSER, Dinah, *Violencia Masculina,* Granica, Barcelona, 1997. [Original inglês, Jossey-Bass, 1995.]
32. MADANES, Cloé, MADANES, Cláudio, *O significado secreto do dinheiro ...e como ele atua nas famílias despertando amor, inveja, compaixão e raiva,* Editora Psy, Campinas,1997. [Original inglês, Jossey-Bass, 1994.]
33. MANNONI, Maud, *L'enfant arriéré et sa mère, étude psychanalytique,* Editions du Seuil, Paris, 1964. [V.O.]
34. MASSON, Odette, La naissance d'un enfant, une lecture de crises familiales post-partales, *in* REY, Yveline, (Org.), *La thérapie familiale telle quelle..., de la théorie à la pratique*, 2ª edition, ESF, Paris, 1983. [V.O.]
35. MATURANA R., Humberto, *El sentido de lo humano,* 3ª. edición, Hachette, Santiago, 1992. [V.O.]
36. MINUCHIN, Salvador, *Famílias, funcionamento & tratamento,* Artes Médicas, Porto Alegre, 1982. [Original inglês, Harvard, 1980.]
37. MINUCHIN, Salvador, *Calidoscopio familiar, Imágenes de violencia y curación,* 1ª. edición, Paidos, Buenos Aires, 1985. [Original inglês, Harvard, 1984.]
38. MINUCHIN, Salvador, FISHMAN, H. Charles., *Técnicas de Terapia Familiar,* 1ª. edición castellana, Paidos, 19[illegible] [Original inglês, Harvard,1981.]
39. MINUCHIN, Salvador, NICHOLS, Michael, *A cura da família, Histórias de esperança e renovação contadas pela terapia familiar,* Artes Médicas, Porto Alegre, 1995. [Original inglês, 1993.]
40. MOLINA-LOZA, Carlos Arturo, Rapaz, cê tá com um encosto em você, ou O verme mais medonho do mundo: um exemplo de terapia familiar intercultural, *Psicologia, Teoria e Pesquisa*, Vol. 4 no. 2 maio-agosto 1988.
41. MOLINA-LOZA, Carlos Arturo, O ciclo vital da família, uma visão contextual, Palestra realizada no III Encontro brasileiro de terapeutas de família, Brasília, julho de 1992.

42. MOLINA-LOZA, Carlos Arturo, Rapaz, cê tá com um encosto em você, (II parte), O mundo não acabou...e as coisas ainda melhoraram! Entrevista de seguimento de uma terapia familiar intercultural), *Família* Temas de terapia familiar e ciências sociais*, ano 6, vol. 1, no 6, 1944.
43. MOLINA-LOZA, Carlos Arturo, As relações família/escola e professor/aluno e suas implicações patológicas, *in,* SUKIENNIK, Paulo B. (org.), *O aluno problema,* Mercado Aberto, Porto Alegre, 1996.
44. MOLINA-LOZA, Carlos Arturo, *Destino familiar, desatino terapêutico, experiências si-cibernéticas em terapia familiar sistêmica breve*, ArteSã, Belo Horizonte, 1996.
45. MOLINA-LOZA, Carlos Arturo, Da família nuclear á família atômica, em busca de uma nova nomenclatura familiar para um novo parentesco, manuscrito inédito.
46. MOLINA-LOZA, Carlos Arturo, ALBUQUERQUE, C. V. de, E quando a família não volta: desistência ou alta? Um caso de terapia familiar (brevíssima), *Família* Temas de terapia familiar e ciência sociais*, Vol. 1, no 2, julho-dezembro, 1987.
47. NAPIER, Augustus, WHITAKER, Carl, *Le creuset familial,* Robert Laffont, Paris, 1978. [Original inglês, Harper & How, 1978.]
48. NATHAN, Tobie, *L'esperme du diable, élements d'ethnopsychotérapie,* PUF, Paris, 1988. [V.O.]
49. NATHAN, Tobie, *L'influence Qui guérit,* Odile Jacob, Paris, 1994. [V.O.]
50. NEIL, John R., KNISKERN, David P., *Da psique ao sistema, a evolução da terapia de Carl Whitaker,* Artes Médicas, Porto Alegre, 1990. [Original inglês, Guilford Press.]
51. NEUBURGER, Robert, L'irrazionale nella coppia, *in,* ANDOLFI, Maurizio, ANGELO, Cláudio, SACCU, Carmine, *La coppia in crisi,* ITF, Roma, 1988. [V.O.]
52. OMER, Haim, *Palestra Realizada no Minas Tênis Clube de Belo Horizonte, Setembro de* 1997.
53. OMER, Haim, *Intervenções críticas em psicoterapia,* Artes Médicas, Porto Alegre, 1997. [W.W. Norton, 1994.]
54. PARSONS, Talcott, La estructura social de la familia, in, FROMM, Erich, HORKHEIMER, Max, PARSONS, Talcott y otros, 1978. [Original inglês, Harper & Brothers, SD.]

55. PITTMAN, Frank, *Mentiras privadas, A infidelidade e a traição da intimidade,* Artes Médicas, Porto Alegre, 1994. [Original inglês, W.W. Norton & Co., SD.]
56. REY, Yveline, (Org.), *La thérapie familiale telle quelle..., de la théorie à la pratique*, 2ª edition, ESF, Paris, 1983. [V.O.]
57. RUESCH, Jurgen, *Comunicación terapéutica,* 1ª reimpresión, Editorial Paidos, Argentina, 1980. [Original inglês, W.W. Norton, SD.]
58. SALOMÉ, Jacques, *T'es toi quand tu parles, Jalons pour une grammaire relationnelle*, Albin Michel, Paris, 1991. [V.O.]
59. SATIR, Virginia, *Relaciones humanas en el núcleo familiar,* Editorial Pax-México, 1978. [Original inglês, Science and Behavoir Books, 1972.]
60. SATIR, Virginia, *Terapia do grupo familiar,* 2ª. edição, Francisco Alves, Rio de Janeiro, 1980. [Original inglês, Science and Behavoir Books, 1967.]
61. SCABINI, Eugenia, La famiglia tra eventi critici ed attivazione dellle risorse, *in,* ANDOLFI, Maurizio, ANGELO, Cláudio, SACCU, Carmine, *La coppia in crisi,* ITF, Roma, 1988. [V.O.]
62. WATZLAWICK, Paul, De l'indicatif au langage performatif, *in* REY, Yveline, (org.) *La thérapie familiale telle quelle..., de la théorie à la pratique*, 2ª edition, ESF, Paris, 1983. [V.O.]
63. WATZLAWICK, P., BEAVIN, H.J., JACKSON, D.D., *Pragmática da comunicação humana,* Cultrix, São Paulo, s/d. [Orginal inglês, W.W. Norton, 1967.]
64. WARKENTIN, John, WHITAKER, Carl, Elprograma secreto que realiza el terapeuta de parejas, *in* ZUCK, Gerald & BOSZORMENYI-NAGI, Ivan (comp.) 1985. [Original inglês, Sciences and Behavoir Books, 1967.]
65. WHITAKER, Carl, *Meditaciones nocturnas de un terapeuta familiar,* Paidos, Buenos Aires, 1992.
66. WHITAKER, C.A., BUMBERRY, W.M., *Dançando com a família,* Artes Médicas, Porto Alegre, 1990. [Original inglês, Brunner/Maziel, 1988.]

III

Dez anos...
antes do previsto

—Oh señor,
si supiereis las nuevas que me habeis contado,
y cómo me tocan tan en parte
que me es forzoso dar muestras de ello
com estas lágrimas que,
contra toda mi discreción y recato,
me salen por los ojos!—

Miguel de Cervantes
Don Quijote de la Mancha

A cada nova leitura... uma nova criação

Como combinado, desta feita não esperei por mais dez anos para escrever a seqüência. Aqui me tens de novo. Vamos continuar vasculhando o mundo da família e da terapia familiar com a inestimável ajuda dos romancistas brasileiros.

Antes de entrar na matéria, deixa-me contar-te os apuros pelos que estou passando na hora de organizar todo o material. Como constantemente estão aparecendo novos textos interessantes, fiquei adiando o momento de fazer o texto final (e por esse caminho não acabaria nunca). Tive uma idéia: não vou mais me preocupar com a possibilidade de aparecerem novos excertos. Se aparecerem e julgar que são importantes (que não podem faltar), agregá-los-ei, no final, em uma espécie de apêndice. Assim não fico paralisado e posso ir fechando os capítulos.

Agora, voltando ao nosso tema, imagino que, à medida que lias as páginas precedentes, ias lendo muitos e muitos livros. Tua leitura atenta transforma aquilo que lês em uma nova criação.

"Não vejo razão pra me chamarem vaidoso se imagino que o meu livro tem neste momento cinqüenta leitores. Como cinqüenta e um. Ninguém duvide: esse um que lê com mais compreensão e entusiasmo um escrito é autor dele. Quem cria, vê sempre uma Lindóia na criatura, embora as índias sempre sejam pançudas e ramelentas." (18) **[7]**

Tenho a esperança de que a leitura das duas primeiras partes (dos dois primeiros partos...) tenha te deixado com mais vontade de abordar esta. A seguir vamos abordar alguns dos temas centrais da terapia de família e, na quarta parte, examinar um pouco do contexto socio-cultural no qual vivemos (tanto terapeutas, quanto famílias), o que, espero, ajude a situar melhor o nosso trabalho.

De novo sobre a primeira entrevista

Muitas vezes tenho a impressão de que tudo que poderia ser dito sobre a primeira entrevista... já foi dito e redito. **{12, 13, 26, 40, 49, 73, 75}** Acontece que, pelo que me contas do teu trabalho, esse é um assunto que ainda merece ser abordado de novo.

Esse primeiro contato é uma semente. Da forma como ela for plantada, dependerá em boa medida o ritmo da sua eclosão e do seu crescimento. Se quiseres que os seus frutos sejam belos e saborosos, deverás ter muito carinho na hora de realizares o plantio.

Não quero dizer com isso que a primeira entrevista seja o momento mais importante da terapia (como já se disse por aí). Todos os momentos podem, e devem, ser o mais importante: assim terás que o importante acaba sendo o processo terapêutico.

"'Vejam', disse ele: 'há três aspectos numa viagem; a saída, o percurso, e a chegada. Qual deles é o mais importante?...'

Ninguém ousou responder.

'Todos são importantes', ele disse, 'todos são. No entanto, há aquelas pessoas que preferem a saída, praticamente ignorando o percurso e a chegada. Já outras preferem a chegada, mal se dando conta da saída e

do percurso. E, finalmente, há aqueles que preferem o percurso, ou seja: para elas o importante é a estrada.'" (108) **[118]**

As indicações

Antes de passar a falar da primeira entrevista propriamente dita, quero falar-te daquelas situações em que a família te é encaminhada por um colega. Animado pelo desejo de "facilitar" tua tarefa, o dito colega pode querer transmitir-te algumas informações a respeito da família. Tu que já sabes desconfiar das tuas próprias observações (tendo aprendido a não acreditar muito firmemente em nenhuma das tuas hipóteses, permitindo assim que todas conservem o sopro de vida necessário a sua reanimação oportuna), desconfiarás com muito mais razão de qualquer informação, a respeito da família, que te seja dada por terceiros. Com muito jeito, deverás agradecer-lhe pela intenção e afirmar-lhe que tu preferes esperar o momento do teu primeiro contato com a família para recolher as informações a seu respeito. Não te preocupes, não ficará sentido. Compreenderá que essa é a tua maneira de trabalhar e aceitará.

"O meu amigo continuou a desfiar as virtudes do fazendeiro. Meu espírito apreendia-se cada vez mais de que eu ia entrar em um romance. Finalmente o meu amigo dispunha-se a contar-me a história do crime em cujo conhecimento devia eu entrar daí a poucas horas. Detive-o.
—Não, disse-lhe, deixa-me saber de tudo por boca do próprio réu. Depois compararei com o que me contarás." (6) **[13]**

Agora sim, estamos prontos para entrar no nosso tema inicial: a primeira entrevista.

Eles não sabem por onde começar...

O momento inicial, aquele em que dois grupos de desconhecidos (os terapeutas de um lado, e a família do outro), confrontam-se pela primeira vez, sói ser de muita tensão: a angustiante pergunta "por onde começar" faz vôos rasantes por cima das cabeças de todos. E eles muitas vezes chegam a dizer: não sei por onde começar! E com justa razão. Eles não têm por que saber, és tu quem tem que organizar a sessão, és tu quem tem de saber.

"'Nem sei como começar', diz Morel. 'O Rei disse para Alice, começa no princípio, depois continua, chega ao fim e pára. Mas onde é o princípio?'

Vilela: 'Você também pode começar do fim e terminar no princípio, ou no meio.'

'Preciso da sua ajuda.'

'Diga como.'" (3, 4) **[55]**

As trivialidades fundamentais

A saída clássica seria começar conversando sobre aquelas banalidades que estão longe de serem perigosas. Quanto mais afastadas dos temas que sugiram conflito melhor. Elas cumprem uma importante função, descontraem o ambiente. Transmitem, de forma subliminar, a seguinte mensagem: fiquem tranqüilos, nós vamos falar de coisas importantes, mas tudo tem sua hora. Só vamos abordar os temas profundos quando isso for possível, quando sentirmos que vocês já nos autorizaram intimamente a fazê-lo. Depois tudo vai sair mais naturalmente. **{26}**

"Miúda a princípio, a conversa girava em torno do calor, da seca, das chuvas que não deviam tardar, e de um caso de paratifo, ocorrido na cidade. Depois, porém, foi-se animando, tomando força, exaltando-se até, que as coisas não pareciam bem-postas para aquela gente. Havia tempestade ameaçando. (108) **[52]**

Será ao longo desse momento descontraído, durante o qual os membros da família falam sem cuidar do que dizem, sem medir as palavras, que poderás começar a conhecê-los como pessoas, como membros de uma família (e não apenas como pessoas em dificuldades, complicadas, criadoras de casos, problemáticas, etc.) Não terás, nessa altura, a obrigação de escolher uma pista em particular, ficando aberto para todas os indícios.

"Mas eu disse pro jornalista o que eu digo pra todo mundo: não tem segredo coisa nenhuma; o que eu faço é sempre desconfiar de todas as pistas que tão mais claras do que a luz do ida. Procuro sempre imaginar, além de tudo o que eu ouvi e vi, o que pode tá atrás de cada depoimento, de cada confissão, de cada interrogatório: o que ficou no escuro, o que tá

emaranhado, o que ninguém me disse e só imaginei —é por aí que eu vou, manso e quieto como um gato caminhando no telhado de vidro.

Mesmo assim gosto muito de ouvir o falatório do povo; no meio de um milhão de mentiras, há sempre meia verdade que termina alumiando a gente. 104 **[26]**

Captar a informação não proposital

Tua descontração também será uma grande aliada. Sem a preocupação de precisar compreender as dificuldades da família, poderás libertar tua imaginação e permitir que ela trabalhe, que seja ela que te mostre os caminhos. As tuas primeiras hipóteses poderão ser o fruto dessa imaginação e não necessariamente de um suposto conhecimento objetivo da "realidade" da família. **{2, 3, 21, 22, 76}**

E nesse meu trabalho há uma coisa esquisita: quando o caso tá mais difícil, mais encrencado, parece que o Cristo-Rei me ajuda e a minha boa Isaltina, que Deus a tenha em bom lugar, ela também me auxilia; nessas horas acontece mais esquisito —eu durmo e sonho com a história toda— quando acordo, relembro tudo o que sonhei: daí em diante o criminoso tá perdido porque quando começo a agir tou mais certo na trilha que cachorro perdigueiro quando fareja caça." (105) **[26]**

Eu, insisto, costumo usufruir da primeira fase descontraída o tempo que for necessário. Assim conheço a família enquanto família e não apenas enquanto portadora de um problema. Só saio dessa fase, para entrar na seguinte, quando, além de considerar que já estabeleci um bom contato com a família, sinto que já me forneceram uma boa amostra do seu arsenal de possibilidades, de recursos de saúde. É o estabelecimento da intimidade terapêutica, a aproximação, tanto de cada um dos seus membros, quanto do grupo como um todo. **{49, 83}**

"Sempre sei, realmente. Só o que eu quis, todo o tempo, o que eu pelejei para achar, era uma só coisa —a inteira— cujo significado e vislumbrado dela eu vejo que sempre tive. A que era: que existe uma receita, a norma dum caminho certo, estreito, de cada pessoa viver, e essa pauta cada um tem —mas a gente mesmo, no comum, não sabe encontrar e sa-

ber? Mas, esse norteado, tem. Tem que ter. Se não, a vida de todos ficava sendo sempre o confuso dessa doidera que é. E que: para cada dia, e cada hora, só um ação possível da gente é que consegue ser certa. Aquilo está no encoberto; mas, fora dessa conseqüência, tudo o que eu fizer, o que o senhor fizer, o que o beltrano fizer ou deixar de fazer, fica sendo falso, e é o errado. Ah, porque aquela outra é a lei, escondida é visível mas não achável, do verdadeiro viver: que para cada pessoa, sua continuação, já foi projetada, como o que se põe, em teatro, para cada representador — sua parte, que antes já foi inventada num papel!..." (452) **[98]**

Agora lembra: isso não uma lei que deve ser seguida à risca, como se fosse o único caminho possível. Tu conservas, sempre, teu direito de inventar caminhos, de mudar a tua seqüência preferida. Pode ser que, em determinado momento, deixando-te levar pelo teu sentimento, prefiras ir direto ao ponto.

"Uma das coisas que aprendi, nos últimos anos, é ir direto ao assunto, ou então evitá-lo habilmente. Foi uma das coisas que aprendi." (14) **[107]**

Captar o óbvio

É muito importante, também, que prestes atenção naquilo que, por estar tão visível, deixa de ser percebido. É justamente aí que a família se perdeu. Deixou de perceber certas coisas importantes. Elas, obviamente, se não podem ser percebidas... não poderão ser resolvidas.

"Vida, e guerra, é o que é: esses tontos movimentos, só o contrário do que assim não seja. Mas, para mim, o que vale é o que está por baixo ou por cima —o que parece longe e está perto, ou o que está perto e parece longe. Conto ao Senhor é que o que eu sei e o senhor não sabe; mas principal quero contar é o que eu não sei se sei, e que pode ser o que o senhor saiba." (214) **[98]**

O humor terapêutico

O humor é um recurso de um valor muito grande. Ele te será útil não apenas durante a primeira entrevista, mas ao longo do processo todo. Ele ajuda a mudar por completo o rumo de uma situação, a modificar uma atitude de rigidez, a provocar respostas que, por não serem "sérias", podem estar mais carregadas de conteúdos importantes, etc. **{6, 12, 41, 49, 84}**

"Por que ofende os palhaços? São artistas mais ternos e sofridos de qualquer espetáculo. Também eu às vezes sou um palhaço. Um palhaço que não precisa de frases dramáticas para ir ao fundo do poço. O riso é o único universo respeitável numa terra de loucos e insensatos. Não concorda comigo?" (147) **[88]**

E esse toque mágico do humor também te atingirá. Não te leves muito a sério. Queres coisa mais curiosa que uma pessoa envolvendo-se, de hora marcada, com outras pessoas que, de desconhecidas totais, passam a fazer parte da sua vida, e de cujas vidas ela também faz parte!? O teu humor vai permitir que te utilizes a ti mesmo, e que sejas capaz de utilizar todos os teus recursos, com mais liberdade.

"O mundo está cheio de coisas engraçadas: quem se quiser distrair não precisa ir à Pasárgada de Bandeira, nem à minha Ilha do Nanja; não precisa sair de sua cidade, talvez nem da sua rua, nem da sua pessoa! (*Somos engraçadíssimos, também, com tantas dúvidas, audácias, temores, ignorâncias, convicções...)*" (15) **[78]**

A fantasia como método de conhecimento

E já que falamos em recursos quero voltar à questão da fantasia. Muitas vezes tenho insistido no fato de que, na situação da intimidade terapêutica, surgem do fundo do nosso inconsciente, diversos tipos de fantasias que não seriam da nossa propriedade exclusiva. Se elas surgem quando estamos com uma família... elas têm a ver com essa família. Não haveria motivos para desprezá-las. E, se podem ser-nos úteis, também podem sê-lo para as famílias e para o processo. **{76}**

"Está claro que não formulou a resolução, como não formulara a idéia de perigo. A alma entende-se a si mesma; uma sensação vale um raciocínio. As que ela teve foram rápidas, obscuras, no mais íntimo do seu ser, donde não as extraiu para não ser obrigada a encará-las." (329) **[12]**

Serão, sobretudo, aquelas fantasias que em princípio podem parecer-te mais estapafúrdias, mais extraordinárias, que se revelarão mais úteis e adequadas. Quando aceitas que tua (infinita) capacidade de fantasiar é um dos teus maiores recursos, deixas de ser uma única pessoa (que sabe raciocinar e diferenciar o certo do errado) para ser, além de uma, várias pessoas (é exatamente disso que precisa a família: podes ser, um pai, uma mãe, um filho, um irmão, um tio, qualquer membro da família, mas sobre tudo, delírio supremo de liberdade, uma avó, um avô. Aquele que tem todos os direitos e nenhuma das obrigações. As obrigações são dos pais!) **{56, 82, 83, 84}**

"Rubião ouvia com seriedade, e acenava de cabeça que sim, que devia ser assim por força. Sentia-se então, imperador dos franceses, incógnito, de passeio; descendo a rua, voltou ao que era. Dante, que viu tantas cousas extraordinárias, afirma ter assistido no inferno ao castigo de um espírito florentino, que uma serpente de seis pés abraçou de tal modo, e tão confundidos ficaram, que afinal já se não podia distinguir bem se era um ente único, se dois. Rubião era ainda dois. Não se misturavam nele a própria pessoa com o imperador dos franceses. Revezavam-se; chegavam a esquecer-se um do outro. Quando era só Rubião, não passava do homem do costume. Quando subia a imperador, era só imperador. Equilibravam-se, um sem outro, ambos integrais." (394) **[10]**

Como já te dizia em outro lugar, as percepções do mundo externo variam tanto quanto o número de observadores. Se te permites conceder às percepções dos membros da família, e à tua própria, um valor equivalente, tuas intervenções serão muito mais ricas e eficazes.

"Vivemos num mundo imaginário, construído segundo os conceitos apriorísticos que formamos das pessoas e coisas que nos cercam. Neste sentido, a vida será efetivamente um sonho. Veremos as coisas não como são, mas conforme nosso espírito as concebe. Muitas vezes nos é dado, no curso dos dias, retificar alguns desses erros do conhecimento. Mas

quantos outros e às vezes substanciais, nos acompanharão até a morte." (256) **[8]**

Confusão terapêutica

E isso tudo não provocaria muita confusão? (É quase como se pudesse ouvir-te fazendo a pergunta!) Provoca sim. Uma maravilhosa confusão.**{6, 56, 60, 84}**

"Eu quero a confusão geral, para que a ordem natural surja triunfante e vitoriosa!" (102) **[23]**

Deixa, que tentarei explicar. De certa maneira, os problemas de uma família são o fruto lógico da sua regularidade. Se ouves o que te dizem (às vezes tens que buscar nas entrelinhas para poder captar essa mensagem) a família é vítima da sua coerência: eles ***sempre*** fizeram isto, ***sempre*** acreditaram naquilo, ***nunca*** permitiram ***que*** isto outro, ***nunca*** imaginaram ***que*** mais aquilo. Estão sendo sufocados pela sua coerência.

"São os personagens que escolhem os seus autores e não estes que constróem as suas heroínas. Virgulam-nas apenas, para que os homens possam ter delas conhecimento suficiente.

Segunda e mais forte razão: afirmarem que Fräulein não concorda consigo mesma... Mas eu só quero saber neste mundo misturado quem concorda consigo mesmo! Somos misturas incompletas, assustadoras incoerências, metade, três quartos e quando muito nove décimos. Até afirmo não existir uma só pessoa perfeita, de São Paulo a São Paulo, a gente fazendo toda a volta deste globo, com expressiva justeza adjetivadora, chamado de terráqueo." (49) **[7]**

A crise "avisa" que está na hora de se fazer algo, de se operar uma mudança. "Quem quer fazer omelete... precisa quebrar os ovos." A confusão surge como uma luz no final do túnel. Será graças a essa salutar confusão que eles sentirão necessidade de buscar e encontrar uma nova saída (saúde). O primeiro passo é a busca de uma terapia. A seguir, vem o processo de incremento das dúvidas e das buscas. A família é "campeã mundial na sua categoria" na arte do manejo das suas próprias regras de vida: ela sabe preservá-las e reproduzi-las. Se essas regras não forem um mínimo abaladas... ela continuará com suas certezas (que hoje lhe fazem tanto mal) e não sairá da crise. Será graças à confusão que tu contribuis para criar, que eles terão que lidar com uma "realidade" familiar que desconhecem e para a qual não têm respostas prontas. E será também, no meio da confusão que tu semeias que eles encontrarão a salutar diferença que lhes permitirá sair do impasse.

"Tudo isto era sem remédio. Morto um preconceito ou uma superstição, nasciam outros. Tudo na terra concorre para criá-los: a Arte, a Ciência e a Religião são as suas fontes, são as matrizes de onde saem, e só a morte dessas ilusões, só o esquecimento dos seus cânones, dos seus delírios e dos seus preceitos trariam à humanidade o reino feliz da perfeita ausência de todas noções entibiadoras." (108) **[24]**

Coerência... patológica

Se prestas bem atenção poderás constatar que a patologia é sempre coerente, é constante, igual a si mesma. Lembra das ditas fobias. Usemos o medo de barata, por exemplo. ***Sempre*** que a pessoa vê ou entra em contato com uma barata, age assim ou assado (grita, corre, desmaia, etc.) A conquista da saúde consiste na conquista da incoerência: reagirá ora com um pulo ou com grito... ora tranqüilamente. Perdeu sua coerência, conquistou sua diferença. **{49, 56}**

"Querer produzir as belas letras é tão ruim quanto querer ser coerente.

Eu sou diferente a cada semana, a cada dia, sou contraditório, bruto e delicado, cruel e generoso, compreensivo e impiedoso." (26) **[56]**

A incoerência terapêutica

Mas é claro que nessa história toda a incoerência do terapeuta será a mais importante. Já pensaste em como seria um terapeuta coerente: sempre o mesmo (um pesadelo digno de um conto de horror!) Se não tivermos a capacidade de surpreender-nos a nós mesmos, bem como de surpreender nossos clientes, se formos, dia após dia, a imagem deslavada daquilo que fomos no dia anterior... será melhor que busquemos uma outra atividade, uma que, por exemplo, exija e valorize a aptidão para a auto-reprodução ao infinito. **{49,**

56} (Uma espécie de incessante auto-clonagem, para utilizar uma palavrinha bem na moda.)

"Estou dizendo isto hoje, mas não garanto que daqui a um mês ainda acredite nesta ou em qualquer outra afirmação, pois tenho boa qualidade da incoerência. Quanto ao que as outras pessoas dizem ou pensam —Guedes, Orion, Suzy, Delfina, a própria Minolta, et cetera— eu não nada tenho a ver com isto. Não são minhas essas opiniões." (148) **[57]**

Espera, não estou pretendendo aqui que o terapeuta deva ser um louco desvairado, que não sabe o que faz. O que quero dizer é que da liberdade de trânsito que tenha com seu próprio inconsciente, com sua própria loucura, dependerá em boa parte sua capacidade de estabelecer contato (consigo mesmo e) com os demais.

"Ninguém entende, senão o criador e os psicólogos atrevidos, literatos incorrigíveis, a loucura criativa, a lógica lucidez misteriosa. Daí a perversidade de Lúcifer ao perturbar o silêncio pensamentoso de Deus." (166) **[49]**

E não te assustes, é provável que no começo as pessoas de fora não entendam tua atitude. Mas isso não tem a menor importância. O que, sim, deve te interessar é a qualidade da relação com os teus clientes, as descobertas que vocês realizam, o trânsito pelo caminho da saúde e do crescimento. Eu aprendi a aceitar que digam que sou louco...

"—Claro que é louco, tem talento, quem tem talento não pode se comportar como o resto do gado, lógico...," (90) **[40]**

Não posso deixar de acrescentar que, em última análise, o maior beneficiário da aceitação da tua própria loucura, da tua liberdade, serás tu mesmo. Crescerás, terás vontade de ir mais fundo, mais além. Tua atitude será um permanente convite para que eles façam a sua parte, as suas descobertas.

"—Abraça tua loucura, antes que seja tarde demais— ele disse, e seus olhos tinham a cor do mar." (76) **[1]**

Tua sensibilidade ampliada será a via régia para a conquista de novos patamares de comunicação, de vínculo.

"—Amigo, no imaginário do nosso mundo a loucura é uma coisa aquática, os loucos têm um espírito profundo e turbulento como as correntezas, jamais poderemos adivinhar-lhes o fundo; daí porque escapam a qualquer compreensão, é como se você quisesse o que acontece a dois palmos abaixo do casco da nossa canoa; a mente enlouquecida é pior que este rio barrento." (88) **[18]**

Poder, em suma, utilizar todos os teus recursos, essa seria a questão. Ampliar os teus horizontes e enriquecer tua escuta. Tuas capacidades emocionais, afetivas e racionais a serviço da saúde e do crescimento.

"As três sabedorias de Vishmaru eram a sabedoria da mente —a razão—, a sabedoria do coração —o amor, a fraternidade—, e a terceira sabedoria, não localizada, a sabedoria do corpo todo. O homem passava pelos três estágios da sabedoria na infância, na adolescência e na idade adulta —o corpo, coração, mente— precisava fazer a viagem de volta, voltar ao começo, à sabedoria polimorfa do corpo. Mas voltar através da razão, através de um ato de vontade, sensorializando, erotizando a razão e depois racionalizando o estado infantil de comunhão com o mundo, e..." (100) **[117]**

A fragilidade punida

Está bem, estamos falando de loucura criativa. E a loucura que dói, onde fica?, dirás. Tens razão, ela não é libertadora, ela é fonte de um infinito sofrimento. Muitas das famílias vão te procurar por esse motivo: porque um dos seus membros "perdeu a razão".

Tu não vais simplesmente dizer (como já se fez, de forma irresponsável) que esse tipo de loucura é liberdade. Ela também é sinônimo de prisão, de confinamento, perda de liberdade. Nesse tipo de prisão são encerradas pessoas sensíveis, cuja fragilidade não lhes permitiu elaborar uma melhor estratégia de defesa do próprio ser.

"Rosário me explicou que só pessoas muito especiais, dotadas de talentos e sensibilidade, diferentes das demais é que enlouquecem, é que se tornam esquizofrênicas na juventude. Estudando as relações familiares doentias que, segundo os anti-psiquiatras, produzem a esquizofrenia, ela estava chegando a seguinte conclusão: essas pessoas especiais, quando têm seus diversos tipos de repressão familiar, sobretudo pelas chantagens afetivas típicas nas relações entre pais e filhos, acabam por se alienar, desistem de viver suas vidas, tornam-se esquizofrênicos." (136) **[60]**

Mais adiante retornaremos a falar sobre esse tema. Agora quero que conversemos a respeito da verdade.

Ponto de vista: A questão da verdade

Estamos dentro da família... É curioso: essa frase saiu sem querer! Queria dizer que a primeira entrevista pode introduzir-nos nesse "mundo" da família.

A primeira providência a ser tomada será lembrar-te que, se tu és especialista em assuntos de família, eles são especialistas (os maiores do mundo) naquela família específica. Eles conhecem as regras do funcionamento familiar de uma maneira que talvez tu nunca conseguirás. Eles contam com muitos anos de treinamento à tua frente. **{19, 25, 29, 36, 37, 42, 54, 64, 74}**

"—Não ligue para esses dois —disse Spinoza. —Eles são casados. Há cinqüenta anos que discutem. Sentam separados assim justamente para que sente alguém entre eles e dê motivo para outra discussão." (74) **[117]**

A questão que gostaria de colocar agora é a seguinte: de que forma vamos ver esse mundo? A resposta a esta pergunta determinará o tipo de abordagem que poderás realizar. Partirás em busca de ***uma verdade*** —a qual deverá corresponder à ***realidade***— e com ela construir tua intervenção? Ou, pelo contrário, partes do princípio de que aquilo que percebes é uma construção tua e que, assim como ela, poderão existir tantas construções quanto pessoas estejam observando a "mesma" ***realidade***? Vamos colocar essa realidade entre aspas e iniciar o processo de novas construções.

"Na minha mente ele não era real no sentido que comumente se empresta à realidade, se é que se pode falar em realidade num sentido estrito. Pois aquilo a que chamamos 'real' não passa de uma vaga e incerta combinação entre um objeto qualquer observado —no caso o Velho Canastrão, e a retina e o cérebro do observador (eu, no caso). Por-

tanto o Velho Canastrão, em determinado sentido, era apenas uma imagem minha." (63) **[103]**

Esta também será uma questão de decisão: decidimos acreditar que uma "realidade" é ou não é realidade para nós.

"Quando falava de seu país, *mostrava*, as paisagens e nós víamos detalhes, quase como se estivéssemos lá. Não tenho a menor idéia se as descrições correspondiam ou não à realidade —e pode até ser que fossem inventadas. Para nós, *eram* a realidade. Por isso, e apesar de muito jovem, colocou nossa família e nossos amigos no bolso sem grande esforço." (169) **[97]**

O emergente familiar...

Dez anos atrás, não sei se lembras, eu partia em luta contra a utilização do termo paciente identificado (tanto porque a palavra paciente indicava a presença de alguma doença, e nós nem sempre estamos trabalhando com pessoas que padecem de alguma doença, quanto porque, se era identificado, isso implicava que era a família que o havia identificado... pobre vítima!, introduzindo pela porta dos fundos uma linearidade que havia sido regiamente expulsa pela porta principal, graças à concepção circular).

Se me perguntares se "emergente familiar" já é uma expressão de uso freqüente entre os colegas, a resposta é: definitivamente não. (Eles continuam utilizando-a...) **{6, 40}** Mas não desanimo, ela já fez seu caminho. Coloca-me novamente a pergunta daqui a dez anos. Como para mim tem sido de muita utilidade, vai de novo a definição: O emergente familiar é aquele que, além de se propor para manifestar os problemas, é o escolhido da família.

"Era Paulo, porém, quem sofria pela família inteira. Era sobre ele que viera desabar o edifício, com todo o peso de suas quatro paredes. Vivera sempre longe, separado dos seus, indiferente à sorte dos seus, como um egoísta, um doente. E lhe viera de repente aquela noção violenta de responsabilidade. Era ele quem podia resolver tudo. Sem ele cairia tudo aos pedaços. Queria agir, queria colocar os seus, cada qual no seu lugar. E não tinha força para isso. Pensava horas inteiras num plano de re-

construção. A família precisava de uma ordem, de uma severa recomposição de vida. Luisinha, porém, era o ponto doloroso das suas meditações. Lembrava-se de que lhe dera livros para ler, romances fortes, de rebeldia, as dores infernais de Dostoiévski. Fora ele quem ensinara a irmã a ter ódio. Culpava-se e nem com isso conseguia aplacar as suas decepções. Fugia de casa para os passeios longos e de lá sentia-se o responsável pelo ódio de Luisinha pelas irmãs e pelos irmãos, pela mãe e pelo pai. Fugira de sua gente. Nunca se quisera misturar com a família, tendo a impressão de que era superior a todos, julgando-se capaz até mesmo de reformar o mundo. Embebedara-se de orgulho, de uma grandeza artificial. Então não havia nem um ser que fosse seu, uma criatura que sentisse por ele um pouco de amor. Luisinha o odiava. Os outros todos o tinham na conta de orgulhoso, de pedante, de inútil. O pai o desprezava e a pobre mãe de tanto se sentir sozinha, abraçara-se com o mistério, procurando refúgio na saudade de Lourival, entregando-se a vulgaridade do espiritismo. A família se destruía a olhos vistos. Desgraçado dele, que estava ali perto, para ver, sentir e apalpar a ruína. Pensava que fosse superior, que fosse senhor absoluto de sua inteligência, e não era coisa alguma de mais válido do que Hermes ou do que fora Lourival." (232, 233) **[93]**

É claro que essa noção estaria incompleta se não frisássemos a idéia de que o "emergente", além de se propor para a função, é escolhido pelos demais membros para realizá-la.

"—Você acha que o mundo pode acabar depois de amanhã?

—Todo mundo sabe disso.

—Depende do quê?

—Dos sacrifícios. Se forem muitos e realmente muito bem feitos, nós podemos escapar. A homenagem a Tezcatlipoca é a mais difícil. O rapaz que terá o coração arrancado por último nas festas do Katun precisa estar perfeitamente compenetrado da importância de sua missão. Deve ser um jovem perfeito, de coração inteiramente puro para agradar os deuses. Merece o respeito de todos.

—E quem será o maluco que acha que vai salvar o mundo recebendo uma facada no coração?

Com um sorriso modesto, Balan apontou a gigantesca esmeralda presa em sua testa.

—Sou eu —disse ele. —Eu fui o escolhido.” (121) **[39]**

Critérios de saúde

Uma das decisões que te cabe tomar será: qual é o teu critério de saúde. A "normalidade" é um critério inútil, porque ele é apenas estatístico. A norma é a forma de conduta adotada por uma maioria. Esse critério mudará conforme mude a dita maioria. **{19}**

"Lembre-se: cada pessoa tem a sua própria normalidade. Você tem a sua, eu tenho a minha, os outros têm a deles. Assim num certo sentido, todos somos normais. Ou todos somos anormais, o que dá na mesma. A anormalidade é a normalidade. Ou a normalidade é a anormalidade." (95) **[118]**

Assim sendo, como definir a fronteira entre o que é normal e aquilo que não é?

"Meu tédio ia passando porque se transformava em raiva. Além dos internados, no domingo o pátio se enchia também de visitantes. É muito difícil distinguir uns dos outros, pois a fronteira que separa a loucura da normalidade é muito imprecisa e eu desconfio até que inexiste." (36) **[60]**

Perceber... recriar o mundo

Porque para chegarmos a isso que se chama de "realidade", precisamos de um instrumento que a traga até a nossa mente. Esse instrumento é subjetivo e ele provoca uma "distorção".

"Se a realidade pudesse entrar em contato direto com o nosso consciente, se pudéssemos comunicar imediatamente com as coisas e com nós mesmos, provavelmente a arte seria inútil, ou melhor, seríamos todos artistas." (99) **[55]**

Outras portas para o conhecimento

A nova ciência, além de admitir a existência de "realidades diferentes", enriqueceu-se com a abertura para novas formas de conhecimento, à razão, veio agregar a subjetividade, a sensibilidade. **{38}**

"'Bábel preferia ficar vendo as pessoas. Era aqui o lugar onde ele vinha discutir a Neve Sachlichkeit, a nova objetividade, a nova realidade. Berlim sempre foi a cidade perfeita para se discutir novas teses. Agora é a Neve Empfindsamkeit.'

As mulheres do Aschinger diferiam das mulheres do quiosque. Estavam menos interessadas em comer do que em estabelecer com as pessoas em torno um intercâmbio de descobertas e revelações. Bábel certamente gostaria de vê-las.

'Aqui,' disse Veronika, 'Bábel ensinou Canetti a olhar insaciavelmente para as pessoas, a entender as pessoas, sem julgar ou condenar.'

'O que é essa tese que você mencionou?'

'Neve Empfindsamkeit? A nova sensibilidade.'

A responsabilidade social e política, disse Veronika, não devia excluir a sensibilidade, a reflexão do indivíduo sobre si mesmo. A subjetividade não significava necessariamente um escapismo individualista. O que se buscava era um novo tipo de engajamento social, mais amplo, que não anulasse o indivíduo, não o submetesse a condicionantes sociais e políticos, à desumanização da sociedade e do Estado modernos." (144) **[58]**

Nossa tendência a acreditar em uma realidade exterior que independe do observador, é fruto da nossa racionalidade cartesiana. Aquilo que percebemos (sem levar em consideração o fato da percepção ser sempre algo subjetivo) é organizado racionalmente e isso recebe o nome de realidade.

"—Tu bem sabes que é difícil dizer onde começa o real e onde acaba. O homem é um animal conceitualista, isto é, capaz de tirar de pequenos dados do mundo uma representação mental, uma imagem, estendê-la, desdobrá-la e convencer o outro que aquilo tudo existe fora de nós... Tu sabes?" (91) **[24]**

Quando relativizamos a verdade dos outros, não podemos esquecer que isso também relativiza a nossa. Ela passa a ser uma entre muitas outras.

"Era isso o que podia fazer pelo filho Mágico de Oz? Mas eu gostara de Marcus, falara sinceramente. Seria verdade o que dissera ao rapaz? Era sem dúvida a minha verdade. Não é só isso que temos o direito de dar aos outros?" (75) **[59]**

Certezas provisórias

Nós, enquanto pessoas, enquanto terapeutas, teremos, está claro, nossa própria visão do mundo. E ela será nosso guia na vida. Mas isso, obviamente, não nos autoriza a supor que todas as outras estão incorretas ou são menos válidas. A experiência nos prova que as certezas podem ser "biodegradáveis".

"O Segundo sintoma da morte de nossos sonhos são nossas certezas. Porque não queremos olhar a vida como uma grande aventura a ser vivida, passamos a nos julgar sábios, justos e corretos no pouco que pedimos da existência. Olhamos para além das muralhas do nosso dia-a-dia e ouvimos o ruído de lanças que se quebram, o cheiro de suor e de pólvora, as grandes quedas e os olhares sedentos de conquista dos guerreiros. Mas nunca percebemos a alegria, a imensa Alegria que está no coração de quem está lutando, porque para estes não importa nem a vitória nem a derrota, importa apenas combater o Bom Combate.

Finalmente, o terceiro sintoma da morte de nossos sonhos é a Paz. A vida passa a ser uma tarde de domingo, sem nos pedir grandes coisas, e sem exigir mais do que queremos dar. Achamos então que estamos maduros, deixamos de lado as fantasias da infância, e conseguimos nossa realização pessoal e profissional. Ficamos surpresos quando alguém de nossa idade diz que quer ainda isto ou aquilo da vida. Mas na verdade, no íntimo de nosso coração, sabemos que o que aconteceu foi que renunciamos à luta por nossos sonhos, a combater o Bom Combate." (63, 64) **[41]**

Quando abraçamos a crença em uma verdade, correspondente a uma realidade única, estamos construindo um dogma: as coisas são como nós as vemos, nossa visão é a correta, e a das outras pessoas, na medida em que não coincide com a nossa, não passa de mistificação.

"Vai , se queres, disse-me este, mas temporariamente. Eu trato de anexar à minha filosofia um parte dogmática e litúrgica. O humanistismo há de ser também uma religião, a do futuro, a única verdadeira. O cristianismo é bom para as mulheres e os mendigos, e as outras religiões não valem mais do que essa: orgam todas pela mesma vulgaridade ou fraqueza. O paraíso cristão é um digno êmulo do paraíso muçulmano; e quanto ao nirvana de Buda não passa de uma concepção de paralíticos. Verás o que é religião humanística. A absorção final, a fase contrativa, é a reconstituição da substância, não o seu aniquilamento, etc. Vai aonde te chamam, não esqueças, porém, que és o meu califa." (205) **[11]**

A escola e os seus gurus...

Algumas teorias científicas, e algumas abordagens terapêuticas, são defendidas com tanta eloqüência que conseguem ter um aspecto de irrefutabilidade. Muitas das escolas mais respeitadas baseiam sua existência em uma fidelidade canina. Os discípulos (amados), dos mestres (venerados), são os únicos que têm aceso à sublime abordagem (conheces algum desses centros que espalham e defendem, com unhas e dentes, uma abordagem criada por uma importante matriz que costuma ficar muito longe?)

"—Tu és o meu discípulo amado, o meu califa, bradou Quincas Borba, com uma nota de ternura, que até então lhe não ouvira. Posso dizer como o grande Muhammed: nem que venham agora contra mim o sol e a lua, não recuarei das minhas idéias. Crê, meu caro Brás Cubas, que esta é a verdade eterna, anterior aos mundos, posterior aos séculos." (195) **[11]**

Os seguidores da escola, protegidos estarão contra contaminações e impurezas de outras formas de pensar e agir.

"—Humanitas é o princípio. Mas não, não digo nada, tu não és capaz de entender isto, meu caro Rubião; falemos de outra coisa.

—Diga sempre.

Quincas Borba, que não deixara de andar, parou alguns instantes.

—Queres ser meu discípulo?

—Quero.

—Bem, irás entendendo aos poucos a minha filosofia; no dia em que a houveres penetrado inteiramente, ah! nesse dia terás o maior prazer da vida, porque não há vinho que embriague como a verdade. Crê-me, o Humanitismo é o remate das cisas; e eu, que o formulei sou o maior homem do mundo. Olha, vês como o meu bom Quincas Borba está olhando para mim? Não é ele, é humanitas...

—Mas que Humanitas é esse?

—Humanitas é o princípio. Há nas cousas todas certa substância recôndita e idêntica, um princípio único, universal, eterno, comum, indivisível e indestrutível, —ou, para usar a linguagem do grande Camões:

'Uma verdade que nas cousas anda.
Que mora no visível e invisível.'

Pois essa substância ou verdade, esse princípio indestrutível é que é Humanitas. Assim lhe chamo, porque assume o universo, e o universo é o homem. Vais entendendo?" (215, 220) **[10]**

A verdade morreu... viva a verdade!

É importante que vejas como as verdades definitivas só podem ser substituídas por outras verdades, também definitivas. A definitividade primeira não será obstáculo para a promulgação da definitividade segunda (e das muitas outras subseqüentes).

"A explicação do Dr. Pangloss é que o nariz foi criado para uso dos óculos, —e tal explicação confesso que até certo tempo me pareceu definitiva; mas veio um dia, em que, estando a ruminar esse e outros pontos obscuros de filosofia, atirei com a única, verdadeira e definitiva explicação.

Com efeito, bastou-me atentar no costume do faquir. Sabe o leitor que o faquir gasta longas horas a olhar para a ponta do nariz, mas como fim único de ver a luz celeste. Quando ele finca os olhos na ponta do nariz, perde o sentimento das cousas externas, embeleza-se no invisível, apreende o impalpável, desvincula-se da terra, dissolve-se, eteriza-se. Essa sublimação do ser pela ponta do nariz é o fenômeno mais excelso do

espírito, e a faculdade de a obter não pertence ao faquir somente: é universal. Cada homem tem necessidade e poder de contemplar o seu próprio nariz, para o fim de ver a luz celeste, e tal contemplação, cujo efeito é a subordinação do universo a um nariz somente, constitui o equilíbrio das sociedades. Se os narizes se contemplassem exclusivamente uns aos outros, o gênero humano não chegaria a durar dois séculos: extinguia-se com as primeiras tribos.

Ouço daqui uma objeção do leitor: —como pode ser assim, diz ele, se nunca jamais ninguém não viu estarem os homens a contemplar o seu próprio nariz?

Leitor obtuso, isso prova que nunca entraste no cérebro de um chapeleiro. Um chapeleiro passa por uma loja de chapéus; é a loja de um rival, que a abriu há dois anos; tinha então duas portas, hoje tem quatro; promete ter seis e oito. Nas vidraças ostentam-se os chapéus do rival; pelas portas entram os fregueses do rival; o chapeleiro compara aquela loja com a sua, que é a mais antiga e só tem duas portas, e aqueles chapéus com os seus, menos buscados, ainda que de igual preço. Mortifica-se naturalmente; mas vai andando, concentrado, com os olhos para baixo ou para a frente, a indagar as causas da prosperidade do outro e do seu próprio atraso, quando ele chapeleiro é muito melhor chapeleiro do que o outro chapeleiro... Nesse instante é que os olhos se fixam na ponta do nariz.

A conclusão, portanto, é que há duas forças capitais: o amor, que multiplica a espécie, e o nariz, que a subordina ao indivíduo. Procriação, equilíbrio. (88) **[11]**

Tanto nossa visão quanto as nossas intervenções e reflexões sobre o trabalho terapêutico, estarão guiados por um espírito de independência. As teorias e técnicas aprendidas ficarão guardadas para serem utilizadas em caso de necessidade. Nosso guia será constituído pelo que descobrirmos em nós mesmos através do contato com a família. Trabalhamos utilizando uma orientação epistemológica, mas não a serviço dela.

"Viram? Nenhuma juntura aparente, nada que divirta a atenção pausada do leitor: nada. De modo que o livro fica assim com todas as vantagens do método sem a rigidez do método. Na verdade, era tempo. Que isto de método, sendo como é, uma cousa indispensável, todavia é melhor tê-lo sem gravata nem suspensórios, mas um pouco à fresca e à solta,

como quem não se lhe dá da vizinha fronteira, nem do inspetor do quarteirão. É como a eloquência, que há uma genuína e vibrante, de uma arte natural e feiticeira, e outra tesa, engomada e choca. Vamos ao dia vinte de outubro. (28) [11]

As verdades familiares

Para que o contato com a família seja frutífero, sempre deverás levar em consideração a possível existência de mais de uma verdade. Cada membro da família irá trazer-te sua própria versão dos fatos. As versões poderão ser aparentemente contraditórias, mas todas têm uma existência própria (e tu não foste eleito juiz de nada, não te cabe a responsabilidade de definir quem está falando a verdade e quem não), todas podem ser utilizadas no processo. **{43}**

"Mas dona Maria, o sem-vergonha do Joaquim vale mais do que toda a 'seriedade' dos irmãos dele.

Claro que a velha não entendeu. Era uma dessas tias solteironas, e com isso eu já disse tudo. Parece que os tempos estão acabando com as solteironas — essas antigas vestais da sociedade, que dominavam com o seu dedão:

—Isto não se faz! Isto não está direito! Onde já se viu uma coisa dessas?!" (96) **[92]**

Um fenômeno qualquer que aceita uma explicação qualquer, aceitará, no mínimo uma outra explicação. O que também significa que um fenômeno explicado de uma forma só... não foi explicado. À multiplicidade de visões familiares agregarás a tua própria, que poderá ser uma visão integradora.**{19}**

"Bem, esta é uma maneira de olhar as coisas. E toda coisa tem pelo menos duas maneiras de ser olhada. Uma de lá pra cá, outra de cá pra lá. Entendeu?" (40) **[63]**

A evolução das verdades

E essa questão da verdade é muito mais séria do que parece. Não são apenas as diferentes versões da família que se deve levar em consideração. Quando examinas os escritos dos mestres, percebes que, o que muitos deles estão dizendo hoje é, exatamente, aquilo que rejeitavam ontem. As verdades vão evoluindo.

"A verdade de hoje seria o erro de amanhã. Nos bons tempos da inquisição curava-se o histerismo na fogueira. Seriam os médicos de hoje mais razoáveis, com as suas injeções? Ele não estava bem seguro qual dos dois métodos o mais acertado. Os livros científicos deviam chamar-se tratados provisórios." (114) **[81]**

Se ficássemos presos ao fascínio de uma descoberta (e acreditássemos nela como algo definitivo), estaríamos condenando-nos a uma espécie de imobilismo. Quando recebes uma família, deverás ficar aberto aos diversos níveis de realidade...

"Ora fazendo o bem, ora fazendo o mal, diz que eu cumpro a minha sina. O senhor acha que eu existo? Assim mesmo sem ter identidade, sem escrever o meu nome, sem figurar em letras, o senhor acha que é mesmo uma existência? Viver encantado assim, parece que havia de ser bom, porque dura toda a vida. Sempre eu digo. Eu mesmo chego a desconfiar que ainda estou vivo. Às vezes quero voltar a morar nas cidades que eu conheço." (126) **[79]**

O confronto com os teus clientes, e suas diversas verdades, poderá ajudar-te a cultivar uma saudável dúvida. Duvida de tudo, inclusive (ou sobre tudo) da tua própria percepção, isto te ajudará a deixar aberta a porta para novas descobertas. **{20}**

"Não poderia viver de outra maneira sem me embrutecer. Duvidar é o que se pode fazer de melhor e de mais decente. Se os portugueses não tivessem duvidado da geografia de Ptolomeu, teriam descoberto o Novo Mundo? Lutero duvidou da interpretação romana da Bíblia e fundou o protestantismo. Por milhares e milhões que duvidam à toa, como eu, de vez em quando aparece um Galileu, um Freud, um Einstein, de quem a humanidade aproveita alguma coisa." (117) **[81]**

Quando se trata de ouvir a família, mesmo que cada um dos membros esteja acreditando que a sua opinião é a verdadeira, tu deves saber que o que cada um deles te propõe é uma versão, sua versão. Trocado em miúdos, isso significa: "É assim que eu vejo as coisas." "Esta é a minha visão dos acontecimentos." Muitas vezes resulta útil falar com a família dessa nossa forma de escutar, o qual permite que eles comecem a ter mais respeito diante das opiniões dos outros membros e do próprio terapeuta. **{49}**

"*A versão do criminoso:* 'Não estou satisfeito com o que aconteceu. Me excedi, reconheço. Foi um erro, pronto. Bati na porta e a moça atendeu. Perguntei se a Dalva estava. Ela disse que ali não tinha Dalva nenhuma. Pedi educadamente, para entrar e ver se tinha ou não tinha. Ela disse que não podia abrir a porta porque estava nua. Eu duvidei e ela abriu a porta para mostrar que era verdade. Nuinha. Eu entrei. A porta do quarto estava fechada. Eu fui na direção da porta e ela avisou 'Não entra aí!' Eu entrei, pensando encontrar a Dalva, e dei com um homem armado. Brigamos, a moça pulou, a arma disparou por acidente e ele morreu, pronto. Não pensem que eu estou orgulhoso do que fiz, mas qualquer um se engana. Olha, tenho nível. Sou formado. Foi um erro.'

***A versão da Dalva:* 'Não sei o que ele foi fazer naquele edifício. Eu estava em casa o tempo todo. Quando ele saiu de casa eu perguntei: 'Onde é que você vai?' Ele disse 'Vou procurar você, você deve estar me enganando em algum lugar.' Eu disse 'Mas eu estou aqui!' Ele disse 'Você não me convence. Eu sei onde procurar'. Um doido. Não sei se estava armado. Nunca vi uma arma em casa. É verdade que fico pouco em casa...'**

***A versão do Samuca:* 'Não sei o que aconteceu. Eu estava há dois dias sem dormir, trabalhando na campanha do Miro, juro, e tinha acabado de pegar no sono. Quando acordei, estava morto. Com este buraco aqui do lado. Ai meu santo. Nunca tive arma. Agora me deixem que eu preciso descansar. Dois dias sem dormir!'**

***A versão da arma:* 'Sou uma Smith & Wesson preta, calibre 38, importada, número de 'serie 2B-4332. Não sei quem é meu dono e não me importo. Na ocorrência em questão, fui disparada uma vez. Nada mais tenho a declarar."** (46, 47) **[116]**

Ver... hipotetizar

Aquilo que descobres em uma família, as relações que estabeleces entre um fato e outro, a tua própria releitura dos conflitos, a redefinição de um comportamento, a função que atribuis a um comportamento, são todos produto da tua própria visão da "realidade". Como tais são "provisórios" e podem ser questionados e mudados. Tua visão diferente te serve para estabelecer hipóteses de trabalho. Nenhuma delas é definitiva e todas podem ser descartadas. **{2, 3, 6, 20, 14, 26, 40, 43, 49}**

"—De que me vale esse testemunho? Quem tem certeza de suas revelações? Sou pela dúvida sistemática... Eu não sinto evidências. Não sofro daquilo que Renan chama a horrível mania de certeza... Tudo para mim foge, escapa, não se colhe... O que há são crenças, criações do nosso espírito, feitas por ele para seu gasto, estranhas ao mundo externo, que talvez não tenha nenhuma ordem para se curvar à que criamos... Determinando a consciência, valeria a pena perturbar a paz desses panurgianos?" (105) **[24]**

Quando resolves acreditar em uma realidade diversificável (que se multiplica pelo número de pessoas que participam da percepção do "mesmo" acontecimento) podes ousar criar, inventar. Mas, isso não te deve fazer esquecer que aquilo que "inventas" muitas vezes já foi inventado. Conforma-te, as nossas criações são simultâneas.

"Eu procurava, através de uma primeira tentativa de ficção, inventar; mas o que supunha ter inventado, existia. Até que ponto a realidade confirmaria a suposta invenção? Era o que meus encontros com a velhinha, minha remota parenta, deviam indicar.
Morria uma novela. Mas surgia um mistério merecedor da atenção dos metapsicólogos." (16) **[61]**

A questão da demanda

Não imaginas quanta tinta já correu a respeito deste tema. Também pudera, da forma como defines a demanda, dependerá tua definição do processo terapêutico. O exemplo mais simples de uma incompreensão da demanda pessoal é aquele do profissional de saúde que, depois de fazer seu "exame" clínico, responde com grande satisfação: "não se preocupe, você não tem nada, pode ficar tranqüilo". A pessoa que procura sabe que "tem algo", por isso procura. Essa resposta pode provocar mil reações... menos tranqüilidade. **{2, 6, 43}**

"—Não me diga semelhante coisa. Porque eu estouro, minha senhora. Estou hipocondríaco. A senhora sabe o que quer dizer essa palavra... Hipocondríaco?

—Não, seu Eutanázio...

—Quer dizer que não admite que ninguém diga que 'mocidade é isso mesmo'. A senhora compreendeu bem?" (33) **[67]**

As pessoas possuem uma "verdade", ou um saber interior —oculto sob montanhas de racionalizações— o que elas precisam é descobrir esse saber interior. Sabes o que querem... que as ajudes a descobrir aquilo que sabem mas que não sabem que sabem.

"Vida, e guerra, é o que é: esses tontos movimentos, só o contrário do que assim não seja. Mas, para mim, o que vale é o que está por baixo ou por cima —o que parece longe e está perto, ou o que está perto e parece longe. Conto ao senhor é que o que eu sei e o senhor não sabe; mas principal quero contar é o que eu não sei se sei, e que pode ser o que o senhor saiba." (214) **-[98]**

Em certos casos, os pais parecem desejar que tua intervenção confirme sua idéia de que o problema do filho "veio" da família do outro.

"—Por quem terá puxado esse menino? —perguntava mamãe.

—De minha família é que não foi. Meu pai nunca andou nem de trem.

—Nem da minha. —retrucou papai. Depois, olhando em frente, apontou o aparelho de televisão, que era uma novidade:

—Está explicado, puxou por isso, essa estrovenga aí!" (50) **[46]**

O interesse genuíno nas pessoas

O teu interesse genuíno por uma pessoa pode funcionar como uma chave que abre portas há muito tempo trancadas. A "resistência" que normalmente apresentam é uma defesa contra a invasão de "juízes", donos da verdade e outras espécies do gênero. **{65, 66}**

"Algo se desmoronava dentro dela. Toda resistência, toda muralha criada para se defender, para nunca mais permitir que alguém se aproximasse de sua alma, toda sua defesa petrificada pelos anos de solidão num segundo estavam sendo abordadas. Pela primeira vez na vida, aparecia um ser que se interessava por ela a ponto de perguntar seu verdadeiro nome." (146) **[114]**

Tua disponibilidade, e a forma respeitosa de fazer as perguntas, facilitará a busca interior das pessoas. Ao buscarem resposta a tuas perguntas, acharão respostas para suas próprias indagações.

"Apenas isso. Anne-Marie fecha os olhos em um esforço para rever a cena e se dá conta de que era verdade —e que ela, aos quinze anos, sequer reparara na presença, naquela casa, do homem com que se casaria dez anos depois. Sua perplexidade é enorme. É como se, por um capricho do destino, uma gaveta de arquivo se abrisse de repente frente a seus olhos, com uma oferta preciosa de material sobre uma fase que antecedera a sua própria felicidade." (171) **[97]**

Quando consegues aceitar as pessoas, sem julgá-las e sem querer impor-lhes a tua "ajuda", provocas uma reação de confiança nelas próprias. Presta atenção e ouvirás com freqüência a seguinte frase:

"Não sei por que estou contando tudo isso a você. Nunca falei disso pra ninguém." (131) **[114]**

Por outro lado, tua atitude simples, humana, que te mostra como igual ao teu cliente, que exclui o sentimento de pena, mas que deixa espaço para a compaixão, permite o estabelecimento de uma comunicação que favorece a saúde. (Lembra que teu envolvimento terapêutico não pode prescindir da paixão; ser sem paixão, deve ser com-paixão!)

"Ah, apenas o homem completo, o destinado a lamentar o sofrimento alheio, o irmão que enxuga as lágrimas e põe bálsamo nas feridas, apenas esse é uno de carne e vida! Amar o semelhante que sofre, e socorrê-lo, só os de natureza completa o fazem. A solidariedade no sofrimento, o sacrifício do consolo, só o praticam aqueles aprisionados ao humano. Sim, porque esses afirmam um conflito impossível contra a baixeza da própria condição. Diminuindo a dor na carne alheia, ou adormecendo os corações em crise, tentam estancar na terra as fontes vivas do sangue. O humano está no corpo, é lágrima ou é sangue, levanta contra ele uma mão de revolta. E quem poderá ir contra o humano, quem debruçará sobre as feridas, quem desses sentirá piedade, senão o escravizado ao mesmo abismo, destinado também ao mesmo inferno?" (198, 199) **[54]**

A seguir, examinaremos diversos tipos de demanda, bem como elas têm sido interpretadas.

Demanda culpada

Outra questão chave é a da demanda motivada pela culpa. A nossa cultura (até certo ponto baseada na noção da culpa), induz nos seus membros uma atitude culposa. Algumas pessoas procuram terapia com o temor da culpa. Se descobrires um culpado não terás avançado um milímetro; muito pelo contrário, talvez tenhas retardado o processo de crescimento terapêutico.

"Como no homem que a onça comeu, cuja perna. Que culpa tem a onça, e que culpa tem o homem? Às vezes não aceito nem a explicação do compadre Quelemém; que acho que alguma coisa falta." (292) **[98]**

Esse jogo não tem fim. A busca da culpa remete à questão da causa do problema (a concepção linear do processo). Mas, no sistema familiar, causa e efeito se confundem.

"Mas ele também tem razão: você também agiu mal, também deu erros em toda essa história! E por quê? Porque você, em tudo, se preocupa com essas malditas questões de honra e vive querendo apurar quem tem razão! Como se o fato de 'ter razão' pudesse servir para alguma coisa! Que é que (...) a ele que você tenha razão? Que é que importa a você ter razão ou não? Você, ganhou a briga imperdoavelmente, e, por cima, ainda quer ter razão? Que é que lhe interessa que seus inimigos 'não tenham razão'? Que importância tem que eles sejam lacraus e piolhos-de-cobra, como você diz? Por um lado, Dinis, razão completa só quem tem é Deus! Por outro lado, todos nós somos lacraus, e mesmo os piolhos-de-cobra têm, lá, suas razões! Se você tem menos culpa em relação a eles do que eles perante você, isso não significa que você esteja pagando inocente, Dinis, porque todos nós *(e seus inimigos também)* somos, ao mesmo tempo, terrivelmente culpados e inteiramente inocentes!" (248, 249) **[110]**

A busca de um culpado... gera as acusações. E as acusações geram mais acusações. Ao final de uma rodada de acusações terás muitas pessoas feridas, sem que isso tenha te ajudado a avançar um mísero passo.

"—A senhora também só culpa o papai. Quando a senhora se casou com ele, ele 'tinha'! A mamãe tinha morrido, nós é que podemos dizer que depois que a senhora se casou com ele é que tudo desandou..." (109) **[67]**

Creio que nunca te repetirei suficientemente a advertência sobre o julgamento. O terapeuta deve ouvir e, sem ferir seu direito de ser pessoa, aceitar o seu cliente. Quem quer julgar... deve ser juiz de direito.

"Quem sabe direito o que uma pessoa é?

Antes sendo: julgamento é sempre defeituoso, porque o que a gente julga é passado. Eh, bê. Mas para o escriturado da vida, o julgar não se dispensa; carece? Só que uns peixes tem, que nadam rio-arriba, da barra às cabeceiras. Lei é lei? Loas! Quem julga, já morreu. Viver é muito perigoso, mesmo." (251) **[98]**

"Ninguém pode nos compreender, nos ajudar..."

Na solidão da dor, as pessoas sentem que, além de insuportável, ela, sua dor, será incompreensível para qualquer outra pessoa. No seu desespero procuram por ajuda, mas inúmeras experiências frustrantes as fazem perder as ilusões: ninguém poderá compreendê-las, e muito menos ajudá-las. Isso não é um paradoxo que deve ser combatido com um outro paradoxo (a família não está querendo te encerrar em uma contradição insolúvel do tipo: "ajude-me a resolver este problema que não tem solução" como já se afirmou tanto por ai {**4, 6, 7, 8, 16**}), isso faz parte da fragilidade humana.

"Maria chora baixinho, imóvel na sua cama. Parece-lhe o mundo tão grande, tão cheio de vozes. Quem a poderia escutar? Talvez o menino Lucas, só ele, mas, compreender, ninguém, jamais. Todavia, era esquisito e absurdo. A vida mesma tecia essas coisas e depois vivente nenhum aceitava mais o tecido feito." (168) **[19]**

A fala das pessoas pode frisar a questão da inelutabilidade das coisas. Elas podem acreditar em um destino imutável. Mas desde que estão na tua frente e pedem ajuda...

"Morel, sarcástico: 'Oh, não, cada um tem seu próprio destino traçado com exclusividade pelos Deuses, como uma tragédia de Eurípedes." (146) **[55]**

A nossa dor é sempre maior que a dos outros. Por isso não adianta minimizar o sofrimento alheio. Se concordares com eles quando afirmam que seu sofrimento é indescritível, poderás ter mais chances reais de atingi-los, de tocá-los.

"Toda gente pensa que seu caso é o pior caso. Quem está acima e fora deles sabe que são iguais. O homem é o mesmo em toda parte." (159) **[43]**

Ouvir, em terapia, é "sentir com"

O sofrimento é uma questão íntima e pessoal. E como a nossa cultura não favorece a expressão aberta dos sentimentos, costumamos ter dificuldades para comunicar o que sentimos. Diante dessa encruzilhada a resposta que com mais freqüência arriscas encontrar é a seguinte: o terapeuta tem que ser empático! O problema reside em que, quando tentas ir ao fundo do que seria a empatia, descobres que sob seu enunciado maravilhoso... esconde-se uma proposta impossível. Uma das características da compreensão empática seria preenchida quando o terapeuta "pode apreender —'de dentro' e tal qual o paciente as vê— as reações pessoais que o cliente experiencia a cada momento". **{65}** Percebes? Quem seria o terapeuta com topete suficiente para dizer que é capaz de realizar essa façanha? Como apreender "de dentro, tal qual o cliente vê" sua angústia, sua dor, seja esta física, afetiva ou moral? Ninguém!

Não quero dizer com isto que todos esses terapeutas que se autoproclamam empáticos sejam uns farsantes. Não, de maneira alguma. Creio que apenas utilizam o termo sem questionar a fundo o que ele quer dizer. Uma formulação menos pretenciosa talvez seja aquela de "tentar colocar-se no ângulo" a partir do qual a pessoa vive sua experiência. **{17}**

Minha opinião é que dispomos de um caminho mais direto e eficaz. O outro, a pessoa com quem estás compartilhando a relação terapêutica, experimenta o seu sentimento. Tu apenas precisas deixar-te comover por esse sentimento. Tu terás o teu próprio sentimento. E será a partir dele, da tua emoção, **{38}** que poderás tocar a pessoa. Não sentes o que a pessoa sente, sentes o teu sentimento provocado, sugerido, estimulado... pela outra pessoa. Em resumo, se ouves com o coração, poderás ouvir muito mais coisas.

"Quando os irmãos passavam, as cabeças ligadas aos pescoços, os pés unidos à terra, os corpos se movendo grotescamente, sentia medo, e perguntava a si mesmo se também ele vivia preso naquela superfície. Por que a necessidade daquela miséria? Por que a infâmia de ser corpo? Que o castigassem com todos os castigos, arrancassem do seu coração os

mais fortes suplícios, que o transformassem na lama dos caminhos, no lodo das grutas, mas não em corpo. Ser corpo era a última maldição —e como Ângelo sofria, como desprezava os homens ao vê-los tentar o prolongamento da vida! Era uma estúpida vontade de pedir aos doentes que sorrissem, de rogar aos famintos que não se alimentassem. E o céu subia nos seus olhos, os pássaros começaram a cantar, ele fechou a janela, aflito, temendo o dia que nascia. Lançou-se sobre a cama, as mãos no rosto." (174) **[54]**

Atitude paradoxal? Não, sofrimento

Muito já se falou sobre uma suposta atitude de provocação por parte das famílias. Elas viriam para propor ao terapeuta a solução de um enigma sem solução: "queremos que nos ajude a resolver nosso problema. Mas ele não tem solução..." Não faltou quem visse nessa atitude uma verdadeira provocação, à qual se haveria de opor uma contra provocação (e essa foi a grande "solução" proposta durante longos anos). **{4, 6, 7, 8, 16}**

Muitas vezes, as pessoas se recusam a mudar porque sua mudança provaria (a elas mesmas) que estavam erradas, o que seria um grave golpe para sua auto-estima e para sua identidade. Se compreendes a sua necessidade de preservar sua identidade, não terás problemas em encontrar um caminho mais adequado para a promoção da sua mudança.

"Veja bem, Inesperto —interrompe Corpo-Santo— tenho para mim que vou ganhar esse pleito. Vou seguir agindo da mesma forma como tenho agido até agora, mudar seria a prova de que sou louco. Preciso lutar justificando cada um dos meus atos, e não procurando escondê-los, ou dar a eles uma feição mais sadia. Sinto a minha cabeça se esborrachando como uma laranja podre de tanta inteligência, e é a inteligência que me faz superior. E esta superioridade vai vencer esses dois charlatões. Eles não sabem que tenho domínio de todas as minhas faculdades, ignoram que sei me determinar com perfeição em todos os lances da vida; de resto sou apenas um homem excepcional, e as exceções sempre foram chamadas de loucura. Agora estou até querendo que venha logo essa audiência pública. Dela ainda se vai falar por muitos séculos, Inesperto." (72) **[18]**

O medo da mudança, do qual tanto tem se falado e, como te dizia, foi pretexto para a criação de tantas e tantas teorias, talvez não seja tanto um medo de mudar e sim um medo de ser mudado. O que quero dizer com isto? Medo de perder a identidade. Qual é o nosso bem mais prezado? Nós mesmos. Como é que alguém poderia querer deixar de ser ele mesmo? As pessoas têm medo de perder sua identidade (de serem mudadas), não de mudarem (mantendo a identidade).

"Mas não iria —protestou erguendo-se. Sempre fora assim e não havia de mudar, a não ser que os anos, dentro de sua pele, o substituíssem por um homem diferente. Se para viver era preciso afastar-se de uma certa linha, abrir os braços, servir a um ladrão, ser fiel aos infiéis, trair, ceder, então é que o mundo e a vida não haviam sido feitos para ele." (254) **[70]**

O enigma da família brasileira

E por falar em demanda.... quem é que faz essa demanda? Que tipo de família te procura? Essa questão é de vital importância. No entanto, até muito pouco tempo atrás, a grande maioria de textos sobre terapia de família de que dispunhas, era traduções de trabalhos de autores estrangeiros. Eles falavam das suas experiências e, a partir delas, das suas propostas e intervenções. Eles chegaram a poder propor isso tudo, graças ao seu contato com o enigma colocado por famílias com culturas específicas.

Mas a tua demanda é feita por famílias com uma cultura diferente. Não se pode imaginar que tudo aquilo que foi criado para satisfazer uma demanda cultural diferente possa ser aplicável, sem transformações, ao enigma da família brasileira.

"—As portas estavam trancadas, quando acharam o corpo?

—Mas é claro, senhor Corregedor! Vossa Excelência desculpe, mas está pensando que meu enigma de crime e sangue é algum desses enigmazinhos estrangeiros que qualquer pessoa decifra? Está muito enganado! Meu enigma é fogo, Excelência, é um enigma brasileiro, o mais bem tecido que já houve no mundo! As duas portas eram maciças, estavam fechadas, e a escada era a única via de acesso à torre! Além disso, como o senhor já deve ter lido nos autos, minha tia, Dona Felipa Quaderna, caseira da 'Onça Malhada' tinha visto Dom Pedro Sebastião,

meia hora antes de ser assassinado, entrar para o mirante fechando ambas as portas por dentro, não só com a grande e antiga chave, mas também com as pesadas trancas de ferro que, descidas por dentro, tornavam as portas irrombáveis.” (292) **[110]**

A chave do enigma

Com paciência, terás que aprender, com essa família, como é que ela é. Só ela poderá te fornecer a chave do seu próprio enigma. Precisarás permitir que ela te guie através dos seus caminhos internos.

“—O fato foi verificado no processo, Excelência: não havia indício nenhum! Eu não já lhe disse que isto aqui é um enigma de gênio, um enigma brasileiro, sertanejo e epopéico? Ora indício! Com indício, é canja, qualquer decifrador estrangeiro decifra! No caso não havia nada: nem vela dobrada, nem disco mortífero, nem botões de camisa, nem abotoaduras de ouro, nem fios de cabelo, nem alfinete novo, nem nada dessas outras coisas que costumam fornecer pistas aos decifradores dos ridículos enigmas estrangeiros! Para o meu enigma, portanto, só um Decifrador brasileiro e de gênio! Agora, havia era um pormenor estranho, que reforça nossa convicção de que a morte de meu Padrinho só pode ter sido praticada dentro da própria torre, gastando no crime um tempo tal que pessoas trepadas em escadas e usando chuços através das seteiras não podem tê-lo executado de jeito nenhum: é que, na espada esquerda de Dom Pedro Sebastião, tinham ferrado, a fogo, um ferro desconhecido e que não é nenhum dos *Ferros* familiares de ferrar boi do Sertão da Paraíba! Eu sei, porque no nosso ‘Instituto Genealógico e Histórico do Sertão do Cariri’ temos um arquivo e registro desses *Ferros*, arquivo que eu organizei por sugestão de Doutor Pedro Gouveia!” (293, 294) **[110]**

Não quero afirmar que não se possa encontrar, na família brasileira, características e situações comuns às de qualquer família. Sim, é possível. Mas o que eu quero frisar aqui é a sua diferença. Cada cultura define um comportamento aceitável, da mesma forma que define os comportamentos pelos quais as pessoas saem do comportamento adequado. **{18, 19, 55}**

As famílias cultivam crenças que impregnam a experiência dos seus membros.

"Para ela fantasmas eram coisa natural. Seus pais espíritas a habituaram ao trato com as almas penadas, mas Adélia não ficara mórbida. Ao contrário, era muito mais alegre do que eu, ria dos meus temores, gostava daquele nosso cemitério, falava da morte e nas almas que se amavam." (22) **[73]**

As culturas definem, pois, maneiras específicas de sofrer. A seguir apresentarei algumas daquelas que são típicas da nossa cultura. **{46, 47}**

O lobisomem

Antes de falarmos de encosto e possessão quero te lembrar que, em diversas regiões do país, no sertão nordestino e no interior de vários estados, a versão que ouvirás poderá ser, também, a de que se trata de um lobisomem.

"—Qual é a novidade lá?

—Novidade... novidade... a novidade que eu vi lá foi o doido Roque que tá virando lobisome. Deu pra comê miolo de cachorro novo. Fura a cabeça do bichinho e chupa o miolo.

Zé da noite esclareceu:

—Ele tá virando assombração. Passou um dia... a menina, a fia de Eliseu - que - mora - na - cabeça - da - ponte, é ia de cá pra lá... Num é qui o doido queria furá o miolo dela pra chupá.

O deputado andava de boa veneta, queria puxar prosa. Andava também de tempo oco." (81) **[86]**

O boto

No norte, a "responsabilidade" pelo mal pode ser atribuída ao boto. Quando acontece a gravidez de uma moça solteira, que não deveria estar tendo relações sexuais, por exemplo, aparece a figura do boto genitor.

"Num princípio de ano, a mulher de Manuel Rodrigues acudiu aos gritos da filha, uma menina de onze anos, que encontrara um lacrau na rede. Na noite seguinte a menina teve um ataque e morreu. Sua mãe gritava que a morte viera do lacrau mandado por uma dona Blandina que mo-

rava na vizinhança, tida como a mais invejosa das mulheres. Grávida, a toda hora mal-assombrada com os lacraus, a companheira de Manuel Rodrigues caiu na esteira noites e noites gritando, fazia o devoto de Santo Ivo procurar quanta parteira existisse no rio. Nenhuma dava conta.

Mandaram chamar Capitão Lafaiete que entendia.

Chamaram pajé.

Era dor, dor, sangue, gritos: meu Santo Ivo, Nossa Senhora do Bom Parto e do Perpétuo Socorro! As parteiras, o tabelião e o pajé não esqueciam a história dos lacraus. Será criança mesmo na barriga da mulher? As parteiras discordavam nas suas suposições: quisto, filho atravessado, filho morto, falta de puxo, Capitão Lafaiete falava em albumina, em parto fora do tempo. O pajé, que a mulher tinha ficado grávida de boto e não de homem, se o filho nascesse devia ser logo atirado no rio, embora tivesse semelhança de gente." (90) **[68]**

A possessão

A possessão por um espírito —mau, na maioria das vezes— justifica comportamentos que nenhuma das pessoas, ditas possessas, teria em seu estado normal. Falam com vozes diferentes, tornam-se agressivas com os membros da família e com pessoas estranhas, etc. **{44, 48, 49}**

"O cônego Lopes teve em vida oportunidade de exorcizar vários possessos. Vinha gente de longe, das fazendas e dos distritos, pedir a sua intervenção contra demônios que resistiam a outros sacerdotes. Só o cônego, varão justo, padre exemplar, tinha poder sobre todos os espíritos imundos. Num lugarejo aqui perto, o diabo entrou numa moça que, até a possessão, era virtuosa filha de Maria. Ficou como louca. De simples que era, passou a falar várias línguas. Discutiu teologia com um padre que tentou esconjurá-la. Não comia nada: toda comida que levava à boca logo se transformava em pedra. O prato mesmo, que lhe era preparado, às vezes de repente se enchia de pedras. Não dormia, falava a noite toda e não trocava de roupa. O único vestido que tirou do corpo, ao secar no arame depois de lavado, pegou fogo inexplicavelmente. Muita gente recolheu pedras em que se transformavam os alimentos que a moça procurava comer. Cheiravam a enxofre, tinham poderes especiais, no escuro

emitiam faíscas como brasas que a gente sopra. Pois cônego Lopes foi ver a possessa, ordenou ao demônio que ele saísse e o demônio saiu deixando a moça desacordada.

Em certos casos de possessão, não precisava nem a presença física do nosso santo fundador. Bastava levar água benta por ele e o efeito era o mesmo. Com essa tal endemoninhada, porém, a água benta nunca chegou até ela. No meio do caminho, a garrafa se quebrava e ouvia-se uma gargalhada alegre e estrepitosa, como uma voz gritando no meio do mato: 'Essa água não chega lá!'" (103) **[94]**

Tu sabes que isso não é apenas produto da ignorância, que se refugia nos mais recuados cantos do sertão. Não. Nas grandes capitais do país, pessoas de todos os níveis sócio-econômicos compartilham dessas crenças. O que importa para nós é que sofrem. E quando te procuram é porque querem deixar de sofrer. Apenas não sabem como fazê-lo.

"Se não fosse dar prova de excepcional orgulho, não estaria longe de crer, às vezes, que o diabo se dedica, pacientemente, à minha conquista e, servindo-se de minhas fraquezas, me põe a seu serviço. Eu, um possesso! Sou insignificante demais para que Satanás me deseje a tal ponto. Supor o contrário seria pecar também por orgulho.

Preciso rezar, rezar sem desfalecimento. Mas desconfio, ao mesmo tempo, que a oração, tal como a faço, nada pode a meu favor. Só o demônio é bastante forte para assim se opor ao Bem, a Deus. Sinto em mim o seu hálito pestilento e, mais de uma vez, sozinho no meu quarto, os olhos postos no Crucifixo, ouvi o sopro maléfico de sua inspiração a misturar-se com o sussurro de minhas orações." (80) **[94]**

Percebe que essa questão tem dois aspectos: por um lado o da família da pessoa "encostada", pelo outro, o das outras famílias que se sentem ameaçadas pela pessoa que manifesta o comportamento estranho. Ambas podem procurar-te, e, para ambas, deves preparar-te.

"—O senhor viu o José por aí? —E, como ele abanasse a cabeça e explicasse que tinha vindo direto da barca para casa, ela disse:

—Está hoje num daqueles dias. Há de ser a lua. Meu Deus, até parece fado de lobisomem! —Mariano que também se sentara, baixava os

olhos para as mãos que pendiam entre os joelhos. Comadre Loura continuava desabafando:

—Já fiz tudo pra ele ir comigo à sessão. Sei que aquilo há de ser gente ruim que anda encostando nele. Mas ele debocha, vem com conversa de bruxaria...

Pra mostrar interesse, Mariano forçou-se a indagar:" (144) **[90]**

Outras tentativas de resolução

Quando a hipótese da família é que a pessoa pode estar dominada por um espírito mau, também pode recorrer aos serviços de um padre exorcista.

"Tivemos de prender a pobre mana no quarto, o que só temos feito em último caso. Ela ficava noite e dia a arranhar a parede com as unhas, tentando, talvez, escalar a superfície lisa e vertical. Gritava coisas desconexas, supunha-se perseguida por uma mula-sem-cabeça. Emília voltou a insistir em que eu trouxesse um padre para exorcismá-la. Desde muito, Josefa lavadeira lhe meteu na cabeça que a Chica está possessa. Um espírito mau a domina." (28) **[9]**

Muitas vezes, será só depois de terem passado pela mão de pais de santo, pajés, padres ou pastores exorcistas, psiquiatras diversos e outros terapeutas, que procurarão uma abordagem familiar.

"—Apaguem a luz.

Missunga sentiu a treva ondular. Lembrou-se do cego, o grito do cego e pouco depois um gemido emergiu da treva, alguém saltou freneticamente na cadeira. Era a médium, era Orminda.

—Quieta, irmão. Quieta. Tás na treva irmão? Quieta.

A médium batia os pés, espichava o pescoço, gemia fundo, lançava os braços no ar.

—Quero cachaça, quero.

—Paz, irmão. Paz. Paz. Bebias dantes? O álcool era a tua provação? Paz.

—Quero. Quero. Fui bão no mata-bicho. Comigo... era só no mata-bicho.

Manuel Rodrigues disse qualquer coisa no ouvido de seu Felipe a seu lado.

—Paz. Paz. Espera, irmão.

Missunga sentiu que alguém se levantava, lento, Manuel Rodrigues voltou-se para a médium, tocou-lhe o ombro, abraçou-a tentando conter-lhe os movimentos.

—Paz. Ó espírito protetor, baixa tua luz sobre o nosso irmãozinho.

À parte, disse: Tragam a cuia.

Alguém surgiu com uma cuia, um caneco tiniu no banco e se ouviu um glugluglute apressado.

—Bebe, bebe que acarma.

O espírito, enchendo a escuridão, cambaleava entre remorsos, e pesadelos, na purgação do vício. Manuel Rodrigues então rogou que todos baixassem a cabeça, se concentrassem para fazer a corrente. Um grande espírito de luz ia baixar. A alma invocada, que a médium incorporava, mais cachaça pedia.

—Ai, ai, tenho saudade do meu gole.

—Paz. Quieta, irmão. Espírito de luz..." (96) [**68**]

A inveja

A inveja cumpre um papel muito importante na nossa cultura. A pessoa que inveja seria a causadora de muitos males. Em certas regiões, ela realizaria uma série de "trabalhos", invocaria o poder de Exu e colocaria seus "despachos" com sua carga de mal.

"Nessa base de trabalho sem remuneração, tenho de suportar as mandigas e bruxarias da Rosa mais a Idalina. Outro dia, encontrei-as no terreiro, depois da cozinha, às voltas com um despacho. Suspeitei que estivessem bêbadas, mas a Rosa me jurou que a cachaça era para Exu. E me segredou que os maus espíritos andam agourando o Asilo da Misericórdia.

Eu, que não sou superticioso e não tenho complacências para com essas bruxarias, fiquei meio impressionado e tive a pachorra de ouvir a oração que a negra me ensinou para esconjurar o diabo. É mais ou menos assim: 'Padre Nosso pequenininho que me guie no bom caminho. Nossa Senhora é a minha madrinha, Nosso Senhor é o meu padrinho.

Eles me fizeram uma cruz na testa para o demônio não me tentar nem de dia, nem de noite, nem na ponta da meia-noite. Canta o galo, sai a lua. Saem os anjos pela cruz. Para sempre, amém, Jesus.'" (45) **[94]**

E esse medo da onipresente inveja pode levar as pessoas a sofrerem dos males dos quais tanto querem proteger-se. Esconder a felicidade não é equivalente a não ser feliz?

"—Esconde as coisas boas, menina. Esconde sempre. Não deixe ninguém saber que você é feliz, ou rica, ou que tem saúde. Surge tanta inveja, a inveja rodeia a gente, daí a pouco, vem a doença, vem a infelicidade, vem a pobreza." (140) **[87]**

Por trás desse tipo de crenças costuma haver um grande sofrimento; uma ou várias pessoas que sofrem. Quando aceitas a demanda, adaptando-te à cultura de quem te procura, **{55}** estás buscando uma forma de comunicação que seja aceitável pelos outros. Não precisas abdicar das tuas crenças nem da tua visão do mundo.

"Pois não? O senhor é um homem soberano, circunspecto. Amigos somo· Nonada. O diabo não há! É o que eu digo, se for... Existe é homem humano. Travessia." (568) **[98]**

E, à medida que convives com esse tipo de demanda, com esse tipo de família, vais ampliando tua capacidade de aceitação, de compreensão. Porque isso dificilmente se aprende nos livros. Aceitar e compreender não significa necessariamente ter que acreditar nas suas crenças; precisas acreditar neles, no seu sofrimento e na sua necessidade de ajuda.

"A cultura não vivenciada é mero acessório." (128) **[109]**

Sabes que os meus trabalhos —e o meu próprio crescimento— devem muito mais às famílias que atendi, do que as teorias que estudei? Foi com elas que aprendi como lidar com elas, bem como que intervenções seriam mais úteis para fazer a caminhada conjunta da busca da saúde e do crescimento. Quanto mais disponíveis estejamos para repensar as nossas propostas em função da família brasileira, mais perto estaremos da possibilidade de elaboração de um pensamento original. **{44, 45, 48, 49, 52, 53}**

"Esta é a idéia sua e dos seus amigos, patrioteiros e nacionalistas! De fato, a Obra da nossa Raça deve ter como assunto o Brasil! Mas que 'cultura' foi essa que os portugueses e espanhóis nos trouxeram? A cultura renascentista da Europa em decadência, a supremacia da raça branca e o culto da propriedade privada! Enquanto isso, a Mitologia negro-tapuia mantinha, aqui, uma visão mítica do mundo, fecundíssima, como ponto de partida para um Filosofia, e profundamente revolucionária do ponto de vista social, pois incluía a abolição da propriedade privada! É por isso que, a meu ver, a Obra da Raça Brasileira, será uma Obra de pensamento, uma Obra que, partindo dos mitos negros e tapuias, forje uma visão do homem; uma visão de conhecimento: uma visão do mundo; uma visão do homem; uma visão do homem no mundo; e uma visão do homem a braços com o próprio homem!" (142) **[110]**

Nosso saber, para ser verdadeiramente universal, deve ser enriquecido e não se limitar apenas ao aspecto superficial racional. Nas nossas tradições culturais estão contidas outras formas de saber.

"Antes, todos sabiam falar com espíritos, sabiam escutar e depois fazer o certo. Quando homem branco veio, disse que índios falavam com espíritos maus e índio deixou de escutar a voz de dentro. Caraíba disse ainda que só ciência era boa, que voz de dentro era coisa ruim, coisa de gente atrasada. Porque caraíba acha que sabe tudo, mas sabe pouco. É olhar a gente que nos rodeiam. Quando peixe nasce, sabe nadar, quando chega a época da desova, sobe os rios, sem que nunca ninguém lhes diga que precisa fazer assim. A árvore cresce e dá frutos e dá sombra. A borboleta procura flores, o rio procura o mar. Alguém ensinou passarinho a fazer ninho? É a voz de dentro de todas as gentes que diz o certo a ser feito. A gente homem, quando nasce, não sabe nem andar, nem fazer oca, nem fazer ubá, nem fazer arco, nem procurar comida. Precisa ser ensinado. Índio ainda sabe algumas coisas. E a gente-homem-caraíba? Diz que sabe tudo, mas sabe quase nada, porque perdeu a voz de dentro... Quando índio se perde na floresta ou no rio, sabe direito o caminho de casa, sem precisar estudar as estrelas, sem precisar mapas complicados." (38 e 39) **[76]**

Outras formas culturais do sofrer

Mas não apenas a cultura "tradicional" tem suas formas específicas de sofrimento. A cultura ocidental tem seus próprios padrões: o membro da cultura ocidental não recebe espíritos, mas ouve vozes que lhe transmitem mensagens, por exemplo (chamam isso de esquizofrenia). **{46}**

"Mas a verdade é que haviam ocorrido em sua mente alguns fenômenos bastante complexos, que modificaram a sua visão do mundo e que ele gostaria de expor, inclusive a si mesmo, mas para os quais não encontrava palavras.

—É como se fosse um outro, compreende? —ele disse ao bombeiro, que o abraçava sem encontrar resistência, para conduzi-lo à sala—. Alguém possível dentro de mim, que estivesse soprando pensamentos na minha cabeça." (103) **[105]**

Terapia de vidas passadas

Não deves surpreender-te. Nossa civilizada sociedade ocidental acaba de colocar em moda a terapia de vidas passadas. As pessoas que sofrem, estariam sofrendo por traumas adquiridos em vidas passadas: "Quando eram súditos dos faraós no antigo Egito, ou servos da gleba na Idade Média..." **{81}**. E muitos dos que acham ridículos os rituais afro-brasileiros estão entrando em uma interminável fila de espera para fazer, a preço de ouro, sua terapia de vidas passadas em Miami...

"Como ia dizendo a Vossa Reverendíssima, morri no dia vinte de março de 1860, às cinco horas e quarenta e três minutos da manhã. Tinha então sessenta e oito anos de idade. Minha alma voou pelo espaço, até perder a terra de vista, deixando muito abaixo a lua, as estrelas e o sol; penetrou finalmente num espaço em que não havia mais nada, e era clareado tão-somente por uma luz difusa. Continuei a subir, e comecei a ver um pontinho mais luminoso ao longe, muito longe. O ponto cresceu, fezse sol. Fui por ali dentro, sem arder, porque as almas são incombustíveis. A sua pegou fogo alguma vez?

—Não senhor.

—São incombustíveis. Fui subindo; na distância de quarenta mil léguas, ouvi uma deliciosa música, e logo que cheguei a cinco mil léguas, desceu um enxame de almas, que me levaram em um palanquim feito de éter e plumas. Entrei daí a pouco no novo sol, que é o planeta dos virtuosos da terra. Não sou poeta, monsenhor; não ouso descrever-lhe as magnificências daquela estância divina. Poeta que fosse, não poderia, usando a linguagem humana, transmitir-lhe a emoção da grandeza, do deslumbramento, da felicidade, os êxtases, as melodias, os arrojos de luz e cores, uma cousa indefinível e incompreensível. Só vendo. Lá dentro é que soube que completava mais um milheiro de almas; tal era o motivo das festas extraordinárias que me fizeram, e que duraram dois séculos, ou, pelas nossas contas, quarenta e oito horas. Afinal, concluídas as festas, convidaram-me a tornar à terra para cumprir uma vida nova; era o privilégio de cada alma que completava um milheiro. Respondi agradecendo e recusando, mas não havia recusar. Era uma lei eterna. A única liberdade que me deram foi a escolha do veículo; podia nascer príncipe ou condutor de ônibus. Que fazer? Que faria Vossa Reverendíssima no meu lugar?" (142, 143) [15]

As intervenções terapêuticas

Antes de passar à questão das intervenções terapêuticas, queria que falássemos de uma atitude que acaba sendo básica para nós: a confiança nos recursos de saúde que toda pessoa possui. É preciso que confies na inesgotável capacidade das pessoas para o crescimento, para a saúde, em suma, para a vida. **{49, 65, 66, 75}**

"Era natural que, uma vez que sobrevivera, quisesse sobreviver em liberdade. Seus nervos é que o traíram. Não se tratava de covardia. A vida não quer senão a sua própria continuação, custe o que custar, haja o que houver. É o que há de mais biológico no animal: sobreviver." (131) **[44]**

A escuta terapêutica

Algumas pessoas podem inclusive acreditar que estão perdidas, que nunca poderão reconquistar o equilíbrio, o direito de serem felizes. E muitas vezes, por isso mesmo, mostram alguma reticência em falar. Quando tu confias nos seus recursos internos a tua simples escuta já funciona como impulsor de saúde. A partir daí poderão ser mudados os rumos da vida.

"Eutanásio riu-se. Quem Cristino? Não era capaz? Do que o gênero humano não é capaz? Não é capaz? Há forças cegas e soltas em nós que escapem à nossa consciência e assumem às vezes um poder demoníaco sobre... Irene é uma força solta. Um temporal dentro de si. Se pudesse confessar a todo mundo, confessar a sua miséria, a sua desonra, aquilo que de incompreensível e sujo, injusto e pútrido se passa nele." (142) **[67]**

A pergunta terapêutica

Sabes que tua pergunta acaba sendo determinante para aquilo que vais ouvir? Ao formulares uma pergunta não estás apenas preparando o terreno para obter uma informação (esse talvez acabe sendo o aspecto menos importante da questão). O que passa a ser essencial é que tua pergunta pode ser portadora de informações, portadora de sementes de saúde que deverão florescer com o tempo. **{1, 14}**

Quando fazes uma pergunta que introduz informações positivas, podes perceber, no momento mesmo da resposta da pessoa, seu efeito terapêutico.

"Esta última frase o homem disse com vaidade porque lhe pareceu que organizara com alguma perfeição as palavras. Certamente o que fez Martim experimentar essa perfeição foi o fato de suas palavras terem de algum modo ultrapassado o que ele quisera dizer. E, embora se sentindo ludibriado por elas, preferiu o que dissera ao que realmente pretendera dizer, por causa do modo muito mais certo como as coisas nos ultrapassam." (40) **[71]**

(Vi)ver positivamente

Mais uma vez teremos que ser auto-referentes. Só poderás buscar os recursos de saúde dos teus clientes se tu mesmo tens uma visão positiva da vida. Será justamente a tua própria visão da vida que te fornecerá os recursos para necessários para essa leitura saudável da vida dos outros. Agora, não esqueças que a arte de ver não pode ser separada da arte de dizer. A tua busca de saúde, tua proposta de saúde, só atingirá o seu alvo se souberes transforma-la em uma forma de dizer, em uma narrativa gostosa.

"Enquanto os meses passam, faze de conta que estás no teatro, entre um ato e outro, conversando. Lá dentro preparam a cena, e os artistas mudam de roupa. Não vás lá; deixa que a dama, no camarim, ria com os seus amigos o que chorou cá fora com os espectadores. Quanto ao jardim, que se está fazendo, não te exponhas a vê-lo pelas costas; é pura lona velha sem pintura, porque só a parte do espectador é que tem verdes e flores. Deixa-te estar cá fora no camarote desta senhora. Examina-lhe os olhos; têm ainda as lágrimas que lhe arrancou a dama da

peça. Fala-lhe da peça e dos artistas. Que é obscura. Que não sabem os papéis. Ou então que é tudo sublime. Depois percorre os camarotes com o binóculo, distribui justiça, chama belas às belas e feias às feias, e não te esqueças de contar anedotas que desfeiem as belas, e virtudes que componham as feias. As virtudes devem ser grandes e as anedotas engraçadas. Também as há banais, mas a mesma banalidade na boca de um bom narrador faz-se rara e preciosa. E verás como as lágrimas secam inteiramente, e a realidade substitui a ficção. Falo por imagem; sabes que tudo aqui é verdade pura e sem choro." (89) **[12a]**

Enfocar a saúde

Essa será a base de uma visão positiva da terapia. Tua crença inabalável no potencial de saúde das pessoas conduzir-te-a a uma incessante busca do que elas têm de melhor, de mais saudável, e com esses elementos poderás construir uma intervenção muito poderosa. **{49, 75}**

"Concebendo os anteriores dessa lição, a gente corta a fazeção de ruins para si mesmo, com pensação de ruindades, as cujas só lá em vão sempre chamando ruindades. Caminhe no positivo para o senhor sorrir no bom e acontecer no porvir das coisas." (27) **[38]**

Se, diante de algumas pessoas, chega a parecer-te muito difícil descobrir o seu lado positivo, saudável, lembra que tudo acaba sendo uma questão de ponto de vista.

"Devo proceder a um retrato físico e moral do meu amigo Tito.

Tito não é nem alto nem baixo, o que equivale a dizer que é de estatura mediana, a qual estatura é aquela que se pode chamar francamente elegante, na minha opinião. Possuindo um semblante angélico, uns olhos meigos e profundos, o nariz descendente legítimo e direto do de Alcibíades, a boca graciosa, a fronte larga como o verdadeiro trono do pensamento, Tito pode servir de modelo à pintura e de objeto amado aos corações de quinze e mesmo de vinte anos.

Como as medalhas, e como tôdas as cousas deste mundo de compensações, Tito tem um reverso. Oh! triste cousa que é o reverso das medalhas! Podendo ser, do colo para cima um modelo à pintura, Tito é uma

lastimosa pessoa no que toca ao resto. Pés prodigiosamente tortos, pernas zaimbras, tais são os contras que a pessoa do meu amigo oferece a quem se extasia diante dos magníficos prós da cara e da cabeça. Parece que a natureza se dividira para dar a Tito o que tinha de melhor e o que tinha de pior, e pô-lo na miserável e desconsoladora condição do pavão que se enfeita e contempla radioso, mas cujo orgulho se abate e desfalece quando olha para as pernas e para os pés.

No moral Tito apresenta o mesmo aspecto duplo do físico. Não tem vícios, mas tem fraquezas de caráter que quebram, um tanto ou quanto, as virtudes que o enobrecem." (45) **[14]**

Já insisti muitas vezes nesse ponto, mas não faz mal. O nosso papel consiste em servir de pretexto, em estabelecer uma relação pessoal cuja intimidade contribua para que as pessoas descubram dentro de si próprias seu potencial de saúde e felicidade.

"Todos os males da terra se esvairiam se ao homem fosse dada a ajuda para se conhecer nas profundezas do bem. E nessas introspectivas de conheceres, vou lhe ensinar o bom do eterno durável." (23) **[38]**

A conotação positiva

E a partir dessa visão positiva, poderás construir aquilo que se chama de conotação positiva. Ela nada mais é do que a descoberta do sentido (ou a função) positiva que pode ter uma ação qualquer (mesmo aquelas que a primeira vista parecem totalmente negativas). Quando consegues descobrir o aspecto positivo de algum comportamento, podes fazer uma releitura, que te permitirá redefini-lo e orientá-lo em outro sentido. **{14, 49, 70}**

"—Olhe, você é um cara muito estranho, sabe? Nunca pensei que você fosse capaz de chorar junto com uma criança. No duro. Tou patetão com você. E depois, sabe, você me fez lembrar uma coisa que eu tinha descoberto há um tempão e que já tinha esquecido: é que um cara nunca é só uma coisa, entende? Por exemplo, ele nunca é, o tempo todo, um cara mau. Ele pode ser, isso sim, um cara mau com alguns momentos bons. E um cara pode ser bom, com alguns momentos maus. A gente não pode esquecer isso, entende?" (98) **[25]**

Se quisesse resumir todo o nosso trabalho de uma forma sucinta diria apenas que nossa responsabilidade consiste em contribuir para que as pessoas descubram que sabem aquilo que não sabiam que sabem. Essa é a nossa incumbência: contribuir para esse auto-descubrimento. **{67}**

"Era estranho o que estavam falando, notou Ismael. Nunca, desde crianças, conversaram assim na intimidade. Sempre cerimonioso com ela, jamais imaginava que pudesse ter pensamentos como aquele. Talvez fosse o livro; o livro só vai de encontro ao que existe anteriormente no coração, na experiência de pensar ou de viver. Sim, Tarsila deveria consumir-se em pensamentos devaneadores horas sem conta, porque não havia sombra em seu rosto de ter vivido. Mas como falava, como aquilo lhe vinha do fundo da alma. Será que ela ama alguém? Olhou o rosto da prima, pálido; os olhos brilhavam." (129, 130) **[48]**

Será um olhar diferente que não está centrado na busca do patológico, da disfuncionalidade (ah!, como eles gostam de falar de "família disfuncional"). Construímos um enfoque baseado na saúde, na busca dos recursos de saúde das pessoas, das famílias. Assim teremos uma visão nova.

"—Sim —prossegui eu ardentemente— não há nada que seja possível colocar num altar, bem sei. E a minha idéia é precisamente esta, olhar os homens de um outro ponto de vista, em que o riso é bem mais sensato do que o soluço. Nada mais desesperadamente ridículo do que uma cruz de esparadrapo sobre um nariz. E meias pretas num cadáver." (104) **[37]**

Mas, por favor: não esqueças que não se pode confundir conotação positiva (algo que tu dizes com o coração e que vai tocar aquelas pessoas com as quais estás falando), com tentar dizer coisas "positivas" às pessoas. (Não há espetáculo mais deprimente do que ver um terapeuta dizendo coisas falsas, nas quais não acredita, com o intuito de ser positivo. Isso é pura desonestidade e longe de ajudar, atrapalha.)

"Fez uma curvatura elegante, o chapéu na mão, sorriso grande:

—Que o sol, quando nascer, todos os dias, venha achar sua família feliz e contente, bem alimentada, fogo na cozinha, muita comida na despensa, alegria com a vida.

A avó murmurou um adupé. O homem continuava:

—Que a lua, ao chegar, ilumine uma família unida feliz, com um dia bem vivido, pronta para um sono tranqüilo." (56) **[87]**

A utilização do acaso

Outro ponto que preciso sublinhar é o relativo ao acaso. A ciência moderna aceita cada vez mais que o acaso cumpre um papel fundamental na evolução da vida. A própria vida é produto de um grande acaso: as probabilidades de surgimento da vida eram mínimas. Foi o acaso que permitiu que essa sopa original, que era a água, se transformasse em vida. **{8, 20}**

"Acreditaria na posteridade? É possível, embora confiasse mais no acaso, como o Gonzaga de Sá, seu '*alter ego*'... 'O acaso, mais do que qualquer outro Deus, é capaz de perturbar imprevistamente os mais sábios planos que tenhamos traçado e zombar da nossa ciência e da nossa vontade. E o Acaso não tem predileções.'" (09) **[23]**

E os estudiosos da terapia de família afirmam que o acaso acaba se encontrando no âmago dos processos de mudança. Nossa missão enquanto terapeutas seria, nesse sentido, a de aproveitar os acasos para favorecer e impulsionar os processos de mudança. **{20}**

"Não compreendi imediatamente a significação dessa fantasia; mas, referindo a este e aquele aspecto de sua vida entendi bem que ele queria dizer que o Acaso, mais do que outro qualquer Deus, é capaz de perturbar imprevistamente os mais sábios planos que tenhamos traçado e zombar de nossa ciência e da nossa vontade. E o acaso não tem predileções..." (26) **[24]**

Aquilo que acontece por acaso pode romper com a lógica dos acontecimentos, introduzindo uma ruptura salutar. E é justamente essa brecha que tu poderás utilizar para introduzir a tua intervenção desestabilizadora.

"O que me dá mais raiva é que o acaso não se serve de truques para inutilizar nossos melhores cálculos e somos derrotados por um parceiro que desconhece ou despreza as regras do jogo... Nem me venham com essa

de que ele é cego, que não tem inteligência: seria insuportável para o orgulho humano. Não, o acaso é apenas uma inteligência diferente da nossa." (73) **[91]**

E o terapeuta como entra nessa história?, poderás perguntar-te. Entra quando transforma aquilo que acontece —quer na sua presença, no consultório, quer fora, mas que lhe é relatado pela família— no ponto de partida de uma nova leitura da história familiar, em uma reformulação das suas relações e das suas atitudes.

"Mas eis que, numa súbita reviravolta, de repente penetram nesta tese, quase clandestinamente, o acaso e a intuição poética, elementos que, não raro, fazem de uma simples teoria uma obra de arte." (139) **[104]**

Os segredos

Ao receberes uma pessoa para uma entrevista individual, deverás lembrar que, se a demanda se refere a um conflito conjugal, aquilo que a pessoa te comunica pode cercear tua liberdade de agir com o casal. Preserva teu direito de ouvir só aquilo que tenhas autorização para utilizar depois. Quando uma cliente diz, por exemplo, "ah!, mas meu marido não pode saber que estive aqui conversando com você...", podes estar caindo em uma armadilha.**{71}**

"—Falando em telefonemas, Espigão, por favor, não telefone para minha casa depois das oito da noite. Meu marido não sabe que estou lhe contratando e não quer admitir a hipótese de contratar um detetive. —Fez uma pausa, mordeu o lábio inferior. —O senhor compreende, ele é coronel do exército." (13, 14) **[99]**

No item segredos, também caberia lembrar a atitude de certas mães que, quando te levam as crianças, pretendem falar-te dos seus temores em uma linguagem codificada que, supostamente, serviria para que as crianças não entendessem o que elas estão dizendo.

"Entretanto, o tempo passando e Rosária mais a Vera e a Nhá enrolavam cumbersa mode desorientar as meninas e não permitir que elas entendessem certas coisas por causa que menina mulher é muito curioso

demais de certas proviniências que só devem ser entendidas ao seu devido tempo.” (213) **[52]**

Deixa-as falar dessa forma (de qualquer maneira a criança entende perfeitamente do que se trata). Depois, fala com naturalidade da questão. Isso permitirá que ambas as partes aprendam com o fato: a mãe a perder o medo de falar claramente e o filho a ver que se pode ter confiança e resolver as coisas na sua presença, diretamente com ele.

Os segredos familiares soem ter um peso muito grande. Muitas vezes a família enfrenta dificuldades que, de certa maneira, estão ligadas à existência do segredo. Quando esse segredo é revelado, mesmo causando uma relativa comoção inicial, perde sua força mortífera.

“Foi nesta hora, Quincas dependendo das suas palavras, que Cláudia pensou no segredo como uma arma, diabólica arma nas suas mãos. Era um segredo, não havia dúvida. Ela, apenas ela e Anselmo sabiam da verdade, verdade que poderia provocar grande tumulto e causar a ruína definitiva de Paulino Duarte. Deveria revelá-lo, contá-lo a Quincas? Deveria desrespeitar a memória da morta dizendo ser Ângelo filho de Anselmo, dizendo haver Elisa traído Paulino Duarte? Ou sepultar o segredo, guardá-lo sofregamente no coração? Oscilando, não confiando nos próprios nervos, Cláudia temia gritar, exibir tudo num momento de raiva. Fitou timidamente o marido, pedindo que a levasse, estava horrivelmente cansada.” (136) **[54]**

Considerações sobre a elaboração da narrativa terapêutica

Lembras que tinha prometido que falaríamos da metáfora? Chegou a hora. Esse é um assunto fundamental para o terapeuta familiar. Sua compreensão ampliará os teus horizontes e poderás desfrutar muito mais o teu trabalho terapêutico.

O que é uma metáfora?

A metáfora é uma figura de linguagem que, partindo de uma semelhança, realiza uma substituição de sentido de um termo para outro. Quando dizes: "fulano é fera", estás utilizando a palavra fera para designar sua capacidade extraordinária na execução de uma tarefa, por exemplo. **{61}**

"Fizeram calados a longa travessia deserta entre Rosário e Alegrete, e mais taciturnos ficavam à medida que (inconscientemente percebiam) se aprofundavam numa forma de silêncio que tinha as raízes cravadas naquela vastidão deserta de coxilhas verdes fustigadas pelo vento gelado. O pampa tomava forma." (16) **[100]**

Metáfora não é comparação

Quando és tu quem cria a metáfora, deves ter presente que uma metáfora não é uma comparação. A comparação mata a metáfora. É muito diferente dizer de alguém que "*é* uma rocha" (metáfora) que dizer "*parece com* uma rocha" (comparação). No primeiro caso, a informação não se dirige ao consciente da pessoa. Trata-se de uma linguagem simbólica, que se dirige ao inconsciente. No segundo, a linguagem é de tipo racional, dirigida ao consciente. **{3, 5, 6, 9, 12, 16, 21, 23, 30, 31, 32, 33, 34, 35, 45, 49, 57, 58, 59, 60, 64, 69, 85, 86}**

A mensagem dirigida ao consciente da pessoa induz ao raciocínio. O máximo que se pode conseguir com ela seria uma troca de idéias. Se o que queres é tocar as pessoas, deves utilizar uma mensagem simbólica, que não se preste a réplicas ou discussões.

"Às quatro da tarde, à sua esquerda, viram, na linha do horizonte, o perfil do cerro do Jarau, como o dorso de um lagarto pousado sobre uma linha reta." (16) **[100]**

Lembra bem, a metáfora é destruída quando se transforma em uma comparação. A partir do momento em que deixas de dizer que "algo é", para dizer que "algo é como", estás fazendo uma comparação e não uma metáfora.

"Pois que se trata de cavalos, não fica mal dizer que a imaginação de Sofia era agora um corcel brioso e petulante, capaz de galgar morros e desbaratar matos. Outra seria a comparação, se a ocasião fosse diferente, mas corcel é o que vai melhor. Traz a idéia do ímpeto, do sangue, da disparada, ao mesmo tempo que a da serenidade com que torna ao caminho reto, e por fim à cavalariça." (385) **[11]**

A metáfora não é um instrumento exclusivo de poetas e de grandes terapeutas. Ela está presente no dia-a-dia de qualquer pessoa comum. Usamos metáforas a todo momento, mesmo que não o façamos conscientemente. Sabes por que faço questão de frisar isso?, porque, quando nos esforçamos em ser metafóricos, ficamos feito palermas sem saber "produzir" uma única metáfora. Mas, quando a gente percebe que utiliza e "cria" metáforas sem ao menos se dar conta, torna-se mais fácil tanto ouvir a fala metafórica da família, quanto utilizar metáforas adequadas a cada situação.

Poderíamos encontrar infinidade de exemplos de metáforas do dia-a-dia. Para começar, vejamos dois deles: "estar em cima do muro" e "engolir sapos".

"Duas artes o brasileiro teve de aprender, por injunções óbvias: a de engolir sapos e de ficar em cima do muro. Em termos de deglutir batráquios nosso povo é mestre, mesmo porque muitas vezes não há outro alimento ao alcance. Engole-se por estas bandas sapos do mais variados tipos, inclusive aqueles que, pelas dimensões, sugerem a possibilidade de príncipes encantados por ação de feiticeiras de certo familiarizadas com aquela estratégia do poder que consiste em dar sumiço nos adversários sem necessariamente acabar com eles. Aliás, quem engole sapo, engole príncipe, pois se nossos sapos não são príncipes (felizmente a monarquia foi abolida) correspondem pelo menos a chefes, diretores, mandatários dos mais variados calibres." (33) **[108]**

Cada família usa e "fabrica" metáforas extraídas da sua experiência quotidiana, e essas metáforas te ajudam a compreendê-la e a orientar tua forma de falar com elas. Uma família rural, por exemplo, utilizará metáforas relacionadas com a vida no campo.

"Não se tira água ao poço sem roçar a corda na aspereza da pedra." (198) **[17]**

O relato que te faz a família pode incluir comparações e metáforas, ambas poderão ser utilizadas, as mais ricas, porém, serão as metáforas.

"—Quem bebe perde a dignidade.
—Todos os bêbados são lamentáveis.
—Ninguém ama um bêbado.
E eu:
—Só os bêbados vêem o mundo girar.
E o meu está girando. Como um girassol.

Acorde, Cris. Desperte para rezar. Lá vai passando a procissão, se arrastando que nem cobra pelo chão.

Este cortejo estava programado para mais tarde, quando o sol dobrasse a curva do poente. Quem agüenta se enfiar debaixo desta caldeira maluca, ainda mais com um pesado cruzeiro no lombo? Vai ver hoje teremos procissão o dia todo, de sol a sol. O espetáculo promete. Fique atenta, dona Cris." (47, 48) **[112]**

A metáfora nossa de cada dia...

Gostaria imensamente que a tua experiência quotidiana de expressar as coisas mais simples e corriqueiras através de metáforas, servisse de inspiração para a hora em que ouves e falas com a família. A seguir vou te apresentar uma longa lista de metáforas de todos os dias que certamente conheces e utilizas.

"Meu olho, o que está vidrado na parede, se arregala. *Matei a charada.* Calunga. O zombeteiro Calunga. Chegue-se mais, primo. Vamos *bater um papo.*" (49) **[112]**

"Quer me explicar que *zorra* é essa?" (49) **[112]**

"É tudo *gente fina.* Estudiosos, doutores, uma *turma da pesada.*" (50) **[112]**

"—Calma rapaz. É muito cedo ainda e estou curtindo uma *ressaca* miserável." (50) **[112]**

"...Seu texto já está pronto e ele não está prestando a mínima atenção no que *está rolando.*" (51) **[112]**

"O pesquisador não se deixou *abater* pela gozação de Calunga." (51) **[112]**

"Risadas. Tumulto. *Bate-boca* entre os da mesa." (52) **[112]**

"Entrou *em outra órbita.* Escafedeu-se." (52) **[112]**

"...Foi de *cortar o coração* em mil cacos." (71) **[112]**

"É hoje uma mercadoria muito disputada, pela excelência de suas qualidades: faz escorregar com brilho." (72) **[112]**

"A FM já *entrou no ar.* Lépida e fagueira, a FM também *acorda cedo.*" (61) **[112]**

"—Mas tudo bem! *Não esquenta,* cara." (61) **[112]**

"Calunga. O ex-aluno da Escola Rural do ex-distrito *de Onde o Judas Perdeu as Botas*, Bahia." (53) **[112]**

"—*Chocante*, xará." (61) **[112]**

"—Para simplificar e ir direto ao assunto: gostaria de ouvir suas impressões sobre essa sua extraordinária experiência de homem tríplice: *morto-revivido-encantado*." (51) **[112]**

"...Sorria. Hoje vai dar a maior praia. *Entre no pique*. *A galera* aí vai pegar uma onda de calor. Não fique de *baixo astral*. Esse sonzão *legal* que você vai ouvir agora é pra você *curtir uma gatinha* bem macia. Numa boa." (61) **[112]**

"...A gente morava um *bocado* longe da rua, se lembra? O seu pai, com aquele pé manco, coitado, com aquela perna mais curta do que a outra, lá se vai em cima de um jegue *mais lerdo do que a peste*." (64) **[112]**

"Se a senhora ainda não sabe, chegou a hora de ficar sabendo que todos os seus filhos, mal se deram por gente, escafederam-se pelo *olho do mundo —no oco da vida*." (68) **[112]**

"O pesado esquife acaba de se instalar bem no centro da minha parede. E como se sempre estivesse pregado nela —e pelas minhas próprias mãos.

Como se fosse um retrato de um ente querido, um quadro, uma quinquilharia decorativa, uma imagem que ainda não *se perdeu no tempo*. Como um bagulho doméstico. Um *traste real*." (58) **[112]**

"O despertador *disparou*, no *pé da minha cama*, *como uma bomba*. Mas logo agora. Que porra.

—Vamos tomar uma para *rebater*? —disse Calunga.

—Você está louco. Eu vou é trabalhar.

—Pois eu estou de luto. Entrei em greve, esqueceu? Vou mesmo é *encher a cara*." (47) **[112]**

"—Vinde a nós —disse um de Brasília. —Temos a chave da porta do Terceiro Milênio.

—Pensei que os de Brasília tinham era a *chave da cadeia*.

—Esse tempo já passou. Brasília agora é a *chave da esperança*.

—Ainda é *a última que morre*? —Calunga perguntou." (50) **[112]**

"O que lhe valeu algumas definições pouco lisonjeiras: voluntariosa, mandona, *dona do mundo*." (76) **[112]**

"Justiça se lhe faça: nunca negou um copo d'água, um prato de comida e *dois dedos de prosa* a quem *deu com os costados* em sua casa, a qualquer hora do dia ou da noite." (76) **[112]**

"...A burguesinha bonitinha lhe deu um fora, não foi? Isso é duro, eu sei. Mas pensando bem, você é um escroto. Deu em cima dela, sabendo que era minha namorada. Isso não se faz, rapaz. Deixa de ser filho da puta." (128) **[112]**

"Depois, se não os recebemos com as devidas atenções que sempre mereceram, ainda saem dizendo que não temos consideração, que somos orgulhosos, metidos a besta, que *temos um rei na barriga*, e que não queremos que nos visitem e todas essas coisas.

Bem faz o meu pai, que mora no mato e dispensa visitas. Vive como um pássaro, um bicho, um extraterrestre, sei lá. Não gosta de cidade nem liga pra dinheiro. Um caso para estudo. *Uma relíquia*. Vá ver é o que se pode chamar de um homem livre, se é que isso existe." (13) **[112]**

"Pois faça a fineza de esclarecer à minha mãe, a Exma., Ilma., Digníssima Senhora Dona Madalena Luna Gama, que o filho dela bebe pra esquecer, para não escutar, não ouvir os sermões repetitivos, tão enervantes, tão *cacetes*. Beber até *cair nos braços aconchegantes de Madame Morte*, que vai me sussurrar cheia de amor e carinho, desmanchando-se em ternura: —vem, meu menino vadio...

Pois diga-lhe, querido, por favor não esqueça, que eu bebi para resistir *(pacificamente!)* à *espuma dos dias*. Foi a melhor maneira que encontrei de assuntar o tempo e deixá-lo passar. Foi o gesto instantâneo do *bombeiro que mergulhou na fossa*, à procura de uma verdade insondável.

Foi meu *combate* na sombra. A minha *felicidade engarrafada*." (161) [112]

"Existem bêbados que em adiantado estado de alcoolismo começam a ver monstruosas aranhas nas paredes, avançando sobre eles. São as tais visões alucinadas. Dizem que são apavorantes. Tirei a sorte de me alucinar a ponto de passar a ver *a aranha* de dona Geralda Chaplin ou de qualquer outra do mesmo naipe avançando na minha direção. Si? No? Si? No? Eu disse aranha? *Uma bela pássara*, que precisa urgentemente ser apunhalada. *(Aqui, um patriótico protesto do macho nacional: —Que é isso, companheiro? Afinal, quem são* esses bacalhaus importados *perto do* plantel da sagra atual, *tratado a leite de cabra, e que a estas horas já começa a* se empinar *nas praias da zona sul, para manter a forma, barriguinha pra dentro e bundinha pra fora? Relax and enjoy.)*" (61) **[112]**

"...Escute a história. Pois enquanto eu me *atolava nas minhas dores*, o seu pai esporava o jumento e a rua ia ficando cada vez mais longe." (64) [112]

Percebes?, há inúmeras metáforas que fazem parte do nosso quotidiano. Tanto é que chegamos a não perceber que as usamos. (Antes que esqueça: os sublinhados das metáforas anteriores são meus.) Agora falemos das metáforas que a família cria quando te conta suas histórias.

As metáforas da família

Além das metáforas conhecidas e difundidas, há também aquelas que as famílias criam no seu convívio. Por motivos diversos, uma palavra ou frase perdeu o seu significado original e passa a representar algo diferente. Presta muita atenção a essas formulações. De certa forma, constituem uma espécie de língua própria da família. {**45**}

"Outra conseqüência da batalha concepcional, pelo menos por algum tempo e aí os resultados não seriam despojados, seriam troféus —foram os agradáveis pilequinhos vividos na sala, ao som de um suave fundo musical sob a penumbra e concluídos voluptuosamente sobre a maciez da cama. Um ou dois bastavam. Demorados, deleitados, o dedo brincando

com as pedras de gelo. Isso no período fértil, obedecendo ao 'método japonês' às avessas, como já se sabe. Também, quem mandou o médico dizer que o álcool bloqueava as contrações das trompas e do útero, facilitando assim a concepção?

Embora essa prática fosse aos poucos caindo em desuso, devido naturalmente à desesperança na obtenção da tão desejada gravidez, sucedeu que, daí em diante, a exemplo do personagem de Proust, Swann, que, quando queria 'fazer amor' com Odete, recorria a metáfora 'fazer datéias', isso porque a *coisa* começava com a arrumação dessa lindas orquídeas no decote da futura amante, arrumação de que ardilosamente Swann se incumbira; do mesmo modo Leitão, que, diga-se de passagem, jamais lera Proust e assim seguindo por caminho que não o de Swann, ele, sempre que o desejo lhe incendiava as veias, saia-se com esta: 'querida, comé, vamos tomar um pilequinho?' E para que não se pense houvesse o casal adquirido o vício da embriaguez, esclareça-se que em tais 'pilequinhos' não se consumia uma gota de álcool..." (37, 38) **[62]**

Utilizares a metáfora de uma família ou de um casal, é como entrares na sua intimidade. A falares sua língua, chegas mais perto deles. Também tua intervenção poderá ser mais perturbadora do seu equilíbrio. **{77, 78}**

"—E sabe o que é isso, Franz? Sabe? Não, você não sabe o que é —ela foi falando.

—E eu aponto pra minha imagem do espelho e digo: Aura, você é o Brasil, você é leviana como o Brasil e cuida tão mal de você como o Brasil, pô. Você tem a mesma mania de grandeza que o Brasil tem, gasta rios de dinheiro, e vai endividando, se encalacrando até o ponto em que você chegou, pô —e neste ponto ela fez uma pausa e pediu para eu serví-la de vinho.

—Eu aponto pra minha imagem no espelho e digo: pô, você devia se chamar Aura Brasil, e Brazil com 'z', que fica muito mais verdadeiro..." (322) **[51]**

Quando uma pessoa da família utiliza uma linguagem metafórica, uma simples pergunta pode provocar um fluxo de metáforas que te serão muito úteis na hora de bolares tua própria intervenção. Tomemos como exemplo a seguinte pergunta: "Você disse que tinha um escritório, é um escritório de quê?"

"...escritório de quê? Advocacia? A tanto não ousaria, sendo certo que minha qualidade de bacharel nunca me animou sequer a ir buscar o diploma na Faculdade ***(onde, confio, esteja ainda bem guardado à minha espera, se dele precisar para qualquer eventualidade: a de ser inesperadamente convocado à vida pública, por exemplo, com uma honrosa nomeação, sacrifício a que seria difícil esquivar-me).*** **Pelo que, não ousaria, a esta altura da minha vida, iniciar-me na profissão a que o dito diploma presumivelmente me habilita. Além do mais, eu não poderia mesmo colocar o prego para dependurá-lo na parede.**

Fica sendo então ***escritório*****, tão-somente. Nem mesmo de literatura: apenas um local onde possa acender diariamente o forno** ***(no sentido figurado, apresso-me a tranqüilizar o condomínio)*** **desta padaria literária de cujo produto cotidiano, fresco ou requentado, vou vivendo como São Francisco é servido. Levo para o meu novo covil uma mesa, uma cadeira, a máquina de escrever —e me instalo, à espera de meus costumeiros clientes."** (08) **[101]**

Uma mulher pode responder metaforicamente a tua pergunta sobre como ela está se sentindo.

"—Você conhece o antigo rótulo da Emulsão de Scott? Assim eu me sinto. Casada... Não, não. Cansada, isso. Curvada, sim. Ao peso do eterno bacalhau nas costas." (74) **[111]**

Percebes as possibilidades de intervenção que se abrem para ti? E aproveitemos aqui para assinalar que os lapsos que uma pessoa comete, podem ser fonte de outras indagações e intervenções.

"Pois o menor objeto ou gesto ou lapso de linguagem pode ser a chave de uma descoberta: o indício capaz de tornar-se revelação." (54) **[61]**

E os sonhos?

O fato de não utilizarmos corriqueiramente a interpretação (do tipo psicanalítico) não significa que não possamos utilizar o relato de um sonho como uma metáfora ou como ponto de partida para uma metáfora. (Tudo aquilo que é trazido para a sessão pode ser aproveitado para estimular o crescimento dos participantes.) **{68}**

—Não se lembra porque nunca viu, como eu antes nunca tinha visto. Eu sonhei... sonhei que estava no cimo de uma grande montanha de uma altura prodigiosa. A altura era tão grande, que a terra desaparecia em torno, e eu só via céu, céu azul a cercar-me. Era um azul tão brilhante, tão lindo, que me atraía, me chamava! Saltei, então, para ele. Mas não caí. Boiava, leve como uma pluma, e uma sensação violenta de prazer me veio. Que delícia! Nisso, olhei para o meu corpo, e percebi que os meus pés, as minhas pernas, as minhas mãos, os meus braços estavam se desmanchando em azul... O meu corpo, inteirinho, se dissolvia em azul puríssimo... E eu sentia uma alegria violenta, louca. É esquisito esse sonho. Que quererá dizer?" (78) **[89]**

A intervenção metafórica sói ser muito simples, mas quando adequada à situação e a pessoa ou pessoas as quais é dirigida, pode ser portadora de uma grande eficácia.

"Às vezes, eu até molhava a cama, depois de passar horas a fio acordado, desejando urinar. Era assim: a gente dormia e sonhava e sonhava estar escondido atrás de uma moita, longe de outros olhos, num desconhecido. E naquele mija-não-mija desgraçado deleitava-se nos alívios da bexiga, até quando o quentinho da urina fosse se esfriando pelas roupas de cama afora. Era inevitável acordar-se ao depois com muita chateação na cabeça, por causa dos incômodos e da vergonha.

Daí, um dia, mamãe chegou da cidade com um 'doutor' para mim. Era outro apelido dado para o urinol, no vulgar do povo chamado de penico. Somente ele poderia curar a doença do mijo na cama. Era um santo remédio. A gente acordava com vontades e era só chamar o 'doutor' debaixo da cama, para o alívio das necessidades, e pronto... Em breve a gente podia pegar na soneira de novo, como se estivesse no começo de outro descanso." (51) **[38]**

Uma última observação: uma metáfora criada pelo terapeuta pode ser muito bem bolada (do ponto de vista da beleza da construção) mas, por algum motivo, não ser captada pela família. Se isso te acontecer... deixa para lá, não vale a pena tentar ajeitar. Se tentares explicar, a metáfora perde seu sentido e morre.

"O homem, apontando a cidade, é torre de lobos; a mulher, na proa, poço de pássaros; o homem, enxurrada de dentes; a mulher, guarda chuva de zelos; o homem, arsenal de pombos; a mulher, zepelim de sentenças; o homem, punhal de geografias; a mulher, constelação de gorjeios; o homem, castiçal de silêncio; a mulher, envagelho de delícias; o homem, enxame de pregos; a mulher enxume de tábuas; o homem, cardume de lembranças; a mulher junquilho de ferros." (26) **[35]**

A intuição

Para seres capaz de perceber a capacidade inesgotável de crescimento do ser humano, deverás lançar mão de uma das tuas virtudes maiores: a intuição. Aguarda um pouco, antes de dizer-me que isso é algo muito complicado; deixa-me falar um pouco sobre ela. **{15, 21, 23, 76, 85, 86}**

Sei que, na faculdade, fizeram de tudo para que acreditasses que a ciência nada tinha a ver com a sensibilidade e com a intuição.

"A imaginação humana é muito engraçada. Só admite as maravilhas do mundo a partir do conhecimento que tem de sua própria paróquia. Não passamos de caçadores de cabeças, obstinados em seduzir os crânios de tamanho normal à miniaturas." (115) **[88]**

Aprender a desaprender...

Por isso temos que passar por uma espécie de desaprendizagem. Precisamos desaprender uma série de preconceitos que nos atrapalham. O trabalho com famílias exige que aguces tua sensibilidade. **{42}**

"Você é inteligente e sensível. Sabe? Tenho a impressão de que as pessoas que receberam a sensibilidade como dom ao nascer têm a necessidade e a obrigação de devolver sempre de si ao mundo." (97) **[30]**

A negação da importância da intuição no trabalho terapêutico é um puro produto da lógica dominante: a racionalidade masculina. Nós homens temos que conquistar —e as mulheres reconquistar— o direito ao desenvolvimento e à utilização da intuição.

"Eu sempre verifiquei que todos nós, os do excelente mundo e os da ficção quando excelente, temos os nossos gestos e idéias geniais... Pois tomemos essa frase de Fraülein por uma idéia genial que ela teve. E tanto assim que produziu uma surpresa nos leitores e outra em Souza Costa e Dona Laura. De tal força que os abateu. Então, faz quase um minuto, mudos e parados. Souza Costa olha o chão. Dona Laura olha o teto. Ah! criaturas, criaturas de Deus, quão díspares sois! As Lauras olharão sempre o céu. Os Felisbertos sempre o chão. Alma feminina ascencional!... É o macho apegado às imundices terrenas. Ponhamos imundices terráqueas." (51) **[7]**

Para deixares fluir a tua intuição, tens que parar de pensar. O pensamento seria uma atividade posterior que te ajudará a organizar as informações colhidas através da intuição.

"O ganhador vai. Nunca pensa, acompanha. Segue o rumo que as coisas tomam. Caminha como um rio, em curvas, ladeia pedras. Deixa-se deslizar." (89) **[32]**

Se preferes, podes dizer que se trata de apreender a pensar com o coração.

"Meu coração é que entende, ajuda minha idéia a requerer e traçar." (290) **[98]**

Com o passar dos anos —com a prática— a tua capacidade de percepção vai sendo aperfeiçoada e tudo acontece com a maior naturalidade.

"Porque é assim que é. Naturalmente. As coisas sempre prestes a serem apanhadas. E você eternamente prestes a apanhá-las, como uma sina. Sempre prestes." (110) **[1]**

Razão versus sensibilidade?

Não se trata de uma reles oposição entre razão e sensibilidade, mas sim de uma mudança na ordem dos fatores (que altera totalmente o produto): liberar a sensibilidade, fazer funcionar a intuição, para depois utilizar a razão. E não penses que essa é uma proposta nova ou própria da terapia sistêmica. Já na época heróica da psicanálise sabia-se que a "atenção flutuante" permitia que o psicanalista entrasse primeiro em contato com aquilo que seu inconsciente havia captado da mensagem inconsciente do analisando. Só em um segundo momento era que entrava a razão para desempenhar seu papel organizador. **{63}**

Não vamos partir em uma cruzada contra o uso da razão. Claro, a utilização da intuição pura, sem o apoio da razão, é o que qualquer avó sabe fazer. Se fosse só isso não seria necessário estudar e aprender novas teorias e abordagens.

"— Como é o seu jeito?

—Eu não sei descrever. Mas é sempre diferente, vai aparecendo a toda hora. Eu não escolho, não penso, não tenho nada certo e decidido na cabeça, antes das coisas acontecerem... aí faço logo o que senti vontade de fazer. Depois é que eu penso... Daí eu me entendo e me explico... de trás pra diante, sacou?

—E se faz coisa errada?

—É porque eu tava a fim de fazer. Eu só sei o que é certo e errado pelo prazer de fazer as coisas e pelo que acontece depois." (242, 243) **[60]**

Ao te permitires essa liberdade, estarás permitindo-te o acesso àquilo que vem dito nas entrelinhas, que não é enunciado conscientemente.

"Os enredos interessam só as madames viciadas nas novelas de TV ou às comadres novidadeiras. Quanto a mim —incapaz de atenção continuada— não passo de um encantado leitor de entrelinhas." (74) **[91]**

Isso é o que alguns chamam de saber ouvir com o lado direito do cérebro (o lado intuitivo. O lado esquerdo é o racional). Quando diriges a atenção do lado esquerdo para uma atividade qualquer (alguns terapeutas se servem de brinquedos que manuseiam constantemente), liberas o direito para que ele trabalhe com liberdade. **{11, 84}**

"Descobri faz algum tempo que as mãos se opõem à cabeça, e quando você movimenta aquelas, esta pode parar. Não sei se é uma grande descoberta, talvez não, mas de qualquer forma gosto quando a cabeça pára o maior tempo possível, caso contrário enche-se de temores, suspeitas, desejos, memórias, todas essas inutilidades que as cabeças guardam para deixar vir à tona quando as mãos estão desocupadas. Ocupo-as, então, fazendo coisas que depois disponho pelos cantos." (66) **[1]**

Ouvir com as "tripas"

Eu vivo falando que deves usar as "tripas", as vísceras, para entrar em contato com as famílias. Ouvir com as tripas, falar com as tripas. Essa escuta, fundamentalmente emocional, será o fator que faz a diferença. **{49}**

"—Não é triste: é um fato. Você lê os tais chamados idealistas, logo esquece que é tripa e pensa que é bexiga, balão de ar, desses que sobem e ficam perto das nuvens. É preciso manter os pés plantados na terra e dizer, todos os dias: 'Eu sou uma tripa.' E procure ser uma tripa leal, generosa, inteligente. Mas nunca se esqueça de que é uma tripa, isso é o essencial." (100) **[45]**

O contato com as pessoas, que vai além do estritamente racional (a fantasia) é algo que tem que ser recuperado. Nossa cultura nega o seu valor, mas podemos nos reapropriar dessa capacidade de fantasiar que tão bem conhecíamos quando crianças. Ela é muito útil. **{49, 69, 82, 83, 84}**

"As crianças se movimentam livremente entre o mundo que vêem e o mundo que imaginam. Fazem essa viagem sem nenhuma dificuldade. Mas para os adultos o mundo da fantasia é difícil de alcançar. As conveniências, a rotina e a lógica funcionam como uma espécie de radiopatrulha, sempre vigilante para que o adulto não ultrapasse as fronteiras do real." (97) **[84]**

A angústia diante da intimidade

Talvez seja preciso que te dê uma opinião pessoal do porquê dessa recusa acadêmica da aceitação do sentimento. Eu creio que isso não passe de temor. A sua motivação mais importante é a angústia. Esse tipo de "cientista", de "pesquisador" tem medo das próprias emoções.

"Intimidado com a seqüência de enredos que a vida lhe reservava, Virgílio pressentiu que as emoções fugiam a seu controle. De tanto lidar com os livros e papéis, descuidara-se dos sentimentos que turvavam o rosto alheio." (52) **[88]**

Usar a cabeça

Agora, depois disso tudo, é preciso que insista: não se trata de abandonar nossa capacidade de raciocinar. É somente que: o raciocínio virá depois juntar as coisas, organizá-las, de tal forma que possam ser bem utilizadas. Está claro?

"A senhora Gunter já sorriu inultimente e já fechou a porta sem ruído. Cid ficou só —e só depois que o perfume dela foi tragado pela poeira, pela faixa de sol sobre os papéis da mesa, pelos móveis espantados— apanhou com a ponta dos dedos o retrato. Sérgio sorria. Era um dia de verão e as coisas iam bem, porque sorria. Cid perguntou-se se exato momento estaria ainda com vontade de sorrir. Calma, professor. Um detetive tem de ser científico. Um detetive tem de ser frio. Um detetive tem de ser, em último caso, prático. Cid fazia sincero esforço para ser todas essas coisas, mas, pombas!, esse rapaz sorridente e em mangas de camisa por algum obscuro motivo está desaparecido nesta cidade de um milhão de habitantes, esta sombria cidade de Porto Alegre, onde sobram motivos para borrar a alegria no rosto dos que desaparecem contra vontade. A não ser que... Alto lá! Não divaguemos, cortou Cid metodicamente." (15)**[99]**

A vida das palavras

As palavras têm vida própria. E é com as palavras que trabalhamos. Deverás ter um cuidado muito especial com elas. Enquanto terapeuta estás em uma situação (em uma posição especial). Aquilo que disseres poderá ter um valor e um peso muito importantes.

"O consenso desse meu Deus? Desajoelhemo-nos e sentemo-nos nessa relva macia. Ao depois, o senhor pode ficar nesse agachado dicoque de que tanto gosta. Vou por-lhe todo o meu fraseado nessa idéia sujenta, não me esquecendo nem dos pingados por riba dos is. Assim, o senhor irá se sarando dessa cuca capenga e beberá as saúdes das minhas palavras, as cujas são para o doentio de seu corpo também. (...)

Venha! Caminhe no ondulado de meu colóquio. Faça dele seu pontilhado; o compasso para novas arrancadas em outras trilhas enluzidas, a fim de se safar dessa doenceira na qual o senhor se encontra." (20, 21) **[38]**

O peso das palavras do terapeuta

Para ti, aquilo que dizes pode parecer simples e banal, mas não esqueças que tens na tua frente alguém que provavelmente está aberto para ti e para a tua fala.

"Sempre fui —como direi?— extremamente sensível às palavras. Já contei aqui que eu queria ser um grande escritor: eu não estava brincando; eu queria mesmo. Mas, me pergunto, teria querido se não tivesse ouvido pronunciadas pelo Padre Querubino dezenas de vezes na sala de aula as palavras *Panteão das Letras Pátrias?...*" (86) **[118]**

O trabalho de formulação

É por isso que eu insisto tanto em que trabalhes a questão da formulação: uma magnífica percepção e, a seguir, uma bela elaboração, podem valer muito pouco se não forem coroadas por uma formulação adequada para as pessoas que te escutam. **{49}**

"As palavras, porém, são mais difíceis de adestrar e vêm carregadas de uma vida que se foi desenrolando dentro e fora de mim, todos esses anos. São teimosas, ambíguas e ferem. Minha luta com elas é uma luta extenuante." (48) **[66]**

Muitas vezes podes até imaginar que alguém não entende exatamente o que estás dizendo. Não importa que, a rigor, não se entenda tudo, se falas com convicção e confiança, podes acreditar que a mensagem chegará.

"Eu sabia que aquele raciocínio era complexo demais para Vedetinha. Mas era eu mesmo que me empolgava com minhas palavras. As palavras eram uma coisa mágica. Dependendo da sua força, elas podiam convencer a própria pessoa que as proferia. E nesse mesmo momento, empolgado, eu tive a iluminação que solucionava todo o nosso problema de consciência." (213) **[103]**

Para encerrar, diria que, se prestares atenção naquilo que dizem os membros da família, nas palavras que utilizam com mais deleite, terás uma grande oportunidade de expressar-te de uma forma que eles apreciem, que faça com que, além de se sentirem compreendidos e aceitos, percebam que o intercâmbio que tu propões será frutífero para eles. **{78}**

"Sacramento. Pois existia ainda o Sacramento! e ele ficou a pensar nessa faculdade misteriosa que têm certas palavras, de impregnar-se de significação, de coisas, como se se imprimissem nelas, em suas sílabas e nos seus sons, a alma e o cheiro, na natureza e a feição dos lugares que nomeiam." (195) **[20]**

A voz do terapeuta

E por falar em palavras, a voz do terapeuta é outro ponto importante. Da forma como fales também dependerá o impacto que causes. **{67}**

"Eu amava ouvi-lo, pois tinha uma bela voz, acariciante e de agradável timbre, e que vibrava musicalmente ao chegar-lhe a paixão." (104) **[23]**

Bem, já que estamos falando disso tudo, vou introduzir a questão da diretividade e da indução terapêutica. Muito tem se falado sobre as terapias ditas não diretivas (isso é balela!) Quem acredita que pode ser não diretivo confunde não falar, ou não intervir com palavras, com não comunicar. Algumas pessoas consideram que é possível ficarem caladas enquanto uma outra se abre e fala da sua dor —para mim, isso seria um martírio tão grande, que prefiro nem imaginar— mas isso não significa que não estejam intervindo nem dirigindo o processo.

A diretividade

Assume sem medo. Se és terapeuta, vais dirigir o processo terapêutico. Vais induzir, de diversas maneiras, questionamentos, dúvidas, atitudes etc. Isso é manipulação? E daí? Há manipulação e manipulação. Tens que estar disposto a te utilizares nesse processo. E o teu papel será claramente o de indutor de saúde, de crescimento. **{2, 21, 23, 33, 34, 35, 49}**

"Caetana olhou a palma da mão direita. As diretrizes do destino estavam estampadas ali. As linhas regentes pareceram-lhe esfumadas. Além do mais, não herdara a habilidade do tio para interpretá-las. Vespasiano, porém, por conta do bom humor, inventava sempre um destino que fosse compatível com o sonho do interlocutor, tudo no empenho de fazê-lo feliz. A ilusão, segundo ele, devia vir junto com a claridade do dia e o primeiro gole de café. Convencido desses tesouros, acordava a sobrinha. Caetana estrebuchava, mal dormida." *(102)***[88]**

E o teu trabalho de indução funcionará com facilidade por uma razão simples: todas as pessoas sabem auto-induzir-se. Tu deves ter a experiência de haver assistido um palestrante ou professor chato, que não sabe comunicar... o tempo não passa. Quando a palestra é interessante, o tempo voa. Tu fazes o tempo ser mais veloz ou mais lento, tu sabes acelerar o tempo!

"E mandara aquela carta a dona Ester: '...lhe pergunto se se pode aí vencer os trinta e envelhecer depois com alguma dignidade, sem que seja necessário confessar-me ao padre e bater palmas para os potentados.' —Venha — me respondera ela e a semana se passava, quase corria. Porque eu sou assim, sabem? Quando tenho pela frente o novo, alguma

situação desconhecida a conhecer, a enfrentar, as horas voam para mim ou as faço correr, eu própria, na minha ânsia nunca equilibrada de sofrer aquilo —se a matéria é dor e sofrimento; ou de gozar, se de amor se trata ou de venturas." (464) **[20]**

Acompanhar as pessoas

Tua indução segue os caminhos do próprio desejo da pessoa. Esta não te procura nem para que desejes por ela, nem para que tomes as decisões no seu lugar.

"Ele ainda tinha nos ouvidos as suas palavras, 'não posso decidir nada por ti; pensa avalia bem e resolve; fala com os outros rapazes, mas não esquece de dizer a eles se vais junto ou não; o importante é que tenhas a consciência tranqüila e faças as coisas por ti mesmo'." (69) **[64]**

Induções negativas

A indução faz parte da experiência quotidiana das pessoas. É claro que a maioria delas não sabe nem que está fazendo induções nem que o que está fazendo se chama assim. Poderíamos identificar duas como sendo as mais comuns e poderosas: as auto-induções —as conhecidas profecias auto realizáveis— nas quais uma pessoa teme que aconteça algo de grave e prevê sua realização futura. **{79}**

"Em outras palavras, que mãe, atingida pelo passamento do pai, pela gravidez da mana, pela morte desta no parto, pela fuga e perdição das outras nos putedos, pelo fogo no milharal, aguardava agora, que uma sexta desgraça lhe caísse sobre a cabeça, com a certeza de quem bebe um caneco d'água para matar a sede." (19) **[76]**

Profecias auto-realisáveis

As segundas são aquelas em que os pais transmitem a informação para os filhos (que quanto menores forem, mais sensíveis à indução serão) e acabam fazendo exatamente aquilo que os pais previam. **{79}**

"Entramos na canoa de tronco que outrora servira às pescarias do pai e deixamos que a corrente nos levasse sem destino, para longe do local das desgraças; e fazendo contas, no fundo do caíque, escondidos no medo de ter a fuga interrompida, concluímos que ao todo haviam-se cumprido seis pragas, inteiradas com o suplício e morte da mãe. A sétima, a sétima não se realizou naquela quadra, nem em época seguinte, nem depois, nem nunca: e foi muito pior. Ficou pendente sobre cada uma de nossas cabeças, pelos anos afora, ao longo da vida, eu e os manos sempre à espera, no aguardo de que o pior estivesse por vir. E assim foi: descobri depois que não só eu e minha irmandade, mas as pessoas em geral, têm sobre si sempre, o peso da sétima praga. E não saber se já passou, se a desgraça esperada foi a já vivida ou se ainda virá, é as vezes mais difícil de suportar que o próprio mal." (23) **[76]**

Algumas pessoas têm muito arraigado o hábito de fazer previsões em relação ao seu futuro. Isso não seria nada grave se não fossem previsões negativas: "eu nunca consigo...", "eu não tenho sorte", "comigo nada dá certo" etc. Essas palavras dirigidas a si mesmo (ou às pessoas mais próximas que se tem sob influência), acabam tendo um grande impacto e, ao final, realizando-se. É isso que chamamos de profecias auto-realizáveis.

"Ainda que tentaram apertar com ela, por bem, na conversalha mole, ou por mal, ameaçando moer os ossos e matar de pancada, ela nada, foi o boto, não foi, desfoi, e nisso o tempo passando, se completando, até que nasceu o moleque, parido mesmo sem nome de pai. E pra mal dos pecados, como se isso não bastasse o suficiente, a irmã, muito magrinha, desmilingüida, fraquezinha, franzina nos seus treze anos, se finou no parto. Hoje me pergunto se o ataque do pai, fulminante, não foi dele ficar sabendo antes que todos da barriga de Garida. Naquele tempo isso era coisa por demais adversa para quem tinha vergonha de chefe de família na cara. Nunca se pôde apurar com segurança se houve ou não relacionamento entre uma coisa e outra. Só sei que a mãe começou a dizer que

se abatera sobre a família uma data de sete pragas, e enquanto não se cumprissem todas, não teríamos sossego. E contava: a primeira, o passamento repentino do velho; segunda, a gravidez da mana; terceira, o parto infeliz: o que o destino nos reservaria dali para a frente?" (15, 16) **[76]**

Paradoxalmente, os maiores e piores temores dos pais, aquilo que nunca desejariam para os seus filhos, pode ser transmitido de forma inconsciente para eles, de tal maneira que acaba se realizando.

"Relutante diante do futuro, medroso dos nossos caminhos, papai decerto olhava para cada um de nós como um pegureiro que não confia no discernimento de sua ovelhas e teme pelo seu desgarramento a qualquer instante, vítimas da própria inocência ou da malícia dos lobos. Ovelhas? Nem isso, que ovelhas ainda têm cascos. Formiguinhas, isso é o que nós éramos, formiguinhas. Temia por nós em todos os sentidos: escolheríamos profissões erradas, seríamos enganados por nossos amigos, roubados, atropelados por bondes, se ele não estivesse presente, alertando-nos com seus gritos, segurando com mão forte nossas coleiras. Meu Deus, pensaria, como é terrível por filhos no mundo, neste mundo tão adverso, onde a qualquer momento podem ser maltratados, feridos, mortos!" (26) **[46]**

A indução terapêutica

A partir da capacidade que tem o ser humano de ***antecipar*** as sensações (sobre tudo as mais dolorosas), podes, invertendo o processo, induzir uma antecipação diferente, de bem-estar, por exemplo. A dor que uma pessoa sente, na cadeira do dentista, está constituída pela somatória das suas dores passadas (experiências traumáticas), das dores atuais (sensação de dor no momento) e das dores futuras (expectativas de dor). A indução hipnótica pode suprimir a primeira e a terceira, deixando as pessoas confrontarem-se, apenas, com uma dor atual. **{22}**

"Entre o queijo e o café, demonstrou-me Quincas Borba, que o seu sistema era a destruição de dor.

A dor, segundo o Humanitismo, é uma pura ilusão. Quando a criança é ameaçada por um pau, antes mesmo de ter sido espancada, fecha os olhos e treme; essa *predisposição,* é que constitui a base da ilusão humana, herdada e transmitida. Não basta certamente, a adoção do sistema para acabar logo com a dor, mas é indispensável, o resto é a natural evolução de que ele é o próprio Humanitas, não tem mais do que remontar o pensamento à substância original para obstar qualquer sensação dolorosa. A evolução, porém, é tão profunda, que mal se lhe podem assinar alguns milhares de anos." (169) **[11]**

Para poderes induzir saúde e mudança, será necessário que acredites na tua capacidade e no teu direito de fazê-lo. A força do teu sentimento, a força da tua crença no que dizes será um fator essencial da indução terapêutica.

"—O sentimento de quem conta não altera os fatos.

—Moço, eu sei, os fatos, sim, não altera. O que a paixão do contador altera é o juízo de quem ouve e vosmicê me diz, quer entender." (239) **[19]**

No teu papel de indutor de atitudes de crescimento e saúde, transformaste em construtor de realidades.

"—Depois você precisava entender que verdade não é só o que a gente vive. É também aquilo que a gente inventa e passa a acreditar." (94) **[25]**

Quando tens uma visão positiva da vida, sabes, também, ver o outro lado das coisas negativas. Não se trata de negar que estas existem, trata-se apenas de perceber que com ajuda de uma visão positiva, as coisas negativas podem ser modificadas com mais facilidade.

"Tem que procurar caminhos novos, novos atalhos, e tirar a vida da própria natureza. Tem que brigar com a parte ruim, com a parte pobre e aproveitar a beleza e a força que vem da água, da terra, do fogo e do vento." (165) **[80]**

Descobrindo o potencial das pessoas

Em resumo, temos que aprender a descobrir as aptidões das pessoas para, assim, poder estimulá-las. Quando consegues fazer isso, consegues transformar-te nesse catalisador de potencialidades, em um terapeuta que, ao mesmo tempo que intervém, torna-se dispensável. As próprias pessoas passam a ser seus próprios terapeutas.

"Enquanto ouviam Mussorgski, Ruth pediu a Eurídice que olhasse para ela. Ruth dançou um pouco e depois perguntou-lhe se era capaz de repetir os mesmos nomes que fizera. Eurídice respondeu que ia tentar.

Então aconteceu uma coisa maravilhosa, uma mistura de grotesco e sublime. Todos os mendigos resolveram imitar os movimentos de Ruth, cada rosto uma expressão diferente, cada corpo como uma enunciação peculiar. Naquele dia descobri, fascinado, que todo ser humano tem aptidão para a dança, a capacidade de criar movimentos corporais significativos." (209) **[58]**

O passo seguinte consiste em saber dizer aquilo que se quer dizer de uma forma adequada, pois uma intervenção positiva mal colocada pode deitar tudo a perder.

"Nesse último terreno, Samuel era realmente incomparável: sabia dizer de tal modo a uma senhora idosa que a achava cada vez mais jovem, que a senhora subitamente remoçava, e a mentira de Samuel se resolvia em verdade, verdade de banqueiro, com garantia na praça." (77) **[5]**

Não penses que isso seja necessariamente uma espécie de dom, isso se aprende. Com a prática acabas sendo um "grande especialista".

"Coisas que eu acho as de valia mais prestante em esse tempo visto que se viu aqui e a gente conheceu, e vai passando —é o fazimento dos homens nas ações que vão fazendo. Eu acho, sabe, doutor?, os mais são só recheios só e adjacências." (407) **[21]**

Aqui precisamos voltar à questão do sentimento. Quando aquilo que dizes está respaldado pelo teu sentimento, seu impacto é muito maior. **{38}**

"O homem carece de procurar a sua bondade, ao invés de se esmerar somente pelos caminhos da erudição. Assim, cada um em deve ir criando os subjetivandos de sua alegria, vivendo nas sendas do sorriso: a pátria dos que vivem felizes!

O universo nunca se repete no mesmo de acontecer. Em vai sendo o uno no máximo das versidades desdobradas. Ele é um corpo a pulsar em respirações de genialidades infinitas, enquanto Deus em vai peregrinando a sua alma por sacrários ignotos." (24) **[38]**

A família que te procura chega com um grande desejo de falar, de falar daquilo que está vivendo. Ela te contará uma história dorida, ***sua*** história. **{43}**

A narrativa terapêutica

Nesse sentido, temos que agregar mais um ponto importante. No diálogo entre a família e o terapeuta, constrói-se aos poucos uma nova narrativa. Tuas intervenções —feitas de uma mistura do que ouves e vês das famílias, e do que ouves da tua própria experiência interna— vão participando da construção de uma nova história familiar. **{51}**

"A bom, a desculpa-me, doutor. Não sou afeito pra contar. Narrativa de casos, da boa, uns bons que eu já escutei varando rio ou estrada, ou nos fins de tarde, em rancho — eu sei: se desenrola em limpas lógicas, no adiante dos passos e dos sentimento, das palavras, das ações. O narrador não põe e não dispõe; refaz. Assim que estória é só refazimento das homências e machezas, por que viu padecer dos ditos fatos, por quem ouviu sem ter posto e sem ter gasto a sua presença naquelas coisas e lugares. Eu, contrariamente, porque falo é de dentro do que me tem dentro. Falasse de mim? Arrenego de saber. Mas quero sempre compreender umas razões e uns porquês, entrar de tocha nos escuros vãos do acontecido. Pois é: os outrossim, os etcétera da pessoa. Daí que eu giro que nem bicho de luz buscando a luz e o alto, os absolutos da verdade. E nisto me estonteio, batido em vôo como o senhor me vê e deslembrado até do enredo. É." (246) **[19]**

"Queremos modificar nossa história"

A demanda implícita da pessoa ou da família que te procura seria mais ou menos a seguinte: nós temos uma longa história, com muitos fatos significativos, alguns deles felizes, outros dolorosos. A história que estamos construindo hoje... tem mais dor do que prazer. Queremos que nos ajude a modificar essa história. A que vamos escrever daqui para frente e, também, aquela que já vivemos. **{49}**

"Ah, mas falo falso. O senhor sente? Desmente? Eu desminto. Contar é muito, muito dificultoso. Não pelos anos que se já passaram. Mas pela astúcia que têm certas coisas passadas —de fazer balancê, de se remexerem dos lugares. O que falei foi exato? Foi. Mas teria sido? Agora, acho que nem não são tantas horas de pessoas, tantas coisas em tantos tempos, todo miúdo recruzado." (172) **[98]**

Tua devolução sobre a história familiar não "reproduz" o relato deles; estás produzindo uma nova narrativa, que inclui tua forma de ver e sentir.

"Reproduzirá com honestidade o que viu, ou ouviu dizer, mas é que viu, ou ouviu dizer, por um processo psicológico menos fiel que o nosso: inconscientemente se incorporam às percepções que ele tem das coisas elementos próprios de sua imaginação, formas especiais que ele lhes empresta. É um recriador e verá as coisas não como se apresentam, mas como gostaria que se apresentassem." (54) **[9]**

Percebe que temos o privilégio de viver uma situação única: a reconstrução da qual participamos é feita a partir do relato feito de alguém que, depois de sofrer, já decidiu querer mudar, trazendo-nos o melhor de si.

"Essa constância a meu dispor, essa fixidez de raízes fundas, entretanto, não excluem um feixe de acontecimentos individuais, de que não participei, melhor diria: que me foram poupados. Ele sofreu sozinho, não o assisti. E não me traz a presença de sofrimento, senão a notícia de o haver dominado em perseverante combate. Recolheu de tudo o agradecimento à vida, a surpresa do milagre. A mim só me dá o melhor, como se o melhor fosse o normal. À margem de todo esforço." (31) **[4]**

Se te perguntas: "será que eu tenho a criatividade suficiente para responder adequadamente a uma situação dessas?", lembra que a criatividade é filha da necessidade.

"Só quando se tem rio fundo, ou cava de buraco, é que a gente por riba põe ponte..." (432) **[98]**

Dados versus informação

Que é, afinal, o que buscas quando fazes tuas perguntas à família? Informação. Não, por favor não me fales dessas espantosas anamnesis (palavra elegante) que te ensinaram a fazer na faculdade. Essas enormes listas de dados acabam carecendo completamente de interesse. Os profissionais que as utilizam fazem as perguntas mecanicamente e ouvem as respostas, também mecânicas, dos seus "pacientes" (porque eles têm pacientes). O que nos interessa, insisto, são as informações e estas têm sempre um caráter relacional. Ao ouvires a família deves separar o ruído da informação.

"A rua Diamantina era uma rua pequena, com poucos prédios de apartamentos e apenas duas casas. Guedes visitou os edifícios e as casas para saber se alguém tinha alguma informação sobre o caso. A dificuldade nesse tipo de trabalho é saber como conter os loquazes e estimular os lacônicos. Normalmente as pessoas que menos sabem são as que mais falam." (20) **[57]**

As diferentes escutas terapêuticas

Ouvir... por falar nisso, temos que apreender a ouvir de maneiras diferentes (todas elas que nunca nos seriam ensinadas durante o processo da nossa [de] formação acadêmica). Precisamos aprender a ouvir como ouvem as crianças.

"E para se aconchegar desse estado, o senhor terá que fazer como todos nós, espíritos de luz, fizemos: nascer outra vez e ser criança no novo da inocência. E assim, cultivando criancinhamente as pendências, para o bem, se esquecerá dessa bicheira de pecado, recoçando-o sem deixa. O senhor acontecerá na simplicidade do sábio! Os animais têm o instinto o

qual aparentemente não os tira do bem. Também o senhor, na sua livre sabedoria de doravante, saberá criar, por sua existência afora, as grandes valências do homem de Deus pois." (23) **[38]**

Outra maneira importante (fundamental) de ouvir é a feminina. Saber ouvir com sensibilidade de mulher.

"—Bicho terrível é mulher... Como é que elas percebem essas coisas? Têm faro que os homens não têm, o capeta cochicha nos ouvidos delas, é uma coisa esquisita!" (77) **[28]**

Não só como as mulheres!? Concordo. Também como as mulheres, também como os homens. É ver com os ouvidos, ouvir com os olhos. Ouvir de todas as formas possíveis.

"Pois você pode ficar certo, Quaderna, de que, d'agora em diante, você vai ser o único homem, no mundo, capaz, ao mesmo tempo, de ver as coisas machamente e femeamente, o que, sem dúvida, é uma grande vantagem para o Decifrador e Epopeieta que você sempre quis ser! Na minha opinião, Édipo, quando moço e bom dos olhos, *avistava* coisas demais, motivo pelo qual não *via* nada! Só depois de cego foi que ele recebeu a lucidez esfingética e pôde se aperceber de que o mundo e a vida são, como dizia o genial Tobias Barreto, 'uma integridade espantosa'. Creio que é por isso que os Professores alemães de Filosofia costumam afirmar que Édipo, como cego, tinha um olho a mais!" (506) **[110]**

A linguagem corporal

Tenho que te falar um pouco da linguagem do corpo. Como sabes, ela é muito importante e diz coisas sem que necessariamente estejamos conscientes daquilo que estamos dizendo. Não prestar atenção a essa forma de comunicação significaria quase tanto quanto desistir de compreender os outros. O corpo tem sua própria inteligência. **{80}**

"O corpo, todavia, tem alguma inteligência, qual um robô sofisticado sob comando de um software requintado.

Assim, meu corpo passou a fazer adaptações e ajustamentos muito interessantes, ao perceber a nova situação de extrema abstinência que estava sofrendo. Primeiro reduziu minha massa física, para que, com menos tecido, o metabolismo fosse feito com economia de energia. Minhas calças começaram a cair pelas pernas e tive que aumentar vários furos no cinto. Depois o corpo fez-me sentir uma espécie de letargia, que me forçou a evitar esforços musculares inúteis, como ir à janela ver as árvores, ou ir observar um rato fazendo cocô num canto do porão, ou uma aranha-caranguejeira correndo atarantada pelo chão. Meu pulso batia cada vez mais lentamente. Contei cento e um, cento e dois e meu pulso bateu quatro vezes nesses seis segundos, o que deu uma pulsação de quarenta batidas por minuto.” (243) **[58]**

A leitura da expressão corporal pode te ajudar a captar as mensagens profundas das pessoas. Se aceitas que o corpo se expressa através dos seus próprios mecanismos, também poderás aceitar que, ao se modificarem certas atitudes corporais esteja-se modificando algo que está por dentro. **{79}**

Há um secreto rancor circulando entre o coração do homem que viaja em pé, e o coração do que viaja sentado, e trazendo de volta para aquele um fluxo de indiferença e desdém. Assim é o homem: seu comportamento moral varia com a posição do corpo, e sentarmo-nos é, algumas vezes, oportunidade de cambiar de maus sentimentos.” (112) **[6]**

Essa capacidade de expressão pode atingir limiares insuspeitos: Permite que teu corpo se expresse; ele te ajudará. Deixa que tuas mãos e tuas pernas te guiem. **{20}**

“Ora, enquanto eu pensava naquela gente, iam-me as pernas levando, ruas abaixo, de modo que insensivelmente me achei à porta do Hotel Pharoux. De costume jantava aí; mas, não tendo deliberadamente andado, nenhum merecimento da ação me cabe, e sim às pernas, que a fizeram. Abençoadas pernas! E há quem vos trate com desdém ou indiferença. Eu mesmo, até então, tinha-vos em má conta, zangava-me quando vos fatigáveis, quando não podíeis ir além de certo ponto, e me deixáveis com o desejo a avoaçar, à semelhança de galinha atada pelos pés.

Aquele caso, porém, foi um raio de luz. Sim, pernas amigas, vós deixastes à minha cabeça o trabalho de pensar em Virgília, e dissestes uma à outra: —Ele precisa comer, são horas de jantar, vamos ao Pharoux; dividamos a consciência dele, uma parte fique lá com a dama, tomemos nós a outra, para que ele vá direito, não abalroe as gentes e as carroças, tire o chapéu aos conhecidos, e finalmente chegue são e salvo ao hotel. E cumpriste à risca o vosso propósito, amáveis pernas, o que me obriga a imortalizar-vos nesta página." (111) **[11]**

Deixa o silêncio falar

Não temas o silêncio. Sei que pode ser angustiante estar diante de uma família e, de repente, entrar em um momento de silêncio profundo. Mas nesses momentos as pessoas falam consigo próprias e enviam diversas mensagens umas às outras. Quando ousas aceitá-lo, começas a apreender a desfruta-lo. **{3, 49}**

"O preto guardou um longo silêncio. Os silêncios eram cada vez mais longos e pesados, só através deles Isidoro queria falar. Os olhos relumeavam enormes." (219) **[47]**

Os clientes também sabem perceber

Para finalizar a conversa sobre esse assunto, lembra que assim como nós podemos captar as mensagens corporais, nossos clientes também. Eles poderão fazer da leitura dos nossos atos o ponto de partida da confiança mútua.

"Se a gente pode fazer um trato só com as mãos e só com os olhos, esse trato foi feito naquela queda de braço e naquela feira." (172) **[80]**

Nossos clientes fazem uma espécie de radiografia da pessoa do terapeuta (eles não receberam um treinamento acadêmico para realizar essa radiografia, mas o fazem com maestria).

"Assim sido, por causas do meu contato para o senhor, nem sequer mencione de se retornar em antes de pôr seus objetivos no cumprido. Ima-

gino ter vindo para cá, modo e jeito no aconchego de idéias. É o semprear da procura para os alívios, suspendendo a gente nas trilhas do além. Essas buscâncias em vão acontecendo a muitos. Como senhor, lavoreiam em outras paragens, só se reconfortando nas folguinhas domingueiras. Assim, eu vou sendo o bom pastor no dedico às ovelhas de outros redis: o porfio da minha missão.

O senhor é das gentes de capital! Logo se vê por causa dessa pitação de cigarro sem freio, dessa cabeça cinzenta e dessa cara redobrada no plissado da pele, com os olhos exorbitando de decomposto, no esbugalho de um olhar sem acaba." (18) **[38]**

O "diagnóstico"

Quando tens uma visão relacional e não buscas fundamentalmente a patologia das pessoas, nomes como psicose, depressão etc., são de pouca ou nenhuma utilidade (mas é assim que eles se expressam; por isso, quando falarmos de demanda, terei que utilizar essas referências, está bem?) O que te interessará saber é quais são os comportamentos designados por esses nomes. **{3, 26}**

"Grande coisa é encontrarmos um nome imponente para definir certos estados de espírito. Não se resolve nada, mas ficamos satisfeitos. O homem é um animal definidor." (58) **[9]**

O ser humano será visto como uma unidade que, pela sua vez, está integrada em um contexto maior. A visão desintegradora, não holística, desumaniza-o.

"Os sofrimentos se dispersariam. Impossível. Concentrou-se, reuniu os cacos da sua pessoa atropelada, sacudida, rebentada e incompleta, composição absurda. Por que não procede como o médico de Alagoinha? O médico de Alagoinha não vê no cliente um indivíduo: vê uma coleção de órgãos avariados. Ocupa-se ora de um, ora de outro, sem atentar no conjunto. Mário tenta adotar o processo do homem, esforça-se por isolar um sentimento, arranjar-lhe uma designação, decompô-lo, rotular as partes obtidas. Terá enfim uma grande quantidade de pequenos desgostos inofensivos. Trabalho inútil. A coisa dolorosa é indivisível. A com-

binação de peças incongruentes está contaminada. De fato não há peças." (73) **[75]**

Aquilo que sabemos...

Quando temos a cabeça cheia de técnicas e teorias, esperamos fazer grandes descobertas. Essa expectativa pode levar-nos a cometer um grande erro. Muitas vezes as informações pelas que tanto ansiamos, estão aí, diante do nosso nariz, mas somos incapazes de reconhecê-las. Nunca esqueças: tens que aprender a enxergar o óbvio. No óbvio (que não se vê justamente porque está na nossa frente, oferecido) podem estar escondidos os maiores segredos.

"Quando se viaja em direção a um objetivo —disse Petros— é muito importante prestar atenção no caminho. O caminho é que sempre nos ensina a melhor maneira de chegar, e nos enriquece, enquanto o estamos cruzando. Comparando isto com uma relação sexual, eu diria que são as carícias preliminares que determinam a intensidade do orgasmo. Qualquer pessoa sabe disto.

"E assim é quando se tem um objetivo na vida. Ele pode ser melhor ou pior, dependendo do caminho que escolhemos para atingi-lo, e da maneira como cruzamos este caminho. Por isso, a segunda prática de RAM é tão importante: tirar daquilo que estamos acostumados a olhar todos os dias os segredos que, por causa da rotina, não conseguimos ver."
E Petros me ensinou o *exercício da velocidade*." (46, 47) **[41]**

Agora posso dizer-te algo muito importante em relação ao teu "saber" (tuas teorias, técnicas e toda a parafernália racional). O que de melhor podes fazer com ele, quando estás defronte a uma família que solicita tua intervenção, é esquecê-lo. **{42}**

"Eu tinha muita coisa na cabeça, isso me desarticulava. Os melhores conferencistas são aqueles de uma única idéia. Os melhores professores, aqueles que sabem pouco." (95) **[55]**

Aí poderá entrar em ação toda a tua criatividade. Pensa que nada te preparou, de fato, para enfrentar a situação específica daquela família que tens na tua frente. Seria impossível imaginar uma pré-resposta para as suas questões. As respostas irão surgindo. Libera a tua criatividade.

"A vida inventa! A gente principia as coisas, no não saber por que, e desde aí perde o poder de continuação —porque a vida é mutirão de todos, por todos remexida e temperada." (430) **[98]**

Vejamos, agora, quais são alguns dos princípios que poderão te ajudar a balizar tua busca junto a família.

A função do sintoma

Um sintoma, ou um comportamento problemático, pode ser mantido ou conservado porque cumpre uma função necessária para o funcionamento de todo o sistema. Para poder se intervir é preciso que se leve em consideração essa funcionalidade. **{2, 6, 16, 40, 60}**

"Tia Jondira desistira de me ver curado: em sua casa, nunca ensaiei um único passo (nem pensei nisso!). Aqui no internato, insistiram por algum tempo. Tentaram os mais diversos pretextos para me levar a colaborar. Não descobriram que meu machucado maior não era o das pernas, não podia ser visto, ficava dentro do peito." (95) **[72]**

A simples pergunta: qual é a função desse sintoma? Poderá servir-te de guia para entenderes o funcionamento do sistema.

"Contudo, depois que Ella sofrera o acidente e fora se encerrando cada vez mais naquela condição desumana, muitas vezes Mamãe duvidava: teria agito certo? Afinal o destino decidira por ela. Aliviara-a, recolhendo Ella àquela ilha. Por outro lado, amarrara Mamãe com insidiosos fios a uma trilha: a doente insistia na presença dela. Só a ela aceitava bem, só por ela se deixava alimentar, lavar, cuidar. Quando ainda estava mais consciente, recusara-se a receber outras visitas que não Mamãe e Martim. Clara pouco a procurava, fazia-lhe mal aos nervos entrar ali." (59) **[74]**

A pessoa que sofre pode estar tendo, em troca do seu sofrimento, um controle da situação. Pode ter um poder que, sem seu sintoma, nunca teria. Por isso é que não falaremos em vítimas nem algozes.

"O que estaria ele tentando dizer?

Não devia procurar culpados, havia só vítimas.

Camilo, Carolina. Martim: o que foi que dei a ele? Também a ele não dei nada. A única coisa sólida em minha vida talvez tenha sido Martim, eu precisava de coisas sólidas: e sempre as rejeitei. Miguel teria sido sólido; Martim me teria amparado. Mas eu precisava me punir, sempre me punir porque alguma coisa, em mim, de alguma forma, não conseguiu se organizar jamais. A música, quem sabe, mas agora é tarde. Quem me dirá que a música não era também um engano?" (130) **[74]**

A elaboração das hipóteses

Falemos um pouco da hipótese. À medida que ouves o discurso da família e, através da relação estabelecida contigo nas sessões, irás obtendo um panorama da mesma. Se fazes uma pausa (mental) e refletes, perceberás que estão se formando na tua mente uma série de possibilidades, de explicações sobre a lógica do comportamento da família como um todo, ou de alguns dos seus membros, em particular. Essas idéias provisórias ajudam-te a construir tuas hipóteses. **{2, 3, 20, 49}**

"O estudo da psiquê humana não é, pelo menos até hoje, uma ciência exata. Para explicar o comportamento humano só se pode, então, levantar hipóteses." (105) **[104]**

Essas hipóteses, produto da tua visão parcial das coisas, deverão ser testadas para saber se constituem instrumentos adequados de intervenção. O fato de não teres uma visão completa da situação não é um empecilho à utilização de uma delas. Nunca teremos uma visão completa de nenhuma situação.

"Sorria-me a encantadora senhora, e, se a princípio não logrei identificá-la, ocorreu-me que seria pela posição do rosto, que eu via do alto para

baixo, numa versão onde a cabeça assumiria demasiada saliência, e me era vedada a linha do queixo.

Os rostos que conhecemos são a síntese de vários flagrantes sucessivos e superpostos, máscaras, perfis e ângulos não raros divergentes, mas que a convivência elabora num todo compatível.

A mim me faltaria talvez o ângulo, quase vertical, em piquê, a desvendar-me agora o aspecto ainda incoerente, porque inassimilado, de uma fisionomia porventura já bastante revelada antes nas muitas seções do plano horizontal." (113) **[6]**

E mesmo quando achamos que temos uma bela hipótese que satisfaz os critérios para servir de intervenção (ainda que testada e utilizada), algum elemento novo poderá levar-nos a revê-la e, a seguir, a e bolar uma outra. **{14}**

"... em qualquer tese, por mais arrumadinha que esteja, nunca se pode ter certeza de que se atingiu um ponto final intocável." (140) **[104]**

Aquelas hipóteses que tiveram que ser "abandonadas" não devem ser esquecidas. Elas poderão ser-te úteis. Mesmo quando elaboras uma hipótese bem "redondinha" que te deixa super satisfeito, busca outras, enriquece teu arsenal.

"O fundamental é a multiplicação de hipóteses, de possíveis soluções, de pistas que surgem, se desdobram, se cruzam, desaparecem na água de um lago, por exemplo, mas se transformam, em seguida, numa lanterna, num sutiã, ressurgindo na margem oposta, ou, quem sabe, aqui, embaixo do tapete, atrás dessa reprodução, não muito boa, da camponesa de Renoir, ou até dentro de um inocente vaso de flor." (162, 163) **[33]**

Antes de abordar o novo tema, quero dar uma palavrinha sobre a transformação da percepção. Aquilo que percebes na família, terá que ser elaborado —através da construção de hipóteses, por exemplo— e, a seguir, em uma comunicação que deverá ser capaz de toca-la. Sem essa comunicação final, adequada, todo o trabalho pode ser perdido.

"Ah! se mestre Romão pudesse seria um grande compositor. Parece que há duas sortes de vocação, as que têm língua e as que não têm. As pri-

meiras realizam-se; as últimas representam uma luta constante e estéril entre o impulso interior e a ausência de um modo de comunicação com os homens. Romão era destas. Tinha a vocação íntima da música; trazia dentro de si muitas óperas e missas, um mundo de harmonias novas e originais, que não alcançava a exprimir e pôr no papel. Esta era a causa única da tristeza de mestre Romão.” (40) **[16]**

Aquilo que dirás à família será uma nova narrativa.

Falando enquanto formador

Tu sabes que uma das minhas atividades preferidas é a de formador de terapeutas. Sei que às vezes te fazes uma pergunta: "qual é a escola dele?" Não pertenço a escola nenhuma (por opção), nem quero criar uma. Se o fizesse talvez perdesse minha maravilhosa liberdade e teria que me preocupar (como de resto fazem os fundadores de escolas), com a manutenção da fidelidade aos seus princípios e à sua pureza. Prefiro ter uma escol***h***a, que dependa das necessidades da hora. Não sei se sabes, mas as escol***h***as são flexíveis, as escolas não. Por isso vivem se quebrando e partindo. Quando encontras um grande mestre, fundador de uma escola, e lhe perguntas por tal colega (outro dos fundadores da mesma escola), costumas ouvir a seguinte resposta: " Ah!, separamo-nos, agora ele criou a escola **B** eu fiquei com a escola **A**!"

"—Está aí: o indivíduo é feito luminar pelos basbaques, vira estrela ofuscadora de idiotas e ganha foros de infalibilidade. Então porque é uma notoriedade admitida pela comunidade científica sou obrigado a engolir suas baboseiras que a prática não ratifica?... É fácil?..." (169) **[28]**

Aprender terapia familiar

Nada que valha a pena pode ser ensinado. ***Terapia familiar não se ensina... é sina.*** O aluno deve aprender sem que ninguém lhe ensine. A oferta do formador de terapeutas resume-se à sua proposta enquanto pretexto para que seus alunos decidam aprender e crescer com ele. **{84}**

"É uma coisa que se ensine o amor? Creio que não. Pode ser que sim." (26) **[7]**

Eu aprendi e, é claro, quero continuar aprendendo com os mestres, embora não pretenda tentar fazer aquilo que eles fazem, nem ser seguidor seguidor de nenhum deles.

"Da mesma forma, um discípulo nunca pode imitar os passos de seu guia. Porque cada um tem uma maneira de ver a vida, de conviver com as dificuldades e com as conquistas. Ensinar é mostrar que é possível. Aprender é tornar possível a si mesmo." (154) **[41]**

Recriar o saber

Assim, quando te utilizares do ensinamento de alguém, (incluindo-me nesse alguém, é claro!), lembra que todo ato adaptação acaba sendo uma recriação. E já que é uma recriação, que ela seja o mais parecida possível contigo (e não com os teus mestres).

"Logo me recordei, porém, dos meus autores —de Faine, de Renan, de M. Barrès, de France, de Swift, e Flaubert— todos de lá, mais ou menos da terra daquela gente! Lembrei-me gratamente de que alguns deles me deram a sagrada sabedoria de me conhecer a mim mesmo, de poder assistir ao raro espetáculo das minhas emoções e dos meus pensamentos.

Houve em mim, por essa ocasião, um indizível reconhecimento sem limites... Olhei com veneração aquela parua gente, em homenagem aos de seu sangue que me educaram e me fizeram saber que eu, burro ou genial, sábio ou néscio, influo poderosamente no mecanismo da vida e do mundo." (22, 23) **[24]**

As franquias "científicas"

Não existe coisa mais triste que esses candidatos a clones de uma figura de proa qualquer (o seu grande feito, o seu incrível privilégio, é o de poder abrir essas franquias —espécies de oficinas autorizadas, pelos criadores, a vender as idéias e propostas do grande mestre— nas quais eles reinam gloriosos).

"Tomei o tema explorando o que a gente da cidade diz pra mim. Ficam abismados de eu ter a coragem de assumir o caipirismo e eu dissera que

estamos de contas ajustadas. Também admiro muito essa gente ter o desplante e o descaramento de negar as origens. É mesmo ser muito canalha ficar fazendo imitação canhestra da cultura de empréstimo que o colonizador filhadamãe nos despeja em cima." (87) **[28]**

Alguns desses mestres, ao escolherem os seus "franqueados", foram apenas oportunistas. Queriam ampliar os seus mercados (olha que o mercado brasileiro é muito promissor...) Não sabiam, ao certo, com quem se estavam metendo. Mal sabem eles que os divulgadores da sua "santa" palavra vendem uma patética imitação do que eles criaram.

"A causa do descrédito de um escritor são os seus discípulos: só conseguem imitar os defeitos do Velho Mestre... E o mais triste —ou o mais engraçado— é que os leitores acabam rindo ante essa impiedosa caricatura do Velho." (49) **[91]**

Essa questão tem um outro aspecto: quais são as reais virtudes do "mestre"? Durante anos acostumamo-nos a receber "sumidades", cujo maior mérito era o de ser de fora. Às vezes, deparas com solenes repetidores das idéias dos outros, que vêm vender sua mercadoria como se fosse uma grande novidade. É nossa responsabilidade saber com quem queremos apreender algo.

"—Um homem que vive a escrever asneiras e a rabiscar sujidades! Um repetidor de frases ocas! Porque veio da Europa, entende que é já um mestre, um alto personagem nas letras... Uma cavalgadura é o que ele é!" (72) **[34]**

Agora, o saber dos mestres nos é indispensável. Mas, para nos ser de alguma utilidade, tem que ser decodificado, transformado. Sem essa decodificação, esse saber seria inócuo.

"Não é que eu queira ser assim mas para estar de acordo com a carneirada for necessário que me desfaça dos valores de minha gente e da minha terra, está desgraçado porque não me submeto a isso. Não faço isso de jeito nenhum. Quero ser é assim que em qualquer lugar eu seja conhecido como um natural da aldeia tal. Nunca serei um imitador subserviente de padrões estranhos que venham descaracterizar a minha personalidade. Aceito o que os outros me trouxeram de bom, mas a ino-

vação hei de primeiro ajustá-lo ao meu temperamento, que ela me entre naturalmente na massa do sangue, não fique parecendo macaquice.” (88, 89) **[28]**

Repensar o saber

Quando aprendemos a valorizar nossa própria produção, não estamos, necessariamente, aprendendo a desprezar o que vem de fora. Muito pelo contrário. Quanto mais aprendemos com a nossa realidade, melhor podemos apreender outras realidades.

“O marzão brabo azulão, azul de dcer, parece pintado, aquilo é pintado, só isso me produzia uma inveja, debruçar na amaruda do navio e ver o profundo anil, ‘céu de anil do meu Brasil’ muito que bem, vá lá que seja, mas tal cor-de-oceano onde que se vê por estas bandas? Cartão postal de Belém, ver-o-peso em verdes e azuis, mentira descarada, até o tom das frutas traficado, não se aceito o que é da gente, pois tem quem ache bonito. Baía do Guajará, cada onda da altura desta parede, verdadeiro mar, porém marrom, dona clara apreceia, diz que é surrealista, mas no geral não se valoriza o que é nosso, não gabamos nosso lago, sapos de muita merda somos, nem sei donde vem esse desprezo, até a fala carioca queremos imitar, basta passar um carnaval no Rio, vem tudo pedante, nos trales-trales, povo besta.” (115) **[40]**

E será, a partir da elaboração das tuas próprias vivências, das tuas experiências (tanto como terapeuta quanto como pessoa) que realizarás a tua verdadeira aprendizagem.

“Vivendo, se aprende, mas o que se aprende, mais, é só a fazer outras maiores perguntas.” (386) **[98]**

Mas na hora de estar com a família, tens que estar com ela e esquecer tudo que sabes. **{42}**

“—Riobaldo, hoje-em-dia eu nem sei o que sei, e, o que soubesse, deixei de saber o que sabia...” (498) **[98]**

O saber não confere poder

O saber não te confere poder. As pessoas conferem poder àqueles que elas julgam que sabem. A tua sabedoria pode ajudar-te a descobrir os caminhos da felicidade. **{39}**

"As emoções e intuições devem vir à tona. Conhecimento é poder, Zeneida. A gente tenta aprender as coisas porque deseja ser importante. O fundamental, porém, é a sabedoria, que leva à felicidade e não ao poder." (227) **[84]**

Passos para uma nova visão

Cada vez que atendes uma família, cada vez que realizas uma reflexão sobre o teu trabalho (quando te interrogas sobre teus erros, teus acertos, quando compartilhas tuas dúvidas), estás contribuindo para a criação de uma nova visão, tanto da família, quanto da terapia familiar brasileira.

"A heresia é sempre ativa e construtora, abre novos caminhos.

A ortodoxia envelhece e apodrece idéias e homens.

A longa e dura experiência ensinou-me, no passar dos anos, a importância de pensar pela própria cabeça, pago um preço muito alto, alvo que sou do patrulhamento de todas as ideologias, de todos os radicalismos ortodoxos." (103) **[2]**

Aprendiz dos alunos

Paradoxalmente, meus melhores momentos enquanto aprendiz têm sido passados em companhia dos meus alunos. É nesse convívio que tenho sentido a necessidade de aprender cada vez mais. Quanto mais possibilidades tenho de poder participar dos processos de formação, mais aprendo.

"—O segredo é o seguinte —disse a voz de Pétrus depois de longo tempo. —Você só pode aprender quando ensinar. Nós fizemos juntos o Estranho caminho de Santiago, mas enquanto você aprendia as Práticas, eu passava a conhecer o significado das Práticas. Ao ensinar-lhe, eu

aprendi de verdade. Ao assumir o papel de guia, eu consegui encontrar meu próprio caminho.

"Se você conseguir encontrar sua espada, terá que ensinar o caminho a alguém. E só quando isto acontecer, quando você aceitar o papel de Mestre, é que vai ver todas as respostas dentro do seu coração. Todos nós já conhecemos tudo, antes que alguém nos tenha sequer falado a respeito. A vida ensina a cada momento, e o único segredo é aceitar que, apenas com o nosso cotidiano, podemos ser tão sábios como Salomão e tão poderosos como Alexandre Magno. Mas só tomamos conhecimento disto quando somos forçados a ensinar alguém, e participar de aventuras tão extravagantes como esta." (208) **[41]**

Ser terapeuta

Esse talvez seja o tema mais empolgante e importante de toda a nossa conversa. (Há tanta coisa que quero compartilhar contigo a esse respeito!) Vamos ver se consigo um mínimo de organização.

Comecemos pelo início. Quando no teu consultório recebes uma família, deves ter muito claro que esse é teu território e que por nada do mundo deverás estar disposto a abdicar do teu direito de ser pessoa. Não existe nem tarefa nem altruísmo de nenhum tipo que possa justificar concessão nesse sentido. (Nós não vamos para o encontro das famílias com atitude de ***"prostitutas psicológicas"***, dispostas a tolerar qualquer coisa em troca de um pagamento.) **{49, 84}**

"Sou homem sem causa nem missão. Existo pra ser eu mesmo, me exercendo no desempenho de mim, dentro de minha regra: ser quem sou. Pra quê? Pra nada. Vivo porque vivo. Vivo pra viver. Vivo ainda porque ainda não me mataram. Ainda não." (225) **[96]**

O teu espaço enquanto pessoa

Defender teu direito de ser gente e o teu espaço. Essa talvez seja uma das formas, indiretas, mais claras de seres terapêutico. Se sabes defender teu espaço, com tua atitude estarás promovendo, também, o direito da família a defender o seu próprio espaço. **{56, 65, 66, 82, 83, 84}**

"Não é só o tempo que se tem o poder de reconquistar, mas também o espaço.

Temos vários tempos e vários espaços dentro de nós e podemos inseri-los uns nos outros, jogar com eles como peças de um jogo. O que difere essa realidade subjetiva, da outra, objetiva, é que a primeira não é

estática mas, ao contrário, muito flexível. Podemos levar os nossos espaços para tempos diferentes, pois o tempo atribui mobilidade ao espaço." (39) **[66]**

O crescimento... do terapeuta

Cada uma das entrevistas com os indivíduos, os casais e as famílias, pode ser encarada como um possível passo no nosso próprio processo de crescimento pessoal. A primeira pergunta que deverias te fazer, depois de cada atendimento é a seguinte: "valeu para mim?, aprendi mais alguma coisa, cresci mais um pouco?" Se tua resposta for positiva, no mínimo podes esperar que, para a família, também haja valido a pena.

"Foi no convívio com o cabo Vito que eu me achei nesse mundo, me expliquei. Vi que tinha fito, tesão e gana. Senti que podia ir adiante, abrindo lugar com os peitos, pra ser alguém. Antes, com seu Lé, tão falante; com meu compadre Romildo; com todos os mais que vi, só via a eles. A mim não via.

Com o cabo, mais senhor meu que eles todos, mas também amigo como eu não tinha tido antes, tão efetivo, nem tive depois, eu me encontrei no que já era, sem saber. Comecei a adivinhar que aspirava ser eu, me fazer. Sem que ele disso me falasse, entendi que eu, capiau das Cagaitas, não era ruim de nascença, nem apoucado, nem incapaz. Era verde. Amanhã, maduro, podia começar a ser alguém com vida minha própria, diferente, que eu não sabia qual fosse, mas adivinhava que melhor seria. Vou me fazer, comecei a pensar. Vou ser gente, terei desejado.

Na escuridão cega em que vivia, sem saber de mim, nem do destino, foi aquele cabo Vito que me guiou com a confiança que me deu, e com um conselho ou dois. Revivendo hoje, aqueles idos, vejo que vivi então debaixo do risco de tomar aquela existência minha, natural, como sendo minha sorte prescrita, minha sina sagrada, imutável. Assim teria sido se alguém não me empurrasse e despertasse e precipitasse para obrigar meu destino real a se revelar, desabrochando meu eu verdadeiro.

Esse alguém foi ele. Falando e calado, o cabo Vito foi me dando essa confiança de entrar na casa dele, de zanzar à toa por lá, até ver que gente da importância dele é feita de gentinha como eu. Assim fui, sus-

peitando de que eu também estou armado de um faro meu próprio, e de ganas também minhas, pra descobrir meus caminhos e andar por eles." (110) **[96]**

Estamos falando o tempo todo de mudança. Mudança da família, mudança do terapeuta. Se concordas que uma família, para mudar, para se transformar, tem que passar por um processo de confusão, de destruição das estruturas que mantém a crise e o sofrimento, e que será sobre os escombros dessas estruturas derrubadas que se construirá a nova estrutura sadia, concordarás, também, que com o terapeuta não pode ser diferente. Nesse processo de confrontos (consigo mesmo e com os outros), o terapeuta também tem que destruir as velhas estruturas (as próprias, é claro), para assim, em cima delas, construir uma nova pessoa, diferente e melhor.

"Pois se ele queria reconstruir o mundo, ele próprio não servia... Se queria, como último termo final de seu trabalho, chegar aos homens —teria antes que terminar de destruir totalmente seu modo de ser antigo. Para que o mendigo à porta do cinema não fosse uma pessoa abstrata e perpétua, ele teria que começar de muito longe, e do primeiro começo. É verdade que faltava pouco para destruir, pois, com o crime, ele já destruíra muito. Mas não de todo. Havia ainda... havia ainda ele próprio, que era uma tentação constante. E seu pensamento, como era, só poderia dar um determinado e fatal resultado, assim como uma foice só pode dar um determinado tipo de corte. Se a destruição primeira e grosseira ele a obtivera com o ato de cólera, o trabalho mais delicado estava ainda por se fazer. E o trabalho delicado era este: ser objetivo." (130) **[71]**

Uma questão de respeito

Porque te respeitas —e porque respeitas o outro— é que podes entregar-te inteiramente à tarefa. Se não te entregasses... não aconteceria nada. Esses terapeutas que não se entregam... permitem que aconteça uma espécie de "não acontecimento". **{24, 49, 84}**

"Não se entregar jamais é a maior covardia que eu conheço, Marta. É indício de falta de caráter. É qualidade subumana. A gente não pode viver a vida inteira se poupando, se guardando, sem se arriscar. Não há

mérito nenhum, a gente deixa de viver. A vida é um amontoado de atos gratuitos, de gestos impensados, de ternuras sem retribuições. Você mede tudo, tudo calcula, tudo racionaliza, você não vive. Não vive, nem deixa que os outros vivam. E perde excelentes oportunidades de ser feliz, de dar felicidade aos outros." (181) **[82]**

Se respeitas, acima de tudo, teu direito de ser, respeitarás, como conseqüência, o direito que os outros também têm, de ser. Ninguém te procura para ser humilhado e qualquer atitude de superioridade da tua parte seria uma humilhação para eles. Tu, o sabichão e eles, os coitados que precisam de ajuda. Eles não precisam da tua ajuda (isso não os ajudaria), eles necessitam da ajuda deles próprios e tu só estás diante deles para servir de estímulo para que eles se ajudem. És tu quem precisa da ajuda deles. Como poderias ser de alguma utilidade se nem os conheces? Eles devem estar dispostos a ajudar-te.

Mas, se te sentirem muito poderoso, muito superior a eles, nunca te oferecerão sua ajuda, pelo contrário. Onde já se viu alguém torcer pelo mais forte?

"Mesmo pronunciando aquelas palavras duras e cruéis, o Dr. PhD mantinha o tom neutro de quem não está envolvido com os fatos. As lágrimas corriam agora abundantemente pelo meu rosto. O Dr. PhD deu um tapinha em minhas costas e depois passou o braço ao redor dos meus ombros, ternamente e ao mesmo tempo com firmeza. Foi isso que aumentou o meu ódio: a superioridade benevolente do Dr. PhD. E também foi por isso que eu explodi. Eu explodi não em lágrimas, mas em soluços. Eu soluçava como uma criança. Mas o Dr. PhD permanecia firme e inflexível." (50) **[103]**

Uma das coisas que mais chocam os clientes são as intervenções baratas, os chavões conhecidos (ficam indignados, e com razão). Isso também constitui uma falta de respeito. (Muitas vezes ouvi clientes se queixarem desse tipo de conversa.)

"Você pode estar me dizendo tudo isso só para se justificar.

—Justificar o quê? Eu ter brigado com ele e saído de casa? Então você acha que eu tenho feito tudo isto, arriscado minha vida, só como re-

volta contra a autoridade paterna? Que sou um burguesão usando a política pra resolver meus complexos?" (153) **[117]**

Um "caso interessante"?

Essa história de "caso interessante", acaba sendo outra grande falta de respeito Não, não podemos pensar dessa maneira. Nós nunca vemos um ***caso***... São seres humanos. Interessante, então, menos ainda. Quando algumas pessoas sádicas falam de caso interessante, estão se referindo, de forma insensível, a situações dolorosas para as outras pessoas (uma fratura tripla... exposta, uma sindrome horrorosa, uma família com abuso sexual, drogas, delinqüência etc.)

"Médico é assim, vive tocaiando, nem se espantam de nada, também dia e noite, cama e mesa com a morte, essa gente acaba não tendo pena de ninguém, a doença, o 'caso' dos outros quanto mais complicado e estúrdio mais interessante, não viu quando dona Sara quebrou o pulso, alegria do interno do Pronto-socorro chamando o colega, olho dele chega brilhava como quem descobre uma pérola numa ostra: 'Anda aqui, ô Fulano, vem ver que beleza de fratura em garfo, a primeira que me acontece.'" (96, 97) **[40]**

Quem fala dessa maneira denota um processo de dupla alienação: a transformação da função do terapeuta em algo mecânico, e das pessoas com quem se encontra, em meras coisas.

"Não era uma atitude de pensamento, um estado d'alma constante, um julgamento sobre os homens e as coisas; era uma profissão, um ganha-pão, que ele executava automaticamente." (150) **[34]**

A "fraqueza" do terapeuta

Há mil formas de mostrar que tu precisas de ajuda, cada qual busca sua própria. O que conta é que isso fique claro para a família. Qual é a tua fraqueza, tu sabes? Eu tenho várias (e gosto de utilizá-las). Mas há uma muito evidente, que me tem sido de muita valia: como sou estrangeiro posso ter dificuldade para entender algo dito por algum membro da família, bem como dificuldades para expressar-me. Desde o início, peço ajuda a alguém:

"O próprio fato de ser obrigado a se expressar numa língua estrangeira o obrigava a um exercício permanente de atenção, que o fazia ligado aos mais insignificantes detalhes. Isso era, se bem que pudesse parecer o contrário, um vantagem sobre seu interlocutor, jamais se apercebia disso." (42) **[66]**

O terapeuta "poderoso" (aquele que tem um grande nome a zelar, que é muito renomado e que ***nunca*** fracassa, entra para as sessões carregando um peso enorme: está possuído pela ***terquidade***. Sabes o que é isso? A ditadura do **ter que**. Ele tem que conseguir, sua obrigação é essa. Nem eu nem tu temos essa obrigação. A nossa é ***estar totalmente dispostos a.*** Faremos de tudo, tentaremos tudo, e mais um pouco. Mas, só! Essa atitude descompromissada com o sucesso dar-te-a liberdade de agir e conseguir.

"Uma coisa deve ficar clara, senhora Gunter. —Cid vestiu sua mais cuidada expressão de Detetive-Austucioso-E-Durão-Porém-Simpático.

—Eu sou contratado para procurá-lo, não necessariamente para encontrá-lo. —Abriu os braços com amável seriedade.

—Embora o objetivo seja esse é claro.

A senhora Gunter escutava-o distante como a Esfinge.

—Quando completar uma semana eu lhe entregarei um relatório pormenorizado da investigação e a minha opinião se vale a pena continuar com ele ou não. A senhora pode dispensar meus serviços quando quiser, mas meus honorários sempre corresponderão a uma semana de trabalho, mesmo que a semana não se complete." (13) **[99]**

O compromisso do compromisso

Quero insistir no assunto porque é muito importante. Quando fazes o contrato com a família, tu te comprometes a te comprometeres, e isso deverá ser levado até as últimas conseqüências. É isso que a família espera de ti, não a garantia de um suposto sucesso.

"O compromisso dura enquanto um homem se sente comprometido, JP. Quando ele não se sente mais, tudo não passa de uma prisão de papel. Ele rasga aquelas grades e se manda alegremente." (49) **[103]**

Talvez seja esse um dos grandes problemas dos jovens terapeutas: uma espécie de urgência comprovatória. É como se o jovem tivesse que provar, a si mesmo e aos outros, que sabe, que pode, que tem competência. Essa urgência acaba sendo a pior conselheira.

"Porém quando se é jovem não nos contentamos com a nossa limitação, como uma fronteira que existe para ser ultrapassada. E então o que queremos é um enorme foco de luz sobre nossa cabeça, um palco giratório e a introdução triunfal anunciada pelos metais de uma grande orquestra: é a apoteose consagradora que buscamos. Daí porque não podemos apostar pouco: como diria Edward G. Robinson, no auge de sua carreira como protótipo de gangster de Hollywood —ou tudo ou nada.

E no entanto bastaria um pouco de humildade, heim Amada?

Bastaria que a gente não quisesse que o mundo começasse conosco, a partir de nós. Talvez até tivéssemos ajudado a literatura, se não quiséssemos transformá-la em microscópio em vez de numa tela de cinema." (107) **[25]**

Quando vivemos sob a égide da necessidade de mostrar, podemos recorrer ao rebuscado. Conheces esses "terapeutas" que utilizam expressões super complicadas, termos técnicos que só os iniciados entendem? Isso lhes daria uma certa respeitabilidade. Imagino que imaginam que as pessoas imaginam que eles devem ser grandes sábios... imagina!). As tuas melhores intervenções muitas vezes serão as mais simples...

"E o êxito dessa tentativa parece provar que, paradoxalmente, a genialidade é simples e compreensível. Que há uma espécie de magia na genialidade, que abre, de repente, um clarão, diante de si, deixando que a essa luz o espírito se revele. Nesse instante, a essa claridade, artista e auditório participam de um conhecimento maravilhoso e profundo." (80) **[77]**

É tão curioso: nem sempre é aquilo que pensamos que surtiu efeito, que realmente causou o impacto, promoveu a mudança.

"Muita vez uma presença calma opera a cura da aflição." (258) **[19]**

Se as famílias te procuram não é porque partem da suposição de que deverias conhecer todos os caminhos. Podes, no máximo, conhecer profundamente teu caminho. Por isso podes servir de pretexto, de estímulo para que eles descubram o próprio.

"Disso tenho apenas vagas notícias, notícias de outros viajantes que procuraram outros tesouros. Às vezes me consolo pensando que aquele que buscou algo importante, com paixão, de certo modo conhece todos os caminhos e todas as buscas. Creio que uma experiência profunda dá acesso a todas as experiências, pois mergulhar no próprio coração é mergulhar no coração de todos os homens." (100) **[83]**

Semear pelo prazer de semear

Nosso trabalho tem algo de "inespecífico"... É impossível sabermos exatamente qual vai ser o resultado do nosso investimento. Resigna-te; nunca conseguiremos saber até que ponto os resultados colhidos têm a ver com as nossas intervenções. Se esperasses conhecer o fruto de cada um dos teus gestos de semeador, ficarias muito frustrado. Pensa na beleza do gesto de quem semeia... essa beleza já se justifica. Acredita nos frutos, não esperes por eles.

"—É egoísmo, próprio de imaturos, pensar só nos frutos, quando se planta; a colheita não é a melhor recompensa para quem semeia; já somos bastante gratificados pelo sentido de nossas vidas, quando plantamos, já temos nosso galardão só em fruir o tempo largo de gestação, já é um bem que transferimos, se transferimos a espera para gerações futuras, pois há um gozo intenso na própria fé, assim como há calor na quietude da ave que choca os ovos no ninho. E pode haver tanta vida na semente, e tanta fé nas mãos do semeador, que é um milagre sublime que grãos espalhados há milênios, embora sem germinar, ainda não morreram." (163) **[85]**

E como falamos de tentativa... falemos de fracasso. Percebes quão pouco falam os nossos colegas de fracasso em terapia? (Será que só eu tenho fracassos e eles sempre acertam?) A experiência do fracasso é mais difícil que a do sucesso e também muito útil. **{27, 50, 60, 84}**

"O difícil, Emílio velho, não é vencer, o difícil é saber fracassar." (43) **[54]**

A neutralidade do terapeuta

Podes imaginar um terapeuta neutro? Um terapeuta que não se toque com o drama dos seus clientes? Isso seria um verdadeiro contra-senso. **{13, 49, 56}** (Aqui entre nós, alguns colegas pretendem que isso seja possível..., mas não te inquietes; quem é neutro tem fortes chances de ser inofensivo.) **{14}**

"A imparcialidade é uma atitude desonesta. De duas uma: ou o imparcial está mentindo, traindo acaso as suas mais legítimas preferências, ou então não passa de um exato robô, mero boneco mecânico sem opinião pessoal, sem nada de humano." (80) **[92]**

Tuas intervenções corresponderão àquilo que acreditas, porque quando dizes algo sem acreditar... te desacreditas e ninguém te levará a sério.

"E tendo-o decidido, fizeram o que lhes pareceu certo e verdadeiro. Porque sabiam que outra coisa não tinham que fazer; e sabe que é certo e verdadeiro fazer uma coisa o que nela crê e a faz." (184) **[102]**

Isso torna nossa profissão arriscada? Não nego; mas seria ela desinteressante?

"—Em absoluto. Aliás, quem vive às bordas do precipício como nós, deve habituar-se com a visão do abismo. Esses riscos e inconveniências são, vamos dizer, o terreno quebradiço por onde andamos." (117) **[19]**

Uma atitude falsamente profissional

Quando o "terapeuta" insiste em manter essa pseudo neutralidade, esse "faz de conta" que não foi atingido afetivamente pelo encontro com o seu cliente, fica fora de qualquer processo de crescimento. O único ensinamento que se pode tirar da sua atitude é que, o mais sadio a se fazer, é interromper a relação.

"Chovia muito na hora de Greta sair da clínica. O Dr. Osvaldo despedia-se dos pacientes com um fio cumprimento profissional. Até quinta. A pessoa mais fechada e gelada do mundo, puxa. Aquela gente tinha acabado de lhe entregar a alma, não custava nada dar um pouco de calor à voz ou ao rosto —Greta encolheu-se contra a parede para evitar os pingos do telhado." (81) **[109]**

A cadeira do terapeuta...

Há muitas formas de se dar importância. Vou falar de cadeira... Uns anos atrás tive a ocasião de fazer um trabalho com um grande terapeuta de família (um dos mais célebres). Em determinado momento, ele pretendia utilizar uma cadeira de forma metafórica (colocando-a no lugar de um parente da família, morto havia uns anos). Quando percebi sua intenção, levantei-me e para ceder minha cadeira, afim de que ele a usasse para atender seu objetivo. A seguir ia buscar outra para mim. É claro, não ia ficar em pé. Antes que completasse o meu gesto, ele, muito solenemente, disse: "Essa não, Carlos. Essa é a cadeira do terapeuta!" Fiquei parado... com vontade de transformar a "cadeira do terapeuta" em projétil e... Mas não fiz nada disso. Sentei-me, limitando-me a conversar com os meus botões: a cadeira do terapeuta é onde o terapeuta está sentado, quando se é o terapeuta não se precisa de um trono!

"Por que na ponta de um banco destinado a visitantes comuns e não numa das cadeiras de palhinha reservadas aos convidados de honra? Sente-se ele onde se sentar aí estará o trono, disse o ogan-da-sala, tentando explicar." (34) **[3]**

Ser verdadeiro

A honestidade diante dos teus clientes é algo imprescindível. Mesmo quando tens uma atitude que consideras errada e és questionado por eles, é preciso que sejas honesto e reconheças. Se reconheceres o teu erro ganharás sua confiança e mostrarás teu compromisso pessoal. **{49, 62, 65, 83}**

"O Dr. PhD estava sério e calmo como sempre, mas existe algo de estranho com ele: enquanto o seu rosto permanece impassível o Dr. PhD parece rir por dentro, debochar. E o mais chato é que a gente não tem provas. Se eu insinuasse alguma coisa, ele responderia:
'Quem, eu, rindo? Você está maluco, rapaz.'
Era o que ele diria, tenho certeza." (10) **[103]**

Tua autenticidade será percebida pela família. Por isso que é impossível tentar conotar positivamente uma família quando não se acredita naquilo que se diz. É a força da tua convicção que fará a diferença.

Quando tiras a máscara... estimulas os outros a tirarem a sua própria. Tu não ensinas a fazer. Eles fazem e... aprendem porque querem.

"...quando se sentiu mais íntimo dele, era em parte para impressionar e despertar a atenção do auditório, em parte para representar a farsa trágica que é a vida; a vida, 'el gran teatro del mundo' de que falava Calderón de la Barca, disse o professor. Faz parte da minha persona, continuou ele, a máscara de ator grego que, devido ao uso diário que dela faço, se foi aderindo a minha pele, até se fundir nela. Temos que conscientemente mentir e inventar histórias." (60) **[50]**

Por outro lado, o teu papel de terapeuta permite (e exige) que sejas tu mesmo e que, ao seres tu mesmo, possas desempenhar todos os papéis. O terapeuta vem a ser uma espécie de objeto metafórico caleidoscópico que muda incessantemente.

"No carro, coloca Mozart no cassete. Sou várias pessoas, ninguém é um só, mas poucos enfrentam essa realidade, deixam-se ser uma corporação de muitos. Estamos todos no carro, um ouve música, outro carrega um revólver com cartuchos de carga dupla. Há também um terceiro que sente pena de si mesmo... Todos, eu e mim... Este outro ainda, que não é o último, olha um rosto gasto no espelhinho do carro..." (168) **[55]**

Terapia... "amizade" ou "amor"?

Alguns dos mestres falam da amizade como uma metáfora aplicável à terapia. A terapia seria uma forma de amizade. {**11**}

"Descobria ali, diante do velho companheiro, que, sem a cumplicidade em alguma aventura ou risco, os homens nada têm a fazer e a dizer uns aos outros, ou ainda, talvez a amizade seja a expressão fátua dessa cumplicidade. João entregou-se a soda limonada com disfarçado e polido asco e foi servir as pessoas que se acomodavam numa mesa ao fundo da sala." (114) **[60]**

Eu, pessoalmente, acho que a metáfora que melhor se adapta à terapia é o amor. {**49**} Se as pessoas adoecem como conseqüência da interrupção do fluxo amoroso {**39**}, a restauração desse fluxo será determinante para o sucesso da terapia.

"'O amor existe', pensou. 'Apesar de o terem banido deste mundo — pois é ele um Dom das almas fortes—, apesar do mundo sufocá-lo sob suas mesquinhas necessidades e desconhecê-lo nessa obstinada falta de compreensão e sobretudo nessa estranha fascinação pela morte— o amor existe e só a sua consciência nos poderá salvar do desespero e da mútua destruição. Decerto ele hoje está tão distante que o supomos uma miragem. Muitas vezes atravessamos a vida inteira sem conhecê-lo. Mas eu sei que ele existe e que da miséria dos homens faz alguma coisa mais bela." (218) **[36]**

A terapia familiar seria, pois, o ato amoroso das pessoas que se dispõem a partilhar alguns dos aspectos mais íntimos e importantes das suas vidas, e o ato amoroso do terapeuta que se expõe diante das famílias naquilo que ele tem de melhor e de pior. A terapia é a junção dos sentimentos mais fortes das famílias e dos terapeutas.

"—A gente não sente amor ou desejo *pelas* pessoas. A gente sente essas coisas *com* as pessoas, a gente sente amor e desejo é *nas* pessoas. Quando o desejo e o amor acontecem *pelas* pessoas, eles acabam logo, como os seus por, Rudolf." (77) **[60]**

E quando permites o sentimento amoroso, também estás abrindo as portas do seu contrário: o ódio. Porque quem não se permite odiar, talvez também não se permita amar. **{56}**

"Não dizia mal de ninguém, perdoava tudo. Não sabia odiar; pode ser até que não soubesse amar." (298) **[12]**

Esse sentimento amoroso deverá ser compartilhado por todos os participantes. A convicção de todos, nessa busca da saúde e do crescimento, permitirá que vivam com entusiasmo as conquistas e a superação das dificuldades.

"Entre os Antigos, entusiasmo significa transe, arrebatamento, ligação com Deus. O Entusiasmo é Ágape dirigido a alguma idéia, alguma coisa. Todos nós já passamos por isto. Quando amamos e acreditamos do fundo de nossa alma em algo, nos sentimos mais fortes que o mundo, e somos tomados de uma serenidade que vem da certeza de que nada poderá vencer nossa fé. Esta força estranha faz com que sempre tomemos as decisões certas, na hora exata, e quando atingimos o nosso objetivo ficamos surpresos com nossa própria capacidade. Porque, durante o Bom Combate, nada mais tem importância, estávamos sendo levados através do Entusiasmo até nossa meta." (117) **[41]**

Seduzir para a vida

O sentimento amoroso que podes despertar nos teus clientes, não deve te alarmar. Deves lembrar que, certas pessoas, perderam a capacidade de amar (chegando a se transformarem em verdadeiros espectros afetivos). Elas precisam começar a redescobrir o amor. Esse objeto provisório de amor, pode ser a figura do terapeuta. Se sabes lidar com a situação —permitindo que te transformes em um suporte para os seus sentimentos, sem que isso te faça sair da tua atitude ética, de respeito por ti e pelo cliente— rapidamente a situação mudará e terás o prazer de ouvir como esse amor tem uno novo objeto, a pessoa te contará que descobriu um amor real e possível... lá fora. **{12, 24, 28, 49}**

"Como se Vismundo fosse gente, aprendeu amá-lo. Experimentou esse sentimento bem fundo, umedeceu-o nas suas raízes. Aprendeu a alegria, o sofrimento que é amar uma pessoa assim. O sofrimento que é metade dor, metade alegria. Aprendeu muitas coisas que ignorava." (152) **[49]**

A transferência

O tema anterior obriga-nos a falar da contratransferência e do seu controle. Mas antes deverei lembrar-te o que é a transferência: são os sentimentos suscitados no cliente pela figura do terapeuta. **{18}**

"Contou que estava tratando de um complexo de Édipo 'mais entravado que carteira em bolso de sovina'. Ou como disse, 'the wallet in the pocket of the hard bread'. O índio gostava da mãe uma barbaridade. (...) Tentou convencer o cliente a abandonar aquela obsessão. Era um amor sem futuro.

—Pra começar ela já é casada e tem um filho da tua idade.

Também apelou para sua vaidade. Ele era um rapaz boa pinta e a velha já estava 'meio passadita'. Ninguém ia dizer que o romance era por interesse, 'porque herdeiro tu já é, mas ia pegar mal'.

Com o tempo, e ouvindo argumentos como estes, o cliente foi deixando de falar na mãe. Até que ficou uma sessão inteira sem tocar uma vez no nome dela. Foi quando o analista de Bagé, lhe passando a cuia de chimarrão, anunciou:

—Pois acho que te curei tchê.

—Sim, mãe — disse o cliente.

—Que disse?

—Eu disse 'sim mãe'.

Era a transferência. O analista de Bagé ainda tentou lhe chamar á razão:

—Te fresqueia!

Mas não adiantou. Por mais que o analista insistisse que não era sua mãe, que mãe não usava costeleta e bigode, o cliente não se convencia. Continuava tentando sentar no seu colo." (32, 33) **[115]**

Agora sim podemos falar de contratrasferência:

Contratransferência, elaboração e ética

O impacto afetivo ou a atração que uma pessoa possa exercer sobre ti não constitui, por si só, um problema. (Contratransferência; assim se chama em psicanálise: são os sentimentos suscitados no terapeuta pela relação com seus clientes.) Tu continuas sendo um ser humano, com tudo o que isso significa. O "x" da questão consiste na maneira como tu elabores o assunto. (Essa é tua obrigação; aproveitar o que acontece para elaborá-lo.) **{13, 19, 24, 49, 82}**

"A beleza dela fez os meus pulsos martelarem violentamente e secou minha boca. Ninguém poderia deixar de admirá-la: era muito delgada, com seios pequenos, a barriga plana, os flancos de linhas retas;" (15) **[55]**

Nós temos a obrigação de saber lidar com essas situações. Não podemos fugir. Nem, sob pretexto de não correr riscos, rejeitar o trabalho com uma ou outra pessoa. Conter os sentimentos que surgem quando estás com os teus clientes, além de ser de uma falsidade extrema, só pode provocar um mal-estar em ti e nos outros. A repressão dos sentimentos sufoca e adoece.

"Não se faça de bobo, diz Toledo. Raivoso, o tímido raivoso. Está, vê-se mais acostumado a conter a raiva do que a exteriorizá-la, daí sua insônia, seu eczema de origem nervosa, sua úlcera duodenal. Sua mulher é como ele, a filha pequena também: sofre de bronquite asmática e também por causa disto Toledo aceitou o cargo em Brasília, lugar alto, de clima seco, sem poluição.

Brasília é bom, Brasília é seguro. Para os Estados, Toledo não gosta de viajar; hotéis, ainda que quatro ou mesmo cinco estrelas, almoços e jantares em restaurantes, e principalmente as missões que lhe são confiadas, tudo isto lhe faz muito mal; seu consumo de antiácidos e tranqüilizantes aumenta muito nesses dias. E quando o abacaxi a descascar se chama Boris Goldbaum, então..." (239) **[106]**

"Cozinhar" os sentimentos

Mas o fato de não reprimir os sentimentos, não significa que eles sejam manifestados tal como aparecem. Eles devem ser elaborados ("cozinhados") e utilizados de forma a serem terapêuticos. Vamos ter um envolvimento emocional (terapêutico) intenso baseado na preservação de uma atitude ética.

"—Como é possível, então, fazer o seu trabalho?

—Sendo ao mesmo tempo sujeito e objeto de todos os sentimentos e emoções com que lidamos na vida e no trabalho.

—Mas, e a ética profissional?

—A que nos protege do envolvimento humano completo com nossos clientes?

—Sim.

—A hipocrisia?

—Sim.

—A covardia?

—Sim.

—A impostura?

—Sim. O ascetismo científico, Rosário.

—Para mim, Rudolf, a ciência é uma forma de amor, como a arte. E não posso imaginar qualquer forma de amor, como a arte. E não posso imaginar qualquer forma de amor ascético. O ascetismo ou o amor. E, sabe, a psicologia não passa, para mim, da mais amorosa das ciências artísticas ou das artes científicas." (109) **[60]**

Desamor adoece

E por falar nisso, sabes que a falta de amor adoece as pessoas? A redescoberta dos caminhos do amor é também a redescoberta dos caminhos da saúde.

"—E como ela descreveu minha doença?

—Disse que você não sabe amar ou não conhece o amor. Além disso, não sabe porque vive." (81)

A assertividade

Assertividade, essa palavra é chave —e o seu significado crucial para o processo terapêutico. As pessoas não te procuram para que tenhas pena delas (isso é humilhante), querem poder estar com uma pessoa inteira que não usa meias palavras e não tenta, "delicadamente", dizer aquilo que poderia agradá-las. **{49, 56}**

"Na raiz de uma delicadeza, quase sempre habita uma mentira." (112) **[65]**

Quando expressas teus sentimentos, tuas idéias, confiando na capacidade das pessoas para ouvir-te, abres as portas da confiança mútua: por que elas haveriam de confiar em ti, abrir os seus corações e serem verdadeiras contigo, se tu és uma pessoa cheia de não me toques que não confia nelas?

"Pode reparar que a gente do povo, mesmo em situação desgraçada, como naquela ocasião estavam os trabalhadores braçais da Prefeitura e do Estado, conserva uma verve e uma doçura de alma que é uma beleza. Nada de abatimento, de entregar os pontos, de dar por perdido o jogo da vida. Também não é do nosso feitio a pessoa desmanchar-se em delicadezas melosas de rasgação de seda, de lisonjas pra lá pra cá: é, é, não é, não é, e assunto encerrado." (114) **[28]**

Mas é claro que assertividade nada tem a ver com uma atitude inquisitorial. Os terapeutas que acreditam que se uma família procura por terapia é necessariamente porque tem problemas "graves" podem confundir assertividade com busca patológica do patológico, não se dando por satisfeitos até encontrarem o nó doentio que tanto procuram. Essas sessões mais parecem interrogatórios...

"—Confesse! Vocês são amantes. Vocês são cúmplices. Há um subtexto nesta história e não descansarei até descobrí-lo. Você vem comigo até a delegacia. Agora!" (53) **[117]**

A generosidade terapêutica

É preciso que lances mão de toda tua generosidade. Para te manteres vivo, enquanto terapeuta, deverás ter infinitos recursos de generosidade mas, insisto, não daquela generosidade ofensiva feita de comiseração: uma generosidade para com a tua pessoa. Se não te respeitas como pessoa... ninguém poderá te respeitar. E as famílias precisam de alguém que possam respeitar.

"—A única maneira de salvarmos nossos sonhos, é sendo generosos conosco mesmos. Qualquer tentativa de autopunição —por mais sutil que seja, deve ser tratada com rigor. Para saber quando estamos sendo cruéis conosco mesmos, temos que transformar em dor física qualquer tentativa de dor espiritual: como culpa, remorso, indecisão, covardia. Transformando uma dor espiritual em dor física, saberemos o mal que ela pode nos causar." (65/66) **[41]**

Como sabes, não recebemos as famílias para lhes dar conselhos. Elas te procuram para crescerem, para reconquistarem sua vitalidade, sua saúde. Se realmente queres ajudar... busca o teu crescimento, eles buscarão o deles.

"'Um filósofo grego, instado a exemplificar o que era difícil e o que era fácil, disse que fácil era dar conselhos e difícil era conhecer-se a si mesmo. Como não posso dar conselhos, estou tentando me conhecer,' diz Morel, sarcástico." (102) **[55]**

Nossa profissão é algo apaixonante. É claro que ela também pode ser encarada como algo rotineiro, burocrático. (Algumas pessoas imaginam que seja muito desagradável estar sentado em um consultório, oito horas por dia, ouvindo os outros falarem das suas mazelas. Talvez seja porque o que conhecem da psicoterapia são esses processos intermináveis, nos quais uma das pessoas é ouvinte "neutra" e a outra só fala, fala e fala.) Nosso trabalho é muito arriscado, isso sim. Nós temos o privilégio de compartilhar com as pessoas todo tipo de sentimentos e emoções: tristeza profunda, alegria intensa, amor, ódio, desânimo, interesse etc. Isso é apaixonante!

"Existem pessoas que não se entregam a paixão, sua apatia os leva a escolher uma vida de rotina, onde vegetam como 'abacaxis numa estufa d'ananases', como dizia meu pai. Quanto a mim, o que me mantém vivo é o risco iminente da paixão e seus coadjuvantes, amor, ódio, gozo, misericórdia." (15) **[56]**

O privilégio de ser terapeuta

Nossa profissão é um privilégio. Tens o imenso privilégio de ser terapeuta. Sabes por quê? Porque fazes um trabalho que não é poluidor (o produto do teu esforço não contamina o meio ambiente), não se baseia na competição (quando exerces a profissão, não estás fechando portas para outras pessoas, pelo contrário; quanto mais sucesso tenhas, mais pessoas abrem seus horizontes), e não exploras ninguém! Já pensaste que coisa maravilhosa?

"O Furtado permanece sentado na cozinha, onde também as sombras vão tomando conta. Mas seus olhos brilham de excitamento na obscuridade. Então, era isso! Isso é que é viver! Isso é que dá a alegria em todo momento, a confiança de ser humano, de pensar, de se diferenciar dos animais da floresta. A grandiosa sensação de ser útil, de ser confiável, de poder enxergar sua própria razão de existir!" (125) **[30]**

Um dia, muitos anos atrás, quando eu era um jovem psicólogo recém-formado, olhei em torno de mim e vi a imensidão do hospital psiquiátrico em que trabalhava. Tive uma sensação de prazer profundo. Imediatamente minha voz interna me disse: "deves gostar de estar aqui porque és louco". Isso ficou dando voltas na minha cabeça até que descobri que, no hospital, eu não era tão louco quanto na rua. Era na rua que eu realmente podia usufruir da minha loucura. Quando comecei a receber os clientes no consultório, percebi como era bom poder ser louco e ouvir vozes. Quando estou com as famílias ouço vozes, vivo experiências malucas: sou criança, sou pai, sou filho, sou avô, sou de tudo!

"Sou um homem tranqüilo, e minha vida está tranqüila; ouço essa voz, esse nome, e pronto! —começo a agir como se eu trabalhasse em um filme a que eu mesmo estivesse assistindo. Represento meu papel de maneira normal e faço o papel de um homem normal; mas um outro eu invisível que é aquele louco, patinador sobre arco-íris, menino tonto, Hamlet, palerma, patético. Enquanto eu digo uma coisa sensata esse meu fantasma se entrega a um silencioso desvario, ou recita versos antigos, voa como um anjo, soluça. Posso contemplá-lo com frieza, criticá-lo, ter pena dele; evito que ele influa no mais mínimo em minha conduta real; quando ele tem um impulso de falar ao telefone eu me ponho tranqüilamente a descascar uma laranja ou fazer ponta em um lápis; e sem minhas mãos, sem meu corpo, ele não pode fazer nada. Resolvo ignorá-lo e chego a esquecê-lo durante semanas, meses; mas quando surge a Presença ele salta ao meu lado, sob uma luz sobrenatural, absurdo e infantil." (31, 32) **[31]**

Um pretexto para crescer

Talvez não devas contar isso para os nossos clientes... mas o principal beneficiado de um processo terapêutico deve ser justamente o terapeuta. Cada vez que temos a oportunidade de viver um novo confronto com uma família, com um casal ou uma pessoa, crescemos mais um pouco; tornamo-nos mais aptos e felizes.

"Árdua e linda, ao mesmo tempo, aquela sua estrada de esforços e descobrimentos. Um descortinar sem fim de véus que lhe dava prazer e alargava, cada vez mais, os horizontes. Era merecedor, sem dúvida, daquela glória, pois perseguindo-a gastava o melhor de suas energias e de seus esforços. Não descansava um só segundo e mantinha-se num permanente estado de alerta." (47) **[29]**

Conheço algumas pessoas que começaram a ser terapeutas sem estarem totalmente convencidas de que era aquilo que desejavam fazer (porque achavam que não tinham os conhecimentos suficientes, sentiam-se inexperientes ou inseguros etc.) Mas, com o passar do tempo, acabaram descobrindo todo o prazer que se pode ter sendo terapeuta.

"Começara seu projeto levado pelo simples ato de consertar uma situação que via errada. Mas, à medida em que se aprofundava nele, à medida em que o projeto se desenvolvia, a semente justiça dentro dele ia-se avolumando. Atraía para seu lado gente sem precisar explicar nada. Decerto viam nele a sinceridade e, no projeto o instrumento de retomada do caminho certo. Que coisa mais linda ver nascer em sua volta as mais dignificantes qualidades humanas: a solidariedade, o despojamento, a coragem, a esperança..." (125) **[30]**

Alguns anos atrás, descobri que, pelo fato de viver viajando pelo Brasil afora (atendendo em diversas cidades do pais, em dezenas de consultórios e ao lado de dezenas de terapeutas diferentes), eu voltava diferente para os meus clientes. Se tivesse ficado apenas fazendo os mesmos percursos, vendo as mesmas pessoas e fazendo as mesmas coisas, talvez não seria hoje o terapeuta criativo, diferente, que gosto de ser. Minha "rotina" diferente me ajuda a ver coisas diferentes e, conseqüentemente, a ser diferente. A rotina "rotineira" é perigosa.

"...Habituei-me às coisas e seres que incidem no meu trajeto usual da secretaria para o café e do café para a Rua Erê. Tais seres e coisas pertencem, por assim dizer, ao meu sistema planetário, e, entretido com eles, na sua feição mais ou menos constante, vou traçando quase que despercebidamente minha curva no tempo." (21) **[9]**

A cobrança do desempenho

Muitas vezes, depois da saída da família, a gente tem a nítida impressão de que deveria ter dito e feito algo totalmente diferente daquilo que, de fato, disse ou fez. Isso pode ser fonte de angústia e desespero (como se isso significasse que não somos competentes, confiáveis). Não tenho obrigação de ser infalível. O máximo que pode acontecer é que, a próxima vez, diga "sabem, aquele dia teria gostado de ter dito isto ou aquilo". Não te mortifiques com os erros cometidos.

"Existem várias maneiras de uma pessoa se tornar infeliz, porém a mais segura é não conseguir se esquecer dos momentos em que teve a nítida consciência do seu próprio ridículo." (86) **[25]**

Nem tenhas medo de errar. Confia plenamente na capacidade das pessoas e no seu desejo de crescer. Ao confiares (em ti e nelas), permitirás que teu próprio erro seja motivo de novas buscas e desenvolvimentos.

"Acho que eu não tinha conciso medo dos perigos: o que eu descosturava era medo de errar —de ir cair na boca dos perigos por minha culpa. Hoje, sei: medo meditado —foi isto. Medo de errar. Sempre tive. Medo de errar é que é a minha paciência. Mal. O senhor fia. Pudesse tirar de si esse medo de errar, a gente estava salva. O senhor tece? Entenda o meu figurado." (173) **[98]**

Quando sentires uma certa insegurança diante da família, lembra que sempre poderás recorrer a uma supervisão. Se ela te ajuda a crescer e não a responder a cada uma das questões que formulas, quando estiveres em dificuldades, poderás relaxar e ouvir a tua voz interior dando-te luzes.

"Insegura nas primeiras cenas, nas demais Sylvana ganhou firmeza e confiança. Era só relaxar os músculos e a coisa ia. Se esquecia uma fala, procurava ouvir o ponto. Não precipitava nunca. E tinha a impressão de que não se saía pior do que os outros." (318) **[95]**

Por falar em privilégios, percebes o que significa poder trabalhar com pessoas? E mais ainda, sabendo que nosso trabalho não é nem contra elas nem acima delas, mas simplesmente com elas. Temos o privilégio de sermos testemunhas do seu crescimento, das suas conquistas.

"Eu, assentado como me achava, no chão da trincheira, ficava a olhar longínqua estrela enquanto lhe ouvia a confidência generosa. E pensava comigo que há, certamente, mais poesia e mais coisas de ouvir e de entender no estranho coração dos homens do que mesmo na estrela mais grande, na mais fulgente estrela. E agradeci aos astros o privilégio desta hora. E considerei com orgulho, com uma profundíssima alegria, que afinal a vida me põe nas mãos, e a conviver comigo, homens e fatos, gente, coisas, circunstâncias e situações que são a própria matéria prima dos meus sonhos.

Certo sentimento de gratidão, quase lascívia, ou comunhão telúrica, apossava-se de mim. Com as mãos tocava o chão morno, com as mãos e o sexo, e como os meus dedos começassem a fazer ternura na úmida da trincheira o membro palpitou, se distendendo formidavelmente em cima dela.

Ah, Deus te abençoe, terra generosa, Deus ou o Demo, quem quer que te possa preservar para a alegria dos homens!" (172) **[22]**

Entrar e sair do sistema familiar

Mas o teu envolvimento, a intimidade que crias com a família, não deve evitar que, em certos momentos, tomes distância para poder ter uma visão "de fora" da situação. O processo como um todo será constituído pela alternância da proximidade com a distância. **{42, 60}**

"Para distinguir melhor, recua. Não há visão sem perspectiva." (38) **[69]**

Decisão

A capacidade de decidir é um privilégio do ser humano. Como te dizia antes, quem não decide... desumaniza-se. A própria ciência nada mais é do que uma seqüência interminável de decisões: decide-se aquilo que será pesquisado, aquilo que dentro da pesquisa será observado etc. Essas decisões são, por princípio, subjetivas. Há sempre um "eu" que decide. Quando se faz uma classificação qualquer, se toma uma decisão subjetiva, baseia-se na idéia de que essa classificação pode vir a ser de alguma utilidade. Se não for útil, do ponto de vista científico... descarta-se, estabelece-se uma outra que o seja. {19}

"Não sendo a ela, a quem poderia ser? Tinha um rosto e um nome: Ruth, com *th*. De uns tempos para cá, comecei a desconfiar que se podem dividir as pessoas de diversas maneiras e modos: pela religião, pelo time de futebol, pelas preferências musicais, literárias e até mesmo geográficas. 'Adoro Roma!' ou 'Detesto Roma' é mais do que uma preferência topográfica, turística ou cultural. É todo um programa de vida, uma confissão.

Pois as pessoas podem ser divididas entre as que têm *th* no nome e entre as que não têm. Ruth, a melhor e mais constante amiga de Marta, tem *th* no nome. Por sua vez, Marta não tem, ela detestava uma certa Martha Dulce Galeão, que tinha *th* e, segundo suspeitava, tivera um caso comigo — o que era falso." (224) **[42]**

Decidir fazer terapia

Quando as famílias te procuram, é justamente porque querem recuperar seu magnífico direito de decidir. E o fato de te procurarem já é produto de uma decisão. Estão na tua frente dizendo que não sabem o que fazer diante de tal ou qual problema (dito em outras palavras, não sabem que decisão tomar, sentem-se, de certa forma, paralisados). Mas isso não quer dizer que estejam na tua frente esperando que decidas por eles. Precisam tomar suas decisões e poderão fazê-lo na tua presença. Tu lhes serves de testemunha...

"—Filho, antes de vir a mim você terá esboçado uma decisão. Agora deseja que eu fique de acordo ou contra ela. É a favor ou contra a mulher a sua decisão? (159) **[43]**

Embora achando que não decidem, muitas pessoas estão apenas decidindo que reagem àquilo que acontece ao seu derredor. Vivem na ilusão de que é possível se furtarem ao dilema vital da decisão. Decidir é resolver arcar com as conseqüências dos seus atos. Viver a vida e não apenas ser vivido, ser levado por ela. Ouve, pois, o pedido das famílias e aceita-o: elas querem aprimorar sua capacidade de decidir; é para isso que te procuram.

" 'Um homem com H maiúsculo é tudo aquilo que você não é, JP. Por exemplo: um homem com H maiúsculo toma decisões. Você toma decisões, JP?'

'Que decisões, Dr. PhD?'

'Qualquer decisão, Jovem Promissor. Uma decisão implica sempre em modificar o mundo. Quando você toma uma decisão e age de acordo com ela, o mundo nunca mais será o mesmo.

Você deixa para trás infinitas possibilidades, para fixar-se somente em uma e vivê-la.

Mesmo uma decisão simples, como a roupa que você escolhe para sair ou o livro que pega para ler. Coisas assim. Isso implica em condicionar o futuro para sempre.

A roupa, por exemplo. Por ter escolhido uma roupa mais cara e mais vistosa, você tanto pode ser assaltado como encontrar o grande amor de sua vida. E tanto o assaltante como a mulher amada terão sido atraídos por sua bela roupa, mas com motivos tão divergentes —ou semelhantes— quanto amor e ódio.'" (43, 44) **[103]**

Tua decisão se reveste de uma importância capital: decides que tens condições de desempenhar a curiosa tarefa do terapeuta. Às vezes és invadido por uma dúvida dolorosa, sentes o peso de uma extrema responsabilidade e tens vontade de desistir? Não importa, isso faz parte, só não percas a vontade de lutar. **{52, 53}**

"...e, mais do que isso, era aquela firmeza de que qualquer manobra sua, por mais estúrdia que fosse, terminaria por dar certo, e é primeiramente

essa certeza, e não a disposição de lutar, que dá ao homem fortuna." (30) [**27**]

A vida acontece através das nossas decisões. Não se pode deixar de decidir... sempre se terá que arcar com as conseqüências (por haver agido ou por não haver agido).

"Viver não é isso, David. Viver é escolher. E escolher bem. Escolher sempre. Nunca deixar que as coisas aconteçam por si mesmas. Você é um homem, David, que diabo! Até quando você vai deixar que os fatos aconteçam? Até quando você vai levar essa vida estúpida? Até quando você vai deixar que os outros perturbem, deturpem e prostituam a sua solidão? Até quando, David? Dá pena, meu velho." (67) [**82**]

Muitas vezes, como sabes, as pessoas têm a impressão de que para elas nada funciona. O problema é que estão constantemente reagindo às situações. Para se assumir o controle da própria vida, é preciso que se saiba decidir. Deixar de reagir e passar a decidir. A terapia abre um "tempo-espaço" de reflexão e decisão.

"—A vida, meu rapaz, às vezes nos oferece umas passagens assim. São fases que não demoram. E nada podemos decidir, nesse período de indecisão. É preciso aguardar um pouco até que a calma retorne e possamos refletir. Então sim, podemos decidir. Muitas coisas nos acontecem desagradáveis, pelo simples fato de termos agido precipitadamente. Quantas? E muitas vezes, só mais tarde descobrimos que sem pensar, agimos capciosamente, de má fé contra nós..." (173) [**113**]

As pessoas devem aprender a se respeitarem como pessoas, a se verem com a importância que merecem. A partir desse auto-respeito, aprenderão a conviver melhor com os outros.

"Das pálpebras descidas, grossas lágrimas caíam.

—Está nervosa, não se entregue assim. Há uma coisa que é necessária à cura: uma boa dose de egoísmo. Pense em si mesma primeiro, e depois terá muito tempo para pensar nos outros. Agora, ponha o termômetro, vamos ver isso como está." (106) [**89**]

Contextos

O contexto no qual o sofrimento se manifesta, e no qual deve ser inserido e compreendido, não se limita somente aos membros da família... pode tratar-se de um contexto ideológico-religioso bem mais abrangente.

"A sua vida de viúva se resumia em engomar de manhã, de tarde e de noite; soprar ferro e engomar, abanar fundo de ferro e gastar o seu muque no ferro de quem era escrava.

Mas pensava: se este ferro acabar comigo, eu acabo com ele. O fim do ferro era ferrugem, que ele não tinha alma, ela, no entanto, iria para o céu, imortal que era, como lhe garantira o padre. *Quanto mais sofrimento na terra, mais alegria no céu* e por isso tomava nota das lágrimas, fazendo um risco no papelão que guardava debaixo do travesseiro.
Às vezes, passava horas olhando para aqueles riscos todos, pensando: quanta alegria me espera no céu, Deus meu! E na verdade muitas lágrimas havia derramado quando era puta." (33) **[53]**

E é disso que gostaria de falar nas próximas páginas: dos contextos, dos sistemas maiores nos quais estão inseridas as vidas das famílias que recebes.

Referências bibliográficas

1. ABREU, Caio Fernando, O marinheiro, *in,* ABREU, Caio Fernando, *Triângulo das Águas,* Nova Fronteira, Rio de Janeiro, 1983.
2. AMADO, Jorge, *O menino grapiúna,* Record, Rio de Janeiro, 1982.
3. AMADO, Jorge, *O sumiço da santa, uma história de feitiçaria*, Record, Rio de Janeiro, 1988.
4. ANDRADE, Carlos Drumond, *Caminhos de João Brandão,* 3ª. edição,
5. ANDRADE, Carlos Drumond, O gerente, *in, Contos de Aprendiz,* 24ª. edição, Record, Rio de Janeiro, 1986.
6. ANDRADE, Carlos Drumond, Extraordinária conversa com uma senhora de minhas relações, *in,* ANDRADE, Carlos Drumond, *Contos de Aprendiz, op. cit.*.
7. ANDRADE, Mário de, *Amar, verbo intransitivo,* Círculo do livro, São Paulo, s/d.
8. ANJOS, Cyro dos, *Abdias,* 3ª. edição, José Olympio, Rio de Janeiro, 1957. (a)
9. ANJOS, Cyro dos, *O amanuense Belmiro,* José Olympio, Rio de Janeiro, 1957. (b)
10. ASSIS, Machado, *Quincas Borba,* Círculo do Livro, São Paulo, s/d. (a)
11. ASSIS, Machado, *Memórias Póstumas de Brás Cubas*, Círculo do Livro, São Paulo, s/d. (b)
12. ASSIS, Machado, *O Alienista,* Círculo do Livro, São Paulo, s/d. (c)
13. ASSIS, Machado de, Virginius (narrativa de um advogado), *in Escritos avulsos I*, Globo, São Paulo, 1977.
14. ASSIS, Machado de, Uma excursão milagrosa, *in Escritos avulsos I,* Globo, São Paulo, 1977.
15. ASSIS, Machado, A Segunda vida, *in, Histórias sem data,* Globo, Rio de Janeiro, 1997.
16. ASSIS, Machado, Cantiga de esponsais, *in, Histórias sem data, op. cit.*
17. ASSIS BRASIL, Luiz Antônio de, *As virtudes da casa,* Mercado Aberto, Porto Alegre, 1985.
18. ASSIS BRASIL, Luiz Antônio de, *Cães da província,* Mercado Aberto, Porto Alegre, 1987.
19. BARRETO, Benito, Plataforma Vazia, *in,* BARRETO, Benito, *Os Guaianãs I,* 3ª. edição, Mercado Aberto, Porto Alegre, 1986.

20. BARRETO, Benito, Capela do homens, *in,* BARRETO, Benito, *Os Guaianãs I,* 3ª. edição, Mercado Aberto, Porto Alegre, 1986.
21. BARRETO, Benito, Cafaia, *in,* BARRETO, Benito, *Os Guaianãs II,* 3ª. edição, Mercado Aberto, Porto Alegre, 1986.
22. BARRETO, Benito, Mutirão para matar, *in,* BARRETO, Benito, *Os Guaianãs II,* 3ª. edição, Mercado Aberto, Porto Alegre, 1986.
23. BARRETO, Lima, *Recordações do escrivão Isaías Caminha,* Garnier, Rio de Janeiro, 1989.
24. BARRETO, Lima, *Vida e morte de M. J. Gonzaga de Sá,* Garnier, Rio de Janeiro, 1990.
25. BARROSO, Maria Alice, *Um dia vamos rir disso tudo,* Mercado Aberto, 2ª. edição, Porto Alegre, 1984.
26. BARROSO, Maria Alice, *Quem matou Pacífico?,* 7ª. edição, Mercado Aberto, Porto Alegre, 1987.
27. BARROSO, Maria Alice, *A saga do cavalo indomado,* Record, Rio de Janeiro, 1988.
28. BERNARDES, Carmo, *Memórias do Vento,* Marco Zero, São Paulo, 1986.
29. BERTO, Luiz, *O romance da besta fubana,* Itatiaia Ltda, Belo Horizonte 1984.
30. BORGES, Dirceu, *O talismã das Amazonas,* Iluminuras, São Paulo, 1988.
31. BRAGA, Rubem, A presença, *in,* BRAGA, Rubem, *Ai de ti Copacabana,* Record, Rio de Janeiro, 1981.
32. BRANDÃO, Ignácio de Loyola, *O ganhador,* 2ª. edição, Global, São Paulo, 1987.
33. CALLADO, Antônio, *Memórias de Aldenham House,* Nova Fronteira, São Paulo, 1989.
34. CAMINHA, Adolfo, *Tentação no país dos ianques,* José Olympio, Rio de Janeiro, 1979.
35. CAPARELLI, Sérgio, *Os piratas do guaíba,* L&PM, Porto Alegre, 1997.
36. CARDOSO, Lúcio, *Dias perdidos,* 2ª edição, Nova Fronteira, Rio de Janeiro, 1980.
37. CARDOSO, Lúcio, *Inácio,* Salamandra, Rio de Janeiro, 1984.
38. CARVALHO, Omar, *Místico das contendas*, Itatiaia, Belo Horizonte, 1987.

39. CAVALCANTI, Pedro, *O império da Amazônia,* Cia. das Letras, São Paulo, 1995.

40. CELINA, Lindanor, *Afonso contínuo ,santo de altar,* Nova Fronteira, Rio de Janeiro, 1986.

41. COELHO, Paulo, *O diário de um mago,* 4ª. edição, Eco, Rio de Janeiro, s/d.

42. CONY, Carlos Heitor, *O piano e a orquestra,* 1ª reimpressão, Cia. das Letras, São Paulo, 1996.

43. DONATO, Hernani, *Chão Bruto,* 6ª edição, Melhoramentos. 1969.

44. DONATO, Mário, *Presença de Anita,* Círculo do Livro, São Paulo, s/d. (a)

45. DONATO, Mário, *Tietê Barbosa,* Catavento, São Paulo, s/d. (b)

46. DONATO, Mário, *Partidas dobradas,* Hucitec, São Paulo, 1978.

47. DOURADO, Autran, *Os sinos da agonia, 5ª. edição,* Difel, São Paulo, 1981.

48. DOURADO, Autran, *Tempo de amar,* Record, Rio de Janeiro, 1984.

49. DOURADO, Autran, *Uma vida em segredo,* Record, Rio de Janeiro, 1986.

50. DOURADO, Autran, *Um artista aprendiz,* José Olympio, Rio de Janeiro, 1989.

51. DRUMMOND, Roberto, *Hitler manda lembranças,* 2ª. edição, Nova Fronteira, 1984.

52. ÉLIS, Bernardo, *Apenas um violão,* Nova Fronteira, Rio de Janeiro, 1984.

53. FIGUEIREDO, André de, *Alvorada,* Nórdica, Rio de Janeiro, 1978.

54. FILHO, Adonias, *Os servos da morte,* 4ª. edição, Civilização Brasileira, Rio de Janeiro, 1985.

55. FONSECA, Rubem, *O caso Morel,* 2ª edição, Artenova, Rio de Janeiro, 1973.

56. FONSECA, Rubem, *O cobrador,* 2ª. edição, Nova Fronteira, Rio de Janeiro, 1979.

57. FONSECA, Rubem, *Bufo & Spallanzani,* 28ª. edição, Francisco Alves, Rio de Janeiro, 1985.

58. FONSECA, Rubem, *Vastas emoções e pensamentos imperfeitos,* Companhia das Letras, São Paulo, 1988.

59. FREIRE, Roberto, *Cleo e Daniel,* Círculo do Livro, São Paulo, s/d.

60. FREIRE, Roberto, *Coiote,* 2ª edição, Guanabara, Rio de Janeiro, 1986.

61. FREYRE, Gilberto, *Dona Sinhá e o filho padre,* Círculo do Livro, São Paulo, s/d.
62. GALIZA, Ribamar, *O cantar das casuarinas,* Nova Fronteira, Rio de Janeiro, 1987.
63. GOMES, Dias, *O pagador de promessas, 29ª. edição,* Civilização Brasileira, Rio de Janeiro, 1986.
64. GUIMARÃES, Josué, *Tempo de Guerra II, A ferro e fogo,* 3ª. edição, LPM Editores, Rio Grande do Sul, 1982.
65. IVO, Lêdo, *A morte do Brasil,* Círculo do Livro, São Paulo, 1984.
66. JARDIM, Rachel, *O penhoar chinês,* 4ª. edição, José Olympio, Rio de Janeiro, 1990.
67. JURANDIR, Dalcídio, *Chove nos campos de cachoeira,* 2ª. edição, Studio Cátedra, Rio de Janeiro,1976.
68. JURANDIR, Dalcídio, *Marajó,* 2ª. edição, Cátedra, Rio de Janeiro, 1978.
69. LESSA, Orígenes, *O edifício fantasma,* Nova Fronteira, Rio de Janeiro, 1984.
70. LINS, Osman, *O fiel e a pedra,* 4ª. edição, Melhoramento, São Paulo, 1974.
71. LISPECTOR, Clarice, *A maçã no escuro,* 7ª edição, Nova Fronteira, Rio de Janeiro, 1982.
72. LOTZ, Werner, *Apenas um curumim e Rio Liberdade,* Círculo do Livro, São Paulo, s/d.
73. LUFT, Lya, *As parceiras*, 4ª. Edição, Nova Fronteira, Rio de Janeiro, 1980.
74. LUFT, Lya, *O quarto fechado*, Nova Fronteira, Rio de Janeiro, 1984.
75. MACHADO, Anibal, *Et alii, Brandão, entre o mar e o amor,* Record, Rio de Janeiro, 1985.
76. MEDINA, Sinval, *Memorial de Santa Cruz,* Mercado Aberto, Porto Alegre, 1983.
77. MEIRELES, Cecília, O grupo Fernando Pessoa, *in,* MEIRELES, Cecília, *Escolha seu sonho,* 12ª edição, Record, Rio de Janeiro, s/d.
78. MEIRELES, Cecília, Mundo engraçado, *in,* MEIRELES, Cecília, *Escolha seu sonho,* op. cit..
79. MONTEIRO, Benedicto, *O minossauro,* Nova Cultura, Rio de Janeiro, 1975.
80. MONTEIRO, Benedicto, *Aquele um,* Marco Zero e PLG, 1985.

81. MOOG, Viana, *Um rio imita o Reno,* 3ª. edição, José Olympio, Rio de Janeiro, 1987.
82. NASCIMENTO, Esdras do, *Solidão em família,* Círculo do Livro, São Paulo, s/d.
83. NASCIMENTO, Esdras, *O ventre da baleia,* Nórdica, Rio de Janeiro, 1980.
84. NASCIMENTO, Esdras, *As surpresas da paixão,* Nórdica, Rio de Janeiro, 1986.
85. NASSAR, Raduan, *Lavoura Arcaica,* 3ª. edição, Companhia das Letras, São Paulo, 1989.
86. NETO, Euclides, *Machombongo,* Cacau Letras, Itabuna, 1986.
87. OLINTO, Antônio, *A casa da Água,* Círculo do livro, s/d.
88. PIÑON, Nélida, *A doce canção de Caetana,* Guanabara, Rio de Janeiro, 1987.
89. QUEIROZ, Dinah Silveira de, *Floradas na serra,* 23ª. edição, José Olympio, Rio de Janeiro, 1984.
90. QUEIROZ, Raquel de, *O galo de ouro,* 2ª. edição, José Olympio, Rio de Janeiro, 1986.
91. QUINTANA, Mário, O parceiro desconhecido, *in,* QUINTANA, Mário, *Da preguiça como método de trabalho,* 2ª edição, Globo, Rio de Janeiro, 1987.
92. QUINTANA, Mário, Da imparcialidade, *in,* QUINTANA, Mário, *Da preguiça como método de trabalho,* op. cit..
93. REGO, José Lins do, *Água-mãe,* 10ª. edição, Nova Fronteira, Rio de Janeiro, 1988.
94. Otto Lara, *O Braço direito,* Circulo do Livro, São Paulo, s/d.
95. REY, Marcos, *Café na cama,* Círculo do Livro, São Paulo.
96. RIBEIRO, Darcy, *O Mulo,* Círculo do livro, São Paulo, 1981.
97. RIBEIRO, Edgard Telles, *O criado mudo,* 1ª. edição, Brasiliense, São Paulo, 1991.*
98. ROSA, João Guimarães, *Grande Sertão: Veredas,* 21ª. edição, Nova Fronteira, Rio de Janeiro, 1986.
99. RUAS, Tabajara, *A região submersa: o detetive particular Cid Espigão em luta mortal contra os Quatro cavaleiros do Apocalipse,* L&PM, Porto Alegre, 1981.
100. RUAS, Tabajara, *O fascínio,* Record, Rio de Janeiro, 1997.
101. SABINO, Fernando, O escritório, *in, A mulher do vizinho,* 11ª edição, Record, Rio de Janeiro, 1981.

102. SALES, Herberto, *O fruto do vosso ventre,* 3ª. edição, José Olympio, Rio de Janeiro, 1984.

103. SANT'ANNA, Sérgio, *Simulacros,* Círculo do Livro, São Paulo, s/d.

104. SANT'ANNA, Sérgio, *Amazona,* Nova Fronteira, Rio de Janeiro, 1986.

105. SANT'ANNA, Sérgio, *A senhorita Simpson,* Companhia das Letras, São Paulo, 1989.

106. SCLAIR, Moacyr, *A estranha nação de Rafael Mendes,* Círculo do Livro, São Paulo, 1983.

107. SCLAIR, Moacyr, *A Festa no Castelo,* L&PM Editores, Porto Alegre, 1982.

108. SCLAIR, Moacyr, Em cima do Muro, *in,* SCLAIR, Moacyr, *A massagista japonesa,* LPM, Porto Alegre, 1984.

109. STEEN, Edda Van, *Corações Mordidos,* Círculo do Livro, São Paulo, s/d.

110. SUASSUNA, Ariano Vilar, *Romance d'A Pedra do Reino e o Príncipe do sangue do Vai-e-volta: romance armorial- popular brasileiro,* 4ª. edição, José Olympo, Rio de Janeiro, 1976.

111. TREVISAN, Dalton, *234 ministórias,* Record, Rio de Janeiro, 1997.

112. TORRES, Antônio, *Balada da infância perdida*, Nova Fronteira, Rio de Janeiro, 1986.

113. VASCONCELOS, José Mauro de, *Longe da terra,* 5ª. edição, Melhoramentos, São Paulo, 1969.

114. VASCONCELOS, José Mauro de, *Arara vermelha,* 12ª. edição, Melhoramentos, 1977.

115. VERÍSSIMO, Luís Fernando, Outra do analista de Bagé, *in Outras do analista de Bagé,* 44ª edição, LPM, Porto Alegre,1982.

116. VERISSIMO, Luis Fernando, Versões, *in Outras do analista de Bagé*, op cit.

117. VERISSIMO, Luis Fernando, *O jardim do diabo,* LPM, Porto Alegre, 1987. (b)

118. VILELA, Luiz, *Graça,* Estação da Liberdade, São Paulo, 1989.

12a. ASSIS, Machado de, *Esaú e Jacó,* Círculo do Livro, São Paulo, SD.

Bibliografia científica

1. ANDERSEN, Tom, *El equipo reflexivo, Diálogos y diálogos sobre los diálogos,* 1ª edição, Editorial Gedisa, Barcelona, 1994. [Original inglês, Norton, 1991.]
2. ANDOLFI, Maurizio, *Terapia familiar,* Paidos, Buenos Aires, 1985. [Original italiano, Astrolabio, 1977.]
3. ANDOLFI, Maurizio, *A linguagem do encontro terapêutico,* Artes Médicas, Porto Alegre, 1996. [Original italiano, Accademia de Psicoterapia della Famiglia, 1994.]
4. ANDOLFI, M., ANGELO C., Le thérapeute comme metteur en scène du drame familiale, *in* ACKERMANS, Alain, ANDOLFI, Maurizio, (Org.), *La création du système thérapeutique, l'école de thérapie familiale de Rome*, ESF, Paris, 1987. [Original italiano, SD.]
5. ANDOLFI, Maurizio, ANGELO Claudio, *Tempo e mito em psicoterapia familiar,* Artes Médicas, Porto Alegre, 1989. [Original italiano, Editore Boringhieri, 1987.]
6. ANDOLFI, M., ANGELO C., MENGHI, P., NICOLÒ-CORIGLIANO, A.M., *Detrás de la máscara familiar,* Amorrortu editores, Buenos Aires, 1985. [Original italiano, 1982.]
7. ANDOLFI, M., MENGHI, P., NICOLÒ-CORIGLIANO, A.M., SACCU, C., L'intervention dans les systèmes rigides: modèle d'intervention dans la famille avec um patient schizophrène, *in* ACKERMANS, Alain, ANDOLFI, Maurizio, (Org.), *La création du système thérapeutique, l'école de thérapie familiale de Rome*, ESF, Paris, 1987. [Original italiano, SD.]
8. ANDOLFI, M., MENGHI, Paolo, La supervision provocatrice, *in* ACKERMANS, Alain, ANDOLFI, Maurizio, (Org.), *La création du système thérapeutique, l'école de thérapie familiale de Rome*, ESF, Paris, 1987. [Original italiano, SD.]
9. ANGELO, Claudio, L'Emploi de l''objet métaphorique en thérapie familiale, *in* ACKERMANS, Alain, ANDOLFI, Maurizio, (Org.), *La création du système thérapeutique, l'école de thérapie familiale de Rome*, ESF, Paris, 1987. [Original italiano, SD.]
10. BANDLER, Richar, GRINDER, John, *Sapos em príncipes*, Summus, São Paulo, 192. [Original inglês, Real People Press, 1979.]
11. BENOIT, Jean-Claude, Comunicação pessoal.

12. BERGMAN, Joel S., *Pescando barracudas, Pragmática de la terapia sistémica breve,* 1ª. edición, Paidos, Buenos Aires, 1986. [Original inglês, WW. Norton, 1985.]
13. BLOCH, Dondald, LAPERRIÈRE, Kitty, Techniques de thérapie familiale: un cadre conceptuel, *in* BLOCH, Dondald, (Sous la direction de), *Techniques de base en thérapie familiale,* Jean Pierre Delarge, Paris,1976. [V.O.]
14. BOSCOLO, L., CECCHIN, G., HOFFMAN, L., PENN, P., *A terapia familiar sistêmica de Milão, Conversações sobre teoria e prática,* Artes Médicas, Porto Alegre, 1993. [Original inglês, Basic Books, Inc., SD.]
15. BURDEN, Virginia, *O processo da intuição, Uma psicologia da criatividade,* 9ª. edição, Editora Pensamento, São Paulo, 1993.
16. CAILLÉ, Philippe, *Um e um são três, O casal se auto-revela,* Summus Editorial, São Paulo, 1994. [V.O.]
17. DECI, Edwuard, & FLASTE, Richard, *Porque fazemos o que fazemos, entendendo a automotivação,* Negócio, São Paulo, 1998. [Original inglês, 1995.]
18. DEVEREUX, Georges, *De L'Angoisse a la méthode, dans les sciences du comportement,* Flamarion, Paris, 1980. [V.O.]
19. DEVEREUX, Georges, *Essais d'ethnopsychiatrie générale,* 13ª édition, Gallimard, Paris, 1977. [V.O.]
20. ELKAÏM, Mony, *Si tu m'aimes ne m'aimes pas, Approche systémique et psychothérapie,* Éditions du Seuil, Paris, 1989. [V.O.]
21. ERICKSON, Milton H., *L'hypnose thérapeutique, Quatre conferences,* Les éditions ESF, Paris, 1986. [Original Irwington Publishers, 1983.]
22. ERICKSON, Milton, H., HERSHMAN, Seymour, SECTER, Irving, *Hipnose Médica e Odontológica, Aplicações práticas,* Editorial Psy, 1994. [Original inglês, Brunner/Mazel Inc.]
23. ERICKSON, M.H., ROSSI, E.L., *O homem de fevereiro,* Editorial Psy, Campinas, São Paulo,1994. [Original inglês, Brunner/Maziel, 1989.]
24. FULWEILER, Charles F., La tierra de nadie, *in* HALEY, Jay, HOFFMAN, Lyn, *Técnicas de terapia familiar,* Amorrortu, Buenos Aires, 1976. [Original inglês, Basic Books, 1967.]
25. GLASERFELD, Ernest von, Itroducción al constructivismo radical, *in* WATZLAWICK, Paul (Comp.) *La realidad inventada, cómo sabemos lo que creemos saber?* Gedisa, Barcelona, 1990. [Original alemão, München, 1981.]

26. HALEY, Jay, *Psicoterapia familiar, Um enfoque centrado no problema,* Interlivros, Belo Horizonte, 1979. [Original inglês, Jossey-Bass, Inc.,1976.]
27. HALEY, Jay, *Tácticas de poder de Jesucristo, y outros ensayos,* Editorial Tiempo Contemporáneo, Buenos Aires,1972. [Original inglês, Grossman Publishers, 1969.]
28. JACKSON, Don D., El eterno triángulo, *in* HALEY, Jay, HOFFMAN, Lyn, *Técnicas de terapia familiar*, Amorrortu, Buenos Aires, 1976. [Original inglês, Basic Books, 1967.]
29. KEENEY, Bradford P., *Estética del cambio,* 1ª. edición, Paidos, Buenos Aires, 1987. [Original inglês, Guilford Press, 1983.]
30. KEROUAK, Michel, La métaphore thérapeutique et ses contes, études ericksoniennes, MKR Éditions, Québec, 1996. [V.O.]
31. MADANES, Cloé, *A família além do espelho, Avanços na prática da psicoterapia estratégica,* Editorial Psy, Campinas, São Paulo, s/d.. [Original inglês, Jossey-Bass, 1984.]
32. MADANES, Cloé, *Terapia familiar estratégica,* Amorrortu Editores, Buenos Aires, 1984. [Original inglês, 1982.]
33. MALAREWICZ, Jaques-Antoine, *La stratégie en thérapie, ou l'hipnose sans hypnose de Milton H. Erickson*, ESF, Paris, 1988. [V.O.]
34. MALAREWICZ, Jaques-Antoione, *Cours d'hypnose clinique, Études éricksoniennes*, ESF, Paris, 1990. [V.O.]
35. MALAREWICZ, Jaques-Antoine, GODIN, Jean, *Milton H. Erickson, de l'hypnose clinique à la psychotérapie stratégique*, 2ª Edition, ESF, Paris, 1986. [V.O.]
36. MATURANA R, Humberto, *Biologia de la congnición y epistemología,* Ediciones Universidad de La Frontera, Temuco, Chile, 1990. [V.O.]
37. MATURANA R., Humberto, *El sentido de lo humano,* 3ª. edición, Hachette, Santiago, 1992. [V.O.]
38. MATURANA R., Humberto, O que se observa depende do observador, *in* THOMPSON, W. Irwing, (Org.), *Gaia, uma teoria do conhecimento*, Editora Gaia, São Paulo, 1990. [Original inglês, The Lindsfarme Association, 1987.]
39. MATURANA R., Humberto, Comunicação pessoal, SD.
40. MINUCHIN, Salvador, *Famílias, funcionamento & tratamento,* Artes Médicas, Porto Alegre, 1982. [Original inglês, Harvard, 1980.]

41. MINUCHIN, Salvador, *Calidoscopio familiar, Imágenes de violencia y curación,* 1ª. edición, Paidos, Buenos Aires, 1985. [Original inglês, Harvard, 1984.]
42. MINUCHIN, Salvador, FISHMAN, H. Ch., *Técnicas de Terapia Familiar,* 1ª. edición castellana, Paidos, 1984. [Original inglês, Harvard, 1981.]
43. MINUCHIN, Salvador, *A cura da família, Histórias de esperança e renovação contadas pela terapia familiar,* Artes Médicas, Porto Alegre, 1995. [Original inglês, 1993.]
44. MOLINA-LOZA, Carlos Arturo, Rapaz, cê tá com um encosto em você" ou "O verme mais medonho do mundo": Um exemplo de terapia familiar intercultural, *Psicologia: teoria e pesquisa*, vol. 4 Nº 2, maio-agosto 1988.
45. MOLINA-LOZA, Carlos Arturo, Sistemas culturais e culturas familiares, Temas sobre desenvolvimento, ano I, No 3, nov-dez, 1991.
46. MOLINA-LOZA, Carlos Arturo, Encosto, susto, *in* MIERMONT Jaques, *Dicionário de terapias familiares, teoria e prática, Artes Médicas, Porto Alegre, 1994.*
47. MOLINA-LOZA, Carlos Arturo, Etnopsicologia, etnopsicanálise, etnopsiquiatria, in MIERMONT, Jaques, *Dicionário de Terapias familiares*, Artes Médicas, Porto Alegre, 1994.
48. MOLINA-LOZA, Carlos Arturo, Rapaz, cê tá com um encosto em você" (II parte), O mundo não acabou e as coisas ainda melhoraram! Entrevista de seguimento de uma terapia familiar intercultural) *Família *, temas de terapia familiar e ciências sociais,* Ano 6, Vol. 1, Nº 6, 1994.
49. MOLINA-LOZA, Carlos Arturo, *Destino familiar, desatino terapêutico. Experiências si-cibernéticas em terapia familiar sistêmica breve, ArteSa, Belo Horizonte, 1996.*
50. MOLINA-LOZA, Carlos Arturo, Prologômenos para o estudo do fracasso em terapia, Manuscrito inédito.
51. MOLINA-LOZA, Carlos Arturo, ***História*** pessoal, história ***pessoal*** e história personalizada, Manuscrito inédito.
52. MOLINA-LOZA, Carlos Arturo, G. CALIXTO, M. de Lourdes, F. DE OLIVEIRA, M. Nazaré, O drama de "Canudos": À escola não vou!, Terapia familiar no Lagamar, uma favela de Fortaleza, *Estudos de Psicologia,* Vol. 4, Nº1, 1987.
53. MOLINA-LOZA, Carlos Arturo, G. CALIXTO, M. de Lourdes, V. VITORIANO, M. Auxiliadora, Louco ou mal educado? Uma questão de

pontuação, *Família *, temas de terapia familiar e ciências sociais,* Ano 2, Vol. 2, Nº 1, 1987.

54. MORIN, Edgard, *O homem e a morte,* Imago, Rio de Janeiro, 1997.
55. NATHAN, Tobie, L"influence qui guérit, Odile Jacob, Paris, 1994. [V.O.]
56. NEIL, John R., KNISKERN, David P., *Da psique ao sistema, a evolução da terapia de Carl Whitaker,* Artes Médicas, Porto Alegre, 1990. [Original inglês, Guilford Press.]
57. NICOLÒ-CORIGLIANO, Anna Maria, L'emploi de la métaphore en thérapie familiale, *in* ACKERMANS, Alain, ANDOLFI, Maurizio, (Org.), *La création du système thérapeutique, l'école de thérapie familiale de Rome*, ESF, Paris, 1987. [Origina italiano, SD.]
58. O'HANLON, William Hudson, *Raízes profundas, Fundamentos da terapia e da hipnose de Milton Erickson*, Editorial Psy II, Campinas, 1994. [Original inglês, 1989.]
59. O'HANLON, William Hudson, DAVIS, Michele Weiner, *Em busca de soluções, Novos rumos em psicoterapia*, Editorial Psy II, Campinas, 1994. . [Original inglês, 1989.]
60. PAPP, Peggy, *O processo de mudança, Uma abordagem prática à terapia sistêmica da família,* Artes Médicas, Buenos Aires, 1992. [Original inglês, Guilford Press, SD.]
61. PONTES, Eunice, (org.), *A metáfora,* Editora da Unicamp, Campinas, 1990. [V.O.]
62. PEARLS, Firtz, *Escarafunchando Fritz, dentro e fora da lata de lixo,* 2ª edição, Summus, São Paulo, 1979. [Original inglês, Real People Press, 1969.]
63. REIK, Theodor, *Écouter avec la troisième oreille, l"expérience intérieure d"un psychanaliste*, EPI, Paris, 1976. [Original inglês, 1948.]
64. REY, Yveline, CAILLÉ, Philippe, *Il était une fois, Du drame familial au conte systémique,* Les Éditions ESF, Paris, 1988. [V.O.]
65. ROGERS, Carl, Tornar-se pessoa, Martins Fontes, São Paulo, 1985. [Original inglês, 1961.]
66. ROGERS, Carl, Sobre o poder pessoal, 2ª edição, Martins Fontes, São Paulo, 1986. [Original inglês, 1977.]
67. ROSEN, Sidney, *Mi voz irá contigo, Los cuentos didácticos de Milton H. Erickson,* 1ª. edición, Paidos, Buenos Aires, 1986. [Original inglês, W,W, Norton, SD.]

68. ROSSI, Ernest Lawrence, *Os sonhos e o desenvolvimento da personalidade,* 2ª edição, Summus, São Paulo, 1982. [Original inglês, Pergamon Press Inc., 1972.]
69. SALOMÉ, Jacques, *Contes à guérir, contes à grandir*, Albin Michel, Paris, 1993. [V.O.]
70. SELVINI-PALAZZOLI, Mara, BOSCOLO Luigi, CECCHIN, Gianfranco, PRATA, Giuliana, *Paradoxe et contre-paradoxe, Um nouveau mode thérapeutique face aux familles, A transaction schizophréniqiue,* 3ª. édition, Les éditions ESF, Paris, 1980. [Original italiano, Feltrinelli, 1975.]
71. SELVINI-PALAZZOLI, Mara, PRATA, Giuliana, Les embuches de la thérapie familiale, *in* REY, Iveline, CAILLÉ, Phillipe, *La thérapie familiale telle quelle... de la théorie à la pratique,* ESF, Paris, 1983. [V.O.]
72. SHAZER, Steve de, *Claves para la solución en terapia breve,* 1ª. edición, Paidos, Buenos Aires, 1986. [Norton & Co., 1985.]
73. STENGERS, Isabel, *Quem tem medo da ciência? Ciência e poderes*, Siciliano, São Paulo, 1990. [Original, Colégio Internacional Estudos Filosóficso Disciplinares, 1989.]
74. STIERLIN, Helm, RÜCKER-EMBDEN, Ingeborg, WETZEL, Norbert, WIRSCHING, Michael, *Terapia de Familia, La primeira entrevista,* Gedisa, Barcelona, s/d. [Original alemão, 1979.]
75. THOMPSON, W, Irwin, *in* THOMPSON, W. Irwing, (Org.), *Gaia, uma teoria do conhecimento*, Editora Gaia, São Paulo, 1990. [Original inglês, The Lindsfarme Association, 1987.]
76. WATZLAWICK, Paul, *El lenguage del cambio,* Herder, Barcelona, 1980. [Original alemão, Verlag Hans Huber, 1977.]
77. WATZLAWICK, Paul, De l'indicatif au langage performatif, *in* REY, Iveline, CAILLÉ, Phillipe, *La thérapie familiale telle quelle... de la théorie à la pratique,* ESF, Paris, 1983. [V.O.]
78. WATZLAWICK, Paul, BEAVIN, H.J., JACKSON, D.D., *Pragmática da comunicação humana,* Cultrix, São Paulo, s/d. [Original inglês, W.W. Norton & Co., 1967.]
79. WEIL, Pierre, TOMPAKOV, Roland, *O corpo fala, a linguagem silenciosa da comunicação não verbal*, 14ª edição, Vozes, Petrópolis, 1983. [V.O.]
80. WEISS, Brian, Muitas vidas, muitos mestres, 23ª edição, Salamandra, Rio de Janeiro, 1991. [Original inglês, 1988.]

81. WIHTAKER, Carl, La expansión de los límites, *in* HALEY, Jay, HOFFMAN, Lyn, *Técnicas de terapia familiar*, Amorrortu, Buenos Aires, 1976. [Original inglês, Basic Books, 1962.]
82. WIHTAKER, Carl, BUMBERRY, W.M., *Dançando com a família*, Artes Médicas, Porto Alegre, 1990. [Original inglês, Brunner / Mazel, 1985.]
83. WIHTAKER, Carl, *Meditaciones nocturnas de un terapeuta familiar*, Paidos, Buenos Aires, 1992.
84. ZEIG, Jeffrey K., Vivenciando Erickson, *Uma apresentação da pessoa humana e do trabalho de Milton H. Erickson*, Editorial Psy II, SD. [Original inglês, Brunner/Mazel, 1985.]
85. ZEIG, Jeffrey K., *Seminários didáticos de Milton H. Erickson, Hipnose, metáforas e comunicação em psicoterapia*, Editorial Psy II, Campinas, 1995. [Original inglês, Milton H.E. Fondantion, 1980.]
86.

IV

A crise do sistema... social

“Tienes que abrir puerta a puerta,
tienes que obedecerme,
tienes que abrir
los ojos para que busques en ellos,
tienes que ver cómo ando
con pasos pesados
por todos los caminos
que, ciegos me esperaban.”

Pablo Neruda
La pregunta
Antología fundamental

Vamos sair do consultório?

Entramos na fase final. Agora gostaria de convidar-te para que, de início, saiamos do consultório. Vamos arejar a cabeça. Porque, se realmente queres ter uma visão sistêmica, será preciso que amplies os teus horizontes e descubras o prazer de compreender a família —seus processos de crescimento, suas crises— em um contexto mais amplo: o contexto social, cultural, político. Para realizarmos esse passeio, vamos ter que pedir emprestadas as lentes do sociólogo, do antropólogo, do filósofo. (Não te preocupes, depois do passeio voltaremos para o consultório. Ainda temos muitas coisas a revisar.)

Como já te dizia anteriormente, nos últimos anos a noção de família mudou radicalmente. Uma das maiores dificuldades que enfrentamos poderia ser resumida em um fato aparentemente simples: se há alguns anos os pais dividiam apenas com os professores da escola dos filhos a primazia do saber, da sabedoria, nos dias de hoje, pais e professores deixaram de ser as principais fontes de informação (e por que não o dizer, de formação, também). Nossas crianças e adolescentes têm, na atualidade, uma relação mais direta e próxima com a televisão do que com qualquer ser humano tangível. É através dela que estão chegando as influencias mais fortes da sua vida.

Não se trata, é claro, de criticar o veículo em si. A questão tem de ser vista a partir de dois ângulos diferentes: por um lado, temos os administradores da sua produção (cujo principal propósito, como bem sabes, é o lucro. Para eles, realmente não interessa se sua atividade profissional produz um verdadeiro lixo, que leva a uma grave devastação humana: eles querem saber de índices de audiência, porque isso significa mais anunciantes e, por conseguinte, mais e mais lucro). Por outro lado, temos aqueles que administram o consumo, isto é, o tempo das crianças. Antigamente era aos pais que cabia essa incumbência. Hoje são as próprias crianças que ***decidem***, por si mesmas, quais serão as suas atividades (assistir à televisão, por exemplo).

"Cenário sombrio: a televisão, depois de assegurar sua posição de principal veículo de lazer e informação, torna-se o único meio de comunicação de massa, mantido por cretinos e/ou aproveitadores sinistros, que produzem uma gratificação espúria e emocionalmente deletéria para um público passivo e apático, facilmente manipulável por demagogos; todas as pessoas, de todas as classes sociais *(os ricos usando telas imensas, do tamanho das telas dos antigos cinemas, que não existem mais, viraram farmácias, agências de banco)* vêem televisão durante a maior parte do tempo, uma médias de doze horas por dia —muitos deixam a televisão ligada até para dormir." (22) **[45]**

De certa forma, estaríamos falando de um quase novo membro da família. E essa família "ampliada" vive em um contexto acelerado que determina inúmeras mudanças.

A civilização da aceleração

Estamos vivendo uma crise cultural de proporções gigantescas. Nos últimos cem anos, houve uma aceleração das mudanças que só pode ser comparada às transformações acumuladas durante toda a história da humanidade. **{8, 35}**

"Nem sempre nosso povo foi assim como você o conheceu. E há outros índios que vivem como viveram nossos antepassados: livres e felizes. Você nasceu e viveu quando o branco caraíba já havia invadido a mata.

Por isso não sabe. Vai ter que aprender tudo de novo, porque o índio que havia dentro de você está morto. Vai ter que aprender até mesmo a escutar sua voz, quando todos os outros índios já nascem escutando a voz de dentro da gente."(26) **[61]**

Nossa civilização, com sua cultura, transformou nossas vidas em um reino de instabilidades. Da mesma forma que aumentam os recursos e as possibilidades, a cada dia que passa, aumentam as incertezas.

"—Tudo hoje é incerto, a gente vive na incerteza de tudo; arte, política, moral, costumes, a gente não pode mais ter certeza de nada. Você sente isso? É horrível. Isso acaba com a gente. No fim dá uma espécie de paralisia: sem saber o que fazer, a gente acaba ficando parado e não fazendo nada." (56) **[115]**

Uma sociedade "dirigida" por...

Os dirigentes (políticos e econômicos) da nossa sociedade, conduzem o mundo de acordo com seu estrito interesse pessoal. A sociedade em que vivemos está se tornando a sobra do que eles deixam em pé.

"...marca de Caim gravada no peito e na fronte, oh tu, grande armamentista que sem cessar fabricas e constróis armas mortíferas, balas, bombas, gazes, baionetas, a bomba nuclear, a bomba H, a bomba 2, e facas e punhais. Oh tu fabricante de armas, oh tu que queimas e desmatas a vegetação da terra pura para que ela se torne cinzenta, da cor do carvão, sem cessar para que se termine o verde da terra, oh tu que deitas nos rios e no mar a degradação dos teus lixos químicos, oh tu que constróis usinas nucleares, oh tu que matas seres vivos e depois os come, oh tu que roubas atrás das caixas registradoras a cada centavo que o pobre dá em troca dos gêneros que compra, oh tu que vendes artigos, oh comerciantes, oh tu que emporcalhas as telas das televisões com tua publicidade venal, boçal e venenosa, que empesteia os lares e a mente passiva dos pobres de espírito, oh tu que enches as cidades com teus cartazes e teus slogans corrosivos e pútridos, oh político que enganas, que enganas sempre, eternamente, até a última fibra da medula de tua alma, oh palacianos que vivem no fundo dos teus palácios luxuosos de olhos fechados para os

pobres que miseriam a vida nas latas de lixo da existência, oh tu que traficas com drogas que leva os jovens à dissolução do corpo e da alma com teus filtros mortais, oh tu que incendeias as lavouras dos índios, donos antigos desta Terra, oh tu que os envenenas com tua civilização aporcalhada e vergonhosa." (19) **[32]**

A destruição do meio

O avanço da civilização tem provocado a destruição do nosso meio ambiente. A atitude do homem (baseada no interesse pelo lucro maior e imediato) leva-o a ver nesse meio ambiente uma fonte de exploração constante.

"Começou quando pajé viu os grandes rolos pretos de fumaça queimando o mato. Ele falou assim: é o caraíba chegando, também aqui, derruba, queima o mato, destrói, os bichos todos fogem, e os filhos dos filhos terão apenas terra seca e nua." (46) **[61]**

A terra é vista e usada como um reles meio de propriedade e de consumo. Provoca-se uma devastação que pode ser definitiva.

"Os bichos, os bichos sempre existem no começo, o senhor não acha? Aqui, eu sei, são os homens... Homens que fazem os desertos. Tomara o senhor veja onde os homens passam. Eles parêsque não querem a terra pra viver. Se quisessem, respeitavam as plantas, as caças, as flores e as aves. Até os peixes eles vão buscar em baixo d'água. O homem aqui entra na natureza com raiva, para destruir tudo o que alcança." (140) **[67]**

Trata-se de um crime, só que de um crime que além de ser cometido na mais santa impunidade, conta com a passiva cumplicidade da maioria da população. Pagam-se as conseqüências pela destruição do meio (o que não poderia deixar de afetar as pessoas que nele habitam), sem que haja aparecido uma forma de evitá-la.

"Só de derruba, derruba de árvores, o senhor pensa. Três hectares por dia, o que o senhor acha? Três hectares. Mandei fazer as contas de quanto é três hectares e fiquei sabendo que três hectares são doze tarefas. Doze tarefas. O senhor sabe, doze tarefas dá pra plantar muito mi-

lho, muita mandioca: dá pra muitos sacos de arroz e de feijão. Pois só as notícias de tamanhas proezas: derruba com a máquina na mão mais de mil árvores. Castanheiro, andirobeira, cedro, piquiazeiro, mogno, os gigantes da mata. Árvores que se leva dias pra se derrubar com o braço, e com muitos homens, ele corta tudo só com uma máquina. Tudo numa hora, num minuto, olhe que isto é uma desnatureza, o senhor não acha? Um crime contra a vida dos mais terríveis.

Acho que é muito pior, mas muito pior que roubar, que matar e ser subversivo. Não pense que sou contra ele, esse filho do meu compadre Franquelino. Não, Deus me livre! O rapaz talvez seja o mais inocente de toda essa malvadeza. Acho que os que manda são piores. E acho que o pai, o meu compadre Franquelino, conforme eu já lhe disse, é que é o maior culpado do filho que pôs no mundo. Ele que deu o mau exemplo. O senhor se alembra quando lhe contei que ele se sujeitou a regar mata-pasto e manhurana naquele jardim de palacete? Pois já naquela época, esse meu compadre já estava cultivando a traição no sangue, que o filho ia cometer contra a natureza.” (191) **[68]**

A destruição não se limita ao meio ambiente. Mataram-se (e matam-se ainda) populações inteiras. Os métodos variam, mas o resultado persiste.

“Viemos embora e eu disse a Casé que não mexesse muito com os índios: se via que era gente arredia mas mansa. Deixasse ficar, eles seriam os negros do Catalão, quando ele viesse povoar aquelas campinas com seu gado.

O compadre é que não gostou da idéia. Eu fui acabando de contar que o fazendão dele era tão bom que até índio tinha e ele esbravejou: Qual nada, seu Filó, isso é uma desgraça. Índio onde bota o pé, a terra é dele. Temos é que acabar, calados com essa raça! Vi logo que não tinha mesmo outro jeito. Só se conseguiria legalizar a posse daquelas terras se não houvesse nem notícia de que lá moravam índios.

Quem se encarregou do serviço foi a besta do Casé. Serviço maior do que ele, se via. A alma era dele; a mão também era: dele a culpa. Casé foi quem conversou, planejou e acertou tudo com Catalão. Empreitada de morte. O pecado será também dele, não meu. De volta Casé escolheu os homens que bem quis, combinou a paga e saiu em caravana. Levou dois bornais de farinha com rapadura: um bom, outro com arsê-

nico. Saíram bem armados no rumo dos índios que outra vez acharam lá o ranchão deles.

Chegaram, apearam, desceram um bornal, comeram, e deram pros índios, que também comeram. Era do bom. Quando trouxeram o bornal ruim, os índios desconfiaram de alguma coisa. Adivinharam. O certo e que nenhum quis comer. Aqueles homens tiveram que pegar os índios à viva força pra meter a paçoca na boca deles. Envenenaram assim uns poucos que estrebucharam e os outros apavorados, começaram a fugir. Aí, os homens de Casé com ele, a pé e a cavalo, perseguiram até acabar com a indiada na faca e no tiro.” (264 e 265) **[86]**

Mas essa não é uma história antiga. Somos testemunhas (inertes) de uma destruição quotidiana.

“Os caras estão aí, botando verdadeiros venenos na comida, estão acabando com a natureza —você sabia que ornitorrinco não existe mais, Guedali? Pois não existe. Vi uma fotografia do último exemplar: era um bicho interessante, com bico de pato e mamas. Mamas, rapaz! Quer dizer, uma coisa completamente diferente. Agora me diz, Guedali, só porque uma criatura é diferente, ela não tem o direito de existir? Que direito têm esses caras de liquidar as baleias?

Outra coisa que a gente tem que pensar é no feminismo.

Pô, Guedali, as mulheres são metade da humanidade e estão aí sofrendo horrores. Isto tem de acabar, Guedali, é uma barbaridade. Não é só competir com os homens, não; também não é o caso de queimar sutiãs. É o orgasmo das mulheres. E vocês, homens têm de colaborar, vocês não podem se omitir nesta questão importante. Vocês têm se comportado como garanhões —Guedali, você é gaúcho, sabe do que estou falando. É aquela coisa de vir a galopes, dar uma trepada e sair de novo correndo pelo campo. Não dá, Guedali. Convenhamos. Não dá.” (221, 222) **[98]**

Os movimentos de protesto e de preservação demonstram que nem tudo está perdido e que a mudança é possível.

“—Senhor Presidente, senhor secretário, meus amigos da floresta. Ouvi as queixas de todos os bichos e acho que são muito justas. Precisamos, realmente, acabar com a caça profissional e com o contrabando de peles

e animais silvestres. Precisamos proibir a fabricação de espanadores com as penas de nossa amiga ema, coitada! Precisamos lutar pela despoluição dos rios, dos ares e dos campos. Precisamos lutar contra tudo que está errado e acho que temos condições de fazê-lo. Contudo, senhor Presidente, receio que muitos de nós estejamos condenados a desaparecer, como espécie, dentro de uns poucos anos, se não forem tomadas providências visando a urgente regularização do uso dos defensivos agrícolas altamente tóxicos e dos outros remédios que, procurando combater uma espécie nociva, acabam matando todos nós. (158, 159) **[83]**

Uma devastação definitiva

Poucos anos atrás, vivíamos na incerteza a respeito da continuidade da nossa espécie (e de todas as espécies). Pairava sobre nossas cabeças a ameaça do aniquilamento nuclear. Uns quantos dirigentes desvairados, donos de um poder incomensurável, brincavam com a ameaça da guerra nuclear. Ainda não nos desfizemos das suas bombas nem da sua prepotência. O perigo apenas dorme.

"—Homem é fogo! —exclamou a onça. —Mata por matar. E quanto mais civilizado, mata mais e melhor. Veja a senhora que os índios usam arco e flecha, os caboclos têm winchester 44 e os doutores já utilizam explosivos magnun, nitro-express, balas dum-dum, um negócio terrível! Perdi minha irmã com um tiro de 357 magnun no peito, que foi uma coisa horrível! Fez um buraco de todo tamanho e jogou a coitada longe!

—A senhora está falando dos caçadores, mas a gente sempre tem esperança nos governos, que dirigem os homens...

—São piores, amiga anta. Muito piores do que os caçadores, que, de uma ou de outra forma, correm riscos. Os governos inventam coisas medonhas, como as bombas atômicas, e agora as bombas de neutrons, que têm uma potência de vinte e um trilhões de *watts* na hora da explosão.

—Nem consigo imaginar o que sejam vinte e m trilhões de *watts*.

—É mais do que toda a energia elétrica produzida por um país como os Estado Unidos. Aliás, o mundo civilizado gasta, por minuto, um milhão de dólares em armamentos...

—Por minuto? —assustou-se a anta.

—Um milhão de dólares por minuto. Não é brincadeira não." (44) [83]

A explosão demográfica

Nos últimos quinze anos, a informática e o computador entraram na nossas vidas, acelerando-as ainda mais. Quanto mais o tempo acelera, menos tempo temos. Aceleramos em busca de satisfações que nunca nos satisfazem. Perdemos em qualidade de vida. Acelerou-se, também, o ritmo de crescimento da população.

"Não demorou muito e o computador já começou a expelir os formulários, com as respostas pedidas pelo papagaio, que se encantou com a sua condição de louro cibernético:

—O Computador é um débil mental que pensa à velocidade da luz —explicou o louro para a platéia atenta. Foi o que li, outro dia, num jornal. Vejamos, portanto, o que ele nos diz. Olhem aqui! O nosso planeta precisou de dois a cinco milhões de anos para chegar ao seu primeiro bilhão de habitantes, o que ocorreu em 1800. Para o segundo bilhão, foram necessários cento e trinta anos apenas. E vocês sabem quantos anos foram necessários para o terceiro bilhão?

Não, ninguém sabia. E o presidente pediu ao louro que informasse ao auditório:

—Trinta anos, minha gente. Vejam bem que loucura: um bilhão até 1800, dois bilhões até 1930, três bilhões até 1960, quatro bilhões até 1975 e a ONU não tem dúvidas de que seremos cinco bilhões em 1987 e que ultrapassaremos a barreira dos seis bilhões em 1998, antes mesmo do final deste século!

—O negócio é inacreditável —disse o Tamanduá-bandeira.

—E vocês esperem aí, que tem mais! —emendou o bicho-preguiça, enquanto o louro continuava lendo o formulário do computador:

—Nascem, no mundo, 146 pessoas por minuto, 8.790 por ora, 210.959 por dia e 77 milhões de pessoas por ano! Será que ninguém que é impossível arranjar escola, comida, casa e saúde para 77 milhões de pessoas, entra ano, sai ano? A cada três anos, o mundo cresce, aliás, o mundo não, porque ele fica do mesmo tamanho, a população do mundo é que cresce tanto quanto a atual população de um país enorme, como os

Estado Unidos: são 223 milhões de pessoas para vestir, alimentar e abrigar, a cada três anos. E o pior é o que vem por aí, quando seremos oito bilhões de almas no 2040." (144, 145) **[83]**

Poucos muito ricos, muitos muito pobres

Nesse contexto, o mundo foi ficando cada vez mais polarizado: em um extremo o minúsculo grupo dos muito poderosos e muito ricos; no oposto, a imensa maioria dos muito pobres. Nas condições de miséria em que vivem, dificilmente podem ter acesso ou mesmo consciência de seus direitos e da existência de outras possibilidades.

"Tudo bem considerado, o provedor decidiu suspender a permissão de visitas, até nova ordem. Nova ordem não veio, nem virá. No entanto, ninguém reclamou. Gente humilde se resigna a tudo, como a uma fatalidade. Não protesta. Está sempre conformada, haja o que houver."(87) **[84]**

Essa pobreza gera condições de "vida" (e vida, no caso, só pode ir entre aspas, porque de vida só tem o nome!), nas quais o ser humano dificilmente tem condições de desenvolver suas potencialidades.

O trabalho com famílias pobres obrigar-te-á a rever todas tuas idéias, tuas convicções pessoais, tuas crenças sobre o que é uma família. **{26, 27, 28, 29, 30, 33, 33, 34}**

"Os meninos me irritam. Nenhum deles é dotado para os estudos. Pertencem a famílias miseráveis, são filhos de pais doentes, alcoólatras, ou desconhecidos —como é o caso do Quintiliano, gerado por zureta como era a Barbinha. Órfãos desde cedo, não podem ser tidos como meninos normais. É duro dizer, mas a verdade é que a pobreza embrutece. São feios, tortos, enfezados, as cabeças pontudas. Chegam às vezes a ter defeitos físicos, como o Alípio, que derreteu uma orelha dentro de um tacho fervendo em que se fazia sabão. Tinha então três anos, o infeliz. O Caetano, magrelo como um pau de virar tripa, caiu, em pequeno, dentro de uma fossa. Só por milagre não morreu afogado em dejetos humanos. Foi salvo por um vizinho, que heroicamente não hesitou em se atirar naquela imundície para salvar uma vida. Nunca teve recompensa e há de

ver que o próprio Caetano, que saiu seriamente ferido do acidente repulsivo, nem sabe o nome de seu salvador." (72) **[84]**

A família do submundo do quarto mundo

Quando falamos de ciclo vital da família, estamos sempre pensando na família de classe média: nascimento do primeiro filho, chegada do segundo, uma doença, etc. Imaginas como fica uma família, na qual seu ciclo "vital" inclui a morte de vários filhos e a sobrevivência (daqueles que estão condenados apenas a *sobreviver*) de muitos outros (às vezes filhos de pais diferentes)?

"Oitenta e três mil menores de um ano *(vinte e sete por cento do total dos óbitos)* morrerão de diarréia. Pneumonia, gripe e bronquite responderão por quinze por cento dos óbitos infantis *(46 mil)* e as doenças infecciosas e parasitárias, como o sarampo e a coqueluche, serão responsáveis por quinze mil mortes.

Dos três milhões e novecentos mil nascimentos previstos para este ano, um milhão e duzentos ocorrerão no Nordeste, onde haverá 157 mil óbitos infantis *(51% do total no país)*. De um milhão e cem mil óbitos que deverão ocorrer no Brasil, quatrocentos e sessenta mil (39%) acontecerão no Nordeste, sendo as causas pré-natais responsáveis por quarenta e três mil mortes, as diarréias por sessenta e um mil, as doenças respiratórias por dezoito mil, as infecciosas e parasitárias por doze mil e a desnutrição por sete mil." (49) **[73]**

Imagino que poderás estar pensando que isso deveria chamar-se ***"ciclo mortal da família"***. Infelizmente tens razão. Estamos assistindo, passivamente, a um massacre permanente que deixa profundas cicatrizes em todos os membros da sociedade. Muita gente nem percebe?, é verdade, mas nem por isso deixa de ser menos afetada pela situação.

"Doenças contraídas no período que vai das vinte e oito primeiras semanas antes da gestação até os vinte e oito primeiros dias de vida causarão 35% dos óbitos infantis, totalizando cento e sete mil casos, neles incluindo-se o crescimento fetal retardado, pré-maturidade, má nutrição fetal, asfixia ao nascer e tétano neonatal.

'De vinte em vinte minutos morre uma criança de diarréia no Brasil' —afirmou ontem o pediatra Ulysses Fagundes Neto, de São Paulo, no 1º. Congresso Nacional de Ensino de Pediatria, que termina amanhã no Rio Sheraton Hotel." (48) **[73]**

Isso poderia chamar-se de ***planejamento familiar último-mundista...***

"Dos três milhões e novecentos mil brasileiros que nascerão este ano, cerca de oito por cento —308 mil— provavelmente morrerão antes de completar um ano de vida. A subnutrição será a causa do início do processo que levará à morte em pelo menos sessenta por centos dos casos."(48) **[73]**

Mas a crise não é uma exclusividade das classes mais desfavorecidas. O desconforto com o ritmo imposto pela sociedade, afeta profundamente também àqueles que estão situados no outro extremo.

"Viana acorda irritado. **Está chovendo, não poderá jogar tênis. E esse é um dos seus raros prazeres em Brasília. Tudo mais chateia. Há cinco anos morando na cidade, ainda não sabe se a detesta ou adora. Já se cansou de dar aula na universidade. Odeia o ambiente. Os professores só pensam em carreira e promoção, freqüentam-se demais, oferecem e aceitam jantares, são cordiais quando se encontram, mas estão sempre fazendo política e falando mal uns dos outros. As conversas se repetem —incrível—, a falta de imaginação, de caráter."** (09) **[73]**

Crise de confiança política

Talvez o eixo da questão, o seu núcleo mais grave, esteja localizado em uma profunda crise política. As pessoas estão aprendendo a nutrir uma desconfiança visceral nos dirigentes políticos (de todos os níveis e categorias). É um pouco como se não já não fosse possível ter confiar em ninguém.

"—Tá certo, tá certo. Eu não manjo muito de política, acho a política uma boa palhaçada, mas se descubro que meu país é governado por um boneco como você acha que eu não vou dar importância?" (216) **[92]**

A atividade política caiu em descrédito inimaginável. As pessoas passaram a ver o político como um produto (quem pode pagar o melhor publicitário é vendido como melhor produto... "vote em um iogurte"!) E, como todo produto que se preze... o político passou a ter um preço.

"—Porque não entramos na política —o homem revirou os olhos, esperando uma reação de Lázaro, que não veio.

—É, ainda não vendemos nessa área. Hoje, em toda parte do mundo, os candidatos políticos, de vereador a presidente, são 'mercadorias'. As campanhas políticas passaram a ser um autêntico trabalho de promoção de vendas. Compreendeu?

—Sim, senhor. Quer dizer que um candidato político é 'empacotado' como uma mercadoria à venda?

—Isso mesmo, Lázaro. Você é inteligente, percebeu logo. Um cargo de senador, por exemplo, é apenas 'um produto' a vender. Hoje, homens de publicidade já estão entrando para os setores diretivos dos partidos políticos. Esta é a grande revolução da propaganda moderna. E sabe quem é que faz todo esse milagre? Artistas. Sim, gente que nasceu para escrever grandes romances, pintar grandes quadros, mas preferiu, como eu, ganhar dinheiro. Muitos invejosos poderiam dizer que não somos mais artistas, mas estávamos mais integrados na nossa época do que se estivéssemos escrevendo poemas ou esculpindo estátuas. Como disse um publicitário, estamos na crista de nossos tempos." (32, 33) **[23]**

As diferenças de concepção que são utilizadas para considerar os diversos setores da sociedade (privilégios para uns, opressão para os outros), acabam minando a confiança na própria sociedade. Os desfavorecidos partem para o tudo ou nada, o salve-se quem puder.

"—Decerto, não. A burrice é firme e os leva a viver, apesar de tudo. Eu não compreendo, acrescentou depois de uma pausa, que um homem — um animal dotado de senso crítico, capaz de colher analogias— levante-se as quatro horas da madrugada, para vir trabalhar no Arsenal da Marinha, enquanto o ministro dorme até as onze, e ainda por cima vem de carro ou automóvel. Eu não compreendo, continuou, que haja quem se resigne a viver desse modo e organizar famílias dentro de uma sociedade, cujos dirigentes não admitem, para esses lares humildes os mes-

mos princípios diretos com que mantêm os deles luxuosos, em Botafogo ou na Tijuca." (101) **[17]**

Quando as pessoas têm um certo conforto, conseguem alienar-se e fugir da realidade. Mas, a partir do momento que decidem enxergar um pouco mais fundo... têm uma sensação de desânimo e de desespero.

"Estrada liberada, o Ganhador em estado de depressão. Pensando neste país paralelo e desconhecido. Negado. Só se percebe a casca do Brasil, sem ver o que há por dentro do tronco. Comido de cupim, apodrecendo. Cuidando para não cair, imaginou que ia curtir viajar no elefante, está uma chatice, bicho mais infernal. Fica jogando a trompa para trás, querendo empurrar o Ganhador. Brincadeira?" (293) **[22]**

Nas cidades, que se transformam a um ritmo alucinante, essa desconfiança passa a ser quase generalizada. A velha confiança no vizinho (aquele bom vizinho a quem podia se recorrer em caso de necessidade, incluso para pedir a tradicional xícara com açúcar...), deu lugar a uma distância desconfiada. Os bairros, com suas casas desapareceram, permitindo o surgimento dos grandes prédios de apartamentos, cada vez mais fechados e anônimos.

"Há tempos, fui entrevistado por uma jovem jornalista que queria saber minha opinião sobre um 'Baixo Bom Fim'.

Surpresa: eu não sabia da existência de um Alto Bom Fim, muito menos da de um Baixo. Ela então me explicou que o Baixo Bom Fim era uma parte do bairro que estava na mira da polícia por causa do tráfico de drogas, etc. Nova surpresa: drogas?

O Bom Fim em que me criei era um bairro de casinhas humildes, onde se jogava futebol no meio da rua e onde, à noite, as famílias se reuniam para contar histórias da Europa. Mas esse, claro, era o Bom Fim de minha infância, que não tardou a desaparecer. Na esteira da febre imobiliária que varreu a cidade no período que se seguiu a Segunda Guerra, as pitorescas casinhas foram sendo derrubadas, dando lugar a prédios de apartamentos: primeiro, modestos edifícios de quatro pavimentos, sem elevador, e logo grandes construções, com apartamentos de espaçossos livings de tábuas corridas *(onde as vizinhas podiam se deslumbrar com as dezenas de quadros pendurados nas paredes),* com playgrounds *(para as crianças brincarem a salvo dos perigos da rua)* e

com porteiros eletrônicos: a voz de Deus intimidando um possível intruso. A estes edifícios correspondiam, no centro da cidade, os prédios de concreto e vidro fumê.” (90) **[99]**

O ser anônimo

O crescimento descontrolado da população tem transformado o que antigamente era um indivíduo em um ser anônimo (transformado pelas estatísticas em algo desprezível). Desde muito cedo a criança já é obrigada a fazer parte de multidões. Nas salas de aula de hoje, cada uma com mais de quarenta alunos, torna-se quase impossível a manifestação da individualidade.

“—Mas o que eu acho —disse o jacarezinho— é que o senhor deve apresentar soluções e é isso que eu pergunto: quais são as soluções?

—Se os homens tivessem juízo, as soluções seriam muito simples — explicou o bicho-preguiça. Mas para isso é necessário que eles deixem de ter filhos como doido, dentro do quadro de loucura demográfica que existe por aí.

—Que é isso? —quis saber a capivara.

—É o crescimento alucinado da população humana aqui na Terra —explicou a onça pintada.

—E a senhora queria população humana em que lugar? Na lua? — perguntou o bicho-preguiça.

—Talvez eu não tenha expressado bem —disse a onça. —Mas eu só estava querendo advertir o auditório para a loucura demográfica que os homens estão cometendo. Não tenho os números de cabeça, mas sei que são assustadores. Acredito que o nosso louro, que é muito culto, possa dizer-nos qual é a situação demográfica da terra neste momento.

—Realmente *Panthera* onça, os números são de causar arrepios. Não os tenho retidos na memória, mas creio que podemos consultar o computador, que o nosso amigo macaco-aranha trouxe para este auditório.” (143, 144) **[83]**

Há uma busca desenfreada do lucro. Nossa economia vive buscando índices de produção, de consumo, sem importar-se com as conseqüências que essa atividade possa ter no meio ambiente. Estamos participando de uma corrida pela destruição dos nossos recursos naturais.

"—O pulmão verde do mundo! —gritou o jacarezinho.

—Pela ordem, Sr. Presidente! —gritou o bicho-preguiça.

—Parece que o nosso Bradipodídeo deseja manifestar-se —disse o presidente. Dona onça está com a palavra compete a ela conceder, ou não, o aparte pedido.

A onça fez o sinal com a cabeça concordando com o aparte do bicho-preguiça, que já estava com um microfone diante do focinho, pronto para intervir nos debates:

—Esse negócio de pulmão do mundo, a que se referiu ali o filhote de jacaré, Senhor Presidente, é uma asneira que não pode passar sem reparo neste nosso congresso de bichos, porque somos animais, mas não somos ignorantes. Nossa floresta, Senhor Presidente, não é o pulmão do mundo, nem o pulmão de coisa alguma, como querem alguns imbecis, dos muitos que existem na espécie humana. Uma floresta tropical em clímax, senhor. Presidente, não libera qualquer saldo de oxigênio, porque, ao respirar, as árvores engolem oxigênio e exalam gás carbônico...

—E de onde vem o oxigênio que respiramos? —perguntou o jacarezinho, muito ofendido por ter sido comparado aos imbecis que chamam nossa floresta de pulmão do mundo.

—Vem das algas marinhas e de qualquer planta verde —explicou o bicho-preguiça. Mas é preciso notar que uma plantação de soja e os capins dos pastos têm um saldo muito maior do oxigênio do que uma floresta em clímax, onde não existe saldo. Se você tivesse estudado o fenômeno da fotossíntese no colégio não insistiria nessa besteira de pulmão do mundo. De qualquer maneira, essa é um asneira que nos convém, porque atrasa a derrubada das matas, onde vivemos.. Mas vocês precisam estar lembrados de que, se as árvores fossem necessárias para alguém respirar, não existiriam bichos, nem homens nos pólos, na Groelândia, na Islândia e numa porção de lugares onde não existem árvores..." (141) **[83]**

Despeja-se no meio ambiente, sem critério algum, todo tipo de detritos e poluentes provocando uma contaminação ambiental que a cada dia ameaça mais a nossa sobrevivência.

"—Desejo sim, Senhor Presidente. Quero me referir a um problema que nos preocupa muitíssimo: o problema da poluição dos rios. Nós, que vivemos nas margens dos rios, temos acompanhado com espanto e horror

o processo de poluição dos nossos cursos de água, prejudicando diretamente milhares de espécies de animais que vivem no rio ou do rio, como é o caso dos peixes, dos jacarés, do martim-pescador, dos sócios, de uma porção de nós. Sugiro que se ouçam a opinião dos peixes.

—Sugestão anotada. Tem a palavra o peixe-boi —disse o presidente.

—Senhor Presidente, minhas senhoras e meus senhores: creio não ser novidade para nenhum dos presente, a não ser, talvez, para o nosso amigo bugio-capelão, que nós, os peixes-bois, somos mamíferos aquáticos, assim como os botos, as baleias e os golfinhos. Por isso, sofremos na carne o enorme problema da poluição dos nossos rios e mares, pelo despejo das fábricas, pela utilização de detergentes, pelo lançamento dos esgotos não tratados, que são altamente poluente, por uma porção de crimes que são cometidos diariamente.” (134) **[83]**

A mulher na sociedade

A situação da mulher mudou radicalmente em um lapso muito curto. Da situação em que era submetida a uma protetora opressão, passou a outra em que é despejada no mercado de trabalho, para o qual nem sempre foi bem preparada.

“É dolorosamente difícil para uma mulher decidir-se a partir sozinha pelo mundo: é preciso vencer as dificuldades que a vida lhe cria, vencer o medo, quebrar a resistência que ela mesma se impõe —uma resistência irracional, um temor ilógico e absurdo reconhecia.” (237) **[36]**

A sociedade exige que a mulher conquiste o mundo externo e continue a responder pelo mundo interno (doméstico). As pressões sobre ela são incontáveis.

“A moça que quisesse usar a sua liberdade, fugir a submissão absurda que nem era submissão ao amor, devia ser tão contrariada, tão torturada pelos outros como por seus próprios instintos, por sua própria consciência, que precisava ser muito forte para não enlouquecer.

Para forçar o caminho, era necessário violentar-se, vencer não só a consciência, mas as razões absurdas do inconsciente, sofrer angústias irracionais. Antes dela havia séculos de crença." (210) **[36]**

A crise de valores

Os valores segundo os quais foram criados aqueles que hoje são pais são questionados e ignorados.

"Com natureza de gente ninguém pode. Não é de agora nem de ontem que as coisa acontecem. Sempre foi assim. Mas hoje em dia é pior: os filhos não respeitam pai, as moças andam soltas, escrito novilhas no pasto atrás do outro. Alvoroçadas. Que nada, senhor. Antigamente dava no mesmo. As mulheres é que eram mais sonsas. Desde que o mundo é mundo é assim. O povo tem um dizer: —Ah! procura moça pra casar feito perdigueiro de caça: pela raça. Mãe direita dá filha direita. É que em Beira Rio tiraram o cabresto dos diabos soltando tudo de uma vez. Fim de mundo." (119) **[76]**

A desvalorização da vida

A vida está sendo desvalorizada. A imprensa informa-nos, todos os dias, de mortes e mais mortes (de preferência violentas). Temos que assistir, indiferentes, a esse desfile macabro. Sabes, outro dia estava vendo um joginho de vídeo game e, para minha surpresa, descobri que as crianças jogam com vidas. Com freqüência, os jogos consistem no enfrentamento de uma série de riscos. Para manter a possibilidade de continuar, o jogador deve preservar suas "vidas" e quando "perde" toda sua "quota" de vidas o jogo acaba (game over). Nunca os ouviste dizer: "perdi uma vida!", ou "ainda me resta uma vida"? Nosso país está sendo varrido por uma poderosa onda de banalização da vida.

"Tenho para mim que nesse país é muito pouco o valor que se dá à vida humana, diferença existindo, pra isso de morrer, entre mosca e homem, é um tantinho assim de tão pequena, um quase nada. Muita gente pesteada, inflamada, baleada, caída de andaime, furada de faca, soterrada em vala de construção, amassada em capotamentos, atropelada em ruas e

estradas e até finada de fome, morreu no meu ombro, soltou aqui, ó, o último suspiro. Nunca vi lugar pra se morrer de morte besta como esse tal de Brasil. Dá até nojo." (10) **[64]**

Da mesma forma que, nos pequenos grupos, no nível macro da sociedade, também se criam e produzem candidatos a bode expiatório que justificariam as nossas dificuldades.

"Voltou o estafeta, conforme as instruções recebidas, trazendo as encomendas, mais a carta branca do patrão para que eu procedesse a devassa e descobrisse, com a máxima urgência, a quem cabia a culpa pelos tantos e tamanhos prejuízos que a produção vinha sofrendo naquela tão rendosa área.

Rapidamente tive na mão o primeiro suspeito, um Toin de Tal, chegado aquelas paragens pouco tempo antes ou na mesma época das aparições e definido pelos vizinhos como homem de hábitos estranhos e muito fora dos normais, como, por exemplo, não temer andar na floresta á noite, sozinho, iluminado apenas por um pequeno candeeiro, para aumentar o resultado do trabalho, praticamente não dormindo nenhuma hora por dia, nenhum dia da semana, e que desde sua chegada era o homem que mais resultado obtivera na tarefa da seringa, comprando pouco ou quase nada e encontrando tempo, além de trabalhar mais do que os outros, para prover o próprio sustento e o dos filhos com recursos naturais da região

Obteve, assim, o milagre de ganhar dinheiro e ter saldo, e portanto liberdade, na dura faina do seringal.

Mandei chamá-lo e, indaga daqui, indaga dali, descobri que ele mais os filhos rapazotes trabucavam com determinação de fazer inveja, e que tinham vindo à borracha com o firme propósito de enricar. Da tartaruga giganta só tinham ouvido falar por dizeres alheios, inclusive de vizinhos próximos, mas na região dele não prosperava nem sombra do citado fenômeno.

E foi exatamente esse o primeiro ponto a me parecer suspeito: se a bicha aparecera em todo o vizindário, por que poupara justamente a ele?

Surpreendi-me também com a desbravura do velho, e as explicações que deu para as artimanhas empregadas na caça e na pesca, sempre tendo-as em abundância, que o fazia, com os filhos, alegres e bem nutri-

dos, ao contrário dos demais caboclos, que se queixavam da insuficiência e má qualidade da alimentação, e da escassez de tempo para cuidarem do auto-abastecimento, em tudo dependendo dos fornecimentos do barracão, o que tornava a vida muito serva e o trabalho sem lucratividade.

Imaginei-me que só uma forte ligação com o Danado permitiria ao velho feiticeiro e à prole levar o gênero de via que exibiam e ostentavam.

Além disso, vi nos olhos dele, antes que tivesse dito uma só palavra, que se tratava da pessoa procurada.” (122) **[64]**

Algumas famílias vivem em condições tais, que lembram sinistros filmes de ficção científica: um meio ambiente totalmente destruído e degradado. Não se pode deixar de pensar que, se os subsistemas trocam informação com o sistema maior do qual fazem parte (e que as mudanças em uma parte do sistema afetam aso outras partes), a deterioração do meio produz um efeito catastrófico nas famílias que nele habitam.

“Era bem possível que cedo os bangalôs e chalés expulsassem aquelas casas de uma porta e uma janela, casas de taipa, cobertas de palha. Oh! Deus! E quando se é despejado da Alvorada, em que rua se pode morar? Cemitério, talvez!

Para aumentar o ar de miséria havia um rio fedorento, tortuoso em seu curso, cortando todos os fundos da ala direita da rua. Nele as pessoas jogavam fezes, lixo, ratos e gatos mortos.

E pensar que, anos idos, aquele fora um rio decente, nem grande, nem pequeno; um rio de respeito, em cujas margens o gado pastava tranqüilamente; peixes navegavam em suas correntezas, as suas águas refletindo o sol e a lua. Hoje, coberto pelas sombras das carrapateiras, o rio era refúgio da escuridão, de mosquitos, cobras e lagartixas.

E se um dia o rio voltasse e dragasse todos? Levasse todos de cambulhado até o mar?

Seria bem feito.

Ananias se imaginava o próprio rio, devorando as pessoas que por anos seguidos tinham empanturrado suas entranhas com as mais incríveis sujeiras.” (31) **[41]**

A crise da educação

Como te lembrava anteriormente, nossa sociedade divide com pessoas muito especiais a educação dos filhos: os professores. Essas pessoas são tão especiais e tão próximas das crianças que elas, inclusive, as chamam de tias e tios. (Isso talvez seja uma reminiscência da época em que a educação era realizada no interior da família e era uma obra quase exclusiva de pais e tios.) Mas, o que se poderia esperar de um país que relega àqueles que formam, educam e cuidam dos seus filhos a um papel de marginais? Ou achas que os professores não são marginalizados? Pergunta-lhes quando ganham...

"Certamente o senhor pensa que eu ganho um grande salário. Não ganho não. Ganho salário de fome. Todo professor ganha salário de fome. Todo professor no Brasil é um faminto.

Eu tive alguns alunos que hoje são químicos em São Paulo e ganham dez vezes o que eu ganho aqui.

O senhor ouviu? Dez vezes! O senhor já pensou nisso seu...

Como é o seu nome? Pois é! Ganham dez vezes o que eu ganho. Meu sacrifício aqui parece que não vale nada, eu que já estou beirando a aposentadoria, e o senhor me cumprimenta dormindo na minha aula! Espero que isso jamais se repita." (17) **[41]**

E não penses que o fato de uma família não ser vítima direta da miséria, da falta de recursos, significa que ela escapa dos seus efeitos. O fato de se viver em um mundo que nega os principais valores humanos nem sempre nos deixa indiferentes.

"Certo, não ignorava que, sobre outros seres, desabava o infortúnio, destroçando crianças, moços, velhos, como se a vida não passasse do capricho de um Deus insensato, que não soubesse o que andaria a fazer, na sua decrepitude e na sua indiferença. Mas nem por isso poderia deixar de revoltar-se. Antes a morte. Antes o nada." (469) **[69]**

A "vida" nas cidades (sobretudo nas grandes) parece cada vez menos vida. A correria que se deve aprontar para conseguir o mínimo, deixa as pessoas completamente estressadas.

"Numa cidade moderna, tudo tende para o artificial. O Reino da Natureza já não se vê nem em pintura. Árvores, bichos, água, céu, tudo desapareceu: vive-se de neurastenia apenas. O próprio mar, tão freqüentado, é um vasto balneário sem mais nada com Netuno, Ulisses, sereias, navegações..." (105) **[66]**

Família que passa fome unida... sobrevive estraçalhada

E para muitas famílias trata-se realmente de "sobreviver". Certas famílias que te procuram te fazem pensar que o problema que trazem não é de fato abordável através de uma terapia: precisarias ter algo mais para oferecer... trabalho, condições de higiene, educação etc. **{26, 29, 33}**

"Viver mesmo é de quem tem posses, coisa de muita vantagem. Nem pagar conta sequer, paga. A gente é passar um diazinho, fim de mês aperreado, deixar de saldar compromisso, justa com a polícia. Vai chamado pelo delegado, não tem explicação, paga mesmo.

Pessoal arremediado ainda tem desculpa, questão de mais dias, apertura de outros compromissos de mais responsabilidade. Se fica zangado diz que paga se quiser. Começarem a insistir não paga de jeito nenhum, quer ver quem vai obrigar. Tem dinheiro pra gastar na Justiça, advogados, bate no bolso todo parvo, o que vale é isso. Acaba em nada. Não paga porque não quer.

Direito de caboclo é miséria até de cagar, espuma tem vezes. Enrascada em cima de enrascada. É fazer uma rocinha num pedaço de terra qualquer, logo aparece dono. Vem polícia, vem tudo, bota pra fora. Plantação que tem fica pro dono da terra, diz que é da lei. O que tinha de melhoria no eito, perde com tudo. O delegado trata mal, grita, chama de caboclo safado, não tem vergonha, não, invadindo as terras do doutor. Mas se sabia, autorizou a fazer barraca, beneficiar, plantar alguma coisa... sabia nada! Ainda com atrevimento com autoridade, mete no xadrez esse cabra sem-vergonha. Doutra vez aprende a não estragar terreno dos outros. Fica nisso, ninguém a favor. Os parceiros, esses coitados, não tem influência, mesmo que nada. Se calhar quererem ajudar, entram também no pau.

Mas se ninguém nem não estragou coisa alguma, até fez melhoria, plantação na terra...

Tem que ser como eles querem, a polícia diz que é assim.

Por bem dizer, até trabalho de pobre tem defeito, dá prejuízo." (126, 127) **[56]**

A miséria, a fome, mudam nas pessoas a visão do mundo. Certas famílias te farão duvidar de tudo.

"O senhor conhece a fome, doutor?

O olhar da fome alonga a forma das coisas, as mãos e os pés pesam mais e a vontade fica mole, fala pouca, rouca, a língua mais pesada e preguiçosa. O próprio coração mais devagar, bate bem menos. O dom de ouvir fica, porém, muito aumentado, é diferente. E tanto que o senhor acaba ouvindo o que ruge e o que tuge, inventa vozes para o mundo. E empresta um som a tudo, ao chão que a gente pisa, e ao vento que passa, às coisas que pega e mesmo a idéia que se pensa ou que passa. Uma vibração de sino na cabeça, e tudo ressoa como numa igreja; tudo tange." (452) **[15]**

A crise da sociedade tem um reflexo imediato nas pessoas. Não pretendo que os problemas sociais expliquem as dificuldades pessoais. Não é isso. Mas: percebe, assim como dentro da família, a mudança em uma parte do sistema afeta as outras, no nível macro acontece algo semelhante.

"É isso, pô. Eu estou a beira do abismo. Estou me equilibrando na corda bamba e eu sinto que vou cair no abismo a qualquer momento. A minha única esperança é o banqueiro internacional que a cartomante disse que vai me tirar da beira do abismo.

Pô, Franz. Sabe me dizer se o espírito de um país pode baixar numa pessoa? Pois o espírito do Brasil baixou em mim e eu estou na beira do abismo. E eu sinto que posso cair..." (323) **[38]**

A pobreza e a crise social que se impõe às pessoas acabam fazendo com que mesmo as que sejam sadias possam cometer atos insanos.

"Dava, era para inteirar a importância de botar um arroz em casa, que desde o sábado anterior ele com sua velha estavam comendo sem ele.

Dei dois mil e quinhentos, justamente com a metade do que eu tinha no bolso. Sua feição que a idade endureceu, abriu e me comoveu. Sou um sujeito bom de largar de viver. A pobreza me aperreia e me acabrunha em duas frentes: a minha que me faz maldizer a burrice que me acompanhou a vida inteira, e a dos outros que está sempre me afetando, me aborrecendo com umas coisas assim. Dois mil cruzeiros infernizando a existência de um vivente. Não é da gente dar vontade de sair matando?" (44) **[20]**

O desânimo que se apropria das pessoas pode minar sua própria confiança e sua saúde.

"Donde que, com os entretanto, pensei aquela noite as coisas mais tristes, meu senhor. Pensei por exemplo, que o mal do mundo é mesmo sem remédio, sendo bobeira só duns poucos, muito loucos a esperança; que o homem, sendo obra só de fazimento seu, de sua própria lavra, a maioria sempre sai mal feita e inacabada, é construída na preguiça e temperada em safadezas. Que só mesmo uns poucos vão fazer de si coisa que preste. E que assim vai ser, continuar." (443) **[15]**

Acaba-se a confiança. E nosso trabalho só pode existir se houver confiança. Não digamos depois que as pessoas não querem mudar. Talvez não ousem confiar.

"Antigamente eu confiava, senhor sabe? punha fé nas regras; agora já não sei. Acho tudo sempre misturado neste jogo: a lei, a sorte, o azar. Mudou o baralho? Mudou não. Mas é a outra mão que distribui as cartas. E quem será? o senhor não pode... Antanho, em tempo longe e recuado iniciei meu ser na escola da mandinga. Vosmicê se apena, eu si, lhe entendo o dó: mandinga não faz mais doutor, passe não vende, encomenda não resulta. Naquele tempo o Jurambé fazia a lei." (250) **[13]**

Muitas vezes tua angústia atingirá níveis insuspeitáveis ao perceberes que a intervenção mais adequada não seria de tipo relacional e sim alimentício...

"—Sei disto, mas o interessante é que cheguei a esta conclusão num esforço de diagnóstico. Rigorosamente pelos caminhos da medicina. A do-

ença aqui é subnutrição, é fome. Logo, qual a receita? Feijão, comida. E, olhe: estou de tal maneira convencido disto que, se não tomarmos uma previdência, renuncio à clínica neste lugar. Confessarei que não tenho terapêutica nenhuma para o caso. Deixarei o meu lugar para outro." (210) **[13]**

Abre um jornal e lê as notícias... Parece que um cerco está se fechando em torno das pessoas. Parece que há cada vez menos saídas.

"Nos jornais estendidos sobre a calçada, Miguel, passeando olhos vazios, inteirou-se das manchetes: Por meio de vales, o caixa e o contador de uma companhia de aviação deram sumiço a vinte e cinco milhões de cruzeiros da empresa. Decretada a falência de um banco, estando o diretor desaparecido. Três fazendeiros recém-chegados ao Rio foram vítimas, respectivamente, do conto do bilhete premiado, do conto da televisão e do conto da francesa. No norte um sacristão carregou com as alfaias e com o dinheiro do templo. Apareceram libras falsas no mercado. Medicamentos falsificados. Generais de exército armênio envolvidos num caso de suborno. O netinho narcotizou a avó para roubá-la e comprar uma bicicleta americana. Desapareceu a estátua de Vênus, do Museu de Curitiba. O piano de cauda foi furtado no último andar do edifício, com auxílio de guindaste. E uma lancha da Polícia Marítima, das mais velozes, o mimo da repartição, estava sumida havia já um ano... só tinham reparado agora." (102) **[3]**

A crise acaba sendo de confiança, da qual ninguém consegue escapar.

"—De qualquer maneira, este Natal é fogo —voltou a ponderar o Brandão, pois se os ladrões se disfarçam em Papai Noel, que garantia tem a gente diante de um bispo, de um almirante, de um astronauta? Pode ser verdade, pode ser de mentira; acabou-se a confiança no próximo.

De resto, é isso mesmo que o jornal recomenda: 'Nesta época do Natal, o melhor é desconfiar sempre'. Talvez do próprio Menino Jesus, que, na sua inocência cerâmica, se for de tamanho natural, poderá esconder não sei que mecanismo pérfido, pronto a subtrair tua carteira ou teu anel, na hora em que te curvares sobre o presépio para beijar o divino infante." (86, 87) **[2]**

A família como sintoma

A situação de certas famílias não nos permite sequer tentar descobrir qual é a função de um sintoma... Ela própria parece ser o sintoma de uma sociedade injusta.

"O dia vai alto, pra mais de meio-dia. O sol rasgou das nuvens piscadela apenas. Mais ou menos isso. Deu pra calcular. Vence o espaço correndo ao vazio da noite. Não há nada, o pior é voltar com as mãos abanando. Sentindo amargo na boca, dor no estômago, na consumição de ajeitar o de comer. Hoje nem café por desgraça.

Pena mesmo é dos filhos, o mais assim jitinho sugando o peito da mulher, descaído, seco. Ela se acabando, cada dia mais desvanecida, as carnes sumindo.

Beiju de farinha dias e dias, chá de cipó-de-cravo, uma coisinha ou outra vasqueira.

Vida desinfeliz essa de pobre, devia ter estômago mais encolhido que rico. Se tem menos. Uma desgraça.

Menino, era passar fome um dia, outro, vinha no pensar a cor de sangue, isso porque digo que é miséria." (19) **[56]**

A sexualidade na cultura machista

Se falamos de aspectos culturais das dificuldades do casal, temos que dedicar um espaço aparte para a questão da concepção machista das relações interpessoais. Até bem pouco tempo atrás —e, dizendo isso, talvez esteja sendo otimista, porque em muitos sentidos ainda continua sendo assim— aquilo que, no território sexual, era tido como vantagem para os homens, considerava-se vergonhoso para as mulheres. O papel do homem era conseguir a realização do ato sexual. Já o da mulher... evitá-lo a qualquer custo.

Isso deixou marcas muito profundas e dolorosas. Como conjugar em uma relação sexual amorosa duas visões tão opostas? Podes imaginar uma relação igualitária, quando o homem, desde o início, vê na mulher um ser inferior, um simples objeto sexual?

"'A maioria dos homens da nossa classe social', eu disse para Gigi, 'inicia a vida sexual comendo putas ou empregadinhas domésticas, meninas importadas do norte ou trazidas das favelas, a maioria mulatinhas que o garoto da casa fode com desprezo'." (107) **[43]**

Essa mesma mulher que, é desprezada passa a ser temida. Uma mulher de verdade (com autonomia, com idéias próprias, independente financeiramente) torna-se, nesse contexto, ameaçadora para o homem

"As mulheres estavam cada vez mais bonitas. E mais poderosas, pois não precisavam ter ereção para amar. Elas podiam ligar no meio. Estava cada vez mais difícil ser homem, naquela época de transição." (33) **[43]**

É como se o fantasma da mãe, a primeira mulher poderosa, estivesse sempre presente, ameaçador.

"...Homem de personalidade, machista, ele juraria que nunca obedecera a nenhuma mulher em toda a sua vida. Mas eu vejo agora que todas as decisões que moldaram o nosso destino foram tomadas por mamãe. Sempre invejei a habilidade que ela tem de influenciar as pessoas, mantendo-se dócil e dando a impressão de que está apenas fazendo o possível para agradar a todo mundo, sem discordar de ninguém." (245) **[73]**

O homem custa a reconhecer que quem manda em casa é a mulher; tenta passar uma imagem diferente.

"—Deixa, Maurício. Eu me entendo com Seu Bento.

Ela é prática e lúcida: a vida como é. Ele vive mais para seus livros, o cigarro e a ficção, que é um outro tipo de lucidez mais terrível. Opunha-se a Seu Bento, mas não sabia opor-se à mulher. É quem manda em casa e toma conta dele próprio. Ele lhe entrega o ordenado no fim do mês, e ela se entende com os credores, paga ao velho a prestação da nova enciclopédia." (115) **[24]**

Muitas vezes a agressividade aberta do homem diante da mulher, é apenas uma tentativa de passar uma impressão de uma força que não possui. **{19}**

"Fiquei como cachorro, que o dono estala os dedos chamando e ele atende submisso, vem chiando, abanando o rabo, mijando aos tiquinhos. Na sua presença não dava o braço a torcer, bancava o machão. Mas não podia mais passar mais que dois dias sem, pelo menos, ouvir sua voz no telefone." (118) **[20]**

Os problemas da vida quotidiana

O fato de se viver em uma civilização como a nossa determina a existência de toda uma série de medos e temores. É bom que ressaltemos algumas das suas manifestações mais importantes.

Medo de arriscar

O imobilismo pode ser produto do medo da derrota. Conheces essas pessoas que deixam de realizar suas tentativas para evitar o fracasso? Vivem no fracasso permanente para não correrem risco de experimentar-lo.

"Muitas vezes, quando tentamos mostrar o bem, mostrar que a vida é generosa, elas rejeitam a idéia como se fosse coisa do demônio. Ninguém gosta pedir muito da vida, porque tem medo da derrota. Mas quem deseja combater o Bom combatente, tem que olhar o mundo como se fosse um tesouro imenso, que está ali esperando para ser descoberto e conquistado." (92) **[30]**

Não ganhar para não perder

E quando se conquista a felicidade? Isso acaba resultando extremamente perigoso: a possibilidade de perdê-la transforma-se em uma ameaça pior que aquele sofrimento ingênuo de quem ainda não conhece a felicidade.

"Sim, realmente, a minha felicidade não tinha limites. Mas uma felicidade, mesmo para o estado em que me encontrava, era uma coisa perigosa. Sentia que eu estava carregando comigo uma bomba de dinamite. Não sei, mas sinto que, por mais que se faça, uma felicidade ameaça qualquer coisa, talvez uma espécie de ordem preestabelecida e grave que reina no outro mundo." (27) **[26]**

Medo da felicidade

Para falar de medo e felicidade terei que fazer, mais uma vez, referência à questão cultural. Como sabes, nossa cultura (também chamada de judaica-cristã), é uma cultura que se baseia no culto da dor e do sofrimento. O sofrimento é dado quase como uma garantia de salvação. A noção de prazer é muito próxima da de pecado. O medo é tão grande que muitas vezes se tem medo de reconhecer o próprio medo. Esse reconhecimento talvez fosse um dos primeiros passos necessários para abrir a possibilidade de uma verdadeira elaboração da questão.

"—Nada, bobinha, também tenho medo. Você pensa que é mau a gente ter medo? Que nada!

—Quando as coisas chegam a este ponto, trabalham melhor os que sentem tanto medo que nem podem tirar o pé do lugar. Tenho medo, sim, mas dou conta do recado. Você verá!" (71) **[33]**

O culto do sacrifício (que é apregoado pelos poderosos e acatado pelos humildes) contribui para promover o sofrimento, bem como essa espécie de paralisia que tanto te assusta quando vês a imobilidade de certas pessoas: sofrem infinitamente e não conseguem tomar a iniciativa de uma mudança.

"...Neste ponto, está enganado, ou não raciocina como cristão. Jesus Cristo, nosso único Mestre, nunca pensou em ganhar. Foi o grande perdedor e nos ensinou que ganhará de faro a vida aquele que souber perdê-la." (115) **[84]**

Algumas pessoas chegam a esforçar-se para mostrar que seu sofrimento é maior que o de todas as outras. Elas tiram seu prestígio, sua vantagem e força, justamente desse sofrimento.

"Na opinião dele, nunca houvera mortal que mais dolorosamente experimentasse a hostilidade do destino. Nem no martirológio cristão, nem nos trágicos gregos, nem no *Livro de Jó* havia sequer um pálido esboço dos seus infortúnios. Vejamos alguns traços patéticos da existência do nosso herói." (04) **[7]**

Mas um momento de felicidade, de plenitude, pode ser mais importante que todo o resto. E será com essa visão que poderás enfrentar os sofredores profissionais.

"O que você deve se perguntar, com a maior sinceridade, é se Kid Monte deu-lhe muitos momentos de alegria, de uma genuína alegria, neste mundo cada vez mais triste. Cheguei a um ponto, minha cara amiga, de julgar que não há preço demasiadamente alto para um único momento de alegria que seja." (154) **[18]**

Como não se pode perder aquilo que não se tem (e como a experiência mais temida por muitas pessoas é a experiência da perda) muita gente prefere nunca ter tido, a vir a ter e, a seguir, perder. Ter felicidade seria muito perigoso.

"'Os felizes se acautelam —berrou, terrível— pois que duvidosa é a felicidade! Sim, meus irmãos: ser feliz é muito perigoso, a fortuna não traz segurança aos olhos de Deus, nem os prazeres. A verdade está em que só a dor constrói para a Eternidade.'" (454) **[14]**

Podes estar pensando que estou dando muita importância a essa questão. Talvez tenhas razão. Mas o fato é que, durante muitos anos, tenho-me confrontado com pessoas que me procuram, praticamente, só para falar da culpa que sentem por terem feito coisas que apenas lhes trouxeram um pouco de felicidade. Penalizam-se por terem tido a coragem de assumir os seus desejos...

"—Um sujeito se confessava, um tipo do bairro de Brotas. Padre, dizia —tenho amado muito; todo dia eu gozo no corpo de minha mulher.

—'E teus filhos?' —perguntou o padre.

—Dou-lhes de tudo, são fortes, vão crescendo na graça de Deus.

—'Trabalhas com tuas mãos?'

—Sim, mas isso também me atormenta: minhas rendas se multiplicam, os clientes retornam sempre, ninguém me finta, o que eu compro dura...

—'Cumpre os mandamentos?'

O sujeito pediu que o padre o declinasse e a cada um foi respondendo com grande seriedade. Sim, cumpria-os todos.

—'Então levanta-te, meu filho. Não precisas temer.'

—Padre, pelo amor de Deus, o senhor há de estar enganado. Não pode, eu sou feliz demais.

O padre recordou-lhe não ser a felicidade um pecado, segundo as leis de Deus, os mandamentos.

—É boa vontade do senhor, todo mundo é bom comigo, mas como pode? Tudo que compõe a felicidade é pagão: o prazer, a fortuna, a saúde.

A discursa prosseguiu, o padre já não sabendo como se safar do estranho desespero desse homem. Depois as vozes se elevaram na nave da igreja. A certa distância mulheres e anciãos interrompiam as preces e entreolhavam-se, cheios de espanto. O sujeito exigia do padre que o castigasse, o bom do abade se negando. O escândalo levou coisa de uma hora. Por fim agarraram-se em luta violenta: o homem feliz de Brotas tinha enlouquecido de medo da própria felicidade." (156) **[13]**

Para alguns, a felicidade chega a funcionar como uma lembrança incômoda, que deve ser suprimida. Essa se transforma em uma lembrança da própria infelicidade, da própria incapacidade de libertação.

"A mãe falava arrumando a mesa. Distribuía antigos pratos de porcelana, os talheres de prata, a toalha de cambraia cobrindo o escuro da jacarandá. Aproximando-se da mesa, Jeremias pensava: 'Ela está feliz, muito feliz, e é impossível suportar a felicidade alheia sem um grande sofrimento.'" (37) **[27]**

Sexo sacrifício...

Nem a sexualidade escapa dessa macabra marca do sacrifício. Muitas pessoas foram educadas segundo uma ótica de deturpação do prazer sexual, reduzido a uma mera luxúria que deveria ser evitada.

"Recomendara-lhe submissão e paciência no transe crucial —a dor física agrava o opróbrio: prepare-se para sofrer, hijita mia...— no qual a mulher renuncia ao que possui de mais valioso aos olhos de Deus, a pureza do corpo, a virgindade.

A posse pelo esposo não está catalogada no rol dos pecados pois o sacramento do matrimônio a santifica mas nem por isso deixa de ser ato cruel e obsceno." (183) **[1]**

Cultivar o sofrimento

A dor cultivada torna a pessoa "alguém" diferente, alguém digno de comiseração, de cuidados especiais. Os grandes sofrimentos podem ser uma forma de impor uma ditadura, a si mesmo e aos outros.

"Renunciei tudo; tinha o espírito atônico. Creio que por então é que começou a desabotoar em mim a hipocondria, essa flor amarela, solitária e mórbida, de um cheiro inebriante e sutil.

'—Que bom que é estar triste e não dizer cousa nenhuma!'

Quando esta palavra de Shakespeare me chamou a atenção, confesso que senti em mim um eco, um eco delicioso. Lembra-me que estava sentado, debaixo de um tamarineiro, com o livro do poeta aberto nas mãos, e o espírito ainda mais cabisbaixo do que a figura, —ou jururu, como dizemos das galinhas tristes. Apertava ao peito a minha dor taciturna, com uma sensação única, uma cousa a que poderia chamar volúpia do aborrecimento. Volúpia do aborrecimento: decora esta expressão, leitor: guarda-a, examina-a, e se não chegares a entendê-la, podes concluir que ignoras um das sensações mais sutis desse mundo e daquele tempo." (59) **[6]**

Medo da terapia

Há um tipo de medo que nos diz respeito muito de perto. É o medo da terapia. Algumas pessoas que foram violentadas sob pretexto de estarem sendo ajudadas, desenvolvem uma reação de medo diante de qualquer pessoa que lhes lembre o sofrimento anterior.

"O tira foi embora sem me dizer quem eram as pessoas que pretendiam me matar. Mas eu sabia. Até então eu pensara que jamais sentiria algo tão horrível quanto a ameaça de voltarem a me prender. Logo depois de fugir do manicômio, nas poucas vezes em que saía do meu esconderijo, eu via em cada pessoa um agente da lei; um inimigo, principalmente se o sujeito fosse barbudo. Eu tinha medo particular dos barbudos, naquela ocasião, achava que eram psiquiatras com poder de dar eletrochoques, delatores, detetives, que iam me prender, oficiais de justiça, promotores públicos prontos a me acusarem ali mesmo no meio da rua. Era uma coisa infernal, um sofrimento que pensei ser o mais intolerável de todos." (309) **[44]**

Mas há muitos outros medos que devem ser levados em consideração e compreendidos, se queres aproximar-te de certas pessoas.

Medo da perda da identidade

Como comentava antes, muitas vezes o medo da mudança (às vezes mesmo se tratando de uma mudança superficial) traduz um outro medo: o da perda da identidade.

"Imagine, deixar de usar minhas espaçosas e livres samba-canção para usar as exíguas e opressoras zorbas... Nunca! Nunca faria isso. E depois, como fazer Graça entender que cueca samba-canção já era parte da minha personalidade, tão parte quanto, por exemplo, meu bigodinho? Não se mudam as coisas assim aos quarenta anos. Imagine, eu com uma calça jeans, uma camisa amarela, um tênis branco, óculos de aro leve de metal..." (73) **[116]**

Recusa da mudança

E a luta para não perder a identidade pode conduzir a uma atitude de recusa pela mudança que, de fato, impedirá inclusive aquelas transformações mínimas que não afetariam a identidade da pessoa.

"Essa evidência me esmorece. O risco das minhas opiniões mudarem, de eu fazer autocríticas e mudarem também os meus sentimentos e minhas concepções do mundo no correr desse tempo todo, é enorme e me desacorçoa. Sucedendo uma desgraça dessas, o que é perfeitamente possível, todo esse esforço que me toma tempo e às vezes me alucina, irá todo por águas abaixo.'" (18) **[20]**

O terapeuta desconfia da mudança

Para se romper uma rotina é preciso que as pessoas percebam, com certa antecedência, que aquilo que vai substituir sua atual rotina não lhes trará conseqüências indesejáveis. Um dos procedimentos possíveis para evitar esse imobilismo seria uma certa inversão da posição: se tu, enquanto terapeuta, assumes a dúvida sobre a oportunidade da mudança, e pedes para ser convencido de que ela não vai provocar problemas maiores do que os já existentes e a resolver. Assim, as famílias se sentirão mais seguras e poderão avançar mais do que imaginas.

"Telefonou a Alberto recomendando o livro com tal entusiasmo que ele disse: 'Meu Deus, mas que livro é este?' Ficou um pouco temerosa, receando a partir daquele dia um caminho muito novo para ela, já acostumada ao chinelo velho de seus medos e certezas antigas. Sentiu-se frágil." (82) **[81]**

Quando não insistes na mudança, "aceitando" a necessidade das pessoas de "não mudar", as coisas podem também acontecer: porque a própria vida é mudança.

"—Eu não acredito que o destino esteja irrevogavelmente traçado. Nós o mudamos, à medida que vivemos. Nosso destino é continuamente melhorado ou piorado por nossos atos. As circunstâncias pesam, tudo o que houve antes pesa também. Ninguém pode fazer milagre. Mas tudo muda sem cessar, tanto faz dentro como fora de nós. Mesmo as palavras que eu estou dizendo neste momento me mudam, me alteram, me transformam num outro. Eu acho, sim, não tenho dúvida. Eu acho que vale a pena." (105) **[73]**

Respeitar as pessoas e seus estranhos problemas

Em algumas ocasiões, o "grande" problema que tira o sono da pessoa que se queixa, pode te surpreender. Não esqueças que cada pessoa tem sua própria maneira de ver o mundo e que, o que para ti pode ser insignificante, para outros pode ser muito grave.

"Pecado meus desses tempos das Cagaitas, alguns decerto peguei. Muitos não serão. Todos esqueci. Exceto um que tenho de morte e hei de contar um dia, quando me der coragem. Lá naqueles anos me lavei de tentações viciosas do Lajedo com a jumentinha aquela.

Pecado que não perdi foi o da punheta. Não tanto como antes, diárias, mas umas duas, três semanais, mais pensadas e gozosas que as de antes. Às vezes acho que mulher de mais querer meu até hoje, foi mesmo essa minha mão. Pecado sei que foi, porque gozoso, culposo e até humilhante." (74) **[86]**

A questão da morte

Como sabes a morte dá sentido à vida e muitas vezes confrontarás com ela no teu trabalho. A morte (ou talvez fosse melhor falar "das mortes"?) costuma ser um dos elementos centrais da demanda. das pessoas. **{2, 15, 36, 53, 61}**

É surpreendente como tantos vivem mal (esquecidos de si mesmos, empurrados por uma mentalidade mesquinha, centrada no competir e no ganhar) e muitas vezes só se sentem liberados para gozar a vida quando ameaçados pela doença ou pela morte. Parece que só aprendem a viver quando confrontados com ela.

"Ela chora naturalmente, pergunta o que ele pretende fazer. Nada, ele diz. Pescar. Sempre gostou de pescar, e é o que fará agora: irá para a praia, passará os dias pescando.

Nem chega a arrumar os caniços. O telefone toca: é o médico, aflito mas alegre. Trocaram os exames no laboratório, ele anuncia, você não tem câncer, é uma simples inflamação.

Uma simples inflamação: o homem deixa-se cair na cadeira, perplexo. Que fará agora? Agora, que mandou o patrão longe, agora que pretendia passar os dias pescando *(se possível, isto ele só pensou, acom-*

***panhado da secretária boa)*? Que fará agora, pensa, aterrorizado, agora que não tem câncer?"** (78) **[100]**

A queixa das pessoas, mesmo quando se trata de questões de saúde física ou mental, dever ser interpretada como uma mensagem, uma forma de dizer algo a alguém.

"'O que foi?'

'Apenas tonteira. É a pseudo-síndrome de Menière. Um sofrimento crônico.' Não era a primeira vez que usava aquela doença como pretexto." (119) **[45]**

Mais sobre a questão da morte

A morte, junto com o amor e a sexualidade, constituem o eixo das preocupações do ser humano. Nosso trabalho nos impõe uma convivência quase quotidiana com essa questão. A morte está presente na vida, estruturando-a. Temos muito a aprender com ela. **{2, 15, 36, 53, 61}**

Talvez a morte que deveríamos primeiro enfrentar fosse a nossa própria. É olhando-a (no fundo dos olhos) que apreendemos a dar valor a nossa própria vida.

"Senta-se na cadeira que Amorim lhe oferece, firma-se no encosto, respira fundo. Sente o coração bater fora de ritmo. Apressado ou lento demais. E se eu tiver um ataque agora? Maria José e os meninos não vão ficar mal. A casa na Asa Norte e a chácara estão hipotecadas, ainda há muitas prestações a serem pagas, mas o seguro de vida cobrirá tudo. Morto, valho mais do que vivo.

Olha os estudantes que entram e saem do bar. Gente sadia, inteligente, rapaziada boa. Se eu morrer agora, vou sentir falta dessa moçada. Será que alguém sentirá falta de mim? Que nada... No enterro haverá choro de Maria José e dos meninos, alguns professores se emocionarão, é possível até que um dos alunos faça discurso de despedida à beira do túmulo.

Imagina o ridículo da situação: o menino dizendo bobagem, um amontoado de lugares-comuns, Maria José chorando alto, quase berrando, Viana e Amorim segurando-a, constrangidos, tentando consolá-

la. Passados os primeiros dias, as primeira semanas, a U-Planalto arranjará outro professor para substituí-lo. Maria José receberá o seguro de vida, pagará as contas mais urgentes e na certa chamarão o irmão para ajudá-la com a papelada da casa e da chácara. Meses depois, ninguém mais se lembrará dele. A não ser no dia do seu aniversário, no começo. E no dia de finados.” (160) **[73]**

O medo de morrer pode ser, no fundo, algo muito pior: medo de viver.

“Agora sei, meu padre; sei bem qual é meu pecado que confesso; meu pecado de pecar a vida inteira é medo, é terror, é pânico, é pavor. Medo de morrer. Medo de viver. Medo de foder. Medo de broxar. Medo de acabar. Medo de homem. Medo de mulher. Medo! Morro de medo, seu padre. Sempre fui um medroso.

Atravessei a vida tremendo de medo. Agora mesmo, o que move minha mão para escrever em confissão, é medo. Medo da morte. Medo da Vida Eterna. Medo de Deus. Medo dos Anjos. Medo do Diabo. Medo medonho que me acorda de noite, suado, agoniado. Medo de dia, pavor de enfrentar os riscos de viver: a tocaia da dor. Medo de noite: assombração de alma penada.” (400) **[86]**

“Essa noite não dormi nada. Nadinha. O senhor já verá por quê. A idéia assomou e tomou conta de meu bestunto, instantânea: se dormir, morro! Cadê dormir?

O sono vinha pesado, me empapuçando as pálpebras areando os olhos; mas o medo me dava forças para resistir. Mesmo não querendo.

Nunca passei por isso antes. Nem quero mais passar, seu padre. Diga quem quiser que é bobagem. Estou cansado de saber o que é. E daí? Medo é medo, sentimento inexplicável. Ânsia feia que vexa um homem depois, mas na hora comanda. E há medo maior do que o medo da Morte?” (311) **[86]**

Algumas pessoas vivem falando da sua morte, um pouco como se quisessem morrer. Sabes, uma intervenção que costuma ter um efeito imediato é pedir-lhes que imaginem como seria o seu enterro, quem choraria mais, quantas flores haveria perto do caixão, quem sentiria mais a sua falta.

"Ah se a gente pudesse ainda ir ficando por aqui ao menos uma semana depois da morte, depois do enterro sair flanando por aí sem ninguém ver, encomprindando uns diazinhos só para observar a cara dos que ficam, espiar como passa este mundo velho sem nós, ora ora fica igualzinho, mas para algum cristão nesta vida eu não vou fazer falta?" (192) **[29]**

Tu sabes, porque insisto nisso. É que não acredito existir alguém que tenha, realmente, desejo de morrer.

"A pele esticada, lustrosa, parecia parafina. Ele não tinha coragem de dizer, mesmo mentindo, quero morrer, quero morrer, pois ninguém quer morrer, as pessoas duram enquanto podem." (32) **[43]**

Matar... o sofrimento

Não creio que se trate de uma reles manipulação (de maneira alguma). Para mim, as pessoas que dizem querer morrer não o querem realmente. Querem é matar. Matar o quê? Matar o seu sofrimento. Viver significa para eles sofrer e agem como se, depois de se matarem, pudessem ver, já livres da dor, aquele invólucro (corpo) que continha o sofrimento (e que quase só servia para isso). Desejo de morte? Não, desejo de libertação.

"E a tristeza que me ataca de noite, esta vontade de me matar vez por outra, coisa especial, mas vem, vem, horas deserdadas em que a Morte me aparece bela e atraente mais que uma mulher, porque vem para dar sossego, não para tirar, vem para acabar com tudo quanto é aporrinhação," (128) **[29]**

Esse morrer do qual falam é, de fato, um descansar da dor, ver-se livre do sofrimento. Fugir para o nada, devido à incapacidade de fazer algo contra a angústia que oprime.

"Depois você raspa o rosto na pintura, procurando ferir-se, machucar o corpo, encontrar numa nova dor que substitua a sua dor. Mas seria necessária uma dor em doses crescentes, que destruísse não só esta dor que agora ocupa a mente, mas que exterminasse a própria mente, esmagasse

o cérebro contra a parede, interrompesse definitivamente o fluxo da consciência, desligasse todos os condutos e válvulas que são a própria vida e suas alegrias e dores.

Encontrar o vazio total e definitivo. O nada refrescante, a ausência, o silêncio, o vácuo. Encontrar nem mesmo ausência, silêncio ou vácuo, pois estes não se refletem num defunto. Um morto é o nada. Nem mesmo o nada, que é uma oposição construída pelos vivos.

Desligar-se, apenas, como se desliga uma tomada. Não dizer, não pensar, nem mesmo deixar de dizer ou pensar. Apenas o zero absoluto, espaços, ausência de espaços, ausência de ausências, rarefações, zero, reticências..." (145) **[96]**

O suicídio libertador

O próprio suicídio pode passar a ser visto como uma alternativa viável. (Não se trata, insisto, do desejo de não viver —no sentido de perder a vida— e sim de não viver ***aquela vida*** e atingir um estádio no qual não se sinta a dor que atormenta.

"A partir daquele dia, Alexandre Viana passara a guardar, na consciência, o segredo de sua eventual libertação. A vida era uma jaula. O próprio universo, com as suas inúmeras galáxias, os seus dias e noites, os sistemas estelares regidos por uma harmonia fundamental, e o peso de sues mitos, era também uma jaula.

Mas, nessa prisão, ora metafísica era visível nas quatro paredes de uma cadeia ou nas ruas tortas de uma cidade, havia um cativo com o poder de evadir-se a qualquer momento. E, desde aquele instante da descoberta, Alexandre Viana passou a admitir o suicídio como uma espécie de saída de emergência.

Periodicamente, a lembrança daquela tarde de sua meninice em que vira o circo ser armado lhe voltava à memória, e com ela a imagem de um animal capaz de evadir-se da jaula, um animal empresário de sua própria morte e adestrado para construir assim a sua eternidade." (38) **[53]**

Muitas vezes, o próprio suicida quer demonstrar com seu ato o desejo de ser lembrado.

"Há entre os suicidas um excelente costume, que é não deixar a vida sem dizer o motivo e as circunstâncias que os armaram contra ela. Os que se vão calados, raramente é por orgulho; na maior parte dos casos ou não têm tempo ou não sabem escrever. Costume excelente em primeiro lugar, é um ato de cortesia, não sendo este mundo um baile, de onde um homem possa esgueirar-se antes do cotilhão; em segundo lugar, a imprensa recolhe e divulga os bilhetes póstumos, e o morto vive ainda um dia ou dois, às vezes uma semana mais." (27) **[9]**

A cultura do vácuo, a cultura do vazio humano pode levar a experimentar, no fim da vida, um vazio existencial: o balanço de uma vida gasta apenas correndo atrás dos três grande ícones da nossa civilização, ou das três quimeras, se preferires: o poder, a hierarquia e a competição. Desejo de morrer? Não; desejo de sair dessa lógica infernal.

"—Não tiveste uma tontura?

—Tive; mas cousa insignificante... O que tenho, de fato, é aborrecimento, é tédio; sofro em me sentir só; sofro em me ver que organizei um pensamento que não se afina com nenhum... Os meus colegas me aborrecem... Os velhos estão ossificados; os moços abacharelados... Pensei que os livros me bastassem, que eu me satisfizesse a mim próprio...

Engano! As noções que acumulei, não as soube empregar nem para minha glória, nem para minha fortuna... Não saíram de mim mesmo... Sou estéril e morro estéril... As palavras me faltam; as idéias não encontram expressões adequadas, para se manifestarem...

Enfim, estou no fim da vida, e só agora sinto o vazio dela, noto a sua falta de objetividade e de utilidade... Meu coração foi sáfaro... Gastei um capital em coisas fúteis... A vida quer outras coisas... Passei quarenta e um anos a girar em torno de mim mesmo, e vivendo horas cercado de imbecis... Calcula que o meu chefe, há dias, organizou um curioso sistema de nomeação para presidente da República; e muito a sério, podes crer." (113) **[17]**

Morte-sonho

A morte, nesses casos, sói ser assimilada a um sono —bastante profundo, óbvio— do qual se sairia, no final, liberado do pesadelo que constitui a vida que se leva.

"Longe, o mesmo picapau lavrando a macaubeira.

O escuro crescendo, crescendo até o limite em que tememos encontrar-nos unicamente conosco. A sombra do sangue dentro do olhar, as imagens do tédio e da infância misturando-se. O desejo de uma inércia em que todos os desalentos se afundassem, todos os vagos ímpetos morressem para sempre.

Seria assim, talvez uma verdadeira experiência da morte, um sono no fundo do rio, o retorno àqueles terrores de menino diante do sono que o assaltava na sombra da rede sem embalo, dos sustos que Mariana lhe dava, dos latidos do cão naquela noite chuvosa em que, no barco do pai, subiu o rio morto, passando por um trapiche abandonado onde *(por que teria suposto?)* devia haver um menino morrendo?" (17) **[57]**

Uma "outra vida"

Em certas circunstâncias de vida infra humana, a "morte" pode ser vista mais como promessa de "outra" vida do que como morte propriamente dita.

"Essa reflexão fazia-o sorrir. Após a morte, a sua vida haveria de ter um sentido, o seu nome sairia do anonimato para ocupar os jornais e as televisões, as rádios e as revistas, suscitaria discussões e análises, interrogações e clamores.

A convicção da posteridade espetacular, que decerto haveria de atravessar séculos, e convertê-lo num mito glosado em livros e filmes, acompanhava-o em suas deambulações pela cidade." (...)

"Diante das cinzas dos heróis tornados irreconhecíveis pela morte, ele meditava sobre o seu próximo destino. Ao contrário dos soldados sem nome —e seu olhar, agora, abarcava todos os jazigos— ele teria esse reconhecimento que é a própria dicção da posteridade.

Além da morte, que findava em si mesma, última estação aberta para a desolação do absoluto, continuaria vivendo na memória dos ho-

mens, inspirando horror e estupefação, ódio e piedade, e talvez uma oculta solidariedade.

A morte não o esconderia. Ele se levantaria vivo da esplanada ensangüentada para impor, para sempre, a sua verdade estarrecida." (76, 77) **[54]**

A solidão das pessoas, em uma cultura de massa que obriga o indivíduo ao anonimato é sentida por muita gente como uma morte antecipada. Não se trata de querer morrer; seria apenas a concretização de algo que já aconteceu há muito tempo.

"—O senhor quer saber? Escute, nem sei, um pensamento tive, me obriguei, e que me fez suportar, foi o único, tentei tudo: reza, mão de amigo, entrego a Deus, nada, eu queria era morrer, me enterrar com ele, não conseguia encarar a idéia de voltar para o quarto desabitado, o quarto onde ele passara os quinze anos, sua morada, a cama vazia, deixar naquele campo de cruzes o meu menino, sem mim, sem mãe fiel, só uma coisa." (31) **[29]**

A angústia é, muitas vezes, o medo do desconhecido, uma dor inespecífica que ameaça a existência da pessoa e que aparenta não acabar nunca.

"—Angústia, seu Afonso, sabe o que é angústia? Em mim dói aqui no braço, deste lado, não é engraçado, quando estou na fossa, com vontade de tomar um bom pileque, ou de acabar, sei lá, sumir no mundo, me dá logo isso, é uma dor queimando, me corre do ombro, desce pelo braço esquerdo." (48) **[29]**

Temos, por outro lado, a morte concreta. A família está em crise porque está passando por uma experiência de perda, de morte.

Uma morte na família

A morte de um dos membros da família abre uma ferida que, para algumas pessoas, pode representar uma chaga que nunca cicatrizará. Enquanto não houver um trabalho de luto bem feito, uma elaboração da perda, poderia dizer-se que, em vez de uma haveria várias outras mortes: às das pessoas que deixam de viver por terem perdido alguém.

"—Sim, Celita, é bem não pensar. Pensar, como eu tenho feito, é um suplício terrível. Terrível, Celita, eu lhe juro. Mas, que enorme alegria há nisso tudo! Como as horas passam quando recordo o teu sorriso! Só você, você unicamente, Celita, me faz vencer a presença da morta...

—Da morta? —fez Cláudia. —E ela ainda o persegue?

—Não, por Deus, não é uma perseguição. É uma presença sempre constante, aparece-me... Oh, como é horrível! Parece-me que a enterraram sem sangue, eu sinto, Celita, eu sinto o sangue da morta no meu corpo! Há momentos em que tudo desaparece, vejo-me solto sobre a terra, e tenho visões miseráveis. Sufoca-me o desejo, devo confessar Celita? O desejo de matar alguém." (151) **[42]**

Uma morte mais "injusta"

A morte de que se fala pode também ser a morte de um membro da família. Gostaria aqui de estabelecer uma diferença: pela ordem natural das coisas, os pais deveriam morrer antes que os filhos. Quando isso acontece durante o período em que as crianças ainda são pequenas, a desorganização ao nível do sistema famíliar é muito grande. Mas, afetivamente, a morte de um filho seria uma dor muito maior para os pais. A morte de um filho é sentida como a pior das injustiças.

"Dois anos, dez meses e doze dias. Treze se se contasse com aquele. Leitão benzeu-se concluindo as suas orações, embora permanecesse ajoelhado, as lágrimas correndo livremente pelo rosto. Didinha, ao vê-lo assim, parou de pular e veio pressurosa abraçá-lo, ao mesmo tempo em que lhe afagava as faces com as mãozinhas rechonchudas:

—Não chola, papai, não chola...

As suas lágrimas deviam-se certamente à emoção de ver a filhinha visitando pela primeira vez o túmulo da mãe que não conhecera.

Enxugados os olhos, levantou-se, e, segurando Didinha pela mão, seguiram os dois a passos lentos por entre sepulturas as mais variadas, atingindo afinal a alameda principal onde se erguiam imponentes mausoléus." (223, 224) **[52]**

Para algumas famílias, a experiência da morte de um filho é uma experiência que se repete. Mas não penses que as pessoas se acostumam; trata-se sempre de uma dor muito grande.

"Naquela teima de sempre, não pegar filho para ver passar fome. Lembra os dois que perdeu, até já grandinhos, os olhos chorando, bota a falar. O leite escasseando no peito, os bichinhos secando, perninhas mirradas igualmente a cipó. No caldo de peixe, farinha com água, comer de pouca sustância, dessas desgraceiras acontece. Morreu o primeiro, outro que nasceu no ano seguinte, o mesmo destino, do mesmo mal. Foi aí secando, as pernas mirrando, os olhos pulando da cara, a pele aquela brancura de carne de peixe. Um dia acabou-se só pele e osso. Os olhos que mais se enxergava naquela brancura de carne." (48) **[56]**

Não posso deixar de repetir uma idéia fundamental: a cultura determina tanto suas normas quanto suas mazelas. É a cultura que determina como as pessoas sofrem. **{9}** Não é de estranhar, pois, que uma civilização como a nossa, centrada na destruição e na morte (das pessoas, das outras culturas, do meio ambiente, de tudo aquilo que não dê lucro), gere uma tendência ao "desejo" de morte.

Algumas das "queixas" mais freqüentes

Haveria muitos exemplos para dar sobre os tipos de problemas que as famílias podem te levar, é claro que não pretendo fazer uma lista exaustiva. Tentarei, porém, apresentar-te alguns dos mais típicos.

A depressão

Depressão é outra palavra chave da nossa cultura: se você não agüenta, se não consegue seguir as normas do bom comportamento, se não consegue enquadrar-se... escape, tendo uma ***depressão*** (endógena, de preferência. Assim ninguém poderá afirmar que está fingindo...) **{3}**

"Ela própria, de um momento para outro, não se reconhecia. Toda confiança que tinha em si mesma, pra vencer tropeços e dificuldades, repentinamente se desfizera.

Sentia-se baixa, feia, mal vestida. Diante do espelhinho da bolsa, implicou com aqueles olhos separados, aqueles pômulos altos, aquela eterna boina vermelha, e veio-lhe a vontade de voltar a São Luís no primeiro vapor, para tornar à sala de aula, e ali viver a sua vida, suportando outras Marias Creusas, ensinando as mesmas lições.

Tudo começara ainda na clínica, na noite úmida, quando descia as ladeiras em curva, a caminho da Rua Marquês de São Vicente, para tomar o bonde que a levaria à Rua do Catete. Atordoada, deprimida, com a sensação de que perdera o gosto da vida, só lhe restando ir embora do Rio, chegou a pensar que para ela, naquele momento, seria uma caridade se Deus a chamasse." (316) **[69]**

Há quem diga que os dois maiores dramas do ser humano são: não conseguir realizar um desejo e... conseguir realizar um desejo. Sendo que o pior, o mais grave, seria o segundo e não o primeiro. **{55}**

"Porque há também um fundo de melancolia nas obras concluídas. O ocaso por mais belo que seja, não deixa de ser triste. De repente, sobrevem a sombra da noite.

Eu disse isso mesmo, há dois dias, ao Santa Rosa, quando ele acabou de selecionar os quadros para a retrospectiva." (397) **[69]**

O alcoolismo

Essa nossa cultura machista, que tanto exige do homem que seja forte (que não chore, que agüente firme, que não mostre seus sentimentos) parece sussurrar-lhe ao ouvido: se não consegues ser esse homem.... então procura um escape na bebida. **{45}** (Quanta sandice não se tolera de quem bebe!).

E o álcool foi o pesadelo dos pais alguns anos atrás. Não que os jovens tenham abandonado a bebida como meio de acirrar a crise adolescente. É que agora, nossa sociedade, nossa cultura estão lhes propondo algo... muito pior: a droga. Enfim, nas famílias que estão às voltas com problema de álcool geralmente quem bebe é um dos pais.

"O pai de ambas tinha sido infeliz no segundo casamento. 'Também minha madrasta é uma peste' era o que sempre pensava Lena, sem dizer nada, entretanto, à Netinha. Homem fraco, encontrara na bebida solução para os aborrecimentos de casa, sempre grandes e diários. Chegara a um ponto extremo de decadência pessoal; não se cuidava mais, abandonara os cuidados mais simples de higiene, como cortar cabelo e fazer a barba.

Adquirira um aspecto selvagem; e era por um secreto pudor que evitava, na rua, conhecidos, amigos, fingia não ver parentes e só se sentia bem nos lugares mais escusos, nos botequins inqualificáveis, tendinhas da pior freqüência do mundo. Passava dois, três dias sem vir em casa; e, quando reaparecia, trazia sempre uma novidade, ou lábio partido ou um olho roxo ou a cabeça quebrada.

A mulher o recebia com insultos e, ultimamente, esbofeteava-o, puxava-o pelos cabelos, sem que o desgraçado oferecesse qualquer resistência. Foi numa das tendinhas, talvez a pior delas, que Castro *(era assim que todo mundo chamava o pai de Leninha)* conheceu Paulo. Pior coisa não podia acontecer. Paulo estava sendo devorado pela saudade de Guida; e também precisava beber muito, beber de cair pelo chão, de ser carregado. Só se sentia bem com a excitação do álcool; precisava dela; e tinha a impressão de que, se deixasse de beber, meteria uma bala na cabeça no dia seguinte." (83) **[87]**

A droga

Deveria dizer drogas... sabes em que estou pensando? Que muitos dos jovens que utilizam drogas são filhos de clientes de honoráveis médicos psiquiatras que receitam festivais de drogas (para dormir, para acordar, para acalmar, para excitar, para... para o que mais?) Eles vêem como a geração mais velha "resolve" seus problemas com "bolinhas", drogas de diversos tipos. Têm, portanto, exemplos bastante próximos... **{41, 58}**

"—Eu sou igualzinho a eles... vivo também oprimido pelos tetos e paredes das coisas. Mas eu não me conformo, eu quero o ar. Como não consigo escapar sozinho, uso isto! Dura pouco, mas enquanto dura eu cresço, eu subo, eu vôo!

Notei que tinha na mão uma de minhas receitas em branco. Referia-se às bolinhas, suas cápsulas espaciais.

—Da próxima vez vou levá-los comigo! Terão de ir ou...” (119) **[49]**

E a coisa se complica, quando sabes que muitos jovens argumentam que as drogas que seus pais consomem (bolinhas, álcool, cigarro) não são menos mortíferas e perigosas que a maconha.

“Ampliando a teoria de sua amiga, Rudolf, eu acho que cada geração tem o seu tóxico. A geração da heroína, a geração do absinto, a geração do álcool, a geração da cocaína. Agora, a geração do Coito é fiel à maconha. E, segundo os especialistas independentes, de todos os tóxicos a maconha é o que menos mal faz à saúde.” (149) **[50]**

A violência na família

A violência no seio da família é um dos problemas que mais podem angustiar um terapeuta. Diria mais, ele nos fragiliza. A violência é irracional e é exercida em diversas circunstâncias. Vejamos alguns dos seus exemplos mais freqüentes.

A violência da mãe contra um filho

A fronteira que separa o castigo corporal do abuso é algo difícil de determinar (e varia conforme as épocas e as culturas). Mas é possível se ter uma posição em relação com a violência à que certas mães submetem os filhos.

“De cama, com febre, tossindo. Na fossa.

—Briguei com mamãe.

A velha possessiva e despótica. Foi muito castigada.

—Segurava a trancinha e batia minha cabeça na parede.

Será que merecia? Começou com o chinelo. Depois o tamanco. Enfim vara de marmelo. Quando apanhava, punha as mãos atrás para se proteger. E a mãe acertava nos dedos, que sangravam.

—Ela me surrou até os quinze anos. Ergueu a mão, que agarrei e dobrei: Agora a vez da mais forte. Não ouse. Nunca mais!

Desde então ficaram amigas." (98) **[105]**

A violência do pai contra um filho

Alguns pais se comportam como se os filhos fossem de sua propriedade (o que lhes daria direito de fazer aquilo que quisessem com eles, inclusive espancá-los).

"—Ela fugiu para o vizinho. João foi rondar a casa. Abriu a porta, espingardinha na mão: *Onde está a menina?* Aqui ela não chegou. *Essa diaba eu arrebento.*

—Ah, se fosse eu...

—Um dia só chamando a menina de *p...* Não agüentei: P... ela não é. Daí pegou um pedaço de pau. Ainda gritei: Corra, Juju. Ele saiu em perseguição. Estava de tamanco. Estendeu-se no bolo verde de estrume. E a menina, bobinha, o que fez?

—Não me diga que...

—Voltou para acudir o pai.

—...

—E ganhou a maior surra. Daí internei no colégio das freiras: Melhor você casar, minha filha. Assim ele sossega.

—Que horror.

—Casou de menor. Moreninho bem escuro. De fina educação. Quando o João soube: *Esse negro, a filha, me roubou.* Botei no café o comprimido verde dos grandes. Abobado, repetia: *Esse nego bê da m...*" (65) **[106]**

A pior das violências do mundo!

A violência sexual é uma das piores coisas que o ser humano pode imaginar. Quando ela é exercida por um genitor contra um filho, ela atinge os limites do incompreensível. **{52}**

"Ao acordar, o distinto chama as filhas. Que uma lhe lave os pés. Outra penteie o cabelo. E, todo nu, façam massagem pelo corpo.
—Não sou o galã do barraco?
Agarra e beija as mais velhas — com força e na boca.
—Filha minha não é para outro.
Você piou? Já viu: apanha sem dó.
—Essa eu fiz para mim. Qualquer dia me sirvo." (29) **[110]**

Em certos casos a criança é abusada sexualmente por um adulto, no qual ela confia, mas que não necessariamente é membro da família.

"Ela recebe a visita da amiga com o filho de oito anos. João sempre gentil:
—Quer ver os gatinhos?
Pega o menino pela mão, rumo ao quintal . Quinze minutos, o piá de volta. Lívido e trêmulo. Mais: transfigurado. Não sai de perto da mãe. De noite acorda aos gritos. A mãe pergunta o que...
—Aquele homem esquisito.
Três dias com febre, nunca mais o mesmo menino." (45) **[110]**

Mesmo quando a criança não denuncia, os sintomas (a sua mudança brusca de comportamento, retraimento, problemas na escola, etc.), devem alertar-nos nesse sentido. Nossa responsabilidade, acima de qualquer coisa, consiste em proteger a criança. **{12, 18}**

E o abusador?

O confronto com o abusador é uma das maiores dificuldades que possas imaginar. Se por um lado, o que ele fez é revoltante e é algo que nunca deveria acontecer, por outro, ele também é uma vítima que deve ser ajudada para que isso nunca mais aconteça. (Se não tens uma atitude de compreensão estarás cometendo uma nova violência.) **{52}**

Tens que tentar saber se houve outras violências na família.

"De repente vejo um garoto e o quero para mim. A cabeça dói, tanto que penso nisso. Igual fizeram comigo quando eu tinha nove anos. Depois que a gente faz tem que matar. Apreendi com o pastor: a criança

morta vai para o céu. Assim não passa por tudo que me aconteceu. Na mochila tenho bala, chocolate, cigarro, paçoca e tal. Algum pede dinheiro. A um menino ofereço duas notas. Depois que uso e mato, deixo ao lado o dinheirinho." (34) **[111]**

Com muita freqüência descobrirás que o abusador foi abusado quando criança. Repete com outras crianças o que fizeram com ele (talvez queira entender porque alguém lhe fez isso). Isso não justifica, de maneira alguma, mas deves saber que sói acontecer. **{12, 18, 19, 52}**

"Uns são desconfiados. Na aceitam nada. Do último bato a cabeça numa pedra. Esse eu deixo viver. Fico doidão e tal. Nem é bonito. O tênis não serve. Dou o boné. Ele aceita e dormimos no mato. Daí foge e volta com a polícia. Gostar de alguém, o que me perdeu. Nunca tinham me pegado. Só fiz com eles o que o tio fez comigo. Mais: mandei pro céu. Toda noite eu rezo para Deus. Ele vai me livrar. Deus leva tudo em conta. Tanto menino bonito não salvei?" (37) **[111]**

A violência do marido contra a mulher

Para finalizar a seqüência, falemos da violência do marido contra a mulher (que costuma também ser violência contra os filhos). Como te dizia, nestas situações nossa tarefa é extremamente delicada. Se, por um lado, devemos participar da proteção das vítimas, por outro, também devemos evitar as atitudes levianas daqueles que simplesmente impõem separações (de pais e filhos, de cônjuges entre si), que não resolvem o problema. Nós estamos muito longe de poder contar com o apoio das autoridades judiciais. Imagina como seria se os juizes incluíssem nas suas sentenças a obrigação de fazer terapia familiar! **{18}**

"A última cena de fúria na noite de sábado. João começa a bater em Rosinha, de treze anos. Vendo que já está bêbado, ela pedi que não convide o vizinho para jogar víspora. Além de ser muito tarde, o pai continuará bebendo, ainda mais raivoso.

Como o pai espanca a irmã, que nada fez, a caixeira Odete, de quinze anos, tenta acalmá-lo e acaba também apanhando. Em defesa das filhas, acode dona Maria, a maior vítima. Alcançando o cabo de vas-

soura, João surra tanto que a deixa de cabeça partida e o braço direto quebrado." (91) **[107]**

A violência da mulher contra o marido

A violência da mulher contra o marido não consiste nas surras freqüentes, mas existe e não deve ser ignorada. Muitos maridos vivem sob a ameaça constante da violência. Algumas vezes acaba em tragédia. Por que se sabe tão pouco a respeito dela?, poderás dizer: porque, para alguns maridos, pior do que sofrer a agressão violenta seria ter que denunciá-la.

"Esperei que ele roncasse. Deitei as crianças na caminhas, logo dormiam. Me bati pela casa, debaixo do soalho achei uma velha marreta, pode ir buscar que está lá, uma marreta pequena. Ascendi a luz, marquei bem o lugar da cabeça.

Em seguida apaguei, me cheguei de mansinho, dei a primeira pancada. Ainda no escuro, dei mais uma. Ele só gemeu, Não teve tempo de acordar nem mesmo gritar.

Ascendi a luz para ver. Uma foi de cheio, outra meio de lado. Ainda respirava, botando sangue pela boca e o nariz. Me obriguei a mais duas marretadas. Ou três, não sei bem. Você pensa que estava morto. Olhei de perto, não é que se mexia?" (75) **[109]**

O tema da violência marido-mulher me lembra que devemos separar a questão da explosão da violência (passagem ao ato) dos "desejos de morte" dos cônjuges. Em uma relação de casal, mesmo intensa e duradoura, sempre haverá momentos em que um sonha com a morte do outro. Essas fantasias fazem parte do casamento e não configuram um verdadeiro problema.

"Relação marido-mulher é essa mesmo. Não há marido que não tenha alimentado esse sonho: matar a mulher.

Por dinheiro?

Por dinheiro, por ciúme, por cansaço, por saturação, por enfaro.

O que é enfaro?

Fastio, asco, repugnância, enjôo. É o principal motivo.

As mulheres também sentem isso pelos maridos. Quando viajei com Alfredinho pela última vez não houve um momento sequer em que eu ti-

vesse vontade de fazer amor com *ele*. Nem *ele* comigo. *Ele* só pensava nos restaurantes, nos vinho, nas comidas. Os intestinos passaram a ser mais importantes do que o coração.

O intestino nunca dorme.

É verdade. O *dele* passava a noite toda fazendo barulho. Mas o pênis estava sempre dormindo." (128) **[46]**

("Querem me enlouquecer!")

Sabes, muitos casais chegam a dar-me a impressão de que seu principal intuito ao procurar-me era enlouquecer-me. No duro, não é brincadeira. Quando lhes pedes sua versão dos fatos cada um pode te dar uma versão completamente diferente (e, claro, oposta). Vou utilizar um exemplo para que vejas. Perguntas para a mulher: "O que foi que aconteceu?" E ela te responde:

"Mais uma vez pedi o dinheiro para as compras. Domingo sem pão deixar não podia três boquinhas. O João disse que o mercado já tinha fechado. Lembrei que no Sábado fecha mais tarde. Se era assim, que tinha dinheiro, mas não dava. Me voltou as costas, bebia o cafezinho preto no pires. O que eu podia fazer, doutor? Tirei a arma da bolsa, ele quem deu, assaltada na rua e no ônibus. Apontei para o chão, cinco tiros de uma vez. Uma bala perdida acertou na perna, quase no joelho. Para não cair, ele se segurou na mesa, a xicrinha n o chão em pedaços.

Agarrada por trás, me tomaram o revólver. Arrastada para fora e jogada no tapete sujo da sala. Todos os jogadores corriam para a cozinha. Me levantei e saí, na confusão perdi a bolsa. Até hoje, doutor, uma pulseira e um broche de valor, não foi devolvida.

Isso faz um mês, doutor. Tudo bem com o João. Sarou da perna, voltou para casa. Diz que passou o carro, a tevê, o telefone para os amigos. Não acredito e pouco me importo. Quando não bebe, me põe no colo, morde a orelha, chama de minha loirinha." (31) **[108]**

Enquanto a mulher fala, o marido está fazendo uma cara de isso não é verdade! Quando chega sua vez, vem com a seguinte história:

"No clube, de noitinha ela apareceu, ainda embriagada. Por força queria dinheiro. Pedi que fosse para casa, havia reinado bastante naquele dia. Ela se conformou e saiu. Fui à cozinha tomar um cafezinho. Mal pego na xícara, quem ali na porta? Já de revólver na mão: *Agora, seu bandido, você me paga.* Dois tiros a par do meu pé. Um terceiro acertou na perna esquerda acima do joelho. Me agarrei na mesa e derramei o café no chão.

A cafezeira atrás do balcão saiu correndo e esbarrou na Maria. Me apontava o revólver e, graças a Deus, o tiro desviado para o ar. Na confusão entre as duas, o Jorge que chegava pulou em cima. Mais um tiro na parede. Não sei que fim levou a arma, eu deixava em casa para proteção dela e dos filhos. Sei que fui ficando tonto e fraco, perdi bastante sangue. No pronto-socorro desde Sábado à noitinha até a manhã de Terça.

Não é a única vez que sou atirado pela Maria. A primeira ainda na boate, um fim de noite, ninguém se entendia. Na Segunda, ela me encostou o revólver no peito e fez fogo para o alto: *Você não presta nem para morrer."* (33) **[108]**

Não te parece que dá para enlouquecer qualquer um?! Mas não deves desesperar. Temos primeiro que entender sua lógica. **{6, 10, 40}**

E como se explica essa violência na família?

Não sei se a palavra correta seria explicação, o fato é que muitas vezes a violência familiar se origina na confusão que foi plantada no coração de certas pessoas entre amor e violência. **{18}**

"Muito cheio de maldades deveria ser! Amava a uma criatura no mundo — e feria-a. Por que insistir nas razões de sua partida? Que perversidade secreta levara-o a altear a voz e repetir... Não mentia, era pela mulher que ia embora. Ela pertencia a uma espécie mais pura, lançada em meio indigno e ameaçada sem culpa." (207) **[59]**

Se há confusão entre amor e sofrimento, é claro que muitas pessoas farão sofrer (e sofrerão) sem sentir que isso é inadequado.

“Sentira claramente isto, ao contemplar-lhe os pés cruzados. Se a amava, devia resguardá-la, em vez de fazê-la sofrer pelo seu próprio orgulho. Mas só lhe revelava a face mais áspera desta verdade —e como se Teresa houvesse culpa de que ele a amasse e de ser fácil.” (207) **[59]**

Para se sair dessa contradição, é preciso que o trabalho terapêutico ajude a separar os dois sentimentos.

Os filhos desobedientes

Esta é uma queixa que chama muito minha atenção: quando os pais te falam do filho (e das suas façanhas), que faz isto, que faz mais aquilo, que ninguém consegue controlá-lo, que não obedece etc., imaginas que, para fazer o que estão descrevendo com tanto detalhe na tua frente, seria necessário que o “Pedrinho” em questão fosse um tamanho brutamontes que consegue aterrorizar seus pais (em tese, dois adultos mais fortes). Acontece que “Pedrinho” costuma ser uma criança como qualquer outra, sem nenhuma condição real de submeter os pais a esse tipo de tirania.

Não vou explicar todas as razões desse estranho comportamento, mas vou dar uma idéia que te pode ajudar. Eu creio que os pais de hoje sobrecarregam os filhos com uma infinidade de ordens e pedidos inúteis (poluem as ordens), de tal forma que nem eles próprios chegam a saber se têm razão de pedir o que pedem. A conseqüência mais imediata é que enviam uma mensagem subliminar indicando que aquilo que estão mandando fazer não deve ser levado a sério. A criança não obedece à ordem, mas sim a mensagem subliminar:

“Menino vem pra dentro, olha o sereno! Vai lavar essa mão. Já escovou os dentes? Toma a benção a seu pai. Já pra cama!

Onde é que aprendeu isso, menino? Coisa mais feia. Toma modos. Hoje você fica sem sobremesa. Onde é que você estava? Agora chega, menino, tenha santa paciência.

De quem você gosta mais, do papai ou da mamãe? Isso, assim que eu gosto: menino educado, obediente. Está vendo? É só a gente falar. Desce daí, menino! Me prega cada susto... Pára com isso! Joga isso fora. Uma boa surra dava jeito nisso. Que é que você andou arran-

jando? Quem te ensinou esses modos? Passe pra dentro. Isso não é gente para ficar andando com você.”

“Avise seu pai que o jantar está na mesa. Você prometeu tem de cumprir. Que é que você vai ser quando crescer? Não, chega: você já repetiu duas vezes. Por que você está quieto aí? Alguma você está tramando... Não anda descalço, já disse! Tem de comer tudo: você acaba virando palito. Quantas vezes já te disse para não mexer aqui? Esse barulho, menino! Seu pai está dormindo. Pára com essa correria dentro de casa, vai brincar lá fora. Você vai acabar caindo daí. Pede licença a seu pai primeiro. Isso é maneira de responder a sua irmã? Se não fizer, fica de castigo. Segura o garfo direito. Põe a camisa pra dentro da calça. Fica perguntando, tudo você quer saber! Isso é conversa de gente grande. Depois eu te dou. Depois eu deixo. Depois eu te levo. Depois eu conto. Depois. (105,106) **[93]**

E, claro, não é algo que acontece apenas com as mães; os pais também sabem dar ordens sem autoridade (o que, como te dizia, só pode confundir a cabeça do filho. Ele precisa sentir que aquele que lhe fala sabe o que quer).

“—Por que não poso ficar vendo televisão?

—Porque você tem de dormir.

—Por quê?

—Porque está na hora, ora essa.

—Hora essa?

—Além do mais, isso não é programa para menino.

—Por quê?

—Porque é assunto de gente grande, que você não entende.

—Estou entendendo tudo.

—Mas não serve para você. É impróprio.

—Vai Ter mulher pelada?

—Que bobagem é essa? Ande, vá dormir que você tem colégio amanhã cedo.

—Todo dia eu tenho.

—Está bem, todo dia você tem. Agora desligue isso e vá dormir.

—Espera um pouquinho.

—Não espero não.

—Você vai ficar aí vendo e eu não vou.

—Fico vendo não, pode desligar. Tenho horror de televisão. Vamos, obedeça a seu pai.

—Os outros meninos todos dormem tarde, só eu que durmo cedo.

—Não tenho nada que ver com os outros meninos: tenho que ver com meu filho. Já para a cama.

—Também eu vou para a cama e não durmo, pronto. Fico acordado a noite toda.

—Não comece com coisa não, que eu perco a paciência.

—Pode perder.

—Deixe de ser malcriado.

—Você mesmo que me criou.

—O quê? Isso é maneira de falar com seu pai?

—Falo como quiser, pronto.

—Não fique respondendo não: cale essa boca.

—Não calo. A boca é minha.

—Olha que eu pondo de castigo.

—Pode pôr.

—Venha cá! Se der mais um pio, vai levar umas palmadas." (115, 116) **[94]**

Esses filhos que se tornaram "insuportáveis" para os seus pais, esses filhos indomáveis que fazem o que querem, sem conseguir nunca a sensação de tranqüilidade, de conforto, proporcionada pela presença de um pai ou de uma mãe, sofrem duplamente: pelo fato de não terem esses pais (presentes) que sabem colocar limites e, muito mais grave talvez, pela sensação de terem sido eles próprios os responsáveis pelo esmagamento desses mesmos pais. O resultado a longo prazo é uma carência muito grande. **{42}**

"Maurício pensa tristemente que nada o liga ao pai, não o aceita em sua humildade, deseja-o mais poderoso, ousado, heróico. Recrimina-se por não sentir por ele nada mais que uma doce compaixão, que agora abafa o medo que ele sentia na infância." (137) **[21]**

Um crime inafiançável

Como sabes, a infância é um período fundamental para o desenvolvimento do ser humano. Para se ser um adulto sadio e equilibrado, é preciso que se tenha a possibilidade de ser criança. Sabes o que é ser criança? (Quando faço essa pergunta em uma palestra, as pessoas costumam dar-me uma série de características que soem fazer parte da infância, mas que não a definem: ser inocente, ser puro, ser frágil, brincar, um ser em formação etc. Eu sempre respondo que tudo isso eu sou ou eu faço, e nem por isso sou criança!) *Ser criança é não ter que tomar decisões fundamentais para a própria vida ou para a vida de outras pessoas.* Como isso é possível? Porque têm adultos confiáveis (quer sejam os pais ou não) que assumem as responsabilidades. E essas responsabilidades podem ser, sumariamente, reduzidas a esse proporcionar de ***proteção*** e ***cuidados*** (onde cabem: amor, afeto, alimentação, educação, habitação, saúde, defesa da sua integridade física, lazer, etc.)

Assim sendo, quando os pais permitem que os filhos assumam o peso das responsabilidade pelas suas decisões vitais, estão cometendo um "crime inafiançável".

"A infância de Marcelino foi dura. Logo que passou a sustentar-se nas próprias pernas, já tortas àquela altura dos acontecimentos, a mãe colocou-o ao lado do tabuleiro de peixe, para ajudar no que fosse possível. Aos seis anos já sabia descamar uma corvina, fazer postas numa tainha, destripar uma anchova. Aos nove fabricou um pregão musical que atraía um ou outro comprador mais lírico. (42) **[31]**

Filhos que fracassam

Algumas vezes, os pais tiveram que lutar muito para construir um patrimônio (com o intuito principal de deixá-lo para os filhos). Esse patrimônio era visto, essencialmente, como uma forma de dar "proteção e cuidados". Mas, na medida em que esqueceram de prepará-los quotidianamente para a tomada de decisões, acabaram criando verdadeiros inúteis, que só sabem esperar pela herança dos pais.

"Não sei, talvez nós sejamos realmente culpados. A senhora não teve filhos, eu tive. Meu pai era cego em matéria de educação, como todos o pais do seu tempo. Era um labrego que veio da santa terrinha, honesto, valente, trabalhador, ganhou dinheiro em secos e molhados e me deixou uma fortuna. Eu, moldado a sopapos, construí uma companhia, uma grande companhia, posso dizer. Eu já não fui duro, um cego como meu

pai. Puseram-me na mão uns livros, como criar filhos, essas coisas, a senhora sabe. E os meus filhos, o que são? Uns almofadinhas, diria o meu pai, uns patifes digo eu. São uns filhinhos de papai porque têm dinheiro. Se não tivessem dinheiro, dariam desfalques, seriam assaltantes.” (153) **[34]**

A timidez

A timidez, também pode ser a forma escolhida para se manifestar que algo não anda bem na família. É curioso perceber como uma pessoa, cujo problema —a timidez— pode concentrar de forma tão nítida as atenções da sua família. Nesse sentido, os tímidos possuem um pseudo poder muito grande.

“Tímido que ele era. Um desses sujeitos assim cujo complexo de inferioridade é tamanho que, ao se olhar no espelho, sente-se mal ao deparar sua própria imagem, por considerá-la superior ao original. Tem uns caras que, francamente: eu —por exemplo— conheci um que o pessoal chegou a apelidar de Zé Complexo. Um dia ele me confessou que, muitas vezes, quando saía de casa, tinha ímpetos de deixar o elevador pra lá e descer pela lixeira. Acabou morrendo por timidez, numa véspera de natal.” (68) **[80]**

Mais uma vez quero te lembrar: não há problema desprezível. A timidez pode ser, para uma pessoa, um empecilho enorme para seu desenvolvimento.

“Comecei com o pé esquerdo meu primeiro dia de professor. Sempre temi o ridículo. E a tal ponto, que esse temor, forma paroxística de minha timidez, costumava atuar em minha vida como uma bússola negativa, a orientar para o avesso os meus atos. Faz-me viver de pé atrás como o mundo, torna-me arredio e suspicaz, quando parecia confiar, ou, em virtude de viva reação, leva-me a ousar e avançar, em circunstâncias que aconselhariam retraimento. Enfim, põe-me fora do centro de gravidade.” (223) **[5]**

A obesidade

Uma das múltiplas ditaduras da nossa cultura é a da silhueta: além de certo número de quilos... o alarme desanda a fazer seu barulho. Muitas são as pessoas que sofrem tentando ajustar-se a padrões estéticos que as modelos mal conseguem preservar! **{43}**

"Dona Clara com suas partes, então café já produz inteligência? E o pavor de engordar, outra mania, acaba detraquê, um dia desses fui chegando cedo na Promotoria, quando ouvi foi o berro: 'Emagrece, puta!', e estalou a bofetada, me deu um frio na espinha, que insultos são esses, quem está aí, entro na sala, a bandeja tremendo, ela diante do espelho, uma banda da cara encarnada.

—Mas dona Clara... senhora está falando com quem? Quem está ofendendo e esbofeteando desse jeito?

—Eu mesma, a ver se crio vergonha, mas parece que é impossível, vai ver eu sou é isso mesmo.

—Isso mesmo o que, dona Clara...

—Ora, isso que eu disse. Sabe, todos os dias de manhã em jejum me insulto assim em frente ao espelho, ver se crio um préstimo e perco este toucinho, não sei de quem herdei a tendência, mamãe é um espeto, papai velhinho enxuto e lindo, cadê barriga, cadê corcunda, cadê papada," (63) **[29]**

Filhos com duas mães

Em certas ocasiões as dificuldades de uma criança estão relacionadas com a existência de duas mães. Sim, duas mães. Sabes como eu chamo isso? "Síndrome de mamãe eu te empresto meu filho..." Há duas situações tipo: a primeira é aquela em que a filha se torna mãe muito nova e "entrega" o filho para que sua mãe o crie (a jovem precisa "curtir a vida"). A segunda é aquela em que a mãe "rouba" o bebê da filha para, assim, "adotando-o" como filho, poder fugir da imperiosa necessidade de ser avó! (Para ser franco, as duas situações não passam de duas versões de um mesmo fato: quando uma "rouba" é porque a outra "entrega".)

"Era de manhã. D. Camila estava ao espelho, a janela aberta, a chácara verde e sonora de cigarras e passarinhos. Ela sentia em si a harmonia que a ligava às cousas externas. Só a beleza intelectual é independente e superior. A beleza física é irmã da paisagem. D. Camila saboreava essa fraternidade íntima, secreta, um sentimento de identidade, uma recordação da vida anterior no mesmo útero divino. Nenhuma lembrança desagradável, nenhuma ocorrência vinha turvar essa expansão misteriosa. Ao contrário, tudo parecia embebê-la de eternidade, e os quarenta e dous anos em que ia não lhe pesavam mais do que outras tantas folhas de rosa. Olhava para fora, olhava para o espelho. De repente, como se lhe surdisse uma cobra, recuou aterrada. Tinha visto, sobre a fonte esquerda, um cabelinho branco. Ainda cuidou que fosse do marido; mas reconheceu de pressa que não; que era dela mesma, um telegrama da velhice, que aí vinha a marchas forçadas. O primeiro sentimento foi de prostração. D. Camila sentiu faltar-lhe tudo, tudo, viu-se encanecida e acabada no fim de uma semana. (114)

Um dia encontrei-a ao lado de uma preta, que levava ao colo uma criança de cinco a seis meses. D. Camila segurava na mão o chapelinho de sol aberto para cobrir a criança. Encontrei-a oito dias depois, com a mesma criança, a mesma preta e o mesmo chapéu de sol. Vinte dias depois, e trinta dias mais tarde, tornei a vê-la, entrando para o *bond*, com a preta e a criança. —Você já deu de mamar? Dizia ela à preta. Olhe o sol. Não vai cair. Não aperte muito o menino. Acordou? Não mexa com ele. Cubra a carinha, etc., etc.

Era o neto. Ela porém, ia tão apertadinha, tão cuidadosa da criança, tão a miúdo, tão sem outra senhora, que antes parecia mãe do que avó; e muita gente pensava era mãe. Que tal fosse a intenção de D. Camila não o juro eu ('Não jurarás', Mat. V, 34). Tão-somente digo que nenhuma outra mãe seria mais desvelada do que D. Camila com o neto; atribuírem-lhe um simples filho era a cousa mais verossímil do mundo." (116) **[8]**

A criança com dificuldades severas

Durante muitos anos, as crianças excepcionais costumavam ser separadas das suas famílias e confinadas em instituições.

"Acabaram por me trazer pra este internato de deficientes. Há dois anos, pouco antes do Natal. A família ia passar as férias na Argentina. 'É por pouco tempo', desculpou-se tio Jofre. Estou aqui até hoje." (93) **[61]**

Felizmente, de um tempo para cá, são cada vez mais numerosas as famílias que compreendem que a criança excepcional, tal como seus irmãos, faz parte da família e com ela pode participar da vida. Nossa função, ao receber uma família que inclui um membro excepcional, é contribuir para que participe ativamente na busca de condições que permitam que a pessoa portadora da deficiência invista no seu desenvolvimento e se aproprie do espaço que é realmente capaz de preencher. **{24}**

Problemas de casal

Já falamos de inúmeras situações de crise do casal. Mas como esse é um dos maiores problemas para um terapeuta de família, quero dizer-te duas palavrinhas a esse respeito.

Como te havia prometido, voltaremos à questão do desgaste da relação do casal e da conseqüente escapada para a relação extraconjugal. Ouve-se, com muita freqüência, jogar a responsabilidade pelo mal-estar que acomete os casais, no quotidiano, na rotina. E é essa mesma rotina que costuma ser *acusada*, apontada como a responsável pela infidelidade.

"Certas pessoas casadas, mesmo quando têm a maior liberdade, sentemse numa prisão e os grilhões têm um nome, cotidiano. Os cônjuges, por mais imaginação que tenham, não conseguem fugir do desgaste resultante da manutenção da ordem, do tédio causado pela repetição das coisas que não se movem. A vida, no projeto administrativo comum que se instaura com o casamento, tem que ser metodicamente arrumada. Há o Lar, uma casa e seu sistema de demandas e condicionamentos, o pagamento em dia de contas, seguros, taxas e impostos, o carro e suas azucrinações. Filhos (eu não tenho filhos mas sei que são figuras exigentes), as obrigatórias viagens (para comer e fazer compras inúteis), os médicos, os dentistas, os eletrodomésticos e outros entulhos, e tem a lavagem de roupa e dos tapetes, e a cozinha, e a cozinheira e a costureira e o supermercado, esqueci o bombeiro e as torneiras com defeito e os canos entu-

pidos —e não estou falando de doença ou de falência, pois imagino um cenário otimista—, e isso tudo, essa vida comprar, pagar, consertar, arrumar, lavar, passar, conciliar, ceder, foder burocraticamente, cria um sedimento que vai inchando até atolar o casal em adiposidade e tédio." (32,32) **[47]**

E essa será uma das principais queixas que te trarão: a rotina acabou com a relação.

A dança do casal

Como sabes, as relações "impõem" aos participantes uma lógica própria. Uma pessoa que se comporta de uma certa maneira quando está só, terá uma conduta diferente (às vezes radicalmente diferente) quando acompanhada. E com maior força quando se trata de um casal. **{39}**

"Esses dois vivem a discutir, pensou Amadeu. Era a forma de gostar um do outro. Ninguém é um, quando há dois, tudo se mistura, a gente quando menos espera é dois. Às vezes matamos o outro e ficamos crentes que somos de novo um. Não, nem vê, é dois de novo; o outro vai entrando dentro da gente, não sai mais. Com mulher, então. não queria nem ao menos pensar esta palavra, ele era um homem castrado que os homens afogaram naquele mundo sujo. O homem anda atrás do homem, é assim mesmo. Qualquer um pode matar o outro. Ninguém está seguro, veja." (93) **[35]**

Talvez o maior dos desafios do terapeuta seja enfrentar-se com um desses casais que estão cronicamente juntos (e que não sabem porque continuam...)

"Fitei-o: seria possível alguém amar semelhante homem? Compreendi que, às vezes, é um ato mais heróico permanecer sem estima junto de certas pessoas do que servi-las, adorando-as. Lucas Trindade sorvia a bebida em goles rápidos, com um barulho capaz de irritar o mais paciente dos homens. 'Se ele morasse comigo, já o teria assassinado há muito tempo.' —pensei." (44) **[26]**

Outro tipo de casal tétrico é o casal morto: nada se faz nem se diz. O sim, por um lado, compromete. O não, por outro, pode ferir.

"Tive ímpetos de bufar. Como responder a tal pergunta. Se disser 'Gosto e não gosto', Vera vai pedir explicações. Para ela seres humanos são como caixa automática de banco: sem dubiedades, nem hesitações ou contradições. Se disser não, não gosto, vou magoá-la e não quero aumentar-lhe a dor. Se disser sim, gosto, arrisco a ouvir: —'Então por que não tentamos novamente?' Procurei fazer o melhor." (105) **[77]**

Ele não fala

No começo podes não acreditar, mas a diferença de atitude de homens e mulheres em relação ao "falar", é motivo de muitas desavenças. As mulheres se queixam de que os homens falam muito pouco (ou inclusive de que não falam).

"—Não agüento mais! Não posso mamãe! Quero e não posso!

Aterrada, d. Eunice não sabe o que pensar, o que dizer. Senta-se do lado da filha. Toma entre as suas as mãos da moça: "Mas que foi que houve?'. Maria Lúcia ergue-se. Anda dum lado para outro e, súbito, estaca:

—Esse homem não fala, mamãe! Não diz uma palavra! A senhora sabe o que é passar horas, dias inteirinhos, ao lado de um marido que não abre a boca? —Aperta a cabeça entre as mãos: —Eu acabo maluca, mamãe! No duro que acabo!

D. Eunice, sem uma palavra e cada vez mais assombrada, escuta, só. Procura compreender. Finalmente, pergunta: 'Mas vem cá, é só isso?'. Maria Lúcia a interpela com violência:

—E a senhora acha pouco? Oh, minha mãe!" (109) **[90]**

"Que que você tem?"

Quando uma mulher vê seu marido (namorado, companheiro) absorto e com ares de preocupação, quase que automaticamente lhe faz a seguinte pergunta: "Que que você tem?" O homem responde, também, quase que automaticamente: "Nada." Essa troca se repete ao infinito e deixa ambos os parceiros incomodados. Ela "sabe" muito bem que ele tem alguma coisa (se não não estaria desse jeito e sempre que ele está desse jeito é porque tem alguma coisa). Ela não entende como é que em vez de "se abrir e dividir com ela" ele sofre em silêncio. "É tão bom poder-se abrir com alguém!", pensa ela enquanto supõe que o pobre homem sofre desnecessariamente.

"E quando cheguei à tarde na minha casa lá no 27, ela já me aguardava andando pelo gramado, veio me abrir o portão pra que eu entrasse com o carro, e logo que saí da garagem subimos juntos a escada pro terraço, e assim que entramos nele abri as cortinas do centro e nos sentamos nas cadeiras de vime, ficando com nosso olhos voltados pro alto do lado oposto, lá onde o sol ia se pondo, e estávamos os dois em silêncio quando ela me perguntou 'que que você tem?', mas eu muito disperso, continuei distante e quieto, o pensamento solto na vermelhidão lá do poente, e só foi mesmo pela insistência da pergunta que respondi 'você já jantou?'" (9,10)

Sabes por que o homem responde nada? Porque ele entende a pergunta de uma forma diferente. O que ele ouve é: "Que que você tem para me contar?" Como ele só conta quando já resolveu aquilo que o preocupa, sua resposta lógica é não.

"Ele/ela me induziu a..."

Com os casais deves tomar cuidado quando falam da responsabilidade pelas dificuldades. Muitas vezes cada um dos cônjuges tenta culpar o outro pelos seus atos. Lembra que se acreditas na autodeterminação das pessoas nunca poderás aceitar um argumento do tipo "ele (ou ela) me induziu a..." Quem não assume a responsabilidade pelos seus atos, também não assume a responsabilidade pela sua mudança. **{19, 48, 49}**

"Sabe quem é você? Você é o cara mais hábil do mundo... você sempre quis que eu te enganasse com outro cara e me induziu a isso sem eu perceber nada... você é responsável por tudo... me induziu a tudo... tudo... você sempre quis que eu te largasse para poder um dia dizer com esta

cara pura de democrata liberal: tudo bem... é a raiz da puta que te pariu!... (27, 28) **[55]**

Discussão por dinheiro

As discussões por dinheiro são quase tão freqüentes quanto aquelas por questões sexuais. Seus desdobramentos podem ser devastadores. Um costuma ser sovina e, claro, o outro gastador. **{20}**

"—Meu rapaz —acudiu João—, sua mãe é uma grandíssima cadela!

—Correndo no suspensório o grosso polegar de unha curta e amarela:

—De todas as mulheres a mais sem-vergonha.

—Nunca fui gastadeira — defendeu-se Maria.

Xingou-o de velho miserável, rabugento, cheio de mania, esfregando-se na cozinha e seguindo-a quando ia arrumar o quarto.

—Teu filho é testemunha. Ah, meu rapaz, essa mulher tem me judiado.

—Deixe o menino de fora, velho sovina!

—É teatro dela, meu rapaz — e arregaçou os dentes alvares na cara sofrida e murcha. —Deus se compadeça de nós maridos! (34,35) **[104]**

A questão da sogra

O tema "sogra" mereceria um capítulo a parte. É sabido que a convivência nora-sogra, sói ser fonte de dificuldades diversas.

"Era uma mãe enérgica, viril, à antiga. Diabética, asmática, com sessenta nas costas, apanhou um táxi na Tijuca e deu o endereço do filho, em Copacabana. Chegou de surpresa. A nora, que não gostava da sogra perspicaz e autoritária, torceu o nariz. Já o filho, que a respeitava acima de tudo e de todos, precipitou-se, de braços abertos, trêmulo de comoção:

—Oh, que milagre!

Deu-lhe o braço. Há dois anos, com efeito, que d. Margarida não entrava naquela casa. Indispôs-se com a nora, cuja beleza a irritava, e

cortou o mal pela raiz: 'Não ponho mais os pés aqui, nunca mais.' Clara deu graças a Deus. Aquela sogra, sem papas na língua, a exasperava. E Aderbal, que era um bom filho e melhor marido, limitou-se a uma exclamação vaga e pusilânime: 'Mulher é um caso sério!'. Foi só. Eis que, dois anos depois, abandonando sua rancorosa intransigência, d. Margarida punha os pés naquela casa. Foi um duplo sacrifício, físico e moral, que ela se impôs, heroicamente." (57) **[88]**

O mesmo acontece no que diz respeito à convivência genro-sogra. O equilíbrio que se consegue estabelecer pode ser muito precário, e poderá ser rompido com muita facilidade.

"Não teve palavra, chorou como uma desenganada, na sua cozinha, com as negras em redor, todas sentidas. Ouviu-se a voz de Seu Lula chamando a ama de Neném que viera procurar uma chaleira d'água. Foi quando a velha Mariquinha, como se tivesse recobrado toda a sua energia, saiu para o quarto da filha, e lá, num desespero de louca, disse o que lhe vinha n'alma. O genro apareceu para contestá-la. E ouviu as palavras duras da sogra. Não era uma criatura humana, era um monstro. A filha procurou intervir para amansar aquela fúria. O seu marido não era assim como a sua mãe dizia. Era nervoso, era uma injustiça contra Lula. Mas D. Mariquinha não parou. O genro não se conteve, e gritou para a sogra, como se fosse para um negra.

—Velha doida.

D. Mariquinha fora de si:

—Ponha-se fora desta casa.

—Aqui mando eu também —dizia Seu Lula. —Aqui mando eu também." (238) **[82]**

Fornecedores prepotentes e satisfeitos

Para mim, grande parte dos problemas do casal poderia ser atribuída ao fato de que ambos —o marido e a mulher— consideram-se totalmente satisfeitos com aquilo que têm a oferecer. Comportam-se como donos de monopólios que, sem temer a concorrência, podem impor seus artigos, sem preocupar-se muito com a opinião do consumidor. No final das contas, este não teria escolha... se não comprar do vendedor, monopolista... fica sem o produto.

"Mulher igual a mim pode haver! Mais séria, não! E duvido!

—Eu disse o contrário, disse?

—Não disse, mas insinuou!

—Oh, Luci!

Ela espetava o dedo no peito magro do marido; e explodia:

—Os homens são muito burros! Não sabem dar valor a uma mulher honesta. Só te digo uma coisa: devias dar graças a Deus de teres uma esposa como eu!

Não há dúvida: ela o tratava mal mesmo; desacatava-o, inclusive na frente de visitas. Justificava-se, porém:

—Não sou de muito chamego, de muito agarramento, mesmo porque tudo isso é bobagem. Mas nunca te traí. Compreendeste?" (113) **[89]**

O benefício secundário da doença

Uma doença, ou um problema de qualquer tipo, também podem ser utilizados como meio de se obter certas vantagens do meio. Quanto maiores os problemas... maiores poderão ser os benefícios obtidos graças a eles.

"Jacinto gostava dessas ausências do pai, que permitiam a Micaela dedicar-se por inteiro ao filho aleijado. Aleijadinho, eu, dizia-se Jacinto, gostando dessa condição que na verdade não o impedia de caminhar, pular e até saltar, se quisesse. Mas continha-se. A condição punha-o não abaixo, mas acima de todos, num andor, quebradiço e pedindo cuidados.

Pouco saía além do alpendre, os serviços de campo lhe eram poupados e Micaela reparava tudo por ele. Essa perninha, coitadinha, ela dizia, passando a mão pela coxa de Jacinto, sem a repelência que ele sempre via nos olhos dos outros. A perna seca era um ganho. Era a bem dizer, uma benção de Nosso Senhor Jesus Cristo." (86, 87) **[10]**

Rótulos familiares

Já que fizemos uma grande revisão do(s) ciclo(s) vital(s) da família, gostaria que déssemos um passar de olhos em alguns dos aspectos mais tradicionais da estrutura das famílias. Vamos falar de rótulos, mitos e tradições familiares.

Etiquetas pessoais

Comecemos pelos rótulos. Na nosso cultura, o hábito de rotular é muito difundido. Tem-se uma série de idéias preconcebidas sobre como é que as pessoas devem ser. E se não forem dessa maneira...

"Por que será que Jeremias não tem namorada? Bonito ele não é, mas para feio não serve. Aliás, homem bonito não cola —homem não deve ser bonito. Beleza é para mulher. Detestava os rapazinhos bonitinhos, bem arrumados, que desfilavam à tardinha na Avenida Copacabana: bibelôs, meros bibelôs." (190) **[72]**

É muito comum, que nas famílias os filhos sejam marcados desde muito cedo, por expectativas e desejos, conscientes ou não, dos pais. A criança cresce e, com certa facilidade, vai manifestar uma tendência a corresponder a essa rotulagem. (Tão forte ela é!) Parecer impregnar-se na pele e na alma das pessoas, de tal forma que, muitas delas, acabam acreditando que são exatamente aquilo que delas se esperava. **{5}**

"Sentou-se no último lugar que lhe restava no poleiro de madeira em círculo. Havia sempre um último lugar para ela, sempre o último, feito as pessoas soubessem que chegaria, estava a caminho, no fim da fila, a der-

radeira. Ajeitou-se, descansando as mãos de alva serenidade no regaço, sentindo nas costas o toque duro de uma muleta.” (05) **[27]**

A escolha do filho no qual se colocará um rótulo (ou a expectativa paterna) não necessariamente depende das qualidades próprias da criança. Pode tratar-se, simplesmente, de uma projeção dos pais.

“Caixinha de música... É isso: eles sempre acharam que Aldinha tem muito jeito pra música, vive tamborilando no piano... Algum gênio musical decerto... —Laura, é o que te digo: vamos ter uma Guiomar Novais... falava às vezes Souza Costa. Que gosto pros pais!

—Eu quero um aparelhinho de louça!

—Trago também.

Quais seriam as tendências de Laurita? Porém os pais não se preocupavam muito com as predisposições, ponhamos, artísticas da outra filha. São sempre assim os pais: quando as esperanças se projetam sobre um filho, o resto são sombras mal reparadas. Que vivam, e Deus os abençoe! Amém.” (103) **[4]**

A escolha do nome

O nome que se escolhe para uma criança, pode ser portador de expectativas. Qual é o seu significado? Quem o escolheu? Por que motivo? Todas essas são perguntas que poderão ajudar a descobrir, tanto, possíveis marcas na vida de uma pessoa, quanto, alguns significados ocultos, para diferentes atitudes, aparentemente incompreensíveis. **{38}**

“A família, reunida em torno de sua mãe quando ele nascera no Brasil, decidira que Giovanni —o nome fora escolhido antes— justificaria a viagem e honraria o sobrenome; e que os Tórrio Improta, antes que o tempo consumisse uma geração inteira do seu sangue, seriam grandes naquela terra que tinham escolhido para viver. Foi por conta dessa promessa que todos trataram desde cedo de lhe passar suas lembranças.” (40) **[101]**

E, quando a pessoa conhece o significado do seu nome, sua resposta pode ser muito esclarecedora e útil para a construção de todo o processo terapêutico.

"—Você não sabe ainda: meu nome é Sofia. Meu nome é Sofia. Meu nome é Sofia. —Levantou os olhos, e ele permanecia rabiscando. Dava a impressão mesmo de que estava ausente, longe, e ela parecia pacificada, completamente entregue à mansidão da tarde, sem qualquer tipo de problema que pudesse atormentá-la.

—Foram os meus pais que me deram este nome, um rótulo, nada mais que um rótulo, um rótulo estranho, porque sou uma mercadoria sem embalagem, de maneira que as pessoas desconhecidas nunca sabem quem verdadeiramente sou.

—Melhor que seja assim. —Foi o que ele disse muito mais tarde quando ela, atendendo ao convite, instalou-se no quarto do casarão da Praça Chora Menino para tomar uma garrafa de vinho. —Não sei, mas as mulheres com o nome de Sofia parecem-me frágeis demais, compreende? É um nome cheio de mistérios, revelando paciência e humildade, segredo e encanto, alguma coisa que fica difícil de classificar. —Fez pausa. Levantou-se da cadeira e caminhou até a janela. De costas para a moça continuou: —Isso é coisa de Machado de Assis. Pode estar certa: é influência de Machado." (23) **[27]**

Falemos pois em nomes

Já que falamos em nomes, deixa que ampliae um pouco o assunto. Muitas vezes, ao ouvir o nome de um dos membros da família, faço uma pausa e pergunto: quem te deu esse nome?

"E aquelas simples sílabas —Violeta— causaram-me uma espécie de abalo interior, o abalo que sempre me causam os nomes que ouço pela primeira vez. Não são eles, os nomes, impregnados de um limo próprio, como se tivessem atravessado determinadas latitudes cansados alguns, brilhantes outros, mas sempre nomes que nos fazem lembrar ou sofrer por alguma coisa, às vezes mesmo de algo que não persistia mais no fundo da memória?" (23) **[26]**

A resposta, qualquer que seja, sempre pode estar carregada de um significado. Quando as pessoas dizem que não sabem, costumo pedir-lhes que procurem informar-se sobre a origem e os motivos que tiveram seus pais para dar-lhes esses nomes.

"Manela, assim como está escrito e não Manuela como já se perguntou ao ler-lhe o nome e sempre se pergunta ao escutá-lo, acreditando tratar-se de engano na grafia ou na pronúncia. Prenome herdado de tataravó italiana, memória recordada pela família por se haver tornado lendária a beleza daquela primeira Manela, beleza escandalosa e fatal. Por ela dois tenentes-coronéis flamantes e tolos, bateram-se em duelo desrespeitando os editos; por ela um padre a caminho das honras do bispado cometeu sacrilégio, desdenhou da eminência, largou a batina e se amigou." (49) **[1]**

Algumas pessoas sabem, e sua resposta ajuda-nos a compreender suas atitudes e as suas eventuais dificuldades.

"'Você sabe que eu não estou brincando, Mildred. Se a fantasia não ficar pronta eu me mato! E você... vocês duas serão culpadas. Vou deixar isso escrito num bilhete para polícia.'

Mudando subitamente de tom, agora dirigindo-se a mim: 'Tudo em ouro e negro. Sempre me fantasio em ouro e negro. Áureo em latim significa ouro, você sabia? Claro, é um cineasta, deve saber. Foi minha mãe que me deu esse nome, minha mãezinha querida que Deus levou no ano passado —sofri tanto, fiquei tão só. Ela sabia que esse nome seria uma luva para mim. Ouro. Imagina se eu me chamasse Mildred.'" (39) **[45]**

Quando um nome sugere claramente uma determinada característica, a tua pergunta pode ser extremamente simples: confere? Quando a pessoa entende o que queres dizer com "confere?", pode, ao dar sua versão, contar-te uma história muito interessante.

"Selvagem Furibundo, a quem o pais deram esse nome na esperança de que crescesse violento e áspero, apto a enfrentar um mundo maldoso e feroz, transformou-se num homem moderado e ameno, respeitador do próximo e do longínquo, visível a quilômetros em sua bondade." (49) **[40]**

"Já Risonho Meigo Cordiale era exatamente o contrário. De Selvagem Furibundo e de seu próprio nome. Irritado, anti-social, mau-caráter, irresponsável, era desses choferes que aceleram ao passar pelas escolas públicas na hora da saída das crianças, buzinam ao passar por hospitais altas horas da noite e jamais deixam —literalmente— de cuspir no prato em comeram." (169) **[38]**

Vemos que não convém, pois, cair na tentação da adivinhação. Seria um erro deduzir que um nome (que sugere um tipo de caráter ou de atitude) determina de maneira rígida sua personalidade..

"—Gosto que seja assim, desculpe-me, mas gosto que seja assim. Nunca posso acreditar numa pessoa incapaz de se rebelar, embora não possa adivinhar por que você tem sentimentos tão medonhos. Creio que é por causa do seu nome, e as pessoas, é engraçado, representam muito bem os nomes que lhes deram, mesmo que não gostem deles e que não saibam sequer o significado." (30) **[27]**

Voltando à questão dos rótulos familiares

Essa distribuição de papéis funciona como uma espécie de baliza que determina o rumo da vida das pessoas. Repara, não existe rótulo "bom", ou dito noutras palavras: na medida em que se trata de um rótulo, que tem de ser desempenhado, que inibe a possibilidade da pessoa experimentar e usufruir de outras possibilidades, funciona como uma prisão.

"'A Olegária não saiu com a papeira de Siá Dina,' a mucama comentara, 'e nem não é uma lesma morta como as irmãs. Memém, a mais velha, ou tá metida naquele tear ou tá vigiando a Olegária, pro modo de inquisinar com ela...'

Honório ouviu o resto dos comentários de Rufina, achando graça na esperteza da mucama: para ela, Dorotéia, a irmã que se seguia a Hermengarda, era um tonta, que não falava quase nunca e só sabia abrir a boca para comer doce, capaz de dar sumiço, num só dia, de duas compoteiras gordas de doce de figo ou de pêssego em calda, o que terminava por deixá-la com uma diarréia tal que não lhe dava tempo de recorrer ao penico; Tudinha vivia com aquele olhar espantado, como se tivesse aca-

bado de nascer e ainda não conseguisse reconhecer as pessoas; Maria Odila não saía da cama, sempre com a mania de que tinha uma febre misteriosa, que não havia doutor nem feitiçaria capaz de descobrir que doença era aquela; Bebel, essa sim, era a única que nascera para ser freira, como o pai desejava: vivia rezando, os olhos sempre voltados para o céu, como se sofresse de uma paralisia no olhar; e das Dores, então, saíra completamente doida, sempre bordando e desmanchando o bordado, até que o pano ficava tão sujo que a mãe tinha de arrancá-lo das suas mãos, para jogá-lo fora, e ela ficava chorando, quase aos berros, até ganhar outro bordado, onde a luta do faz - e - desmancha continuava. 'Só a Olegária é que tem a cabeça no lugar,' finalizou Rufina." (70) **[19]**

Toma como o exemplo o "belo" rótulo de quem "se destaca no mundo". Ele tem que se destacar, mesmo que para isso tenha que sofrer a sua vida toda. Pode ser um bom rótulo?

"Nasci de Tereza, há tanto tempo, naqueles sertões quase baianos de tão altos. Nasci menino, nudo, careca, banguela. Berrando e cagando como todo menino. Mas hei de ter nascido marcado por Deus, para destacar-me no mundo, como destaquei, entre gentes que dominei, humilhei, matei, para não ser dominado, humilhado, matado.

Quantos me subjugaram? Alguns. Menino sofri padecimentos na mão de Lopinho. Rapaz, na mão do capitãozinho Duxo. Depois, agüentei castigo duro foi debaixo do pau daquele major come-cu que vergou meu destino." (117) **[86]**

Quero insistir em um ponto: nem sempre se trata de uma decisão consciente. Esses rótulos podem ter sido usados e distribuídos na família por gerações anteriores, inclusive por pessoas que já morreram, de forma pouco rigorosa.

"Mas ali na casa não havia refúgio. Na crônica daquela casa não se escreviam pessoas, profissões, mas tipos, personagens, protótipos estereotipados a simularem papéis, dirigidos por um espírito malfazeja, inventor maluco, gênio do mal." (91) **[96]**

Em outros casos, a escolha é feita abertamente: apontam-se as pessoas específicas que deverão levar esta ou aquela etiqueta.

"—Eu sabia que o pai falava pras gentes de fora que tinha feito aquela promessa: que nós, as filhas mulher, iam pro convento ser noivas de Cristo. Mas o que era aquilo de fazer promessa em nome de nós? E desde quando? E por que ele não fazia promessa e deixava de ir pro quarto da costureira Didila toda noite, pra mijar forte e grosso no penico de louça dela, como eu escutava de ouvido colado na porta?

E o que era aquilo de mandar o pobre do meu irmão, o Zezé, pro seminário se indesde menino ele me dizia e redizia que não queria ser padre, que ele queria era casar com a Glorinha, a filha dessa mesma costureira Didila com quem o pai dormia toda noite?..." (18) **[19]**

"Como água para..."

Os pais podem escolher um filho para que fique com eles, para que lhes faça companhia na velhice.

"Sentada no batente da porta do quintal, Caçulinha estudava, muito atenta, a sua lição. Lia em voz alta, convencida de que assim decoraria mais depressa.

Era uma garota de onze anos, olhos claros, cabelos castanho-loiros, branca e rosada. Tudo isso, e mais o acetinado de sua pele, as suas mãos finas e belas, davam-lhe certo ar de superioridade e destaque no meio pobre em que vivia. Constituía o enlevo e a alegria dos dois velhos. Era, mesmo, a máxima esperança deles. Porque, aquela, não levaria a dura vida das irmãs. Arrastando sacrifícios impossíveis, haveriam de fazê-la normalista e professora, para ter quem lhes fosse um amparo no extremo da velhice."' (23, 24) **[48]**

O filho portador do desejo do pai

Não raro, quando os pais escolhem um filho para que realize os seus próprios desejos frustrados, provocam a frustração desse filho escolhido.

"—O senhor pode achar graça. Pode até achar que eu estou querendo apenas ser-lhe agradável. Mas vou-lhe dizer a verdade: sou tão roceiro, tão sertanejo, tão fazendeiro quanto o senhor. Só que o senhor conse-

guiu fazer tudo isso, fincou toda esta madeira, realizou seu sonho. Eu ainda ando como o senhor andava nos seus tempos de peão boiadeiro... Mas o diabo é que me botaram nas mãos, quando eu era menino, caderno e livro, em vez de uma boa vara de ferrão. Sentaram-me em banco de escola em vez de me montarem em pêlo num poldro sem costeio. Meteram-me um freio água-choca nos queixos e me puxaram de rastro para um caminho que não era o meu...

Mas teve de interromper o discurso: Dona Maria chegou e, vendo, do alpendre, os dois cavaleiros que apontavam o corredor, a abrir caminho por entre a vacada de leite disse:

—Lá envém o compadre Nelson. Ele e Seu Eduardão." (158, 159) **[78]**

E, muitas vezes, esse filho frustrado, quando pai, poderá repetir a história encarregando seu filho de realizar aquilo que ele não conseguiu realizar.

"Tinha na mente que um filho meu, assim feito, podia prolongar por muitas partes e por muitos tempos a minha descendência. Tinha que ser o que eu não fui, chegar onde eu não cheguei, fazer o que eu não fiz e gozar o que eu não gozei. Isso eu ainda tenho esperança que eles façam. Que vale que um tem os meus olhos, outro tem minha boca, outro tem meus cabelos, meu andar, minha voz, algum jeito meu que se transmite só pelo sangue E todos têm a força da minha vida e o sangue da minha raça. Isso eu sei que eles têm conforme já vi o tanto de caboco que eles são, pela feição e pelo porte. Quanto à vida que eles levam, isso eu garanto, completam paresque meu destino andante." (162) **[68]**

Um filho que "deve" realizar os desejos do pai, é um filho que já vem com uma responsabilidade muito grande.

"Eu já queria homem, filho homem, pra correr pelos meus caminhos errantes. Mas vivendo a minha —sua— vida à parte, o senhor entende? E percorrer o tempo e o mundo que eu não tive tempo, o senhor entende? Se viesse mulher, que viesse, eu também tinha vontade de ter uma filha mulher que fosse do meu sangue. Só que com ela eu não dividia todos os meus sonhos, nem indicava os meus caminhos andantes. Isso eu pensava como se fosse viver pra toda a vida, pra sempre. Ainda não tinha feito o meu primeiro filho e já imaginava os caboclos inteirados, homens feitos, espalhados por todas as beiras e barrancas." (161) **[68]**

Acabo de dizer: "os pais podem escolher um filho para que realize seus desejos não satisfeitos". Mas seria necessário agregar que, muitas vezes esse filho escolhido, também é aquele que se propõe para a realização da tarefa. É por isso, lembras, que quando ele tem problemas eu não o chamo de paciente identificado, e sim de emergente familiar. O filho se propõe para o papel e dele extrai certos benefícios.

"Pedro crescia. Armando infiltrava-se por dentro dele, passando-lhe vigorosamente a herança do apetites, pregando seus olhos nos do filho, enchendo com seu tudo o nada do menino, que aos cinco anos já enxergava o mundo, não falava de boca cheia, bebia a si próprio sem sede, na visão sartriana da existência. Aos poucos, a casa começou a render-se à hegemonia de Pedro. O pai convocou suas defuntas crenças, pediu benção e a água da poesia começou a brotar em suas mãos já cinqüentenárias. Na frase mais rápida: o filho seria o que ele não foi. Nada tão simples e catastrófico ao mesmo tempo. É o soltar prendendo, o libertar responsabilizando, o pedir contas a quem não tinha na cabeça aritmética do mundo. Era no âmago do menino que a voz do pai ia falar, quando a noite morria, e só os dois ficavam um diante do outro, mutuamente velando-se." (45) **[71]**

A filha portadora do desejo do pai

Quando o desejo foi formulado por uma pessoa que já morreu, seu peso pode ser ainda maior. Quem ousa contradizer a vontade de um morto? Avalia quando esse morto é o próprio pai!

"Tereza, a acrobata dançarina, só continuava no picadeiro para satisfazer o último desejo do pai, que caíra do trapézio e quebrara o pescoço: estendido no palco, a boca cheia de serragem, finando-se diante da platéia que por tantos anos o aplaudira, pedira-lhe, antes de mergulhar nas travas da inconsciência, que não interrompesse a tradição familiar, que já durava cinco gerações, de pertencer ao circo. Tereza, que em seus quinze anos tudo o que desejava era um marido, uma casinha e filhos sadios para criar, prometera ao pai agonizante que continuaria a colher os aplausos e agrados do respeitável público." (244) **[64]**

As mães também desejam

Esse desejo que marca a vida de um filho, pode ser também da mãe. E é claro; ele é igualmente poderoso.

"Você compreende, minha mãe quis que eu fosse padre e não frade, quero dizer monge, disse o padre Murad. Viúva muito moça e passando dificuldades financeiras, ser padre secular era uma maneira de eu ajudá-la e sustentá-la depois de ordenado. Eu era o seu capital." (...)

"Como muito pouco, tenho uma vocação ascética não realizada. Fui estudar em seminário maronita porque minha mãe queria, e desejo de mãe a gente nunca deve contrariar. O que eu queria mesmo, quando jovem, era ingressar num mosteiro na Turquia, ser monge." (44) **[37]**

O teatro dos rotulados

Quando o sofrimento conduz as pessoas para terapia, estas soem mostrar-te seus rótulos. "Eu sou isto ou mais aquilo." Talvez fosse bom que, quando falam isso, ouvisses: "eu me comporto como isto ou como mais aquilo". Assim, será mais fácil encontrar a pessoa que se esconde por baixo da sua etiqueta. Porque o crescimento das pessoas só acontece quando resolvem deixar de ser apenas aquilo (seu rótulo) para passar a ser tudo aquilo que podem ser. Demos uma olhada em alguns dos rótulos mais utilizados.

O louco

Um dos personagens que, com certeza, enfrentarás inúmeras vezes é aquele que tem o rótulo de louco (esse é um rótulo como qualquer outro).

"—É louco —avisou lá para dentro, ao mesmo tempo que empurrava o homem para o interior da sala, onde foi imobilizado.

Ele fora traído, mas, por outro lado, o seu salvado —se podia chamá-lo assim— aplicara-lhe um rótulo novo que lhe oferecia também

uma nova identidade, talvez explicando suas novas sensações, que agora ele preferia guardar para si mesmo.

'É como se tudo não passasse de um sonho, inclusive eu e o bembeiro.'" (103) **[97]**

A criadora de casos

Certas pessoas sempre estão envolvidas em problemas. Queixam-se da sua má sorte e, apesar de tentarem... acabam no meio de confusões.

"De novo aquela sensação de vazio, aquele frio no estômago. Dorotéa, onde vieste te meter? Bem dizia o falecido: Téa, quando você não tem nenhuma preocupação, nenhuma coisa grave para se preocupar, acaba descobrindo. Sua capacidade de se meter em confusão é qualquer coisa que eu nunca vi igual. Aí está você, mais uma vez, numa situação que você não tem nada a ver com isso. Como vai se livrar dessa confusão, Téa? (177) **[63]**

O irmão sacrificado

Um dos irmãos pode ser escolhido para sacrificar-se pelos outros (os pais incluídos). Esse sempre se queixa do que fazem com ele, mas sempre está fazendo aquilo que os outros querem que ele faça.

"Na época da minha juventude estava no fogão. O Bento, ruim da cabeça, fugindo pra rua, me dando o maior trabalho. Agora, que era hora de eu descansar, envém a Tuca com os meninos. Isso, fora a Ção, que não casou também e é a maior nervosia.
Tudo estoura é no meu lombo que sou a melhor da casa, quer dizer, fora o Nico, que como você sabe tem a cabeça boa e fez até o segundo ginasial. Eu fico sentida, porque quando chegou a hora de pagar estudo pra mim que agüentei o batente, ele que tem bom emprego, que que fez? Casou com moça de fora, que nem por isso. Pesar do estudo eu tenho. Não fosse isso, arranjava emprego melhor." (19) **[81]**

O pai ausente

O rótulo de pai ausente é muito comum. Na maioria dos casos serve apenas de pretexto para que o pai não se envolva com a educação dos filhos (e para que a mãe assuma toda a responsabilidade por ela).

"Aristides costumava dizer à mulher, com uma ruga de preocupação na testa: 'Verônica, não achas que estamos criando um maricas?' Ela respondia serena: 'Não, Aristides, estamos fazendo um cavalheiro.' Ele dava de ombros e esquecia a educação do filho. Sempre achara mais fácil *esquecer*. Habituara-se a entregar certos problemas à mulher: a direção da casa, a educação dos filhos, a vida social da família. Depois, tinha a sua carreira, os seus negócios e os seus passatempos preferidos, eram preocupações que não lhe deixavam tempo senão para rápidas e desapaixonadas observações casuais." (342) **[112]**

A representação familiar

Em certas famílias o peso dos diferentes rótulos é tal, que terás a impressão de que todo mundo está representando.

"Mas Veronika não estava assustada. As pessoas que me cercavam eram, sem exceção, atores desempenhando um papel misterioso. Todos guardavam um segredo, escondiam algo do mundo —de mim." (155) **[45]**

Existe, também, a possibilidade do filho desejar seguir o exemplo dos pais e, ao fazê-lo, enveredar pelo seu próprio caminho.

"Sua mãe entrava pelos galinheiros para apalpar ela própria os fiofós das galinhas, com um gosto que a outra não compreendia. Ele próprio, Paulo, aprendera com a mãe a apalpar galinhas; tornara-se nisto um perito; e pensava agora ter então adquirido o seu dedo apalpador uma sensibilidade toda especial: útil a um médico. Pela vontade da madrinha, Paulo, quando menino, não sairia de casa que não fosse de botas." (151) **[51]**

Tenho para mim que, na grande maioria dos casos, os pais desejam firmemente que os filhos consigam ter sucesso na vida. Fazem de tudo, para favorecer esse objetivo.

"O pai desejava discipliná-lo, encaminhá-lo bem na vida. No fundo, guardava uma ambição política para o filho. Era neto do Cel. Elpídio Silveira, já que mandara em Cercado Velho. O pai nem de longe percebia o absurdo de suas idéias. Na sua vida o fracasso, tinhas grandes esperanças de ver Ismael mandando na cidade." (37) **[36]**

O problema consiste simplesmente que a idéia que os pais fazem desse caminho nem sempre corresponde aos desejos e aptidões dos filhos e, quando o filho manifesta os seus próprios desejos, surge a crise.

"Esperou que o velho acendesse o cigarro, aproximou-se com o cinzeiro:

—Papai, quero lhe fazer um pedido.

—Heim?

—Um pedido.

—Que é?

—Eu queria trabalhar.

—Trabalhar?

Empurrão violento, teve que se amparar no portal.

—Ora, sim senhor, onde já se viu? Filha minha querendo trabalhar! Onde estamos? Tem tudo —Casa, comida, roupa lavada— e quer trabalhar. Para quê? Quem vê, pensa que essa menina está passando fome, sofrendo necessidade. Não, sua ordinária, filha minha não trabalha. Você pode dizer o que quiser, mas não trabalha, não, senhora. Na minha família, mulher nunca trabalhou. Não deixo, pronto! E pode levar a porcaria desse cinzeiro daqui, que não vou fumar mais." (19, 20) **[72]**

"Não seja como seu pai!"

Em certos casos o filho é encerrado em uma dupla comunicação: deseja-se que o filho seja algo, mas... sabe-se que ele nunca conseguirá sê-lo. O pai almeja ver seu filho fazendo aquilo que ele gostaria de ter feito e, ao mesmo tempo, identifica nele sua própria incompetência.

"Assim cismava nos dias de abatimento, perdido. Voltava-se para Ismael como esperança de porto e salvamento. Nunca demonstrara porém a menor confiança nele, na sua capacidade para grandes empresas. Queria-o começar pelos pequenos caminhos, por onde ele não começara. O sogro dera-lhe tudo, ele perdera a partida. Desejava ver-se realizar no filho. Daí a sua amargura ao fitá-lo, ao ver-lhe a rebeldia, a indolência. Desconfiava no filho a própria fraqueza." (51) **[36]**

A obediência de um filho ou de uma filha pode ser vista como algo muito bom... mas também pode significar que a pessoa não conquistou seu direito a viver.

"Carolina aquiesce sempre. Parece não ter consciência de que a mãe quer que ela seja como um papagaio de papel seguro em barbante curto, com verdadeiro pavor de que se solte e se perca por esse Brasil tão vasto e misterioso como o mundo das estrelas." (145) **[21]**

A ruptura dos rótulos

Sim, quando as pessoas conseguem rasgar os seus rótulos, sair da coerência dos seus papéis, conquistam seu direito à saúde, à autonomia. **{50}** Quando uma pessoa "boazinha" (do tipo que sempre está cedendo seu espaço para as outras pessoas), rompe essa etiqueta, não passa a ser má, não te assustes. Apenas tem o ***direito*** de ser boa e de colocar limites.

"Pouco a pouco habituávamo-nos a essa nova vida. Uma vida em que não tínhamos de representar papéis, apenas ser nós mesmos." (231) **[96]**

Essa crise de ruptura pode ser assustadora e ameaçadora. Mas, quando as pessoas resolvem enfrentá-la, conseguem superar-se e conquistar seu próprio espaço

"Sentiam-se bem juntos aquela noite, embora o pensamento flutuasse como a lua movediça. Dentro de Paula se travava uma luta entre o episódio branco e a quentura do sangue. Ao lado do desejo *(era também medo?)*, do desejo de amá-lo, estava uma coisa que era importante de-

mais para ela: a libertação do destino da mãe, da humilhação que sempre sentira em Cercado Velho.” (141) **[36]**

“Era em momentos como aquele que Paula via com clareza todo o seu destino. Por mais estranho que pareça, era da confusão do espírito agitado que lhe vinha luz sobre coisas até então desconhecidas. Em momentos de crise, quando tudo rodopiava incessantemente na sua cabeça, o coração a estalar de uma angústia sem fim, aparecia-lhe a visão clara de sua vida. Tremia toda ao ver a luz pálida iluminar-lhe o caminho a seguir; mãos acenavam-lhe misteriosos sinais, que instantaneamente se aclararam, e era incrível *(se dizia)* que antes não os pressentisse.” (164) **[36]**

Os mitos familiares

Os grupos humanos têm tendência a elaborar certos mitos em torno de si mesmos e dos outros. Esses mitos são muito poderosos e acabam determinando a vida das pessoas. Isso não é uma exclusividade da família, eis alguns exemplos relativos a sistemas maiores. **{7, 11}**

“Alguns poucos evoluem, de seus problemas, para a rebeldia. Outros se evadem para a piada, quase sempre irreverente. O brasileiro é um destes. Mas principalmente se refugia no samba.” (33, 34) **[58]**

Assim como temos essa idéia preconcebida de que “o brasileiro ***é*** assim”, essa mesma circunstância se repete dentro do próprio país, de uma região para outra.

“Estive foi cuidando do Brejo. Guerreando aquele povo de preguiça mansa. Acho que é da natureza dos goianos serem assim. O que um mineiro faz num dia, goiano leva uma semana. Goiano anda devagar, Goiano não tem pressa. Goiano acha que a vida é pra viver, calmo e tranqüilo, sem ferrão nem sofreguidão. Até nos gozos, goiano deve ser mole, frouxo. Vivi azucrinando o povo daquela fazenda infestada de gente.” (310) **[86]**

Para cada região do país, para cada cidade, para cada aldeia existe esse tipo de idéia.

"'É de Alagoas? Então, considere-se admitido. Você tem o crime no sangue, na ancestralidade, nos antepassados que comeram o bispo Sardinha.'" (129) **[54]**

No caso da família, os fundadores, os ancestrais, legaram certas tradições que, ao longo dos anos, foram sendo enriquecidas e elaboradas pelas outras gerações.

"Ah, talvez não tenhas culpa... Eu estou vendo... O espírito de meu avô influiu em ti, Pedro. Ele também um dia se aborreceu do mundo, desceu o rio numa jangada e até hoje está descendo... Quem entende os homens? Sangue mau de antepassado mandando ainda no meu filho..."(124) **[62]**

Mas os responsáveis pela continuidade dos mitos não são os ancestrais. São as pessoas bem vivas da família que os perpetuam. E é com eles que tu poderás fazer as intervenções que poderão mudar a situação.

"Mas é que descem sobre os homens os outros homens, antepassados, nem tanto, mas os que estão instalados pertíssimo, no hoje, agoríssima hora, logo aqui, a família mesma, parede de avanços, trampolim de recuos." (86)
[71]

A vida de uma família pode estruturar-se em torno de certos mitos: "nós somos valentes", "os fulanos são honestos", "trabalhadores", "conquistadores", etc. E os membros recebem a incumbência de conservar e transmitir esses valores às gerações futuras.

"Toda vez que eu evocava esse primeiro reinado, o Primeiro Império da minha família, via todo aquele sangue derramado no Rodeador pingando sobre uma Coroa de Prata. Via as espadas luzindo por entre chamas gloriosas, ao pipocar da fuzilaria. Via meus parentes, rugindo os dentes e escumando de raiva sagrada, lutando na defesa do Arraial incendiado, por entre fogaréus, quimeras prodígios e revelações.

Era assim que, aos poucos, o Trono da minha família ia empeçonhando e glorificando meu sangue, até que eu chegasse a ser 'o prodígio e encantamento' que sou hoje; e foi por isso que, quando o rapaz do cavalo branco reapareceu miraculosamente entre nós, meu sangue estava preparado e eu ousei me meter, apesar de toda a minha covardia, em sua terrível Desaventura.

Outra coisa importante é que, como diz Pereira da Costa a tradição da minha família é sempre a fundação de um Reino junto a uma Pedra, dentro da qual, prisioneiro e encantado, está El-Rei Dom Sebastião, o Desejado. No Reino, domina um catolicismo meio - maçônico e sertanejo, baseado no qual nossa família começa a assaltar os gados, as terras, as fazendas, as pastagens e os dinheiros dos proprietários ricos, para distribuí-los com os súditos pobres e fiéis do Reino, juntamente com Cartas-patentes e Cartas-brasão. Tudo isso em meu coração, para quando se completasse, de 1935 a 1938, o Século da Pedra do Reino, abrindo-se caminho para que um Ferreira-Quaderna se sentasse no Trono do Sertão do Brasil." (37) **[103]**

A força de uma marca pode, também, ser imposta desde fora da família e provocar grandes estragos. As pessoas marcadas podem sofrer por "pecados" que não cometeram.

"—Olha, Francisco! O que mais me aborrece aqui é essa maneira coersiva de como nos vão engambelando. Estão sempre provocando, humilhando e sujigando a gente, ao mesmo tempo em que nos acenam com as bem-aventuranças do Reino dos céus, onde nunca estiveram e nem estarão. Eu quero céu é nessa vida de agora, voar feliz nas asas da liberdade. Esse assunto de que quanto mais se sofre aqui, melhor lugar se encontra lá em cima, é conversa para boi dormir! Dê cá meu boné, seu Mané, não quero nem seu café!

—Além disso, Miliota, pra puta que pariu com essa pecadaria pra toda banda! Onde já se viu uma coisa dessa? Afirmar que a minha santa mãe Laudelina era encarnação de pecado e que aquela delícia de fofura linda, a Carmelinda, que conheci lá no Indaiá, era serpente atrativa para os engodos de Satanás! ...Infinilhão de puta que pariu para quem inventou essa desgraceira de lugar, cheio de doidos de maníacos." (99, 100) **[28]**

Questão de sexo

O sexo, um dos aspectos mais importantes da vida, é objeto de diversas interpretações baseadas na noção de pecado, de sujeira. Tanto homens quanto mulheres podem ser vistos pelas famílias como sendo "sempre" de determinada maneira: o homem depravado, a mulher tentadora, arma do demônio etc.

"Estivesse atenta sobretudo às proibições e limitações impostas ao relacionamento sexual dos cônjuges pela Santa Madre Igreja, para não praticá-las, não correr o risco de ver-se de repente excomungada. Existem homens depravados —la mayoria, mi niña— que abusam da inocência das pobres criaturas e não se acanham de arrastar as próprias esposas pelos caminhos da luxúria, da devassidão, como se elas fossem prostitutas. São caminhos da ignomínia, da perdição. Pensa em teu anjo da guarda, sempre a teu lado: presencia tudo quanto fazes. A madrinha não esclareceu sobre o permitido e o proibido e Adalgisa não se atrevera a perguntar, tivera vergonha." (184) **[1]**

Muito das tuas possibilidade de intervir neste sentido vai depender da tua própria convicção pessoal. Se tu tens uma concepção sadia e bela do sexo, teu trabalho de desmistificação será grandemente facilitado.

"Ajoelhemo-nos em adoração no medito desse presenciado sexual. O senhor tem realmente só atrapalheira nessa cachola destemperada de idéias sadias. Se lhe ensinaram ser o uso do sexo coisa de mal, daí o porquê de se ter escalavrado tanto em machucos espirituais pela vida. Sexo é apelo do pensamento de Deus, chamando todos os seres a participarem na criação do Universo com Ele, irmão! Confirmar a obra de Deus em pecados, faz a gente enluciferar-se para as trevas da autodestruição. E por causa dessa tamanha tremedeira sem larga, com essa pitação desenfreada e essa comichão de neurose." (20) **[28]**

O fim do mito

Quando o mito é revelado, deixa de ser mito. Mas, mesmo assim, pode ser vivenciado como uma prisão, da qual não é possível sair. As pseudo saídas (alienadas) podem parecer como a única opção.

"—Você acha que eu, nós, pessoas assim, possam se libertar do passado?

—Não, —disse Rodrigo— o passado que nos domina é uma miséria, e sabe por que é uma miséria?

—Ângelo respondeu negativamente com a cabeça. Rodrigo continuou:

—Ainda não percebeu? É uma miséria, sim! —e acrescentou ardorosamente: —Nós o trazemos antes mesmo de nascermos, já o tínhamos antes de começarmos a vida.

—É por isso, então... —fez Ângelo.

—Sim, é por isso que tudo é inútil, que tudo fracassa. Não adianta nada, está ouvindo? Nada!

O bêbado sorria novamente, as mãos sobre o peito, os olhos castigado pela luz. Avançou para Ângelo, os braços suspensos, a pele da cara grudada nos ossos. Próximo do irmão, contendo-se, abaixando a voz, disse como em uma confissão:

—Muitas vezes, quando estou sozinho, cansado de andar pelas estradas, muitas vezes eu choro. São momentos terríveis. A minha doença, a minha inutilidade, e um orgulho pior que tudo. Eu sinto repulsa de mim mesmo, da minha covardia em subsistir neste inferno. Nessas horas —desceu ainda mais a voz—, nessas horas eu penso em Deus, acho-o parecido a um cão vingativo. Sim, um miserável cão! Não, não posso perdoar-lhe ter-me feito assim, ter-me tirado o direito de criar-me!" (189) **[42]**

O mito rompido

A crise irrompe quando algum dos membros da família desafia o mito e rompe com a tradição.

"Então se fez um grande silêncio na sala dos Figueiredo. Pouco a pouco, eles compreendiam tudo, os pais e os irmãos. Gradualmente, eles entra-

vam na posse daquela verdade. Guida não morrera. Guida estava viva. O golpe duro demais para o velho e dona Senhorinha. Eles estavam numa idade em que já não se suportam mais desilusões assim: as mulheres da família tinham uma tradição de honestidade e quando acaba... O ancião pensava em suas tias, primas, irmãs, avós. Todas eram a mesma coisa: só namoravam para casar, tinham uma austeridade de atitude e de costumes que nada, nenhum acontecimento, nenhum sentimento podia alterar. Havia, também, as solteironas, ou por desilusão ou por não terem encontrado nenhum homem digno. Envelheciam puras, firmes, de uma virtude feroz.

E eram, sobretudo, fidelíssimas. Faziam da fidelidade uma religião.

Eram a mesma coisa em namorada, em noiva, depois do casamento ou nas viuvez. Uma ou outra deixava de seguir a tradição. Era banida sumariamente, deixava de pertencer à família, não se pronunciava o seu nome, não se mencionava a sua existência. Das filhas do ancião só uma quebrara a linha das outras: e esta era como se tivesse morrido. Agora, Guida. O caso de Guida era pior do que tudo. Imaginem: eles tinham passado tanto tempo venerando Guida, cultuando, vendo-a como uma santa, lavada de pecado. De repente, apareceram Lena e Maurício e fizeram a revelação: Guida estava viva! Outra morrera em seu lugar; e ela abandonara tudo, lar, família, marido, pais e irmãos, para seguir um rapaz bonito que mal conhecia. O ancião perguntou:" (444) **[87]**

E, quando isso acontece, a ruptura com a tradição desafia todo o edifício familiar.

"—Não agüento mais esta prisão, não agüento mais os sermões do pai, nem o trabalho que me dão, e nem a vigilância do Pedro em cima do que faço, quero ser dono dos meus próprios passos; não nasci pra viver aqui, sinto nojo dos nossos rebanhos, não gosto de trabalhar na terra, nem nos dias de chuva, não agüento mais a vida parada desta fazenda imunda...

—Fale baixo, eu já disse.

—Só foi você partir, André, e eu já vivia empoleirado lá na porteira, sonhando com as estradas, esticando os olhos até onde podia, era só na tua aventura que eu pensava... Quero conhecer muitas cidades, quero correr todo este mundo, vou trocar meu embornal por uma mochila, vou me transformar num andarilho que vai de praça em praça cruzando as ruas

feito vagabundo; quero conhecer também os lugares mais proibidos,"(179 e 180) **[74]**

Quanto mais se reafirma na família a força de uma tradição, maiores serão as possibilidades de surgir no seu seio uma pessoa que desafie o mito. Minha experiência que essa força com que se defende uma ou outra "tradição familiar", também indica que o mito foi fundado justamente para ocultar algum fato. É muito provável que, se buscas entre os ancestrais das famílias que com mais força apregoam sua honestidade, a sua marca registrada, encontres um desfalque, uma grande desonestidade. O "mito fundador" serviria para ocultar uma grande vergonha familiar.

"—A senhora acha quer ter um filho negro é uma grande desgraça?

—Acho Letícia. Para lhe ser absolutamente franca eu acho. Eu conheço o pedigree de meus cães, o meu gato é siamês. Quando soubemos a origem dos animais que vivem em nossas casas, ficamos mais seguros. Eu sei quem foram meus pais, avós, e bisavós e por aí em diante. Casamento é um salto no escuro, e quando o noivo foi enjeitado, este salto me parece duplamente perigoso.

Foi então que se ouviu Egberto:

—A senhora me parece uma grandíssima filha da puta.

O ex-parlamentar não se moveu quando ouviu isso, como se achasse a resposta perfeitamente natural. A filha da puta também não se alarmou e alisando suas pérolas continuou:

—Em minha família conhecemos todos nossos antepassados. Chegamos ao Nordeste com as primeira famílias ilustres. Todos em nossa família se casaram —nunca existiu um filho da puta em nossa família. O mesmo não se pode dizer de outras pessoas!

—Aqui não fico mais um minuto —disse Egberto se levantando e se dirigindo para a porta de saída.

Letícia o acompanhou até a porta e de lá, olhando para os tios, exclamou:

—Eu vou com você Egberto. Já é tempo de aparecer uma puta nesta família." (120) **[41]**

Os segredos

Algumas vezes, partes desses mitos (ou um mito) são descobertas por algum dos membros da família e essas descobertas se transformam em segredos. Os segredos cumprirão um papel importante na família.

"Foi nesta hora, Quincas dependendo das suas palavras, que Cláudia pensou no segredo como uma arma, diabólica arma nas suas mãos. Era um segredo, não havia dúvida. Ela, apenas ela e Anselmo sabiam da verdade, verdade que poderia causar grande tumulto e causar a ruína definitiva de Paulinho Duarte. Deveria revelá-lo, contá-lo a Quincas? Deveria desrespeitar a memória da morta dizendo ser Ângelo filho de Anselmo, dizendo haver Elisa traído Paulinho Duarte? Ou sepultar o segredo, guardá-lo sofregamente no coração? Oscilando, não confiando nos próprios nervos, Cláudia temia gritar, exibir tudo num momento de raiva. Fitou timidamente o marido pedindo que a levasse, estava horrivelmente cansada." (135 e 136) **[42]**

"Só ela sabia disso o que tornava o fato mais importante. Porque ela entendia que um segredo daqueles é tanto mais gostoso quanto menos divulgado. Sentiu-se aquecida, valorizada, feliz." (143) **[33]**

Os rituais

Os rituais fazem parte da vida das organizações. Desde tempos imemoriais, o homem define o pertencer aos diversos grupos de convivência, estabelecendo una espécie de fronteira cuja abertura dependerá da aceitação e realização, pelo candidato, de certos rituais.

"É o tempo nos matando sem remorso, sem desculpas, mas sem reconhecer seu crime. Por necessidade cega. Nada pessoal. Por isto o ritual. O ritual é a imitação dos ciclos reincidentes da vida, mas com um ingrediente a mais: o significado. O que para o mundo é rotina, para nós é drama. Crime, culpa, expiação, salvação.

—Mas o ritual também é reincidente. Tudo recomeça.

—Bravo, Conrad. Você não vai morrer como um carneiro, afinal. O ritual, ao mesmo tempo que nos reconforta com significados, também

reitera a gratuidade do drama que no fim não significa nada, pois tudo recomeça. Mas dá outra lição também, a principal: que é preciso ir até o fim. Não importa se o que você busca no fim é a salvação da sua alma ou a confirmação de que nada significa nada, é preciso ir até o fim. E não fazer como você.” (140) **[114]**

Para se ingressar em uma determinada organização, é preciso que, antes se passe por rituais de admissão, depois dos quais se adquire o direito de ser um membro reconhecido na dita comunidade.

“...mas aí o Beicinho ficou compadecido e logo aventou a idéia de que me ensinassem a nadar. Era mais fácil.

—Está certo —aquiesceu meu tio— mas ele primeiro tem que engolir um peixinho vivo, não é isso?

—Ah, ainda não engoliu? —exclamou talvez o Joaquim. Estava aí a explicação de minha incapacidade. Tinha que engolir o peixe e tinha que ser logo-logo.

Meu tio explicava que era isso mesmo, que eu me opunha a enfrentar a prova, que por várias vezes já tentara, mas não conseguira, terminando por vomitar.

—Besteira.

—Vai engolir e é já —dizia o Bunda-de-pato, que tomando de uma camisa já procurava com ela lambaris, dos muitos que ali existiam em grandes cardumes. Antes, porém, o Joaquim metia as mãos na água e a atirava com alguns lambaris na praia próxima e ato contínuo me apresentava não mão aquele pedacinho de prata que pulava e se contorcia, as guelras palpitantes. Era só engolir e engolir rapidamente. Nada de pensar duas vezes. Meter na boca, não mastigar e —hum— deixá-lo descer goela abaixo. Tão fácil! Ali todos já tinham feito isso e nada lhes acontecera de mal. Não seria a mim que alguma coisa viesse a suceder.

—Engole.

—Engole.

Por duas vezes tentei e por duas vezes ao sentir frialdade escorregadia do peixe na boca e as contrações de seu corpo, apertava-se-me na garganta num trismo nervoso e sem querer o cuspia fora, para afinal na quarta ou quinta tentativa senti-lo descer vivo, frio e visguento, entre saltos e contrações, pela minha goela adiante, enquanto eu punha ambas as mãos na altura do estômago , por onde parecia que ele sairia naquele

momento, mas não saiu. O gosto de peixe sumiu da boca, ficou a gastura na garganta e, ato contínuo, atirei-me ao poço, mas o Joaquim e o Beicinho caíram logo após a mim e me seguraram. (54 e 55) **[39]**

Os rituais familiares

No seio da família não poderia ser diferente. Toda família estabelece os seus rituais e eles lhe servem para ritmar e balizar sua vida. Eu, pessoalmente, acredito que parte da "doença" da família moderna se deve à destruição de alguns dos seus rituais mais importantes. **{25}**

"As cerimônias e rituais são bons apaziguadores das emoções, disciplinam com método qualquer arroubo e marcam o que se deve dizer e até pensar. Muito necessárias, as cerimônias, pois nada como uma boa disciplina para submeter os humores aquosos do organismo e, principalmente subjugar os apetites." (340) **[10]**

Não penses que acredito que a família deveria manter os mesmos rituais de sempre. Mas, as coisas não estariam tão complicadas para ela se o abandono de certos rituais tivesse deixado lugar para o estabelecimento de outros. Acontece que alguns desapareceram e não foram substituídos por outros, criando-se um vazio, extremamente perigoso. Exemplos de rituais familiares

"Na fazenda ou na cidade, Joãozinho Costa impunha normas, implantava hábitos, dos quais não abria mão. O jantar em família às quintas-feiras era um deles: a família em torno à grande mesa de peroba, no solar do Corredor da Vitória, o uísque escocês, o gim tônica para Olímpia, o vinho português, as iguarias preparadas por Pretinha, cozinheira trazida do interior." (267) **[1]**

Os rituais terapêuticos

A existência dos rituais familiares (a experiência que necessariamente tem a família de execução de diversos rituais), cria as condições para prescrição de toda uma série de rituais terapêuticos. **{4, 14, 16, 17, 21, 22, 23, 47, 54, 59, 60}**

A prescrição do ritual (e sua conseqüente realização pela família ou por algum dos seus membros), permite que se estabeleçam novos padrões de comportamento que virão facilitar mudanças em outros domínios da vida das pessoas.

"Caminhe durante vinte minutos, na metade da velocidade que você costuma normalmente andar. Preste atenção a todos os detalhes, pessoas e paisagens que estão à sua volta. A hora mais indicada para este exercício ser realizado é após o almoço. Repetir o exercício durante sete dias." (48) **[30]**

Lembras que falamos das pessoas que "querem morrer", alguns rituais relacionados com a morte poder favorecer um despertar da vitalidade e um desejo ardente de viver. Há inúmeras possibilidades, mas tu deverás adaptar a prescrição do ritual ao tipo de pessoa com que estejas lidando. Um exemplo pode ilustrar melhor esse tipo de prescrição.

"Deite-se no chão e relaxe. Cruze as mãos sobre o peito, na postura de morto. Imagine todos os detalhes de seu enterro, se ele fosse realizado amanhã. A única diferença é que você está sendo enterrado vivo. À medida em que a história vai se desenrolando —capela, caminhada até o túmulo, descida do caixão, os vermes na sepultura— você vai tensionando cada vez mais todos os músculos, num desesperado esforço de se mover. Mas não sem move. Até que, quando não agüentar mais, num movimento que envolva todo o seu corpo, você atira para os lados as tábuas do caixão, respira fundo, e está livre. Este movimento terá mais efeito se for acompanhado de um grito, um grito saído das profundezas do seu corpo." (134) **[30]**

Rituais "indiretos"

Deves lembrar de certas prescrições que, aparentemente, nada têm a ver com os conflitos e necessidades da pessoa. Podem provocar uma série de novas descobertas pessoais. A aparente falta de sentido do ritual, conduz a uma busca do sentido pessoal da vida da pessoa.

"Subiu os degraus de pedra da torre. Estava muito escuro e ele tateava as paredes. Cheiro de mofo e umidade. Súbito, a visão do céu radiante, do panorama de montanhas, dos telhados escuros lá embaixo. Respirou o ar fino e leve das alturas. Seus olhos se perderam nas lonjura da paisagem. O dia brilhava por toda a terra —a grandeza da paisagem montanhosa —a luminosidade das coisas —a poeira verde das massas de árvores —o verde, o cinzento, o azul das montanhas. Só conseguiria acalmar-se se não olhasse por muito tempo a paisagem. Ali estivera muitas vezes e sabia. O silêncio da torre é que lhe fazia bem, favorecia uma concentração calma, o repouso dos nervos." (225) **[36]**

As reações às novas idéias e outras coisas mais

Temos falado muito de criatividade, de utilização dos sentimentos e das emoções, porque é dessa forma que podemos fazer um trabalho diferente. Mas isso não quer dizer, de maneira alguma, que essas propostas tenham uma aceitação garantida no nosso meio. Prepara-te para encontrar muitas dificuldades.

Se te lanças pelo caminho da criatividade, é claro, terás dificuldades. Mas não com os teus clientes; com aqueles colegas que não aceitam que se inove, que se mude.

"—É que o Landell não conseguiu superar a submissão às normas estritas da sociedade. Tem seu prestígio e sua fama, não quer jogar-se na aventura de contrariar a voz corrente. Adotou o princípio da avestruz: preferiu esconder a cabeça em sua ciência empedernida. Mas nem por isso é um demônio." (222) **[11]**

Conselho, controle e tutela

Alguns Conselhos "profissionais" tentarão, ainda, impedir o desenvolvimento das novas propostas. Não, não é por questões de ética. É uma "defesa" da categoria. Defesa comercial de um mercado que sonham manter fechado.

"—Cães da Província, sim! Como se não bastasse a mesquinhez e a falta de espírito, não admitem ninguém que lhes seja superior. A suprema alegria passa a ser esta, crucificar um homem que apenas deseja seguir seu destino, que nada mais quer senão partilhar com todos esta mesma natureza mortal, que tem desejos e imaginações a que ninguém se julga no direito, e reputam esses sonhos como algo obsceno. Na verdade, busco o que todos buscam, só que por meus caminhos. Atenção burocratas e comerciantes!" (124) **[11]**

Assustam-se com o novo e com os novos.

"Há neles em geral essa hostilidade pelos novos. Sentem que o ofício é fácil e se eles ainda por cima o facilitarem, perderão em breve o prestígio." (219) **[16]**

Agora, seu poder de manter as coisas no mesmo lugar é mínimo. Não podem conter o progresso da ciência! Fica em paz e continua.

"Levantando-se e pondo-se a passear de um lado para outro, o Doutor Stahl acusava agora os partidários do diploma de amigos da ciência oficial, uma calamidade.

Eram todos regressistas, porque se esqueciam das lutas, das revoluções que tinham sido necessárias para destruir o exclusivismo das castas fechadas, os privilégios de corporações. Era preciso também não esquecer que a ciência oficial tinha dado cicuta a Sócrates, amargurado a velhice de Galileu.

Ninguém devia esquecer-se de que quando Copérnico, Newton, Pasteur, Einstein ou Freud assombravam o mundo e honravam a humanidade, é porque se haviam rebelado contra os tais dogmas da ciência oficial." (113) **[70]**

Algumas considerações finais

Bem, está quase na hora de concluir estas linhas. Não quero, no entanto, deixar de lado algumas considerações finais que não puderam ser colocadas antes. Vejamos, pois, algumas delas.

O terapêutico

Sabes, talvez este não fosse um item a ser colocado no final (bem, de fato, não tinha a pretensão de organizar nossa conversa seguindo uma ordem hierárquica de importâncias!) O caso é: a questão do que é terapêutico, penso, merece uma reflexão aprofundada.

Muitas vezes a mudança vai se produzir no momento menos inesperado, fora do contexto da sessão terapêutica, de forma espontânea, sem obedecer a um planejamento prévio, sem ser o produto de uma intervenção específica e determinada. Acontece, porque acontece!

"Se antes Camilo nunca tinha tido amigos, já agora a sua primeira experiência lhe ensinara que este sentimento é vital na ordem das coisas. Ao entrar no quarto, diante dos livros e objetos que lhe pertenciam, sentiu que jamais poderia voltar a viver sozinho com aqueles tesouros. Pois as maiores riquezas perdem todo o valor quando só o são aos nossos olhos. E Camilo, que tanto fugira dos meninos da vizinhança, agora procurava se aproximar deles." (94) **[25]**

Talvez nossa tarefa consista "apenas" em criar condições para o favorecimento desses momentos especiais de busca, de virada da vida.

"E os seus olhos se encheram de lágrimas inúteis, que escorriam ardentes pelo seu rosto marcado com os beijos furiosos de Esperança. Mas aos poucos, enquanto caminhava, sentiu o ar frio da noite bater-lhe no rosto e o seu desespero se atenuou. O seu rancor desapareceu, só uma grande e invencível melancolia se derramou no seu coração. Imaginou que aquela miséria não era sua em particular, mas que pertencia a todos os homens. E lhe veio um nítido desejo de ser melhor, de fazer alguma coisa que desvendasse aos olhos dos outros a iniqüidade daquela terrível mentira. Caminhava devagar, os olhos fixos nas poças d'água que brilhavam, sentindo com inesperada força o esplendor das coisas no silêncio puro da noite. 'Talvez que daqui a algum tempo não me lembre de mais nada disto', pensava. Teria de se acostumar, como já se acostumara a tantas coisas da vida. Mal sabia ele que o esforço da maioria dos homens é para se adaptarem a coisas que não amam — e, se alguns raros se revoltam a fim de conservarem a fisionomia original, outros se transformam até construírem uma espécie de Segunda natureza, que apesar de

tudo rompe o verniz do hábito e protesta algumas vezes contra este jugo que não pode amar.” (129) **[25]**

A coterapia

A coterapia é uma experiência muito interessante. Tens muitos motivos para optar pela experiência da coterapia (possibilita uma dupla visão e permite uma participação ao mesmo tempo próxima e distante, abre inúmeras possibilidades). Se não consegues imaginar uma... que seja ao menos para que tenhas uma platéia, que seja testemunha das ações. **{52, 57}**

“—Quem agüenta a vida sem contar o testemunho do vizinho? Que graça tem fazer rir ou chorar sem uma platéia atenta?” (124) **[79]**

O silêncio na terapia familiar

Depois de tanto falar sobre falar quero que voltemos a falar do silêncio. Em terapia familiar o silêncio pode ter um valor inestimável. Não esqueças que o impacto do que dizes (ou mesmo do que os membros da família dizem) não depende tanto da quantidade quanto da qualidade. Há momentos em que o silêncio pode ser a melhor intervenção. Não o temas, cultiva-o e permite que ele também faça frutificar as mensagens. **{1, 31}**

“Danilo agora sorvia os goles com exagerada parcimônia, só para certificar-se se mantinha Francisco preso à teia da intriga. Aprendera como ator a valorizar as pausas. Além de servirem à respiração, davam substância à cena seguinte.” (117) **[79]**

O tempo

A insistência que durante tantos anos tivemos no “aqui e agora” (que como poderás constatar, atualmente é menos forte), devia-se a necessidade de se romper com a tradição das terapias intermináveis baseadas na arqueologia da alma: busca incessante de traumas acontecidos havia muito tempo e que estariam na raiz de todas as nossas dificuldades. Aqui e agora significava, sobre tudo, não fugir para esse passado remoto e aproveitar os recursos e possibilidades das pessoas para resolver adequadamente os problemas.

"De repente, Greta sentiu-se leve. O lombo estava saboroso, o beaujolais sublime. Viver o aqui/agora é mais importante do que desenterrar recordações e ou fantasiar o futuro. Tenho um nome, goste ou não goste dele. Sou alguém." (190) **[102]**

Mas isso não quer dizer que tenhamos que ignorar todo e qualquer passado. Há um passado que está vivo (que nos faz ver e agir de uma certa maneira) e que pode ser modificado.

"O presente não é jamais um instante puro. O passado o rodeia como o sol que envolve a sombra de uma árvore." (114) **[54]**

A freqüência das sessões

Ouve inúmeras tentativas de determinar um ritmo constante para a realização das entrevistas terapêuticas. Deves lembrar das famosas "dez sessões" pré determinadas para um processo terapêutico. **{44}** Com o tempo, tivemos que aceitar que não era possível decidir, de antemão, uma proposta que fosse válida para qualquer família, em qualquer circunstância.

"—Às vezes, muito mais... Ora! O tempo... Uma noção subjetiva, que só existe para nós... Uma fatalidade da nossa organização cerebral, independente da nossa experiência. Um critério, uma categoria para a nossa interpretação humana dos fenômenos... De que vale?" (128) **[17]**

Qualquer proposta de um número determinado de sessões seria arbitrário. E como sabes, muitas vezes aqueles que propunham as "históricas dez sessões" optavam por uma prorrogação do prazo por outras tantas entrevistas. **{44}**

"—Quando se estabelece um prazo para fazer determinada coisa, e essa coisa se torna infazível dentro do prazo estabelecido para fazê-lo, o próprio prazo contém em si, por lhe ser inerente, o mecanismo necessário

para fazer a coisa dentro do prazo que ela exige para ser feita. Refiro-me ao mecanismo da prorrogação. Afinal, se a prorrogação de prazo é um recurso válido e aceite, quer isto dizer que todo prazo é prorrogável, na medida em que não pode haver prorrogação de prazo sem que haja antes um prazo estipulado. Logo, já que há um prazo estipulado, temos, conseqüentemente, o elemento indispensável para a sua prorrogação, que é, naturalmente, o próprio prazo. O importante é que a prorrogação resulte de comprovada inviabilidade de fazer dentro do prazo uma coisa que só pode ser feita se prorrogado o prazo. E é isto, exatamente, o que ocorre com a regulamentação. Em três horas é absolutamente impossível fazê-la." (128) **[95]**

Em algumas circunstâncias, as famílias querem resolver as dificuldades encontradas, obedecendo ao mesmo ritmo alucinado que contribuiu para criá-las. Resgata a urgência que têm para resolver, mas não as acompanhes na pressa nem na insistência em fazer de qualquer maneira. És tu quem vai determinar o ritmo do processo. **{37, 56}**

"—O primeiro sintoma de que estamos matando nossos sonhos é a falta de tempo —continuou Petrus. —As pessoas mais ocupadas que conheci na minha vida sempre tinham tempo para tudo. As que nada faziam estavam sempre cansadas, não davam conta do pouco trabalho que precisavam realizar, e se queixavam constantemente que o dia era curto demais. Na verdade, elas tinham medo de combater o Bom Combate.
'O Bom Combate é aquele que é travado em nome de nossos sonhos. Quando eles explodem em nós com todo o seu vigor —na juventude— nós temos muita coragem, mas ainda não aprendemos a lutar. Depois de muito esforço, terminamos aprendendo a lutar, e então já não temos a mesma coragem para combater. Por causa disto, nos voltamos contra nós e combatemos a nós mesmos, e passamos a ser nosso pior inimigo. Dizemos que nossos sonhos eram infantis, difíceis de realizar, ou fruto de nosso desconhecimento das realidades da vida. Matamos nossos sonhos porque temos medo de combater o Bom Combate." (63) **[30]**

À ansiedade com que certas famílias encaram o processo, querendo marcar consultas com poucos dias de intervalo, eu tenho preferido um ritmo diferente. Quinze dias, um mês e, em certos casos, até dois meses. Minha própria pressa de que as coisas aconteçam, aconselha-me a ter mais paciência e esperar o tempo certo para cada família.

"Aquele que exorbita no uso do tempo, precipitando-se de modo afoito, cheio de pressa e ansiedade, não será jamais recompensado, pois só a justa medida do tempo dá a justa natureza das coisas, não bebendo do vinho quem esvazia num só gole a taça cheia; mas fica a salvo do malogro e livre da decepção quem alcançar aquele equilíbrio, é no manejo mágico de uma balança que está guardada toda a matemática dos sábios, num dos pratos a massa tosca, modelável, no outro, a quantidade de tempo a exigir de cada um o requinte do cálculo, o olhar pronto, a intervenção ágil ao mais sutil desnível." (55, 56) **[74]**

Entrar e sair das sessões

Acho graça dessa tua curiosidade sobre a vivência constante de entrar e sair de situações tão intensas e importantes com as diversas famílias. Uma das perguntas que te fazes é: como lembrar das coisas que aconteceram? — Sabes o que teria vontade de responder?: que os nossos consultórios são uma espécie de santuários. Tudo que neles acontece é único, pelo afeto e a emoção que os habita. Cada vez que entras nesse "santuário" com uma família, entras em contato com as emoções vividas conjuntamente. O mundo lá fora fica, de certa maneira, de fora. Ele não consegue interferir. As regras e normas que vigem no consultório são outras.

"No fim do dia largava o trabalho no campo e ia ao curral. Com a mesma serena avidez com que ia antes ao terreno do depósito. E livre enfim da iminência de ordens de Vitória, livre da presença cada vez mais assediante de Ermelinda —o homem cada dia retomava no curral o instante interrompido do dia anterior, unindo num tema à parte os instantes esparsos que passava com as vacas, e deles fazendo a única seqüência. 'Como eu ia sentindo...', parecia ele pensar ao entrar no curral— e continuava o que interrompera.
O escuro calor da vacas enchia o ar do curral. E como se alguma coisa que nenhuma pessoa e nenhuma consciência lhe pudesse dar, ali no curral lhe fosse dado —ele o recebia." (99) **[60]**

Os fracassos em terapia

Como sabes, a questão do fracasso em terapia é um tema que ao mesmo tempo me inquieta e empolga. **{32}** Às vezes, diante da falta de bibliografia a esse respeito (são pouquíssimas as referências que encontro **{13, 45, 57}**) chego a ter a impressão de que devo ser o único a ter fracassos.

"Passou o que escreveu a *fräulein*. Se houvesse um furo, ela enfiaria o dedo através dele.

Renata leu tudo calmamente.

—Uma coisa me intriga. Essa gente não errou nunca? Aloira é tão convincente assim? Nem todos os sobrinhos, suponho, se envolveriam no assassinato de um tio rico, mesmo desejando sua morte.

—Podem ter falhado algumas vezes —admitiu Adão—, mas como saber disso?" (61) **[85]**.

Já experimentei fracassos de diversas formas. Muitos deles foram colhidos quando, sem respeitar o ritmo de crescimento da própria família, precipitei-me, esperando deles aquilo que ainda não estavam em condições de realizar.

"O equilíbrio da vida depende essencialmente deste bem supremo, e quem souber com acerto a quantidade de vagar, ou a de espera, que se deve pôr nas coisas, não corre nunca o risco, ao buscar por elas, de defrontar-se com o que não é; por isso, ninguém em nossa casa há de dar nunca o passo mais largo do que a perna: dar o passo mais largo que a perna é o mesmo que suprimir o tempo necessário à nossa iniciativa; e ninguém à frente dos bois: colocar o carro à frente dos bois é o mesmo que retirar a quantidade de tempo que um empreendimento exige;" (55) **[74]**

O preço da consulta

É provável que, mais de uma vez, tenhas enfrentado a questão do valor do teu trabalho. É curiosa nossa profissão... nós cobramos por sermos aquilo que somos. Pareceria impossível dar um preço para a nossa atenção, nossa dedicação. Sabes o que conta em relação ao o preço da tua consulta? Que tu concordes, primeiro: com o fato de que teu trabalho pode ter um valor; segundo: com o quanto cobras. (Que não aches que é pouco nem que é muito.) Se sabes dar-te o valor que tens... os outros também saberão.

"—Demais de caro. Cá eu sei. Mas não tinha um outro jeito de comprar aquilo. Ah, amigo doutor, na bacia das almas só se compra é o trivial; o que na vida vale e tem valia de valor se paga é caro." (211) **[13]**

O desfecho terapêutico

Como sabes, não gosto da palavra alta para referir-se ao encerramento das sessões (alta para mim têm os milicos quando entram ao exército e os doentes quando saem do hospital ou encerram um tratamento médico).

Poderá não haver mais sessões, mas o processo terapêutico continua, as crises se sucedem e a vida continua.

"Nada de especial, apenas um próximo passo. Não se pode dormir sobre os louros. Afinal, a vida, o eterno movimento das coisas, não passa de uma tentativa permanente do ser humano para preencher o vazio que o separa entre uma realização ou desejo satisfeito e uma nova realização ou desejo por satisfazer. A felicidade está sempre mais adiante e a vida é uma carência constante, meus queridos. E a gente é obrigada a tentar preencher essa carência o tempo todo, embora isso seja impossível. Mas desde a queda de Adão é essa carência que movimenta o mundo. Do contrário seria a morte, o caos, a indiferenciação. (133, 134) **[96]**

Em certas ocasiões, depois de concluído o processo, um dos membros da família pode te procurar para perfazer mais uma parte do seu caminho pessoal.

"A gente nunca deve sair como quem parte definitivo, mas sempre estar com quem fica." (131) **[28]**

Os romances

O Doutor Freud já dizia que os poetas sabiam tudo aquilo que nós, terapeutas, temos tanta dificuldade para entender. Nunca deixes de ler romances.

Neles está tudo aquilo que depois encontramos nas famílias. Desvendar-te-ão inúmeros segredos.

"Confesso que os leio, que os estudo, que procuro descobrir nos grandes romancistas o segredo de fazer." (84) **[16]**

Por que escrever?

Várias vezes, durante esses anos, perguntas-te: "E aí, continua escrevendo muito?" Creio que a pergunta era outra, pelo menos era assim que eu a ouvia: "Que tanto escreves... para que tanto escrever?" E creio que essa pergunta merece uma resposta urgente. Escrevo, em primeiro lugar, para mim. Pelo prazer de escrever. (Tenho pilhas e mais pilhas de folhas rabiscadas. Elas —as folhas, digo— nunca me perguntaram se esses rabiscos serviriam, algum dia, para alguma coisa. Para publicar, por exemplo. Pareciam satisfeitas vendo-me satisfeito, escrevendo.) Escrever, e reler alguns anos depois, tem provocado duas reações: A primeira é que tem-me servido para dizer: "Nossa, era isso que eu pensava naquela época?! Que barbaridade!" A partir daí, tenho podido escrever de novo sobre a mesma coisa... de maneira diferente. (Quem sabe daqui a alguns anos, ao ler estas linhas, eu não diga: "Nossa... era isso...") A outra, a segunda, tem me servido para constatar que, havia muito tempo tinha compreendido certas coisas importantes que agora só devo aprimorar.

"Escrevo, porque escrevendo me indago.

Duvido, às vezes, até me espanto, emocionado, com as idéias que vão me passando pela cabeça, depois de saírem pela ponta da pena.

Penso hoje é com a caneta." (382) **[86]**

Escrevo para que dure e para que aquilo que penso e digo possa chegar às tuas mãos.

"Quem só fala, por mais que diga é esquecido quando cala. Quem escreve, não. As palavras ficam nas páginas coladas, fechadas, se significando umas com as outras. Enquanto durar o papel e o olho do leitor, ficarão aí, palpitando, esperando, dizendo, entendendo." (381) **[86]**

Despedida

Antes de colocar o ponto final, devo agregar duas coisas: A primeira diz respeito ao livros (contos, crônicas e romances utilizados). Queria usufruir, ao máximo, a literatura do Brasil. Por inúmeros "sebos" andei atrás de autores, cujos livros estavam esgotados ou não eram de grande divulgação (de fato, queria abarcar o mundo com os braços). Minha idéia era que não deveria cometer injustiças... leia-se, não deixar "nenhum" bom escritor de fora. Como podes constatar, não consegui. E para isso, tenho dois motivos. O primeiro é que muitos dos livros que não utilizei (isto é, de onde não tirei algum excerto) haviam sido lidos antes que tivesse a idéia de utilizá-los neste texto. A outra é que, se teimasse na tentativa, talvez este texto tivesse que ser chamado de *História inacabável!* Muitas vezes, quando já achava ter chegado ao ponto "final", encontrava um texto que "não podia, de forma alguma, ficar de fora", e mudava de novo. Acabo rendendo-me às evidências e fazendo o luto do trabalho completo. Vai assim mesmo, com todas suas falhas e suas injustiças. Um dia... quem sabe.

Estava esquecendo uma terceira razão para as "injustiças" cometidas: nem sempre tive a sensibilidade (e o conhecimento) suficiente para encontrar em alguns livros excertos para serem encaixados. Foram muitos os lidos sem que conseguisse extrair algo deles. Tenho certeza que uma leitura mais atenta levaria a descobertas importantes.

Outro ponto que gostaria de esclarecer neste final, nesta despedida, diz respeito a minha "mania de utilizar certas palavras que" — como dizes— "mesmo sendo corretas e *castiças*, não fazem parte do português do dia-a-dia." Resolvo utilizá-las porque gosto e muitas vezes me dão a impressão de permitir uma maior riqueza de expressão. Não são muitas e... soem estar no dicionário.

"Eu poderia encher este livro com notas explicativas de certas palavras. Prefiro, entretanto, que vocês recorram ao dicionário, habituando-se a consultá-lo sempre que encontrarem uma palavra cujo sentido não conheçam. É um bom exercício não só de paciência como também de honestidade intelectual. E, no fim de contas, sempre gravamos melhor na memória o significado das palavras que nos obrigaram a folhear o dicionário." [113]

E bem, outro dia talvez possamos continuar, mas agora está na hora de encerrar o papo. Se não, como dizia, terei que mudar o nome do livro e buscar um do tipo "A história que começou e que jamais teve fim". De qualquer forma espero que tu continues e que a transformes em uma "História de um começo e muitos desfechos".

"E aquela era a hora mais tarde. O céu vem abaixando. Narrei ao senhor. No que narrei, o senhor talvez até ache mais do que eu, a minha verdade. Fim que foi.

Aqui a estória se acabou.
Aqui, a estória acabada.
Aqui a estória acaba." (561) **[91]**

Um abraço,

Carlos Arturo Molina-Loza

Belo Horizonte, julho de 1998

P.S. Se, como espero, gostaste da minha carta, o mérito não é meu e sim dessa constelação de autores brasileiros, cujos textos me serviram para elaborar esta tentativa de apresentar-te uma visão ameno-metafórica da terapia familiar e da família brasileiras. Se não gostaste... lamento. Assumo inteiramente a responsabilidade. A culpa é toda minha, por não saber utilizar com a devida habilidade esse maravilhoso material. Se tens vontade de mais... proponho que esperes um pouquinho que já estão no forno outros dois livros: ***Teoria da Tarefa*** (Que talvez nem venha a chamar assim, estou pensando em um nome que poderia ser mais adequado, algo como ***Testemunha ocular***, porque acho que é isso que eu sou: um testemunha ocular do crescimento dos meus clientes) e ***O espírito da coisa***. Neles coloco muitas das coisas que não couberam aqui. De qualquer maneira, como podes imaginar, gostaria imenso de receber teus comentários, observações e críticas. Serão de grande utilidade, podes ter certeza. Podes escrever-me para o seguinte endereço:

Academia Terapêutica
Rua do Ouro 136 – 1005
Serra
Belo Horizonte, Minas Gerais
30220-000

Agradeço-te de antemão e recebe mais um abraço

Referências bibliográficas

1. AMADO, Jorge, O sumiço da santa, uma história de feitiçaria, Record, Rio de Janeiro, 1988.
2. ANDRADE, Carlos Drumond, *Caminhos de João Brandão,* 3ª. edição, Record, Rio de Janeiro, 1985.
3. ANDRADE, Carlos Drumond, Miguel e seu furto, *in,* ANDRADE, Carlos Drumond, *Contos de aprendiz,* 24ª edição, Record, Rio de Janeiro, 1986.
4. ANDRADE, Mário de, *Amar, verbo intransitivo,* Círculo do livro, São Paulo, s/d.
5. ANJOS, Ciro dos, *Abdias*, 3ª edição, José Olympio, Rio de Janeiro, 1957.
6. ASSIS, Machado de, *Memórias Póstumas de Brás Cubas*, Círculo do Livro, São Paulo, s/d.
7. ASSIS, Machado de, A parasita azul, *in Histórias da meia-noite*, Globo, São Paulo, 1977a.
8. ASSIS, Machado de, Uma senhora, *in Histórias sem data*, Globo, São Paulo, 1977b.
9. ASSIS, Machado de, Último capítulo, *in Histórias sem data,* op. cit..
10. ASSIS BRASIL, Luiz Antônio de, *As virtudes da casa,* Mercado Aberto, Porto Alegre, 1985.
11. ASSIS BRASIL, Luiz Antônio de, *Cães da província,* Mercado Aberto, Porto Alegre, 1987.
12. BARRETO, Benito, *Os Guaianãs,* (tetralogia), 3ª edição, Mercado Aberto, Porto Alegre, 1986.
13. BARRETO, Benito, Plataforma Vazia, *in,* BARRETO, Benito, *Os Guaianãs I,* 3ª. edição, Mercado Aberto, Porto Alegre, 1986.
14. BARRETO, Benito, Capela do homens, *in,* BARRETO, Benito, *Os Guaianãs I,* 3ª. edição, Mercado Aberto, Porto Alegre, 1986.
15. BARRETO, Benito, Cafaia, *in,* BARRETO, Benito, *Os Guaianãs II,* 3ª. edição, Mercado Aberto, Porto Alegre, 1986.
16. BARRETO, Lima, *Recordações do escrivão Isaías Caminha,* Garnier, Rio de Janeiro, 1989.
17. BARRETO, Lima, *Vida e morte de M. J. Gonzaga de Sá,* Garnier, Rio de Janeiro, 1990.

18. BARROSO, Maria Alice, *Um dia vamos rir disso tudo,* Mercado Aberto, 2ª. edição, Porto Alegre, 1984.
19. BARROSO, Maria Alice, *A saga do cavalo indomado,* Record, Rio de Janeiro, 1988.
20. BERNARDES, Carmo, *Memórias do Vento,* Marco Zero, São Paulo, 1986.
21. BORGES, Dirceu, *O talismã das Amazonas,* Iluminuras, São Paulo, 1988.
22. BRANDÃO, Ignácio de Loyola, *O ganhador,* 2ª. edição, Global, São Paulo, 1987.
23. BRASIL, Assis, *O prestígio do diabo,* Melhoramentos, São Paulo, 1988.
24. CAMPOS, Moreira, O presente, *in A grande mosca no copo de leite,* Nova Fronteira, Rio de Janeiro, 1985.
25. CARDOSO, Lúcio, *Dias perdidos,* 2ª edição, Nova Fronteira, Rio de Janeiro, 1980.
26. CARDOSO, Lúcio, *Inácio,* Salamandra, Rio de Janeiro, 1984.
27. CARRERO, Raimundo, *Maçã Agreste,* José Olympio, Rio de Janeiro, 1989.
28. CARVALHO, Omar, *Místico das contendas,* Itatiaia, Belo Horizonte, 1987.
29. CELINA, Lindanor, *Afonso contínuo ,santo de altar,* Nova Fronteira, Rio de Janeiro, 1986.
30. COELHO, Paulo, *O diário de um mago,* 4ª. edição, Eco, Rio de Janeiro, s/d.
31. CONY, Carlos Heitor, *A verdade de cada dia,* 3ª edição, Mercado Aberto, Porto Alegre, 1988.
32. DICKE, Ricardo Guilherme, *Último horizonte,* Marco Zero, São Paulo, 1988.
33. DONATO, Hernani, *Chão Bruto,* 6ª edição, Melhoramentos. 1969.
34. DONATO, Mário, *Partidas dobradas,* Hucitec, São Paulo, 1978.
35. DOURADO, Autran, *A barca dos homens,* 4ª edição, Difel, São Paulo, Rio de Janeiro, 1976.
36. DOURADO, Autran, *Tempo de amar,* Record, Rio de Janeiro, 1984.
37. DOURADO, Autran, *Um artista aprendiz,* José Olympio, Rio de Janeiro, 1989.
38. DRUMMOND, Roberto, *Hitler manda lembranças,* 2ª. edição, Nova Fronteira, 1984.

39. ÉLIS, Bernardo, *Apenas um violão,* Nova Fronteira, Rio de Janeiro, 1984.
40. FERNANDES, Millôr, As salvaguardas nem sempre salvam, *in,* FERNANDES, Millôr, *Novas fábulas fabulosas,* 2ª. edição, Nórdica, Rio de Janeiro, 1978.
41. FIGUEIREDO, André de, *Alvorada,* Nórdica, Rio de Janeiro, 1978.
42. FILHO, Adonias, *Os servos da morte,* 4ª. edição, Civilização Brasileira, Rio de Janeiro, 1985.
43. FONSECA, Rubem, *O caso Morel,* 2ª edição, Artenova, Rio de Janeiro, 1973.
44. FONSECA, Rubem, *Bufo & Spallanzani,* 28ª. edição, Francisco Alves, Rio de Janeiro, 1985.
45. FONSECA, Rubem, *Vastas emoções e pensamentos imperfeitos,* Companhia das Letras, São Paulo, 1988.
46. FONSECA, Rubem, Carpe diem, *in Histórias de amor*, Companhia das letras, São Paulo, 1997.
47. FONSECA, Rubem, *E do meio do mundo prostituto só amores guardei ao meu charuto*, Companhia das Letras, São Paulo, 1997.
48. FONTES, Amando, *Os corumbas,* 13ª. edição, José Olympio, Rio de Janeiro, 1984.
49. FREIRE, Roberto, *Cleo e Daniel,* Círculo do Livro, São Paulo, s/d.
50. FREIRE, Roberto, *Coiote,* 2ª edição, Guanabara, Rio de Janeiro, 1986.
51. FREYRE, Gilberto, *Dona Sinhá e o filho padre,* Círculo do Livro, São Paulo, s/d.
52. GALIZA, Ribamar, *O cantar das casuarinas,* Nova Fronteira, Rio de Janeiro, 1987.
53. IVO, Lêdo, *Ninho de cobras,* Record, Rio de Janeiro, 1980.
54. IVO, Lêdo, *A morte do Brasil,* Círculo do Livro, São Paulo, 1984.
55. JABOR, Arnaldo, *Eu sei que vou te amar,* Círculo do Livro, São Paulo, 1986.
56. JACOB, Paulo, *Chuva Branca,* 2ª. edição, Nórdica, Rio de Janeiro, INL, Brasília, 1981.
57. JURANDIR, Dalcídio, *Marajó,* 2ª. edição, Cátedra, Rio de Janeiro, 1978.
58. LESSA, Orígenes, *O edifício fantasma,* Nova Fronteira, Rio de Janeiro, 1984.
59. LINS, Osman, *O fiel e a pedra,* 4ª. edição, Melhoramento, São Paulo, 1974.

60. LISPECTOR, Clarice, *A maçã no escuro*, 7ª edição, Nova Fronteira, Rio de Janeiro, 1982.
61. LOTZ, Werner, *Apenas um curumim e Rio Liberdade*, Círculo do Livro, São Paulo, s/d.
62. MACHADO, Anibal, O mar triunfante, *in*, MACHADO, Anibal, Et alii, *Brandão, entre o mar e o amor*, Record, Rio de Janeiro,1985.
63. MEDINA, Sinval, *Cara, coroa coragem*, Nova Fronteira, Rio de Janeiro, 1982.
64. MEDINA, Sinval, *Memorial de Santa Cruz*, Mercado Aberto, Porto Alegre, 1983.
65. MEIRELES, Cecília, *Escolha seu sonho*, 12ª edição, Record, Rio de Janeiro, s/d.
66. MEIRELES, Cecília, Saudades dos trovões, *in*, MEIRELES, Cecília, *Escolha seus sonhos*, op. cit..
67. MONTEIRO, Benedicto, *O minossauro*, Nova Cultura, Rio de Janeiro, 1975.
68. MONTEIRO, Benedicto, *Aquele um*, Marco Zero e PLG, 1985.
69. MONTELLO, Josué, *Pedra Viva*, Nova Fronteira, Rio de Janeiro, 1983.
70. MOOG, Viana, *Um rio imita o Reno*, 3ª. edição, José Olympio, Rio de Janeiro, 1987.
71. MOREIRA, Virgílio Moretzson, *Fardados de azul*, 2ª. edição, Nova Fronteira, Brasília, 1985.
72. NASCIMENTO, Esdras do, *Solidão em família*, Círculo do Livro, São Paulo, s/d.
73. NASCIMENTO, Esdras, *As surpresas da paixão*, Nórdica, Rio de Janeiro, 1986.
74. NASSAR, Raduan, *Lavoura Arcaica*, 3ª. edição, Companhia das Letras, São Paulo, 1989.
75. NASSAR, Raduan, *Um copo de cólera*, 5ª reimpressão, Companhia das Letras, São Paulo, 1977.
76. NETO, Euclides, *Os genros*, GRD, São Paulo, 1981.
77. NOVAES, Carlos Eduardo, *A próxima novela*, Ática, São Paulo, 1988.
78. PALMERIO, Mário, *Vila dos confins, 22ª. edição*, J. Olympio, Rio de Janeiro, 1984.
79. PIÑON, Nélida, *A doce canção de Caetana*, Guanabara, Rio de Janeiro, 1987.
80. PONTE PRETA, Stanislaw, Aos tímidos o que é dos tímidos, *in Febeapá I*, 9ª edição, Civilização Brasileira, Rio de Janeiro, 1980.

81. PRADO, Adélia, *Cacos para um vitral,* 2ª. edição, Nova Fronteira, Rio de Janeiro, 1980.
82. REGO, José Lins do, *Fogo Morto,* 29ª. edição, Nova Fronteira, Rio de Janeiro, 1984.
83. REIS, Eduardo Almeida, *O papagaio cibernético,* Record, Rio de Janeiro, 1984.
84. RESENDE, Otto Lara, *O Braço direito,* Circulo do Livro, São Paulo, s/d.
85. REY, Marcos, *Os crimes do Olho-de-boi*, Ática, São Paulo, 1995.
86. RIBEIRO, Darcy, *O Mulo,* Círculo do livro, São Paulo, 1981.
87. RODRIGUES, Nelson, *Meu destino é pecar,* Círculo do Livro, São Paulo, s/d.
88. RODRIGUES, Nelson, O decote, *in A vida como ela é*
89. RODRIGUES, Nelson, Uma senhorita honesta, *in A vida como ela é*
90. RODRIGUES, Nelson, O marido silencioso, *in A vida como ela é*
91. ROSA, João Guimarães, *Grande Sertão: Veredas,* 21ª. edição, Nova Fronteira, Rio de Janeiro, 1986.
92. RUAS, Tabajara, *A região submersa: o detetive particular Cid Espigão em luta mortal contra os Quatro cavaleiros do Apocalipse,* L&PM, Porto Alegre, 1981.
93. SABINO, Fernando, Menino, *in, A mulher do vizinho,* 11ª edição, Record, Rio de Janeiro, 1981.
94. SABINO, Fernando, Hora de dormir, *in, A companheira de viagem,* 9ª edição, Record, Rio de Janeiro, 1986.
95. SALES, Herberto, *O fruto do vosso ventre,* 3ª. edição, José Olympio, Rio de Janeiro, 1984.
96. SANT'ANNA, Sérgio, *Simulacros,* Círculo do Livro, São Paulo, s/d.
97. SANT'ANNA, Sérgio, *A senhorita Simpson,* Companhia das Letras, São Paulo, 1989.
98. SCLAIR, Moacyr, *O Centauro no Jardim,* L&PM Editores, Porto Alegre, 1983.
99. SCLAIR, Moacyr, Nostalgia porto-alegrense, *in,* SCLAIR, Moacyr, *A massagista japonesa,* L&PM, Porto Alegre, 1984.
100. SCLAIR, Moacyr, Decisão, *in,* SCLAIR, Moacyr, *A massagista japonesa,* op. cit..
101. SILVA, Aguinaldo, *O homem que comprou o Rio,* Círculo do Livro, São Paulo, s/d.
102. STEEN, Edda Van, *Corações Mordidos,* Círculo do Livro, São Paulo, s/d.

103. SUASSUNA, Ariano Vilar, *Romance d'A Pedra do Reino e o Príncipe do sangue do Vai-e-volta: romance armorial- popular brasileiro,* 4ª. edição, José Olympio, Rio de Janeiro, 1976.

104. TREVISAN, Dalton, A partilha, *in, A guerra conjugal,* 9ª. edição, Record, Rio de Janeiro, 1969.

105. TREVISAN, Dalton, A última ceia, *in, Crimes de Paixão,* Record, Rio de Janeiro, 1978a.

106. TREVISAN, Dalton, Os dentes do cavalinho, *in, Crimes de Paixão,* Record, Rio de Janeiro, 1978b.

107. TREVISAN, Dalton, Com o facão, dói, *in, Meu querido assassino,* Record, Rio de Janeiro, 1983.

108. TREVISAN, Dalton, Você me paga, bandido, *in, Pão e sangue,* Record, Rio de Janeiro, 1988.

109. TREVISAN, Dalton, Três mascarados, *in Pão e sangue*, Record, Rio de Janeiro, 1988.

110. TREVISAN, Dalton, *Ah, é*, Record, Rio de Janeiro, 1994.

111. TREVISAN, Dalton, *2,3,4,* Record, Rio de Janeiro, 1997.

112. VERISSIMO, Erico, *O resto é silêncio*, 17 ª edição, Editora Globo, Porto Alegre, 1982.

113. VERISSIMO, (Prefácio), Erico, *As aventuras de Tibicuera,* 37ª edição, Globo, São Paulo, 1996.

114. VERISSIMO, Luis Fernando, *O jardim do diabo,* LPM, Porto Alegre, 1987.

115. VILELA, Luiz, *Os novos,* 2ª. edição, Nova Fronteira, Rio de Janeiro, 1984.

116. VILELA, Luiz, *Graça,* Estação da Liberdade, São Paulo, 1989.

Bibliografia científica

1. ANDOLFI, Maurizio, *A linguagem do encontro terapêutico*, Artes Médicas, Porto Alegre, 1996. [Original italiano, Accademia de Psicoterapia della Famiglia, 1994.]
2. ARIÈS, Philippe, *L'Homme devant la mort*, Éditions du Seuil, Paris, 1977. [V.O.]
3. BECK, Aaron T., RUSCH, A. Joun, SHAW, Brian F., Emery, Gary, *Terapia cognitiva da depressão*, Artes Médicas, Porto Alegre, 1997. [Original inglês, Guilford Press, 1979.]
4. BERGMAN, Joel S., *Pescando barracudas, Pragmática de la terapia sistémica breve*, 1ª. edición, Paidos, Buenos Aires, 1986 [Original inglês, W.W. Norton, 1985.]
5. BOSZORMENYI-NAGY, Ivan, SPARK, Geraldine M., *Lealtades invisibles*, Amorrortu editores, Buenos Aires, 1983. [Original inglês, Haper & How, 1973.]
6. CAILLÉ, Philippe, *Um e um são três, O casal se auto-revela*, Summus Editorial, São Paulo, 1994. [Original francês, 1991.]
7. CAILLÉ, Philippe, *Familles et thérapeutes, lecture systémique d'une interaction*, ESF, Paris, 1985. [Original francês, 1985.]
8. CAPRA, Fritjof, *O ponto de mutação, A ciência, a sociedade e a cultura emergente*, 10ª. edição, Cultrix, São Paulo, 1995. [Original inglês, 1982.]
9. DEVEREUX, Georges, *De l'angoisse à la méthode nas ciences du comportement*, Flamarion, Paris, 1980. [V.O.]
10. ELKÏAM, Mony, *Si tu m'aimes ne m'aimes pas, Approche systémique et psychothérapie*, Éditions du Seuil, Paris, 1989. [V.O.]
11. FERREIRA, Antonio J., Mitos familiares, *in* BATESON, Gregory (y otros), *Interacción familiar, aportes fundamentales sobre teoría y técnica*, Ediciones Buenos Aires, Buenos Aires, 1980. [Original inglês, 1966.]
12. FURNISS, Tilman, *Abuso sexual da criança*, Artes Médicas, Porto Alegre, 1993. [Original inglês, 1991.]
13. HALEY, Jay, *Tácticas de poder de Jesucristo, y outros ensayos*, Editorial Tiempo Contemporáneo, Buenos Aires,1972. [Original inglês, Grossman Publishers, 1969.]

14. IMBER-BLACK, E., ROBERTS J., WHITING, R., *Rituales terapéuticos y ritos en la familia, 1ª. edición,* Gedisa, Barcelona, s/d. [Original inglês, 1988.]
15. JANKÉLÉVITCH, Vladimir, *La mort,* Flammarion, Éditeur, Paris, 1977. [V.O.]
16. MADANES, Cloé, *A família além do espelho, Avanços na prática da psicoterapia estratégica,* Editorial Psy, Campinas, São Paulo, s/d.. [Original inglês, Jossey-Bass, 1984.]
17. MADANES, Cloé, *Terapia familiar estratégica,* Amorrortu Editores, Buenos Aires, 1984. [Original inglês, 1982.]
18. MADANES, Cloé, *Sexo, amor e violência, Estratégias para a transformação,* Editorial Psy, Campinas, SP,1997. [Original inglês, Jossey-Bass, 1984.]
19. MADANES, Clóe, KEIM, James P., SMELSER, Dinah, *Violencia Masculina,* Granica Barcelona, 1997. [Original inglês, Jossey-Bass, 1995]
20. MADANES, Cloé, MADANES, Cláudio, *O significado Secreto do dinheiro ...e como ele atua nas famílias despertando amor, inveja, compaixão e raiva,* Editora Psy, Campinas, São Paulo, 1997. [Original inglês, Jossey-Bass, 1994.]
21. MALAREWICZ, Jaques-Antoine, *La stratégie en thérapie, ou l'hipnose sans hypnose de Milton H. Erickson*, ESF, Paris, 1988. [V.O.]
22. MALAREWICZ, Jaques-Antoione, *Cours d'hypnose clinique, Études éricksoniennes*, ESF, Paris, 1990. [V.O.]
23. MALAREWICZ, Jaques-Antoine, GODIN, Jean, *Milton H. Erickson, de l'hypnose clinique à la psychotérapie stratégique*, 2ª Edition, ESF, Paris, 1986. [V.O.]
24. MATURANA R., Humberto, *El sentido de lo humano,* 3ª. edición, Hachette, Santiago, 1992. [V.O.]
25. MINUCHIN, Salvador, *Calidoscopio familiar, Imágenes de violencia y curación,* 1ª. edición, Paidos, Buenos Aires, 1985. [Original inglês, Harvard, 1984.]
26. MOLINA-LOZA, Carlos Arturo, Rapaz, cê tá com um encosto em você" ou "O verme mais medonho do mundo": Um exemplo de terapia familiar intercultural, *Psicologia: teoria e pesquisa*, vol. 4 Nº 2, maio-agosto 1988.
27. MOLINA-LOZA, Carlos Arturo, Espíritos malignos e terapia familiar: uma intervenção terapêutica em uma família com dois casos de possessão

(encosto), *Família *, temas de terapia familiar e ciências sociais,* Ano 3, Vol. III, N° 1/2, janeiro-dezembro 1988.

28. MOLINA-LOZA, Carlos Arturo, A magia da mudança, reflexões em torno da intervenção terapêutica, *Família* Temas de terapia familiar e ciências sociais,* Nova série, ano 4, Vol. 1, N° 4, 1991.
29. MOLINA-LOZA, Carlos Arturo, A terapia familiar diante do desafio da pobreza, reflexões sobre o trabalho terapêutica com famílias da favela do Brasil, *Família*, temas de terapia familiar e ciências sociais*, Nova série, ano 5, vol. 1, N°. 5. 1992.
30. MOLINA-LOZA, Carlos Arturo, Rapaz, cê tá com um encosto em você" (II parte) O mundo não acabou e as coisas ainda melhoraram! (entrevista de seguimento de uma terapia familiar intercultural), *Família *, temas de terapia familiar e ciências sociais,* Ano 6, Vol. I, N° 6, 19948.
31. MOLINA-LOZA, Carlos Arturo, *Destino familiar, desatino terapêutico. Experiências si-cibernéticas em terapia familiar sistêmica breve*, ArteSa, Belo Horizonte, 1996.
32. MOLINA-LOZA, Carlos Arturo, Prolegômenos para o estudo do fracasso em terapia, Manuscrito inédito.
33. MOLINA-LOZA, Carlos Arturo, G. CALIXTO, M. de Lourdes, F. DE OLIVEIRA, M. Nazaré, O drama de "Canudos": À escola não vou!, Terapia familiar no Lagamar, uma favela de Fortaleza, *Estudos de Psicologia,* Vol. 4, N°1, 1987.
34. MOLINA-LOZA, Carlos Arturo, G. CALIXTO, M. de Lourdes, V. VITORIANO, M. Auxiliadora, Louco ou mal educado? Uma questão de pontuação, *Família *, temas de terapia familiar e ciências sociais,* Ano 2, Vol. 2, N° 1, 1987.
35. MORIN, Edgard, *Para sair do século XX,* Nova Fronteira, Rio de Janeiro, 1986. [Original francês, Fernand Nathan, 1981.]
36. MORIN, Edgard, *O homem e a morte,* Imago, Rio de Janeiro, 1997.
37. NAPIER, Augustus, WHITAKER, Carl, *Le creuset familial,* Robert Laffont, Paris, 1978. [Original inglês, Haper & How, 1978.]
38. NATHAN, Thobie, *L'influence qui guérit*, Odile Jacob, Paris, 1994. [V.O.]
39. NEIL, John R., KNISKERN, David P., *Da psique ao sistema, a evolução da terapia de Carl Whitaker,* Artes Médicas, Porto Alegre, 1990. [Original inglês, Guilford Press.]

40. NEUBURGER, Robert, L'irrazionale nella coppia, *in*, ANDOLFI, Maurizio, ANGELO, Cláudio, SACCU, Carmine, *La coppia in crisi*, ITF, Roma, 1988. [V.O.]
41. OLIEVENSTEIN, Claude, *Não há drogados felizes*, Moraes, Lisboa, 1978. [Original francês, Opera Mundi, 1977.]
42. OMER, Haim, Palestra do Minas Tênis, Belo Horizonte, 1977.
43. ONNIS, Luigi, *Corps et contexte, thérapie familiale des troubles psychosomatiques*, ESF, Paris, 1989. [V.O.]
44. PALAZZOLI, M. Selvini, BOSCOLO L., CECCHIN, G., PRATA, G., *Paradoxe et contre-paradoxe, Um nouveau mode thérapeutique face aux familles, A transaction schizophréniqiue*, 3ª. édition, Les éditions ESF, Paris, 1980. [Original italiano, Feltrinelli, 1975.]
45. PAPP, Peggy, *O processo de mudança, Uma abordagem prática à terapia sistêmica da família*, Artes Médicas, Buenos Aires, 1992. [Original inglês, The Guilford Press, SD.]
46. RAMOS, Sérgio de Paula, (org.), *Alcoolismo Hoje*, Artes Médicas, Porto Alegre, 1987. [V.O.]
47. ROSEN, Sidney, *Mi voz irá contigo, Los cuentos didácticos de Milton H. Erickson*, 1ª. edición, Paidos, Buenos Aires, 1986. [Original inglês, W.W. Norton, SD.]
48. SALOMÉ, Jacques, GALLAND, Sylvie, *Si je m'écoutais, je m'entendrais*, Les éditions de l'Homme, Québec, 1990. [V.O.]
49. SALOMÉ, Jacques, *T'es toi quand tu parles, Jalons pour une grammaire relationnelle*, Albin Michel, Paris, 1991. [V.O.]
50. SATIR, Virginia, Una familia de ángeles, *in* HALEY, Jay, HOFFMAN, Lynn, *Técnicas de terapia familiar*, Amorrortu, Buenos Aires, 1976. [Original inglês, Basic Books, 1967.]
51. STIERLIN, Helm, RÜCKER-EMBDEN, Ingeborg, WETZEL, Norbert, WIRSCHING, Michael, *Terapia de Familia, La primeira entrevista*, Gedisa, Barcelona, s/d. [Original alemão, 1979.]
52. THILMANS-OSTIN, Edith, Nuevas tendencias en el tratamiento del maltrato y abuso sexual en la familia, manuscrito inédito, SD.
53. THOMAS, Louis-Vicent, *Mort et pouvoir*, Petit Bibliothèque Payot, Paris, 1978. [V.O.]
54. WATZLAWICK, Paul, *El lenguage del cambio*, Herder, Barcelona, 1980. [Original alemão, Verlag Hans Huber,, 1977.]
55. WATZLAWICK, Paul, conferência.

56. WITAKER, C.A., BUMBERRY, W.M., *Dançando com a família*, Artes Médicas, Porto Alegre, 1990. [Original inglês, Brunner/Mazel, 1988.]
57. WITAKER, Carl, *Meditaciones nocturnas de un terapeuta familiar*, Paidos, Buenos Aires, 1992.
58. ZSASZ, Thomas, Les rituels de la drogue, la persecution rituelle de la drogue et de les drogués, Payot, Paris, 1976. [Original inglês, Anchor Press / Doubleday, 1974.]
59. ZEIG, Jeffrey K., Vivenciando Erickson, *Uma apresentação da pessoa humana e do trabalho de Milton H. Erickson*, Editorial Psy II, SD. [Original inglês, Brunner/Mazel, 1985.]
60. ZEIG, Jeffrey K., *Seminários didáticos de Milton H. Erickson, Hipnose, metáforas e comunicação em psicoterapia*, Editorial Psy II, Campinas, 1995. [Original inglês, Milton H. E. Fondantion, 1980.]
61. ZIEGLER, Jean, *Les vivants el la mort*, Éditions du Seuil, Paris, 1975. [V.O.]

Epílogo?

Haveria muitas maneiras de se definir a tarefa do terapeuta. Eu gostaria que a sua definição, bem como a do formador, fosse muito simples e direta: o que somos quando nos enfrentamos com pessoas que sofrem e nos trazem suas interrogações? Ou quando enfrentamos aquelas pessoas que desejam adquirir uma formação profissional? Qual é a nossa tarefa? É a de motivar. Somos motivadores para a vida, para a mudança, para o estudo, para o crescimento.

Mas, se como se sabe, a motivação intrínseca pode ser seriamente corroída pela motivação extrínseca, como sermos motivadores de pessoas em um mundo movido a motivação extrínseca? A nossa esperança consiste em um pequeno fato: a ***forma*** em que uma pessoa motiva a outra, pode constituir-se no elemento diferencial chave. Mesmo quando se utiliza a motivação extrínseca, isso pode ser feito de tal maneira que se toque a outra pessoa e que, a partir daí, ela alimente sua própria motivação. Apoiar sua autonomia, entregar-lhe, na medida do possível, o controle da situação, fornecer escolhas para uma participação na tomada de decisões. **{1, 2}**

O meu primeiro contato com essas simpáticas criaturinhas deu-se quando eu era muito criança. O meu avô Rubém havia me prometido um cavalinho de sua fazenda do Chove-Chuva se eu deixasse lancetarem o meu pé, arruinado com uma estrepada no Brinquedo de pique. Por duas vezes o farmacêutico Osmúsio estivera lá em casa com sua caixa de ferrinhos para o serviço, mas eu fiz tamanho escarcéu que ele não chegou a passar da porta do quarto(...)

Vovô sentou-se na beira da cama, pôs o chapéu e a bengala ao meu lado e perguntou por que era que o meu pai estava judiando comigo. Para impressioná-lo eu disse que era porque eu não queria deixar seu Osmúsio cortar o meu pé.

—Cortar fora?

Não era exatamente isso o que ou tinha querido dizer, mas achei eficaz confirmar; e por prudência não falei, apenas bati a cabeça.

—Mas que malvados! Então isso se faz? Deixe eu ver.

Vovô tirou os óculos, assentou-os no nariz e começou a fazer um exame demorado de meu pé. Olhou-o por cima, por baixo, de lado, apalpou-o e perguntou se doía. Naturalmente eu não ida dizer que não, e até ainda dei uns gemidos calculados. Ele tirou os óculos, fez uma cara muito séria e disse.

—É exagero deles. Não é preciso cortar nada. Basta lancetar. Ele deve ter notado meu desapontamento, porque explicou depressa, fazendo cócega na sola do pé:

—Mas nessas coisas, mesmo sendo preciso, quem resolve é o dono da doença. Se você dizer que não pode, eu não deixo ninguém mexer, nem o rei. Você não é mais desses meninos de cueiro, que não têm querer. Na festa do Divino você já vai vestir um parelhinho de calça comprida que eu vou comprar, e vou lhe dar também um cavalinho para você acompanhar a folia.

—Com arreio mexicano?

—Com arreio mexicano. Já encomendei ao Felipe. Mas tem uma coisa. Se você não ficar bom desse pé, não vai pode montar. Eu acho que o jeito é você mandar lancetar logo.

—E se doer?

—Doer? É capaz de doer um pouco mas não chega aos pés da dor de cortar. Essa sim é uma dor mantena. Uma vez no Chove-Chuva tivemos que cortar um dedo —só um dedo— de um vaqueiro que tinha apanhado panariz e ele urinou de dor. E era um homem forçoso acostumado a segurar boi pelo rabo.

Meu avó era um homem que sabia explicar tudo com clareza, sem ralhar e sem tirar a razão da gente. Foi ele mesmo que chamou seu Osmúsio, mas deixou que eu desse a ordem. Naturalmente eu chorei um pouco, não de dor, porque antes ele jogou bastante de lança perfume, mas de conveniência, porque se eu mostrasse que não estava sentido nada eles poderiam rir de mim depois. (28-29) **[1]**

Ao apresentar-te a terapia familiar (fácil), quis fazê-lo de uma forma motivadora (intrínseca). Se leste estas linhas com prazer (se saíste voando rumo aos diversos mundos da fantasia terapêutica), e voltaste com vontade de saber e aprender mais, de fazer melhor... cumpri com o meu objetivo. Depois me contas, gostaria de saber. Um outro abraço.

Carlos Arturo

Belo Horizonte, agosto de 1998

Referências bibliográficas

1. VEIGA, José J., Os cavalinhos de Platiplanto, *in Os cavalinhos de Platiplanto,* 18ª edição, Bertrand Brasil, Rio de janeiro, 1989.

1. DECI, Edward L., FLASTE, Richard, *Por que fazemos o que fazemos*, Editora Negócio, São Paulo, 1988. [Original inglês, 1995.]

2. MOLINA-LOZA, Carlos Arturo, *Teoria da tarefa, famílias e terapeutas: construindo novos caminhos para a saúde e o crescimento*, ArteSã, Belo Horizonte, 1998. (No prelo.)